天津文化遗产保护成果系列之七

西青元宝岛
明清至民国时期墓地发掘报告

天津市文化遗产保护中心　编著

天津社会科学院出版社

内 容 简 介

元宝岛墓地位于天津市西青区杨柳青镇南运河畔，2020 年 9～11 月，天津市文化遗产保护中心对该墓地进行考古发掘，共清理明清至民国时期平民墓葬 120 座，出土陶、瓷、紫砂、银、铜等不同质地文物四百余件。本书是元宝岛墓地考古发掘报告，以墓葬为单位，全面、系统地介绍了本次考古发掘成果，并对墓地属性、葬俗等进行了探讨，为研究明清至民国时期天津南部地区的墓葬形制与丧葬习俗，及其所反映的社会历史文化提供了丰富的实物资料。

本书可供从事考古、历史、文物研究的专家学者，以及高等院校相关专业师生参考、阅读。

图书在版编目（CIP）数据

西青元宝岛 ：明清至民国时期墓地发掘报告 / 天津市文化遗产保护中心编著. -- 天津 ：天津社会科学院出版社，2024. 9. --（天津文化遗产保护成果系列）.
ISBN 978-7-5563-1006-7

Ⅰ. K878.85

中国国家版本馆 CIP 数据核字第 2024T1W377 号

西青元宝岛 ：明清至民国时期墓地发掘报告
XIQING YUANBAODAO:
MINGQING ZHI MINGUO SHIQI MUDI FAJUE BAOGAO
选题策划：韩　鹏
责任编辑：李思文
责任校对：吴　琼
装帧设计：高馨月
出版发行：天津社会科学院出版社
地　　址：天津市南开区迎水道 7 号
邮　　编：300191
电　　话：（022）23360165
印　　刷：北京盛通印刷股份有限公司
开　　本：889×1194　　1/16
印　　张：22.25
字　　数：552 千字
版　　次：2024 年 9 月第 1 版　　2024 年 9 月第 1 次印刷
定　　价：268.00 元

《西青元宝岛：明清至民国时期墓地发掘报告》编写人员

遗迹线图：杨科民　陈晓桦　赵卫义

遗迹照片：文　璋　尹承龙　张志文

器物线图：韩玉岩

器物照片：刘　健

器物拓片：雷金夫

主编、执笔：尹承龙

资料性与研究性俱佳的"明清小墓"发掘报告

——《西青元宝岛：明清至民国时期墓地发掘报告》序

近二十年来，天津建设工程考古发现的明清民国时期墓地越来越多。这类墓葬都是小型土坑竖穴墓，俗称"明清小墓"，因其年代晚、规模小、等级低、数量多，在业内往往得不到应有的重视。

2004 年和 2005 年，天津市文化遗产保护中心连续两年发掘蓟州区桃花园墓地，揭露出 100 多座"明清小墓"。在工地上，我们看着成片的"明清小墓"，寻思着如何提升研究这类小墓的学术含量，挖掘出更多的价值。当时想到的是人类骨骼考古学研究，为此请来中山大学社会学与人类学学院李法军教授，对桃花园墓地 200 多个个体人骨标本综合研究。同时建立了天津古代人类骨骼标本库，目前已经收集天津地区出土的古代人骨标本 1000 多个个体，正在按墓地进行研究。

2020 年以来，天津市文化遗产保护中心相继在西青区南运河沿岸揭露出元宝岛墓地、文化小镇墓地、大梁庄墓地，在北辰区北运河沿岸揭露出李嘴墓地。这些墓地的年代均为明代至民国时期，都是所谓"明清小墓"。我和遗产保护中心朋友多次交谈，"明清小墓"考古资料应当怎么整理研究，发掘报告应当怎么写才算得上好。

后来，天津市文化遗产保护中心微信公众号发了我对天津南北运河沿岸"明清小墓"的看法，[1] 李法军教授也参加了讨论[2]。基于"乡土社会"这个概念，我将天津南北运河沿岸的这些"明清小墓"称为"乡土墓葬"。我提出，研究"乡土墓葬"特别需要加强墓地形态研究与人骨研究的结合，探讨以人骨为本位，以父系家族为重心，以村落墓地为单元的研究方法。李法军认为，从地域空间上，特别是从大运河沿岸来考虑家族墓地的确是一个突破口，这是一个极富建设性的视角。这个提法直接将有关明清时期墓葬的考古学分析引向了社会史研究，给了我们较大的学术提升空间。我们的这些想法，希望在以后的考古资料整理与发掘报告编写中得以探索。

依照南北运河沿岸墓地发掘的先后顺序，西青元宝岛墓地资料整理与报告编写最先提到遗产保护中心的工作日程上来，要求在 2024 年内出版。

前面提到的明清小型墓葬研究方法，其前提条件是保存较好的成片有规律埋葬的墓地。元宝岛墓地遭到后代严重破坏，保存现状很差，成片有规律埋葬的墓葬数量不多，墓地布局与蓟州桃花园墓地、北

---

[1] 陈雍：《天津南北运河沿岸的乡土墓葬》，天津市文化遗产保护中心公众号，2021 年 8 月 9—11 日。

[2] 李法军：《关于天津明清小型墓葬研究的一点看法》，天津市文化遗产保护中心公众号，2021 年 8 月 22 日。

辰李嘴墓地有所区别，研究这个墓地几乎无法做到"以父系家族为重心，以村落墓地为单元"。想要保证在规定时间内完成发掘报告，最稳妥做法是按墓葬发表考古资料，这种发掘报告在业内已有先例，元宝岛墓地报告这么编写并无不可，然而负责元宝岛墓地发掘的尹承龙没有这么做。

在一年多的时间里，他一边做田野考古及其他工作，一边整理研究元宝岛墓地资料。报告脱稿后，他虚心向多方请教，反复修改、补充，校样出来后还不断修改，最终写出了天津考古第一部资料性与研究性俱佳的"明清小墓"发掘报告。夏鼐先生特别强调，发掘报告的编纂是每一个发掘工作的最后一环节，只有发掘报告写成后，负责发掘的人才可算是完成了他的工作，主持发掘工作的团体，应该负担起推动编写报告和出版报告的任务。[1] 夏先生提出的要求，负责元宝岛墓地发掘的尹承龙做到了，并且做得很好。

《西青元宝岛：明清至民国时期墓地发掘报告》主体部分由六章组成，第一、二章为资料部分，包括概述、墓地与墓葬；第三、四、五、六为研究部分，包括出土器物与墓葬年代研究、丧葬习俗研究、鉴定检测与研究报告、墓地研究。报告的第一至第六章记录了元宝岛墓地获取、分析、阐释考古遗存的完整过程。这里提请注意的是，元宝岛墓地发掘报告没有把人类遗存鉴定研究与金属人工制品检测研究作为考古报告的附录，而是作为报告的主体部分。

考古界长期以来，把田野发掘所获的人类遗存与自然遗存，作为田野考古报告的附录，是相当不妥的。我们平常所说的考古遗存，包括文化遗存、人类遗存、自然遗存三大类别，它们彼此之间不存在主次关系。因此在田野考古报告里，这三个类别的研究都应当属于考古报告的主体部分。[2]

《城子崖——山东历城县龙山镇之黑陶文化遗址》[3] 是中国考古学第一部田野考古报告，虽然距今已经 90 年了，但是对于今天考古报告编写仍然具有指导意义。城子崖报告的体例结构是：第一章"城子崖遗址及其发掘之经过"，第二章"城子崖地层之构成"，第三章"建筑之遗留"，第四章"陶片"，第五章"陶器"，第六章"石骨角蚌及金属制器"，第七章"墓葬与人类、兽类、鸟类之遗骨及介类遗壳"；附录"城子崖与龙山镇"；图版目录，插图目录，表目录。这部考古报告将遗址所在地的历史沿革作为附录，遗址出土的墓葬与人类、兽类、鸟类之遗骨等则作为报告主体部分。从中国第一部田野考古报告的视角看，元宝岛墓地发掘报告的写法是田野考古报告的正确回归。

元宝岛墓地发掘报告通过墓葬丧葬习俗与墓地布局两个方面，推定出该墓地的属性类型。报告第四章"丧葬习俗研究"，把墓葬棺内发现的钱币、禅杖形簪、钮扣、材头钉及棺底草木灰和白灰，棺外发现的陶瓷罐、文字符箓砖瓦，以及二次葬，全部放到墓葬的"考古情境"里考察，结合历史文献记载，对元宝岛墓地所反映的入殓、下葬、浮厝等丧葬习俗做出了复原，并且归纳出墓地的葬俗特点。这章的写法颇有意思，每一类遗物、遗迹先是叙述发掘所见，接着列举文献记载，最后将考古遗存及其现象结合文献记载进行讨论，进而复原有关葬俗。这么写，考古遗存及其现象就是"经"，相关历史文献记载犹如"注"，报告做出的讨论仿佛"疏"，三个部分的逻辑关系加强了报告论证的说服力。

报告第六章"墓地研究"，把元宝岛墓地揭露的 120 座墓葬全部放到墓地的"考古情境"里，考察墓

[1] 夏鼐：《田野考古方法》，《夏鼐文集》（上），北京：社会科学文献出版社，2000 年。

[2] 陈雍：《考古何为》，天津：天津人民出版社，2022 年。

[3] 傅斯年、李济等：《城子崖——山东历城县龙山镇之黑陶文化遗址》，南京：国立中央研究院历史语言研究所，1934 年。

葬的空间位置、墓葬朝向、埋葬方式、葬具种类、随葬品组合等，由此推测出元宝岛墓地为若干未经规划墓群的组合；在考虑到元宝岛墓地主体年代与所处地理环境的前提下，结合有关历史文献记载，认为元宝岛墓地不见典型家族墓葬，其主体可能是清代至民国时期杨柳青中心城镇周边的一处中下层居民的义冢和攒柩（亦即浮厝）之所。

所谓"考古情境"，是一种认识与解释"过去"的方法或过程。这种研究方法或过程，通过提供一个多维框架，帮助我们深入理解考古遗址或墓地内不同元素之间的关系，以便更好地去理解过去的事物和现象，以达到复原社会历史的目的。这种研究方法或研究过程，在元宝岛墓地发掘报告里有较好的呈现。

元宝岛墓地发掘与研究属于历史时期考古。历史时期考古发掘用的是考古学方法，这是毫无疑义的。历史时期考古研究，涉及到大量历史文献，用什么方法研究的确是个问题。我见到一些历史时期的考古案例，发掘用的是考古学方法，研究用的是历史学方法，好像京剧梆子两下锅的一出戏。是用历史文献辅助研究考古遗存，还是用考古遗存印证补充历史文献？从论证的角度来说，考古遗存与历史文献，谁是内证，谁是外证，学界有不同的认识与做法。

我认为，历史时期考古发掘与研究的方法都应当是考古学的，它是一种更综合的方法，将考古材料与历史文献按主次结合起来使用，更全面地认识与解释社会历史。这样的考古学或可称为文本辅助考古学（Text-aided archaeology）。文本辅助考古学研究特别强调文本与考古情境互映，文本存在于考古情境之中，考古情境也有赖于文本呈现与活化。

元宝岛墓地发掘报告认为，该墓地主体可能为"义冢和攒柩之所"。这是区别于传统父系家族墓地的另一属性墓地，对于研究天津"明清小墓"具有积极意义。我在发掘现场跟尹承龙说，这片墓地的分区，可以参考清道光年刊印的《津门保甲图说》，看看墓地能否与地上村落对应。我之所以这么说，是因为头脑里有父系家族墓地的想法，这个先入为主的想法给尹承龙以后的研究工作带来许多困扰。但是他没有被先入为主的概念束缚住，而是从考古材料出发，最终提出了自己的看法。至于这个墓地是否属于"义冢和攒柩之所"，还有研究空间。

我没发掘过也没见过古代义冢，关于中国古代义冢的知识来自文献。客死他乡或贫困者往往被埋葬于义冢，古代义冢的社会功能是对传统家族墓地的补充。一般认为，真正意义的义冢最早始于宋代，分为官方与民间两大类。晚明以降，民间义冢形成了不同种类，大体分为会馆建的同乡义冢、会所建的同行义冢、宗族建的同族义冢、慈善组织和个人建的贫民义冢。

按照晚明以来不同种类义冢反观元宝岛墓地。该墓地共揭露出120座墓葬，据人骨可以明确为男女同穴合葬墓39座，占总数32.5%，其中一男二女合葬墓4座。该墓地使用单棺墓60座，占总数50%；双棺墓49座，占总数40.83%；三棺墓葬8座，占总数6.67%；有棺墓葬共117座，占总数97.5%；无棺墓葬3座，占总数2.5%。该墓地随葬的首饰以银质为主，大部分表面可见鎏金处理，铜质首饰仅占少数，未见主体材质为金的首饰，部分发簪的簪头和簪杆为两种合金成分。仅据以上三个方面情况来看，元宝岛墓地可以排除贫民义冢，但是究竟是同乡义冢，还是同行义冢，或者是同宗义冢，均无从判断。

我们在探讨义冢的同时，还应注意到一些值得注意的现象：M73、M85、M90为二女性合葬墓，M84、M97为三女性合葬墓。M81出土印文：古柳王氏；M83出土砖文：登仕郎王公讳富德；M84出土瓦文：王母陆太君，出土另一瓦文：皇□例赠孺人王母太君；M85出土砖文：王母安太君，出土瓦文：清封孺人王二公讳廷杰继配□□。这些都是用"义冢"无法解释的。

　　受元宝岛墓地发掘报告的启发，我想到这样一个问题：晚明以降，随着商品经济发展与成规模人口流动，较发达地区城市（镇）的墓地，除了家（宗）族墓地、各种义冢，是否出现了城镇居民的公共墓地？这种墓地与近代城市（镇）的公墓不同，殆有近似的社会功能。

　　尹承龙在发掘报告的"后记"里，反思了因田野考古工作疏忽造成的信息丢失。由此体现出，通过考古资料整理与考古报告编写对于田野考古发掘认识方面的提高。另外，由于时间的关系，发掘报告对出土文物、人骨的研究尚存在着某些不足，报告的文字表述还可以仔细打磨。

　　读完元宝岛墓地发掘报告，我高兴地看到天津考古年轻一代的成长与进步，我很愿意将这部资料性与研究性俱佳的发掘报告推荐给更多的青年朋友。

陈　雍

2024 年 9 月 19 日

目 录

第三章　出土器物与墓葬年代研究 ………………………………………（211）

第四章　丧葬习俗研究 ……………………………………………………（235）

插图目录

插表目录

图版目录

第一章 概 述

第一节 自然环境与历史沿革

一、地理位置

西青区位于天津市区西南,是天津市环城四区之一,东与红桥区、南开区、河西区及津南区毗邻,东南与滨海新区(大港区)相连,南靠独流减河,与静海区隔河相望,西到东淀与武青区及河北省霸州市接壤,北至子牙河与北辰区交界。该区在北纬38°51′至39°11′,东经116°53′至117°20′,南北长49千米,东西宽11千米,北端最宽处18千米,南部最窄处约4千米,面积571.7平方千米。

元宝岛墓地所在的杨柳青镇位于天津市西南部,是西青区委、区政府所在地,地理坐标为北纬39°08′,东经111°11′,东至西青区中北镇和杨柳青农场,南接西青区张家窝镇,西南临西青区辛口镇,西北靠武清区王庆坨镇,北倚天津市北辰区,辖区面积64平方千米(图1-1)。[1]

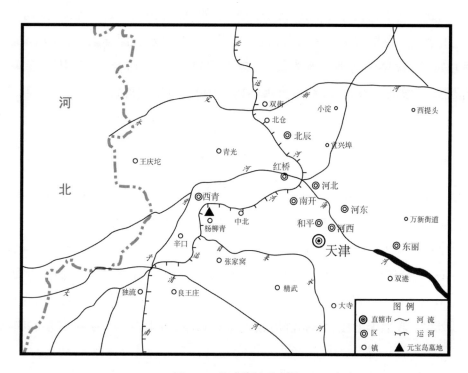

图1-1 墓地位置示意图

---

[1] 西青区房地产管理局编:《西青区房地产志》,天津:天津社会科学院出版社,1997年。

二、自然环境

西青区属暖温带半温润大陆性季风气候区, 干湿季节分明, 寒暑交替明显。冬季受西伯利亚大陆性气团影响, 寒冷、干燥; 春季少雨、多风, 气温变化明显; 夏季受太平洋副热带高压和暖湿气流影响, 闷热、降水集中; 秋季受高压槽控制, 天气晴爽。[1]杨柳青镇境内盛行风向随季节变化而发生明显转变, 冬季盛行西北风, 夏季盛行东南风。春秋季为过渡季节, 风向多变。春季, 日照时间逐渐变长, 气温回升, 天气转暖, 蒸发旺盛, 空气干燥, 多风少雨, 易出现春旱; 当北方冷空气势力较强时, 常会造成"倒春寒"现象。夏季, 白昼时间长、气温通常为全年最高, 有明显的雨季, 降水集中, 时有冰雹、连阴雨等灾害天气发生。秋季, 晴朗少云, 冷暖适中, 为秋高气爽的天气, 有时有秋旱和冰雹、霜冻天气出现。冬季, 以晴为主, 雨雪稀少, 白昼时间短, 气温为全年各季的最低值, 河水结冰, 大地封冻。[2]

西青区位于华北大平原的北部。地貌类型包括平地、洼地、古河床高地、微高地及人为地貌河堤、库堤、洼堤、河渠、池塘、路沟等, 共同组成西青区的平原地貌。区境平原地貌的建造营力主要是河流流水搬运和泥沙堆积的共同作用。历史上流经西青区的大河主要有黄河、南运河、子牙河、大清河、永定河等, 这些河流都源于黄土高原和有黄土分布的山地, 河流含沙量较大, 特别是黄河和永定河携带的泥沙更多, 它们在填海造陆、塑造西青区地貌中的作用是巨大的。[3]杨柳青地处新华夏构造体系华北平原沉降带的沧县隆起构造单元的北部, 基岩地层由中上元古界和下古生界的石灰岩、白云岩构成。地质勘察资料表明, 岩石基底比较完整, 没有较大断裂经过, 地质基础稳定, 没有发生过原发性地震活动。杨柳青地处九河下梢, 从太行山山脉顺流而下的卫河、漳河、滹沱河、滏阳河、大清河等河流都汇入子牙河与南运河。杨柳青南临南运河, 北临子牙河, 历来水资源丰富。又本镇地貌系海退成陆, 河流淤积时间较短的海积冲积平原, 地势低平, 除古河道、河堤、村台外, 海拔高度一般为3.5米以下, 地面坡度很小, 一般坡度小于1/5000, 排水不畅, 历史上洪涝灾害较多。[4]

三、历史沿革

西青区在明代分属河间府静海县和武清县, 清雍正年间归属天津府; 1912年中华民国成立后, 改为天津县, 属直隶省; 1948年12月20日, 杨柳青解放; 1949年春, 建杨柳青市军事管制委员会; 1949年4月, 划归天津县; 1953年5月20日, 撤销天津县, 以原天津县第五区设天津市西郊区, 驻地李七庄, 全区辖巨葛庄、大任庄园头、顶堤大稍直口、马庄等六个乡; 1954年3月, 杨柳青及部分地区划归静海县; 1955年6月17日, 改称西郊区; 1958年10月, 市区郊区合并, 将西郊区并入南开区; 1962年2月, 复置西郊区, 驻地李七庄, 原属静海县的上辛口乡、王稳庄乡、张家窝乡和南河镇南半部村

[1] 天津市西青区地方志编修委员会编著:《西青区志》, 天津: 天津社会科学院出版社, 2000年。
[2] 天津市西青区杨柳青镇志编纂委员会编:《杨柳青镇志》, 北京: 方志出版社, 2022年。
[3] 天津市西青区地方志编修委员会编著:《西青区志》, 天津: 天津社会科学院出版社, 2000年。
[4] 天津市西青区杨柳青镇志编纂委员会编:《杨柳青镇志》, 北京: 方志出版社, 2022年。

庄划归西郊区；1971 年，区政府驻地迁至杨柳青镇至今；1992 年 3 月 6 日，西郊区更名西青区。截至 2022 年 11 月，西青区辖五街七镇，即：西营门街道、李七庄街道、赤龙南街道、赤龙北街道、津门湖街道、中北镇、杨柳青镇、辛口镇、张家窝镇、精武镇、大寺镇、王稳庄镇。[1]

　　杨柳青镇是中国四大名镇之一，其最早的历史可以追溯到北宋时期，北宋时期此地是宋、辽交界地带，宋军修建缘边塘泺，"因以限辽"。北宋景德至元丰年间（1004～1085 年）因黄河北徙，洪水带来的泥沙淤塞成大片土地，大清河与子牙河两河又冲积形成"三角淀"，东流入海，该地因河流纵横、地近海滨，所以初名"流口"，即众水汇聚入海之意。其后，北宋军队为抵御契丹的进攻，又沿大清河两岸筑堡、植柳、布防[2]，于是该地杨柳遍布，又称"柳口"。金代贞祐二年（1214 年），由于该地人口逐渐增多，商业逐渐兴起，金政府在此置巡检，以管理地方治安，并建镇为"柳口镇"。明嘉靖《河间府志》载流口即今杨柳青。从宋代"流口"之地的兴起到金代置"柳口镇"是杨柳青兴起的萌芽阶段，这一时期杨柳青的军事据点特征突出，有限的商业、手工业也主要为军队服务，其人口规模、经济发展程度、政治地位均不高。[3]

　　元代建立后，定都今北京，大规模的南粮初期由河运输往大都，但由于内河运渠狭窄，又经常淤浅，所以后来元代漕运主要依赖海运，海船无法直达大都，需要在直沽中转，刺激了直沽的发展，但对内河沿岸的杨柳青来说，影响很小。"元诗四大家"之一揭傒斯在《杨柳青谣》描述道："杨柳青青河水黄，河流两岸苇篱长。河东女嫁河西郎，河西烧烛河东光。日日相迎苇檐下，朝朝相送苇篱旁。河边病叟长回首，送儿北去还南走。昨日临清卖苇回，今日贩鱼桃花口"。由此可略知元代杨柳青地方不大，居民多以耕作、捕鱼、采苇为生。

　　明代建立后，随着海运的罢黜，运河漕运成为国家税粮转输的主要方式，明成祖迁都北京后，京杭大运河越加繁荣，沿岸各级聚落都得到很大发展。杨柳青位于卫河（即南运河）沿岸，据民国《杨柳青小志》载，"卫河由静海属之独流东来抵杨柳青，西边之碾坨嘴地方作一弯曲，始东直行，画村为南北"[4]，给杨柳青提供了交通便利，明代在这里设立了杨青驿与杨青水驿（嘉靖十九年，即 1540 年移驻天津城外），杨柳青的人口、经济、商业都有了很大的发展。但相关地方志中所收录这一时期的艺文对杨柳青的描写尽是描写景色或抒发情怀，清初谈迁在《北游录》中记载："杨柳青，地多柳，市倍于独流，自独流以来夹水盈盈，似邵伯、高邮道中也"。可见，杨柳青这一时期虽有一定程度的发展，但总体上仍是运河沿岸一座风景秀丽的小镇（图 1-2），尚不能跻身商业重镇的行列。

[1] 《西青区》编纂委员会编：《天津市地名志 11 西青区》，天津：天津人民出版社，1994 年。
[2] 《宋史·河渠志》载"界河以南至沧州凡二百里，夏秋可徒涉，遇冬则冰合，无异平地。请自沧州东接海，西抵西山，植榆柳、桑枣，数年之间，可限契丹"，"于沿边军城植柳蒔麻，以备边用"。
[3] 郑民德、刘杨：《京杭大运河与城镇变迁——以清代天津杨柳青为视角的历史考察》，《聊城大学学报（社会科学版）》，2014 年第 4 期。
[4] 张江载纂：《天津杨柳青小志》，南京：江苏古籍出版社，1992 年。

图 1-2　明万历初年杨柳青一带情景[1]

清代的天津商业发展日盛，四方来聚者亦日多，河漕北上以为定制，水路舟车，甲于畿辅，隐然已居北方经济之中心。杨柳青作为天津西南水路要冲之地，成为京杭运河沿线重要的商业市镇，依靠便利的水陆交通与位于京畿腹地的优越地理位置（图 1-3），杨柳青商业有了很大发展。《畿辅安澜志》载，（乾隆时期）"杨柳青，居民数千家，商贾辐辏"；《津门保甲图说》载，（道光时期）"杨柳青者，西南一巨村也。河间志谓即柳口，地最冲要，旧志云以地多杨柳故名，设驿丞于此，滨河控道，水陆皆通，街巷村庐阗然成聚"；《辛卯侍行记》载，（光绪时期）"杨柳青，古柳口也，北临淀水，南枕漕渠，轮帆凑集，廛市殷阗"[2]。《天津政俗沿革记》载，（民国时期）"杨柳青地方繁富，几与从前城治相埒，比之近时城治，则尚远也，然亦县治中之大镇也。"

杨柳青从清代康熙年间开始兴起，到乾隆、道光时期商业达到鼎峰，其后因太平天国、义和团等运动的兴起，加之运河断流、区域社会秩序紊乱、西方帝国主义入侵等各种因素的影响，经济发展的趋势遭遇重挫，商业地位有所下降。但是，在清末发展实业与兴修铁路的背景下，杨柳青抓住这一时机，重新实现了崛起与发展，将雕版年画等商品推向了全国与世界，形成了与江苏桃花坞、潍县杨家埠齐名的特色品牌。

[1]　参见：钱毂、张复合绘：《水程图》，台北故宫博物院藏。

[2]　杜晨：《清代天津府聚落地理研究》，天津师范大学博士学位论文，2018 年。

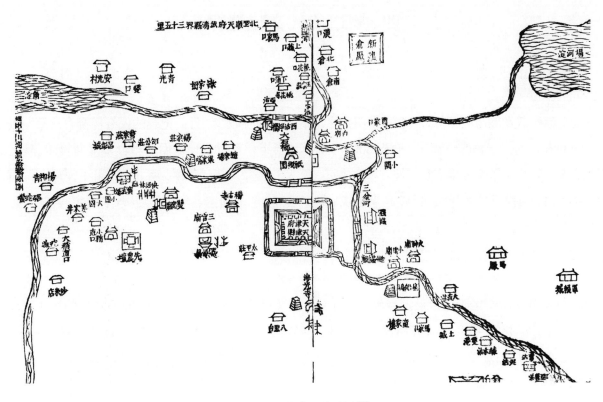

图 1-3 乾隆天津县图[1]

民国初年，沿清代建置，杨柳青镇隶属天津县西乡，辖现镇内各街和小稍直口以西、碾砣嘴以北、现北辰区青光以南各村。1925 年，天津县划分为 8 个区，杨柳青镇隶属第三区，为区公所驻地，辖现镇内各街。1941 年，辖现镇内各街和碾砣嘴、马家庄等行政村。1948 年国民党实行保甲制，时辖镇内 16 个保和由镇外划入的 2 个保，总计 18 个保，186 个甲。1949 年，改为天津县直辖镇，辖镇内 16 个街；同年 8 月，改为河北省直辖镇，由天津专区代管，辖镇内各街和白滩寺村。1952 年，辖镇内 16 个街和白滩寺、大柳滩、三星里东房子、西房子、王家垡、杜家垡等自然村。1957 年 11 月，当城乡并入杨柳青镇。1958 年 8 月，杨柳青镇成立红色人民公社，辖区范围未变；同年 11 月，火箭人民公社（原小甸子乡）与杨柳青红色人民公社合并为杨柳青人民公社。1960 年，隶属天津市南开区，辖区范围未变。1962 年 2 月，天津市恢复西郊区建置，杨柳青人民公社隶属西郊区，辖区范围为镇内 16 个街和白滩寺、大柳滩等行政村。1963 年，公社以大划小，杨柳青镇体制保留既是镇又是公社，辖镇内 16 个街和白滩寺村。1968 年 7 月，原属天津市北郊区青光公社的隐贤村划归杨柳青镇管辖。1969 年 8 月，辖区范围除原村、街外，增辖东碾砣嘴西碾砣嘴、前桑园、后桑园、东桑园、娄家院等行政村。1983 年 4 月，撤销人民公社体制，恢复乡、镇体制，杨柳青镇为西郊区一镇。1990 年 12 月，设杨柳青镇街道办事处，辖镇内一至十六街的居民委员会和火车站、青沙路、二经路等居民委员会。2019 年，辖 25 个行政村，16 个社区居委会。[2]

---

[1] 引自（乾隆）《天津县志》。

[2] 天津市西青区杨柳青镇志编纂委员会编：《杨柳青镇志》，北京：方志出版社，2022 年。

四、周边历代文化遗存

（一）明代以前

与文献所载发展历史相符，杨柳青镇明代之前的文化遗存较少，见诸记载的仅有杨柳青宋墓一处。

杨柳青宋墓位于杨柳青镇南，面积6000平方米，当年调查时发现地面散布较多素面青砖碎块。曾在距地表1.7米处暴露砖墓1座，长方形，单室，长3.5、宽2.5米，券顶，南北向，出土泥质灰陶罐和铜钱数十枚，铜钱年号有开元通宝、元丰通宝、熙宁通宝、至道通宝、天禧通宝、政和通宝等。

（二）明清至民国时期

杨柳青镇明代文化遗存数量发现较多，有文昌阁（始建于万历四年，即1576年）、牌坊（建于万历二十二年，即1594年）、东天齐庙遗址（明末）、杨柳青镇十五街遗址（明清），以及张愚墓、高仁斋墓等。其中，席厂遗址位于杨柳青镇席厂大街，1992年在基建工程中发现，遗址紧临南运河故道，面积约1万平方米，文化层厚0.3～0.5米，地表暴露较多瓷片和陶片，出土有金代薄胎白瓷片、元代彩釉罐，以及明代永乐、成化等年款的青花瓷片和一枚"宽永通宝"铜钱。

清至民国时期，杨柳青镇的文化遗存数量急剧增多，这一时期的古建筑数量众多，如著名的有石家大院、董家大院、安家大院、周家大院、德式火车站等，大都位于南运河以北的杨柳青古镇，足见当时杨柳青镇的繁华程度。

第二节　墓地的发现与发掘经过

一、墓地的发现

2020年3月至6月，因天津市重点建设项目杨柳青大运河国家文化公园建设需要，天津市文化遗产保护中心考古与文物保护部克服种种困难，通过"点对点"的专车接运服务将陕西的劳务技术队伍安全送抵元宝岛考古工作驻地。本次考古勘探工作采取了严格的封闭管理模式，历经近三个月的艰苦努力，完成对西青区杨柳青镇元宝岛的考古勘探任务。共计发现墓葬114座，均位于元宝岛西岛。本次考古勘探项目负责人为赵晨。

二、发掘经过

2020年9月底至11月，经国家文物局批准〔考古发掘证照编号为：考执（2020）第919号〕，天津市文化遗产保护中心组织专业技术人员和民工队伍对元宝岛墓地进行考古发掘工作（墓地发掘编号为"2020TXY"），实际考古发掘面积1000平方米，共清理明清至民国时期墓葬120座。元宝岛墓地考古发掘项目负责人为刘健；现场项目负责人为尹承龙、文璋。参与考古发掘的技工有：杨科民、朱志龙、陈晓桦、赵小民、张学铜、朱地质、田耀明、刘增强、张志文、赵卫义、李铁路等。

在考古发掘过程中，陈雍、盛立双、戴滨等诸位师友在无人机航拍、考古迹象研判和墓地研究等方面提供了指导和帮助。

此外，在中心领导支持下，元宝岛墓地考古队开展了媒体开放日等一系列公众考古活动，接待央视新闻、新华社、今晚报、每日新报、津云等多家媒体的采访报道，在特定时期提高了天津考古的关注度，增进了公众对考古工作的认知和理解。

第三节　资料整理与编写体例

一、资料整理

由于条件所限，元宝岛墓地考古发掘完成后，考古资料的整理工作并未及时开展，相关工作的进展时续时断。

2020年11月，野外考古工作结束，随后转入室内整理阶段，对考古发掘所填写的墓葬登记表、出土文物登记表以及绘制墓葬线图等田野考古资料进行系统地梳理和电子化。本阶段工作主要由杨科民、朱志龙等负责。

2020年12月至2021年5月，对元宝岛墓地出土的金属文物，如首饰、铜钱等进行除锈、缓蚀和封护等处理；对陶瓷类文物进行了必要的考古修复；此外，对保护处理后字口清晰的铜钱进行了拓片。本阶段工作主要由雷金夫负责。

2021年6月，对保护修复后的器物进行考古绘图。本阶段工作主要由韩玉岩负责，符文瓦上所绘符文的释读和摹绘工作由尹承龙完成。

2021年8月至2022年12月，对出土器物进行重新梳理，更正了部分登记信息错乱的文物编号，统一更换了文物标签，完成出土器物的文字描述工作。在此基础上，进一步完善了墓葬信息登记表、出土文物登记表等。本部分工作主要由尹承龙负责。

2022年7月，对元宝岛墓地出土的人骨标本进行体质人类学鉴定和相关研究工作。本部分工作由中山大学李法军、马嘉良、王亚蒙，以及四川大学乔梁完成。

2023年3月，正式启动元宝岛墓地考古发掘报告及相关研究论文的撰写工作。此项工作主要由尹承龙、刘健和赵晨负责。

2023年4月，借助便携式X射线荧光光谱仪，对部分首饰、钮扣、钱币等金属文物的合金成分检测。本部分工作主要由尹承龙、刘健负责。

2023年3~5月，初步完成出土器物绘图的排版和墓葬平面剖视图的梳理和修改工作。本部分工作由尹承龙负责。

2023年5~6月，完成墓葬及出土文物的文字资料整合工作。本部分工作由尹承龙、赵晨负责。

2023年下半年，对元宝岛墓地出土的符文瓦、陶瓷罐、钱币等进行相关研究工作。在此过程中，陈雍、白俊峰、盛立双、刘健等诸位先生在多方面给予了多次宝贵的指导。

2024年1月，基本完成墓地出土器物的考古摄影以及考古报告图版的挑选工作。本部分工作由刘健、尹承龙负责。

2024年5月，基本完成《西青元宝岛》一书的编纂和通稿工作。本部分工作由尹承龙负责。

二、编写体例

本报告共分六章。

第一章为概述，对墓地的位置、自然环境、历史沿革、发现和发掘经过以及资料整理情况进行简单介绍。

第二章为墓地与墓葬，从地层堆积、墓葬分类、墓葬分布三部分简单介绍墓地基本情况；从墓葬形制、人骨及葬式和出土器物三部分对各墓进行详细地分述，逐一报道材料。

第三章为出土器物与墓葬年代研究，通过类型学研究，推定墓葬大致年代。

第四章为丧葬习俗研究，从墓葬出土器物和遗迹现象入手，参考明清及民国时期地方志和民俗资料对墓葬表现出的丧葬习俗进行研究，并对墓地的二次葬和可能存在的"浮厝"现象进行简单讨论。

第五章为鉴定检测与研究报告，分别介绍出土人骨标本体质人类学研究情况和金属文物 X 射线荧光检测分析情况。

第六章为墓地研究，通过墓葬表现出的多种现象、墓地价值等进行探讨。

其后，附各类统计表格和图版。

值得注意的是，本报告在墓葬分述部分在介绍双棺葬的葬具时，是根据发掘者的站位，即站于墓主头侧面向其脚侧，按照从左向右的顺序依次将木棺编为甲棺和乙棺，相应的，棺内人骨亦分别标记为墓主甲和墓主乙。对于三棺葬的描述，也采用了相同的标记方法。报告中所有墓葬单体的朝向均为使用指南针测量的磁北方向，而墓葬分布图则是采用 RTK 测量的坐标北方向绘制，特此说明。

此外，在本报告编写过程中对部分墓葬和遗物标本进行了重新梳理，发现了一些之前未发现的问题，并做了相应的处理。故在此之前关于西青元宝岛墓地的报道、论文等与本报告有出入者，皆以本报告为准。

第二章　墓地与墓葬

第一节　墓地概况

一、地层堆积

元宝岛西岛地表原建有大量居住区、厂房、学校等，在前期拆迁和地表清渣等工作后，地层堆积破坏较为严重。清除渣土后，墓地所在的元宝岛西岛地势较平坦，以东西向剖线为例，其地层堆积情况如下。

第1层：表土层。分A、B、C三亚层。全部墓葬均开口于此层下。

1A层：浅灰色土，土质疏松。厚0.2~2.6米。内含现代垃圾、碎砖块、水泥块、植物根系等。

1B层：黄褐色土，土质较致密。厚0.2~1.7米。内含红陶片、砖渣、木炭粒、沙粒等。

1C层：灰褐色土，土质疏松。厚0.7~1.4米。内含砖块、石块、炉渣灰等。

第2层：黄色淤积土，土质疏松。厚0.2~1.4米。内含细沙颗粒。

第3层：红褐色淤积土，土质较致密。厚0.1~1.3米。土质纯净。

第4层：黄色淤积土，土质疏松。厚0.1~1.5米。内含细沙、铁锈斑等。

第5层：红褐色淤积土，土质较致密。厚0.1~0.3米。土质纯净。

第6层：黄色淤积土，土质疏松。厚0.2~0.9米。内含大量细沙。

第7层：青灰色淤积土，土质疏松。厚0.2~1.0米。内含腐殖物、螺蛳壳等。该层下即青粉色生土，土质较致密，含铁锈斑、料姜石等。

二、墓葬分类

墓地共清理120座墓葬，均为竖穴土圹墓。

根据葬具有无，可将墓葬划分为三类。第一类墓葬使用木棺，此类墓葬数量居首，共计115座。大多数木棺保存状况较差，糟朽严重，仅余部分棺板；少数木棺仍存棺盖，棺盖与棺板之间以木楔子固定。第二类墓葬在木棺之外有木椁的迹象，此类墓葬仅有2座，分别为M24和M58。第三类墓葬未使用葬具，共发现3座。其中，M67和M86墓主均为婴幼儿；M78为墓坑内直接安置着一堆人骨，分属一名成年男性和一名成年女性，人骨摆放较为凌乱。

117座带有葬具的墓葬按照墓圹内木棺的数量可分为三类。第一类为单棺墓，共60座；第二类为双棺墓，共49座；第三类为三棺墓，共8座。

三、墓葬分布

墓葬的分布和墓的朝向没有规律可循，除墓地中部有一片区域墓葬分布较为集中外，其他区域墓葬分布较为零散（见插页），不见典型的家族墓地。

第二节　墓葬分述

为了避免由于主观片面地对资料的不当选择，确保资料的全面性和原始性，本节将以墓葬为单位，依次从墓葬结构、人骨及葬式以及出土器物三个部分，对每一座墓葬进行详细描述。各墓葬情况请参见附表一。

一、第一号墓（TXY M1）

（一）墓葬形制

M1 位于西岛西部，西邻 M3，南邻 M2，开口于①层下，距地表深 0.2 米。长方形竖穴土坑墓，直壁，较规整，平底。长 3.2，宽 1.04～1.4，深 0.6 米。墓向 330°。

墓圹内填黄褐色花土，含花土点、朽木块，土质较疏松。

葬具为木棺，棺木已朽，残留部分棺板。木棺平面呈梯形，长 2.2，宽 0.74～0.86，残高 0.42，棺板厚 0.08～0.12 米。棺底铺有一层厚 0.02 米的草木灰（图 2-1；图版五，1）。

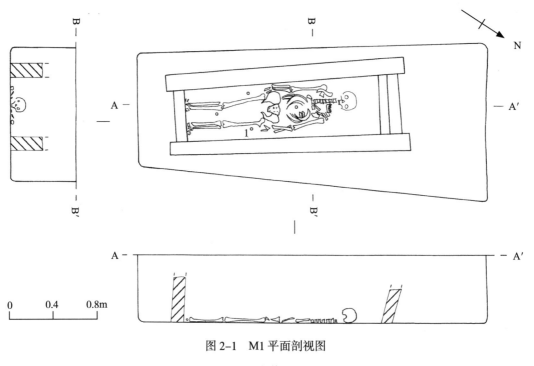

图 2-1　M1 平面剖视图

1. 银钱

（二）人骨及葬式

棺内置人骨一具，头朝东北，仰身直肢。骨架保存较好。经对人骨的体质人类学鉴定，墓主系成年女性，死亡年龄在25岁左右。

（三）出土器物

出土器物有鎏金银钱6枚，形制一致，均为机制币，圆形方穿，内外有郭，正面郭内饰鱼子地纹，钱文凸起，为直读阳文楷书"乾隆通宝"；背面穿左右为凸起满文"宝泉"，对读。

M1：1-1，钱径2.3，穿边长0.2，郭宽0.3，厚0.04厘米，重1.3克（图2-2）；M1：1-2，钱径2.3，穿边长0.2，郭宽0.3，厚0.04厘米，重1.3克；M1：1-3，钱径2.3，穿边长0.2，郭宽0.3，厚0.04厘米，重1.3克；M1：1-4，钱径2.3，穿边长0.2，郭宽0.3，厚0.04厘米，重1.3克；这些钱出自墓主骨肋骨及腿骨周围。

图2-2 M1出土银钱（M1：1-1）

M1：2-1，钱径2.3，穿边长0.2，郭宽0.3，厚0.04厘米，重1.3克（图版七三，1）；M1：2-2，钱径2.3，穿边长0.2，郭宽0.3，厚0.04厘米，重1.3克；这2枚钱出自棺内墓主盆骨下部的草木灰中。

二、第二号墓（TXY M2）

（一）墓葬形制

M2位于西岛西部，南邻M1，西邻M3，开口于①层下，距地表深0.14米。长方形竖穴土坑墓，直壁，较规整，平底。长2.8，宽1.6～1.78，深0.62米。墓向86°。

墓圹内填黄褐色花土，含花土点、朽木块，土质疏松。

墓内并列两具木棺，两棺均为梯形，棺木已朽，残留部分棺板。甲棺长2.1，宽0.46～0.64，棺板残厚0.01～0.02，棺残高0.4米，棺底铺有一层草木灰；乙棺长1.84，宽0.48～0.58，残高0.12米，棺底铺有一层草木灰（图2-3）。

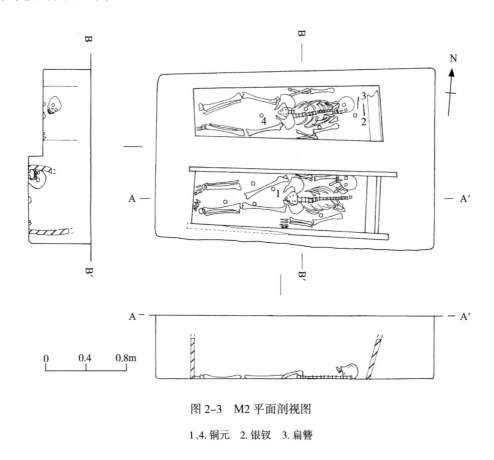

图 2-3　M2 平面剖视图

1、4. 铜元　2. 银钗　3. 扁簪

（二）人骨及葬式

两具木棺内各有人骨一具。

甲棺内人骨保存较好，头向东，仰身直肢。经对人骨的体质人类学鉴定，墓主系成年男性，死亡年龄在 60 岁左右。

乙棺内人骨保存一般，头向东，仰身直肢。经对人骨的体质人类学鉴定，墓主系成年女性，死亡年龄在 30～35 岁。

（三）出土器物

出土器物有钗 1 件，扁簪 1 件，铜元 11 枚。

钗　1 件。标本 M2：2，出土于墓主乙头顶，质地为银鎏金，钗首为一佛像，头戴五佛冠，右手托钵，左手所持法器残，结跏趺坐于莲花座，钗脚为两股，呈扁圆针状，尾部攒尖，通长 11.4 厘米（图2-4，1；图版六二，1、2）。

扁簪　1 件。标本 M2：3，出土于墓主乙头顶，质地为银鎏金，模压而成，整体扁平，中腰细窄，两端外凸呈柳叶状；簪体正面两端的纹饰由地纹和主纹饰组成，粗犷的草叶纹衬映在鱼子地纹之上，背面对称压印有两组长方形戳记,模糊不清,仅可辨识有"美"字。通长10.3,最大宽1.4,厚0.3厘米(图2-4,2;图版五三,6)。

铜元　11枚。锈蚀严重,均为中华民国开国纪念币,形制基本一致,锈蚀程度不同(图版七二,2)。标本M2:1,5枚,出自墓主甲肋骨、腿骨周围。M2:1-1,锈蚀较严重,正面可辨识有"十文"及麦穗图案,背面可辨识有双旗纹和"中华民国开国纪念"字样,钱径2.8厘米。标本M2:4,共4枚,出自墓主乙肋骨、腿骨周围。标本M2:5,2枚,出自墓主甲腿骨下的草木灰内。

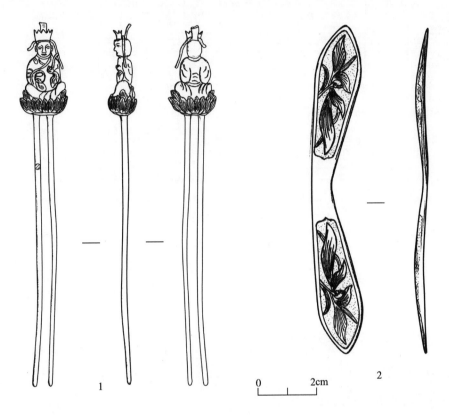

图2-4　M2出土器物

1.银钗(M2:2)　2.扁簪(M2:3)

三、第三号墓(TXY M3)

(一)墓葬形制

M3位于西岛西部,南邻M2,西邻M4,开口于①层下,距地表深0.2米。长方形竖穴土坑墓,直壁,较规整,平底。长2.84,宽1.62~2,深0.52米。墓向264°。

墓圹内填黄褐色花土,含花土点、朽木块,土质较疏松。

墓内并列两具木棺,两棺均为梯形,棺木已朽,残留部分棺板。甲棺长2.2,宽0.7~0.84,棺板残厚0.12~0.14,残高0.32米;乙棺长2.12,宽0.48~0.64,棺板残厚0.08~0.14,残高0.12~0.32米(图2-5;图版五,2)。

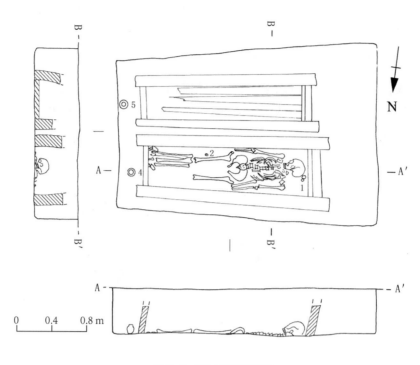

图 2-5　M3 平面剖视图

1. 顶戴　　2、3. 铜钱　　4、5. 瓷罐

（二）人骨及葬式

甲棺内人骨保存一般，头向西，面向上，仰身直肢。经对人骨的体质人类学鉴定，墓主系成年男性，死亡年龄在 60～65 岁。

乙棺内未见人骨，初步推测为迁出葬。

（三）出土器物

出土器物有瓷罐 2 件，顶戴 1 件，铜钱 3 枚。

瓷罐　2 件。标本 M3：4，出自甲棺墓主脚端棺木外侧的填土，通体施青白釉，口沿上部施一周酱黄色釉，底部无釉，露黄褐色胎。直口微侈，尖圆唇，矮领，微折肩，鼓腹，下腹斜直，微内曲，平底微凹，口径 6.4，最大腹径 10.4，底径 7.2，通高 9.7 厘米（图 2-6，1；图版四八，3）。标本 M3：5，出自乙棺尾端棺木外侧的填土，通体施青白釉，口沿上部施一周酱黄色釉，底部无釉，露黄褐色胎，直口微敛，方圆唇，矮领，微折肩，鼓腹，下腹斜曲，平底微凹，口径 6.4，最大腹径 10.3，底径 7.4，通高 9.6 厘米（图 2-6，2；图版四八，4）。

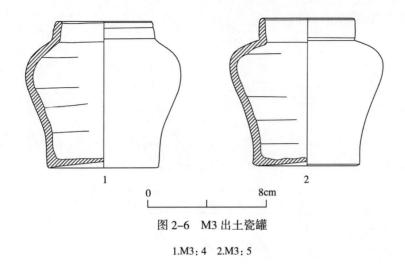

图 2-6 M3 出土瓷罐

1.M3：4 2.M3：5

顶戴 1 件。标本 M3：1，出自墓主甲头顶外填土，质地为黄铜，锈蚀严重，下为镂花铜座，底径 3～3.3 厘米，中间为圆形铜珠，残存严重，顶戴残高 4.4 厘米（图 2-7）。

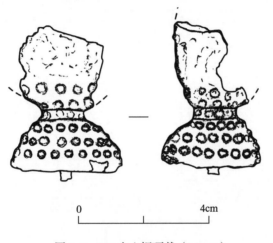

图 2-7 M3 出土铜顶戴（M3：1）

铜钱 3 枚。标本 M3：2，共 1 枚，出自墓主甲右腿骨外侧，圆形方穿，锈蚀严重，钱文不可辨识；标本 M3：3，共 2 枚，出自甲棺墓主头骨及盆骨下侧，圆形方穿，锈蚀严重，钱文不可辨识。

四、第四号墓（TXY M4）

（一）墓葬形制

M4 位于西岛西部，东邻 M3，西邻 M5，开口于①层下，地表深 0.24 米。长方形竖穴土坑墓，直壁，较规整，平底。长 2.7，宽 0.9～1，深 0.44 米。墓向 148°。

墓圹内填黄褐色花土，土质较疏松。

葬具为木棺，棺木已朽，残留部分棺板。木棺平面呈梯形，长 1.9，宽 0.6～0.66，残高 0.26，棺板厚 0.04～0.06 米（图 2-8；图版六，1）。

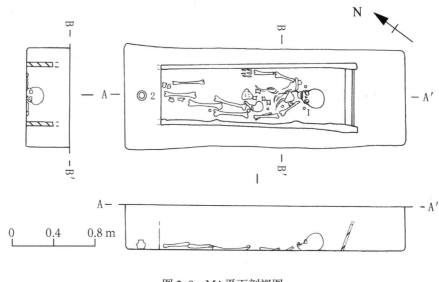

图 2-8　M4 平面剖视图

1. 铜钱　2. 瓷罐

（二）人骨及葬式

棺内置人骨一具，骨架保存较差，头朝南，骨架摆放较为凌乱，应为二次迁入葬。经对人骨的体质人类学鉴定，墓主系成年女性，死亡年龄在 25～30 岁。

（三）出土器物

出土器物有瓷罐 1 件，铜钱 3 枚。

瓷罐　1 件。标本 M4：2，出自墓主脚端棺木外的填土（图版六，2），通体施青白釉，口沿上部施一周酱黄色釉，底部无釉，露黄褐色胎，直口微侈，尖圆唇，矮领，微折肩，鼓腹，下腹斜直，微内曲，平底微凹，口径 6.4，最大腹径 10.4，底径 7.4，通高 9.2 厘米（图 2-9；图版四八，5）。

铜钱　3 枚。出自墓主骨头骨两侧及左脚骨外侧，均为乾隆通宝。标本 M4：1-1，圆形方穿，正、背面有圆郭，郭较宽，正面铸钱文"乾隆通宝"四字，隶书，直读，背面穿左右铸满文"宝泉"二字，钱径 2.3，穿宽 0.55，郭宽 0.3，厚 0.14 厘米，重 3.5 克（图 2-10）。

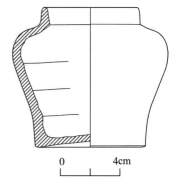

图 2-9　M4 出土瓷罐（M4：2）

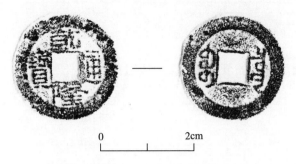

图 2-10　M4 出土铜钱（M4：1-1）拓片

五、第五号墓（TXY M5）

（一）墓葬形制

M5 位于西岛西部，东邻 M4，开口于①层下，距地表深 0.4 米。长方形竖穴土坑墓，直壁，较规整，平底。残长 2.3，残宽 0.94～1，深 0.18 米。墓向 82°。

墓圹内填黄褐色花土，含花土点、白灰点、现代砖瓦块，土质较疏松。

葬具为木棺，棺木已朽，残留部分棺板。木棺平面呈梯形，残长 1.54，残宽 0.5～0.55，残高 0.14 米（图 2-11）。

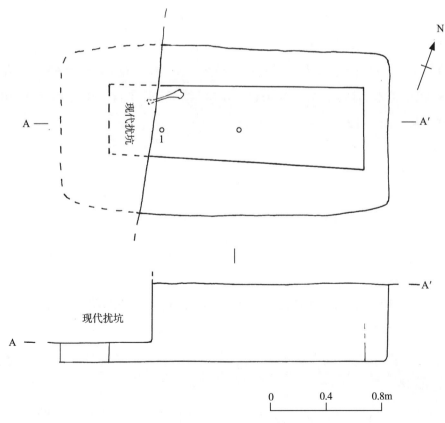

图 2-11　M5 平面剖视图

1. 铜钱

（二）人骨及葬式

破坏严重，仅在棺内西南部见一节腿骨，应为迁出葬。

（三）出土器物

在棺内中西部发现残存铜钱 2 枚，标本 M5：1，均圆形方穿，正、背面有圆郭，郭较宽。M5：1-1，正面铸钱文"乾隆通宝"四字，隶书，直读，背面穿左右铸满文因锈蚀不可辨识，钱径 2.5，穿宽 0.5，郭宽 0.4 厘米；M5：1-2，正面铸钱文"康熙通宝"四字，隶书，直读，背面穿左右铸满文因锈蚀不可辨识，钱径 2.7，穿宽 0.5，郭宽 0.4 厘米。

六、第六号墓（TXY M6）

（一）墓葬形制

M6 位于西岛西部，南邻 M12，西邻 M7，开口于①层下，距地表深 0.44 米。长方形竖穴土坑墓，墓圹分两次开挖而成，乙棺墓圹打破甲棺墓圹，直壁，较规整，残长 2.7，宽 1.7～1.84，深 0.54 米。墓向 195°。

墓圹内内填黄褐色花土，含花土点、朽木块，土质疏松。

墓内并列两具木棺，两棺均为梯形。甲棺仅见棺痕，长 2.02，宽 0.48～0.62 米，棺底铺有一层厚 0.02 米的草木灰；乙棺棺木已朽，长 2.1，宽 0.68～0.78，棺板残厚 0.06～0.1，残高 0.3 米，棺底铺有一层厚 0.02 米的草木灰（图 2-12）。

（二）人骨及葬式

两具木棺内各有人骨一具。

甲棺内人骨保存一般，头向南，面向东，仰身直肢。经对人骨的体质人类学鉴定，墓主系成年男性，死亡年龄在 55～60 岁。

乙棺内人骨保存一般，头向南，面向西，仰身直肢。经对人骨的体质人类学鉴定，墓主系成年女性，死亡年龄在 55～60 岁。

（三）出土器物

出土器物有头饰 1 件，铜钱 1 枚。

头饰　1 件。标本 M6：1，出自墓主乙头骨附近，质地为铜，残损严重，可辨识有花朵、蝴蝶等饰片。

铜钱　1枚。标本 M6：2，出自墓主乙头骨附近，圆形方穿，正、背面有圆郭，郭较宽，正面钱文不清，背面穿左右铸满文"宝泉"二字，钱径 1.9，穿宽 0.4，郭宽 0.3 厘米。

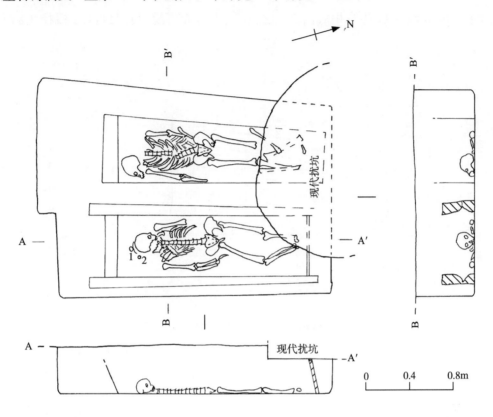

图 2-12　M6 平面剖视图

1. 头饰　2. 铜钱

七、第七号墓（TXY M7）

（一）墓葬形制

M7 位于西岛西部，东邻 M6，南邻 M12，开口于①层下，距地表深 0.64 米。长方形竖穴土坑墓，直壁，较规整，平底。长 2.5，宽 1.06～1.2，深 0.34 米。墓向 150°。

墓圹内填黄褐色花土，上质较疏松。

葬具为木棺，棺木已朽，残留部分棺板。木棺平面呈梯形，残长 1.98，残宽 0.62～0.68，残高 0.1，棺板厚 0.06～0.08 米。棺底铺有一层草木灰（图 2-13）。

（二）人骨及葬式

棺内未见人骨，应为迁出葬。

（三）出土器物

出土器物有铜元 1 枚。

铜元　1 枚。标本 M7：1，出自棺底西部，锈蚀严重，背面可辨识有双旗纹，钱径 3.2 厘米。

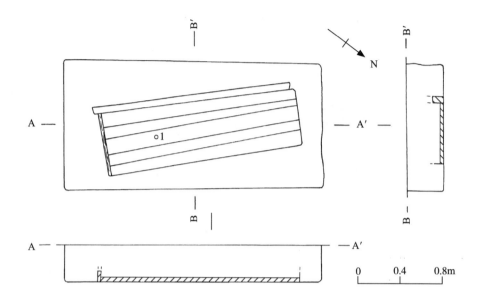

图 2-13　M7 平面剖视图

1. 铜元

八、第八号墓（TXY M8）

（一）墓葬形制

M8 位于西岛西部，南邻 M10，北邻 M2，开口于①层下，距地表深 0.28 米。长方形竖穴土坑墓，直壁，较规整，平底。长 2.76，宽 1.88～1.9，深 0.34 米。墓向 128°。

墓圹内填黄褐色花土，含花土点、小石粒，土质疏松。

墓内并列两具木棺，均为梯形。甲棺仅见棺痕，长 2.26，宽 0.6～0.7 米，棺底铺有一层厚约 0.02 米的草木灰；乙棺棺木已朽，长 2.08，宽 0.46～0.64，棺板残厚 0.04～0.1，残高 0.12 米，棺底铺有一层厚约 0.02 米的草木灰（图 2-14）。

（二）人骨及葬式

两具木棺内各有人骨一具。

甲棺内人骨保存一般，头向南，面向西，仰身直肢。经对人骨的体质人类学鉴定，墓主系成年男性,死亡年龄在 60 岁左右。

乙棺内人骨保存一般,头向南,面向东,仰身直肢。经对人骨的体质人类学鉴定,墓主系成年女性,死亡年龄在 50 岁左右。

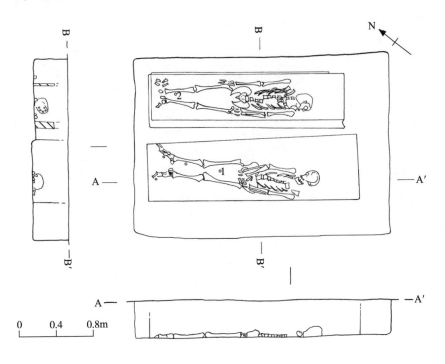

图 2-14 M8 平面剖视图

1、2. 铜钱

(三)出土器物

出土器物有铜钱 8 枚,均出自棺内。

铜钱 8 枚。标本 M8:1,共 2 枚,出自墓主乙脚骨附近,均圆形方穿,锈蚀严重,钱文不可辨识。标本 M8:2,共 1 枚,出自墓主甲跖骨内侧,正、背面有圆郭,郭较宽,正面铸钱文"光绪通宝"四字,隶书,直读,背面穿左右铸满文"宝泉"二字,钱径 2.2,穿宽 0.5,郭宽 0.3 厘米。标本 M8:3,共 4 枚,出自墓主甲跖骨下草木灰中。M8:3-1,圆形方穿,正、背面有圆郭,郭较宽,正面铸钱文"光绪通宝"四字,隶书,直读,背面穿左右铸满文"宝泉"二字,钱径 2.3,穿宽 0.5,郭宽 0.35,厚 0.14 厘米,重 3.2 克(图2-15,1);M8:3-2,圆形方穿,正、背面有圆郭,郭较宽,正面铸钱文"嘉庆通宝"四字,隶书,直读,背面穿左右铸满文"宝晋"二字,钱径 2.3,穿宽 0.5,郭宽 0.35 厘米,

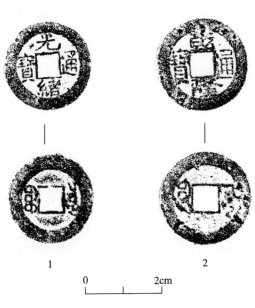

图 2-15 M8 出土铜钱拓片

1. 光绪通宝(M8:3-1) 2. 乾隆通宝(M8:4)

余 2 枚铜钱均圆形方穿，锈蚀严重，钱文不可辨识；M8：3-3，表面残存有两道线痕。标本 M8：4，共 1 枚，出自墓主乙下肢骨下，圆形方穿，正、背面有圆郭，郭较宽，正面铸钱文"乾隆通宝"四字，隶书，直读，背面穿左右铸满文"宝泉"二字，钱径 2.36，穿宽 0.55，郭宽 0.3，厚 0.14 厘米，重 3.5 克（图 2-15，2）。

九、第九号墓（TXY M9）

（一）墓葬形制

M9 位于西岛西部，东邻 M10，西邻 M11，开口于①层下，距地表深 0.22 米。长方形竖穴土坑墓，墓圹分两次开挖而成，甲棺墓圹打破乙棺墓圹，直壁，较规整，长 2.84，残宽 1.74～2.2，深 0.36 米。墓向 288°。

墓圹内填黄褐色花土，含花土点、朽木块，土质疏松。

墓内并列两具木棺，两棺均为梯形，棺木已朽，残留部分棺板。甲棺长 2.1，宽 0.72～0.82，棺板残厚 0.12～0.14，棺残高 0.2 米；乙棺长 2.1，宽 0.66～0.78，棺板残厚 0.08～0.12，残高 0.2 米，棺底铺有一层草木灰（图 2-16）。

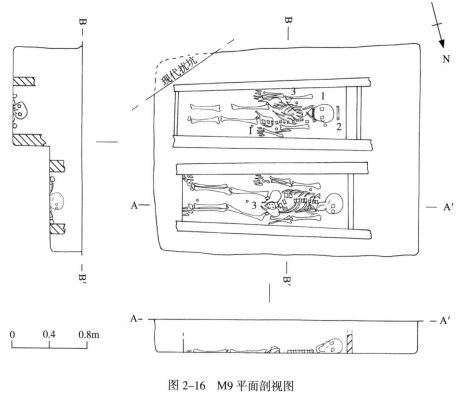

图 2-16　M9 平面剖视图

1、4. 铜钱　2. 扁方　3. 簪

（二）人骨及葬式

两具木棺内各有人骨一具。

甲棺内人骨保存较好，头向西，面向北，仰身直肢。经对人骨的体质人类学鉴定，墓主系成年男性，死亡年龄在65岁以上。

乙棺内人骨保存一般，头向西，面向上，仰身直肢。经对人骨的体质人类学鉴定，墓主系成年女性，死亡年龄在60岁左右。

（三）出土器物

出土器物有扁方1件，簪1件，耳环1件，铜钱7枚。

扁方　1件。标本M9：2，出土于墓主乙头顶，质地为银鎏金，簪头卷曲呈卷轴状，向后弯曲，簪身与卷轴齐宽，呈扁平长条形，末端呈圆弧状；簪身整体光素，仅在外面靠近卷轴部位錾刻有圆寿纹，背面中部压印有长方形"永顺□"戳记。通长14.1，宽1.5，簪身厚0.06厘米（图2-17，1；图版五三，5）。

簪　1件。标本M9：3，出土于墓主乙胸部，质地为银，簪头残损严重，可辨识有焊接在簪杆上的由铜丝卷成的如意云状框架以及小铜环，簪杆保存较好，为细长的圆柱锥状，尾部攒尖。残长11.8厘米（图2-17，2）。

耳环　1件。标本M9：5，出自墓主乙头骨左侧草木灰中，质地为铜，残损严重，可辨识为花瓣式垫片，中间有一圆形凹槽。残长1.5，宽1.3，厚0.3厘米（图2-17，3）。

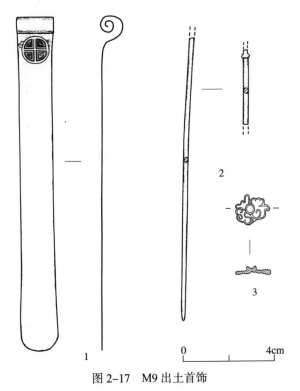

图2-17　M9出土首饰

1.扁方（M9：2）2.簪（M9：3）3.耳环（M9：5）

铜钱共7枚。标本M9：1，共4枚，出自墓主乙头骨和肋骨附近，均为圆形方穿。M9：1-1，正、背面有圆郭，郭较宽，正面铸钱文"光绪通宝"四字，隶书，直读，背面穿左右所铸满文不可辨识，钱径2.5，穿宽0.4，郭宽0.4厘米；余3枚铜钱，锈蚀严重，钱文不可辨识。标本M9：4，共3枚，出自墓主甲肩胛骨和跖骨附近，均圆形方穿。M9：4-1，正、背面有圆郭，郭较宽，正面铸钱文"光绪通宝"四字，隶书，直读，背面穿左右铸满文"宝泉"二字，钱径2.5，穿宽0.5，郭宽0.4，厚0.13厘米，重4克（图2-18）；余2枚铜钱，1枚为"光绪通宝"，1枚因锈蚀钱文不可辨识。

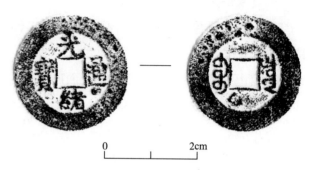

图2-18　M9出土铜钱（M9：4-1）拓片

十、第十号墓（TXY M10）

（一）墓葬形制

M10位于西岛西部，北邻M8，西邻M9，开口于①层下，距地表深0.64米。长方形竖穴土坑墓，直壁，较规整，平底。长2.6，宽0.94～1米。墓向305°。

墓圹内填黄褐色花土，土质较疏松。

葬具为木棺，棺木已朽，残留部分棺板。木棺平面呈梯形，长2.2，宽0.4～0.52，棺残高0.22，棺板残厚0.02～0.06米。棺底铺有一层草木灰（图2-19）。

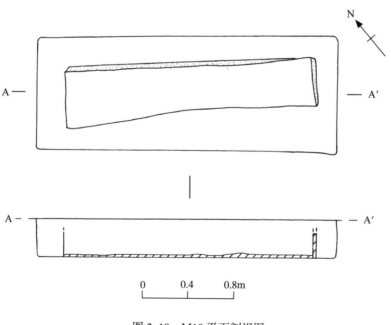

图2-19　M10平面剖视图

（二）人骨及葬式

棺内未发现人骨，应为迁出葬。

（三）出土器物

未发现有出土器物。

十一、第十一号墓（TXY M11）

（一）墓葬形制

M11 位于西岛西部，东邻 M9，西邻 M12，开口于①层下，距地表深 0.34 米。长方形竖穴土坑墓，直壁，较规整，平底。长 3.14，宽 1.6～1.78，深 0.6 米。墓向 212°。

墓圹内填黄褐色花土，含花土点、小石粒，土质疏松。

墓内并列两具木棺，两棺均为梯形，棺木已朽，残留部分棺板。甲棺长 2.24，宽 0.64～0.74，棺板残厚 0.14～0.16，残高 0.5 米，棺底铺有一层厚约 0.02 米的草木灰；乙棺长 2.32，宽 0.64～0.74，棺板残厚 0.1～0.14，残高 0.5 米，棺底铺有一层厚约 0.02 米的草木灰（图 2-20；图版七，1～2）。

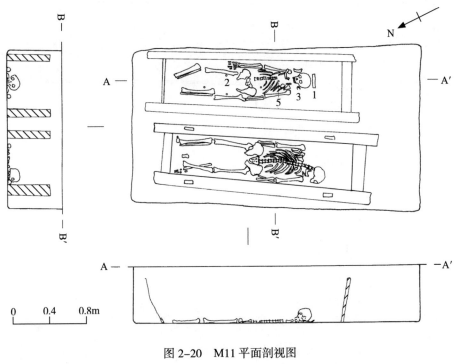

图 2-20　M11 平面剖视图

1.扁方　2.铜钱　3.耳环　5.钮扣

(二)人骨及葬式

两具木棺内各有人骨一具。

甲棺内人骨保存一般,头向南,面向西,仰身直肢。经对人骨的体质人类学鉴定,墓主系成年男性,死亡年龄在 65 岁左右。

乙棺内人骨保存一般,头向南,面向上,仰身直肢。经对人骨的体质人类学鉴定,墓主系成年女性,死亡年龄在 45～50 岁。

(三)出土器物

出土器物有扁方 1 件,耳环 1 件,钮扣 1 件,铜钱 6 枚。

扁方　1 件。标本 M11:1,出土于墓主乙头顶,质地为包金,锈蚀严重,已残。簪头卷曲呈卷轴状,向后弯曲,簪身与卷轴齐宽,整体扁平呈长条形;簪身整体光素,因表面锈蚀遮盖,未发现纹饰。残长 14.2,宽 2.1,簪身厚 0.12 厘米(图 2-21,1)。

耳环　1 件。标本 M11:3,清理人骨时在墓主乙头骨左侧发现,质地为铜鎏金,耳环脚部分残损严重,坠饰部分似为鸡形。残长 1.7,宽 0.8,高 0.8 厘米(图 2-21,2)。

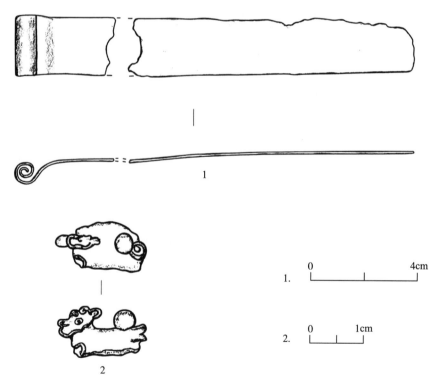

图 2-21　M11 出土器物

1.扁方(M11:1)　2.耳环(M11:3)

钮扣　1 件。标本 M11:5,清理人骨时在墓主乙肋骨下发现,质地为铜,钮扣上粘连有丝织物。钮扣下为近球形，上有一圆环形穿鼻，球形扣上饰有几组由宽凹槽围成的装饰，因锈蚀覆盖模糊不清。

铜钱 6枚。标本 M11: 2，共4枚，出自墓主乙下肢骨附近，均圆形方穿。M11: 2-1，正、背面有圆郭，郭较宽，正面铸钱文"乾隆通宝"四字，隶书，直读，背面粘连有少量布料，穿左右所铸满文不可辨识，钱径2.5，穿宽0.5，郭宽0.4厘米；M11: 2-2，正面铸钱文"乾隆通宝"四字，背面穿左右铸满文"宝泉"二字，钱径2.5，穿宽0.5，郭宽0.4厘米；余2枚铜钱锈蚀严重，钱文不可辨识。标本 M11: 4，共2枚，出自墓主乙肋骨下草木灰中，均锈蚀严重，钱文不可辨识。

十二、第十二号墓（TXY M12）

（一）墓葬形制

M12位于西岛西部，北邻 M6，东邻 M11，开口于①层下，距地表深0.36米。长方形竖穴土坑墓，直壁，较规整，平底。长2.74，宽2～2.08，深0.42米。墓向178°。

墓圹内填黄褐色花土，含植物根系、白灰渣，土质疏松。

墓内并列两具木棺，两棺均为梯形，棺木已朽，残留部分棺板。甲棺长2.02，宽0.48～0.62，棺板残厚0.02～0.08，残高0.16米，棺底铺有一层厚约0.02米的草木灰；乙棺长1.88，宽0.4～0.42，棺板残厚0.02～0.06，残高0.1米，棺底铺有一层厚约0.02米的草木灰（图2-22）。

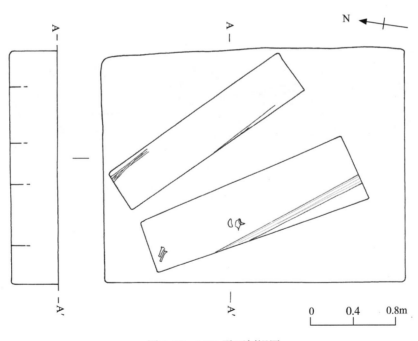

图2-22 M12平面剖视图

（二）人骨及葬式

甲棺内仅见少量零散骨块，应为迁出葬。

乙棺内未见人骨，应为迁出葬。

（三）出土器物

未见出土器物。

十三、第十三号墓（TXY M13）

（一）墓葬形制

M13 位于西岛西部，东邻 M2，西邻 M17，开口于①层下，距地表深 0.22 米。长方形竖穴土坑墓，直壁，较规整，平底。长 2.92，宽 0.88～1.04，深 0.72 米。墓向 208°。

墓圹内填黄褐色花土，土质较疏松。

葬具为木棺，棺木已朽，残留部分棺板。木棺平面呈梯形，长 2.32，宽 0.7～0.82，高 0.32～0.38，棺板厚 0.14～0.16 米。棺底铺有一层草木灰（图 2-23；图版八，1）。

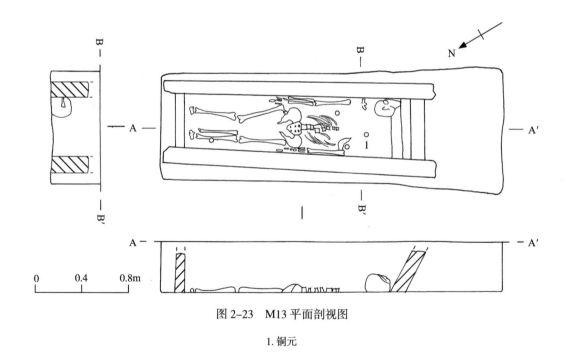

图 2-23　M13 平面剖视图

1. 铜元

（二）人骨及葬式

棺内置人骨一具，人骨保存较差，头骨移动，头向、面向不详，仰身直肢。经对人骨的体质人类学鉴定，墓主系成年女性，死亡年龄在 55～60 岁。

（三）出土器物

仅发现铜元4枚，出自墓主头骨和下肢骨周围，均圆形无穿，锈蚀严重，钱文不可辨识。

十四、第十四号墓（TXY M14）

（一）墓葬形制

M14位于西岛西部，北邻M11，开口于①层下，距地表深0.52米。长方形竖穴土坑墓，直壁，较规整，平底。长2.62，宽1.52～1.82，深0.24米。墓向194°。

墓圹内填黄褐色花土，含花土点、朽木块、细沙，土质疏松。

墓内并列两具木棺，两棺均为梯形，棺木已朽，残留部分棺板。甲棺长1.92，宽0.44～0.6，棺板残厚0.01，残高0.18米，棺底铺有一层草木灰；乙棺长1.9，宽0.42～0.52，棺板残厚0.01，残高0.2米，棺底铺有一层草木灰（图2-24）。

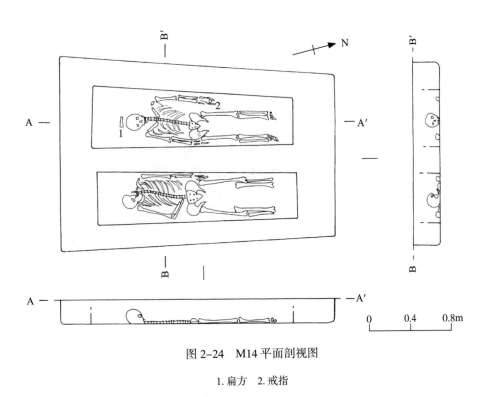

图 2-24　M14 平面剖视图

1. 扁方　2. 戒指

（二）人骨及葬式

两具木棺内各有人骨一具。

甲棺内人骨保存较好，头朝南，面向上，仰身直肢。经对人骨的体质人类学鉴定，墓主系成年女性，死亡年龄在60岁以上。

　　乙棺内人骨保存较好，头朝南，面向西，仰身直肢。经对人骨的体质人类学鉴定，墓主系成年男性，死亡年龄在 35～40 岁。

（三）出土器物

　　出土器物有扁方 1 件，戒指 1 枚，铜钱 5 枚。
　　扁方　1 件。标本 M14：1，出土于墓主甲头顶，质地为黄铜，仅残存部分簪身，呈扁平长条形，末端呈圆弧状，整体光素。残长 7.6、宽 2.1，簪身厚 0.08 厘米（图 2-25，1）。
　　戒指　1 枚。标本 M14：2，出土于墓主甲手指骨处，质地为黄铜。整体呈马镫形，戒面平面呈扁六边形，整体光素，仅在中间有一凹槽将戒面分成上下两区，戒环扁平，活口。内径 1.4，围长 6.3，宽 1.1，厚 1.2 厘米（图 2-25，2；图版六四，6）。

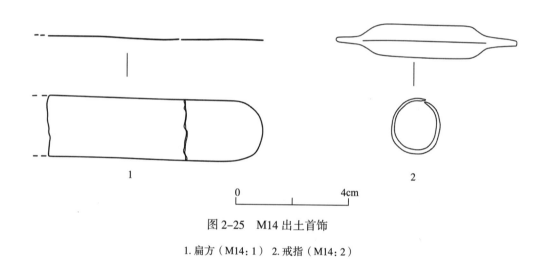

0　　　　　　　4cm

图 2-25　M14 出土首饰

1. 扁方（M14：1）　2. 戒指（M14：2）

　　铜钱　5 枚。均出自墓主甲盆骨下的草木灰中。标本 M14：3-1，圆形方穿，正、背面有圆郭，郭较宽，正面铸钱文"光绪通宝"四字，隶书，直读，背面穿左右铸满文，字口锈蚀严重，钱径 2.3，穿宽 0.45，郭宽 0.35，厚 0.15 厘米，重 2.9 克（图 2-26）；余 4 枚铜钱锈蚀严重，正面铸钱文可辨识为"光绪通宝"四字，隶书，直读，背面穿左右铸满文"宝泉"，钱径 2.3，穿宽 0.4，郭宽 0.4 厘米。

0　　　　　2cm

图 2-26　M14 出土铜钱（M14：3）拓片

十五、第十五号墓（TXY M15）

（一）墓葬形制

M15 位于西岛西部，东邻 M14，西邻 M16，开口于①层下，距地表深 0.22 米。长方形竖穴土坑墓，墓圹分两次开挖而成，乙棺墓圹打破甲棺墓圹，直壁，较规整，平底。长 2.48，宽 1.6～1.62，深 0.4米。墓向 162°。

墓圹内填褐色花土，含花土点、白灰粒，土质疏松。

墓内并列两具木棺，两棺均为梯形，棺木已朽，残留部分棺板。甲棺长 2，宽 0.42～0.62，残高0.38，棺板残厚 0.01～0.02 米，棺底铺有一层厚约 0.02 米的草木灰；乙棺长 1.98，宽 0.48～0.58，残高0.26，棺板残厚 0.01 米，棺底铺有一层厚约 0.02 米的草木灰（图 2-27；图版八，2）。

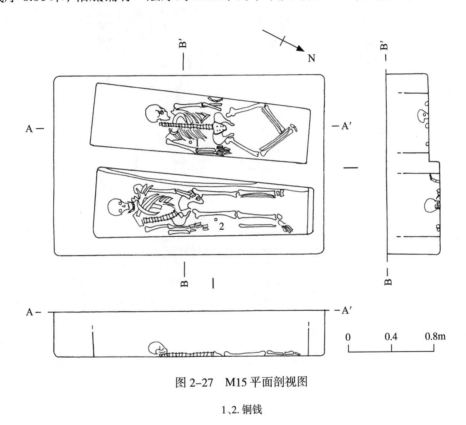

图 2-27 M15 平面剖视图

1、2. 铜钱

（二）人骨及葬式

两具木棺内各有人骨一具。

甲棺内人骨保存较好，头向南，面向西，仰身直肢。经对人骨的体质人类学鉴定，墓主系成年女性，死亡年龄在 55 岁左右。

乙棺内人骨保存一般，头向南，面向上，仰身直肢。经对人骨的体质人类学鉴定，墓主系成年男性，死亡年龄在 50 岁左右。

（三）出土器物

出土器物有符文砖 1 块，铜钱 3 枚。

符文砖　1 块。标本 M15：3，出自墓主甲头骨上方填土内。通体磨光，左上部残缺，背面中央为朱符，其右上方为朱书文字"魂魄"，右侧为朱书文字"壽山永固"，正面为墓主生卒信息，从右至左依次可释读有"……六年五月初三日□時生""……公諱二□……寿之灵砖""中華□□十年七月"，长 27.2，宽 13，厚 6.5 厘米（图 2-28；图版四六，5、6）。

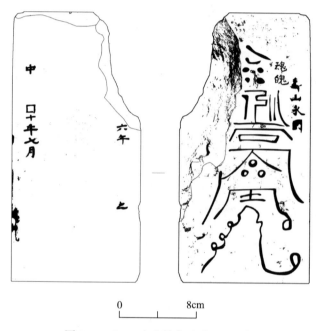

0　　　　　　　8cm

图 2-28　M15 出土符文砖（M15：3）

铜钱　3 枚。标本 M15：1，共 1 枚，出自墓主甲肋骨附近，圆形方穿，正、背面有圆郭，郭较宽，正面铸钱文"宣统通宝"四字，隶书，直读，背面穿左右铸有满文二字，模糊不清，钱径 1.9，穿宽 0.4，郭宽 0.25，厚 0.11 厘米，重 2 克（图 2-29）。标本 M15：2，共 1 枚，出自墓主乙下肢骨附近，圆形方穿，正面铸钱文"宣统通宝"四字，隶书，直读，背面穿左右铸有满文"宝泉"，钱径 2，穿宽 0.4，郭宽 0.3 厘米。标本 M15：4，共 1 枚，出自墓主甲跖骨下草木灰中，圆形方穿，正面铸钱文"宣统通宝"四字，隶书，直读，背面穿左右铸有满文"宝泉"，钱径 2，穿宽 0.4，郭宽 0.3 厘米。

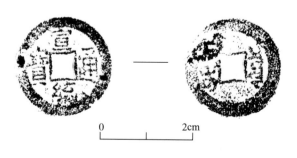

0　　　　　　　2cm

图 2-29　M15 出土铜钱（M15：1）拓片

十六、第十六号墓（TXY M16）

（一）墓葬形制

M16 位于西岛西部，东邻 M15，西邻 M27，开口于①层下，距地表深 0.3 米。长方形竖穴土坑墓，直壁，较规整，平底。长 2.82，宽 0.98～1.2，深 0.28 米。墓向 146°。

墓圹内填黄褐色花土，土质较疏松。

葬具为木棺，棺木已朽，残留部分棺板。木棺平面呈梯形，长 1.84，宽 0.44～0.54，残高 0.18，棺板残厚 0.02～0.06 米。棺底铺有一层厚约 0.02 米的草木灰（图 2-30）。

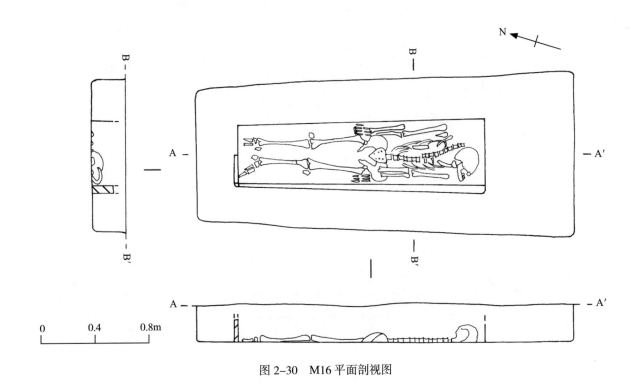

图 2-30　M16 平面剖视图

（二）人骨及葬式

棺内置人骨一具，头向南，面向西，仰身直肢。骨架保存较好。经对人骨的体质人类学鉴定，墓主系成年男性，死亡年龄在 45～50 岁。

（三）出土器物

未发现出土器物。

十七、第十七号墓（TXY M17）

（一）墓葬形制

M17 位于西岛西部，东邻 M13，西邻 M44，开口于①层下，距地表深 0.3 米。长方形竖穴土坑墓，直壁，较规整，平底。长 2.84，宽 0.86～1.14，表深 0.48 米。墓向 146°。

墓圹内填黄褐色花土，含花土点、朽木块，土质较疏松。

葬具为木棺，棺木已朽，残留部分棺板。木棺平面呈梯形，长 2.14，宽 0.68～0.82，高 0.3～0.44，棺板厚 0.08～0.14 米。棺底铺有一层厚约 0.02 米的草木灰（图 2-31；图版九，1）。

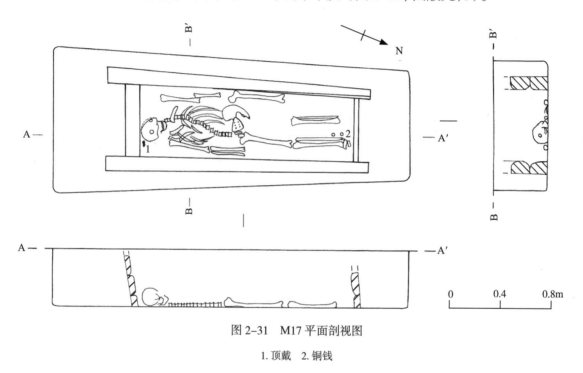

图 2-31　M17 平面剖视图

1. 顶戴　2. 铜钱

（二）人骨及葬式

棺内置人骨一具，头朝南，骨架保存较差，摆放凌乱，应为二次迁入葬。经对人骨的体质人类学鉴定，墓主系成年男性，死亡年龄在 30～35 岁。

（三）出土器物

出土器物有顶戴 1 件，铜钱 2 枚。

顶戴　1 件。标本 M17:1 出自墓主头骨附近。系清朝官员吉服冠顶。质地为黄铜，锈蚀严重，下为镂花铜座，底径 3.4～3.6 厘米，中间为圆形铜珠，直径 2.8 厘米，其上覆有镂花铜盖，中以螺杆贯通固定，通高 6.3 厘米（图 2-32；图版六七，3）。

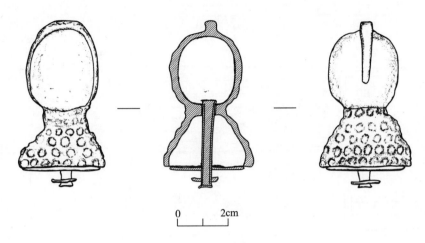

图 2-32 M17 出土顶戴（M17∶1）

铜钱 2 枚。标本 M17∶2，出自墓主跖骨附近。M17∶2-2，圆形方穿，正、背面有圆郭，郭较宽，正面铸钱文"乾隆通宝"四字，隶书，直读，背面穿左右铸满文"宝泉"二字，钱径 2.3，穿宽 0.5，郭宽 0.3，厚 0.15 厘米，重 3.5 克（图 2-33）；M17∶2-1，圆形方穿，锈蚀严重，钱文不可辨识。

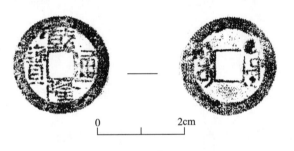

图 2-33 M17 出土铜钱（M17∶2）拓片

十八、第十八号墓（TXY M18）

（一）墓葬形制

M18 位于西岛西部，东邻 M27，西邻 M47，开口于①层下，距地表深 0.24 米。长方形竖穴土坑墓，墓圹分两次开挖而成，甲棺墓圹打破乙棺墓圹，直壁，较规整，长 2.8，宽 1.42～1.52，深 0.36 米。墓向 158°。

墓圹内填黄褐色花土，土质较疏松。

墓内并列两具木棺，两棺均为梯形，棺木已朽，残留部分棺板。甲棺长 2.02，宽 0.52～0.64，残高 0.22，棺板残厚 0.01～0.02 米，棺底铺有一层厚约 0.02 米的草木灰；乙棺长 2.16，宽 0.58～0.7，残高 0.22，棺板残厚 0.08～0.1 米，棺底铺有一层厚约 0.02 米的草木灰（图 2-34）。

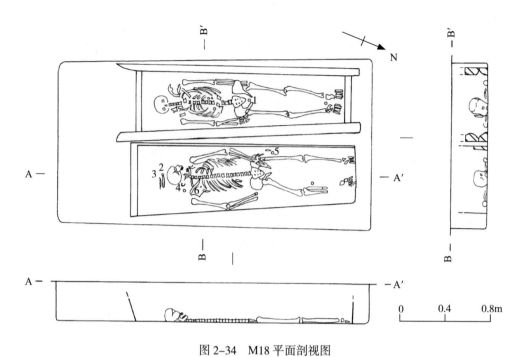

图 2-34　M18 平面剖视图

1. 铜钱　2. 扁方　3. 簪　4. 耳钳　5. 铜钱　6. 钮扣

（二）人骨及葬式

两具木棺内各有人骨一具。

甲棺内人骨保存一般, 头向南, 面向上, 仰身直肢。经对人骨的体质人类学鉴定, 墓主系成年男性, 死亡年龄在 35 岁左右。

乙棺内人骨保存较好, 头向南, 面向西, 仰身直肢。经对人骨的体质人类学鉴定, 墓主系成年女性, 死亡年龄在 25 岁左右。

（三）出土器物

出土器物有扁方 1 件, 簪 1 件, 耳钳 1 枚, 钮扣 1 个, 铜钱 9 枚。

扁方　1 件。标本 M18:2, 出土于墓主乙头顶, 银质, 模压而成。簪头卷曲呈卷轴状, 向后弯曲, 簪身与卷轴齐宽, 呈扁平长条形, 末端呈圆弧状; 该扁方外面整体纹饰繁复华丽, 卷轴中央饰一蝙蝠, 簪身边缘为一圈菱形纹, 其内为主纹饰区, 由地纹和主纹组成, 地纹为鱼子纹, 地纹之上为外凸的主纹饰, 从靠近卷轴一侧开始先为玉兔、梅花、蝴蝶纹饰, 中有一长方形隔断, 上刻有多组线条, 外为等距分布的梅花、莲花、牡丹和菊花, 由枝叶贯穿在一起。簪体内面纹饰部分内凹, 对应长方形隔断位置压印有一长方形 "□泰昌" 戳记。通长 14.2, 宽 2.1 厘米（图 2-35,1; 图版五四,5）。

簪　1 件。标本 M18:3, 出土于墓主乙头顶, 质地为银, 已残, 残余部分断为数节。簪头呈如意形, 上伏有一只蟾蜍, 簪身扁平细长, 宽度向簪尾逐渐内收, 靠近簪头一侧焊接有三只蝙蝠, 伏于簪身外面。残长11.8，最大宽1.2厘米（图2-35，2）。

耳钳　1枚。标本M18：4，出土于墓主乙头部附近，质地为银鎏金。半圆环形，正面为一蜂鸟伏于近圆形底托上，其侧为两只凸出的蝙蝠伏于其上的半环，耳钳脚部分缺失。横向残宽2.5，纵长2.8，厚0.15～0.4厘米（图2-35，3）。

钮扣　1个。标本M18：6，出土于乙棺棺底东部，质地为铜，钮扣上粘连有丝织物。钮扣下为近球形，上接一圆环形穿鼻，穿鼻有圆环勾连。球径0.9、通高1.2厘米（图2-35，4）。

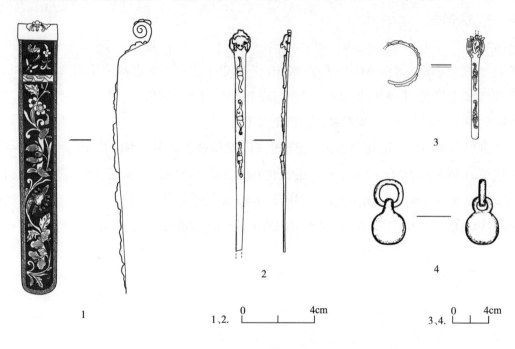

图2-35　M18 出土器物

1.扁方（M18：2）　2.簪（M18：3）　3.耳钳（M18：4）　4.钮扣（M18：6）

铜钱　9枚。标本M18：1，共2枚，出自墓主甲下肢骨附近，均圆形方穿。M18：1-1，正、背面有圆郭，郭较宽，正面铸钱文"乾隆通宝"四字，隶书，直读，背面锈蚀严重，穿左右所铸满文不可辨识，钱径2.3，穿宽0.5，郭宽0.3厘米；余1枚铜钱锈蚀严重，钱文不可辨识。标本M18：5，共3枚，出自墓主乙头骨西侧，均圆形方穿。M18：5-1，正、背面有圆郭，郭较宽，正面铸钱文"光绪通宝"四字，隶书，直读，背面穿左右铸满文"宝泉"二字，钱径2.2，穿宽0.5，郭宽0.35，厚0.14厘米，重3.1克（图2-36，2）；M18：5-2，正面铸钱文"道光通宝"四字，隶书，直读，背面穿左右铸满文"宝源"二字，钱径2.4，穿宽0.5，郭宽0.4厘米；余1枚铜钱锈蚀严重，钱文不可辨识。标本M18：7，共4枚，出自墓主甲肋骨下草木灰中，均圆形方穿。M18：7-1，正、背面有圆郭，郭较宽，正面铸钱文"嘉

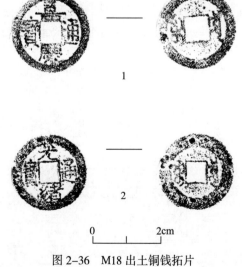

图2-36　M18 出土铜钱拓片

1.嘉庆通宝（M18：7-1）　2.光绪通宝（M18：5-1）

庆通宝"四字，隶书，直读，背面穿左右铸满文"宝泉"二字，钱径 2.3，穿宽 0.5，郭宽 0.3，厚 0.13 厘米，重 3.6 克（图 2-36，1）；M18:7-2，正面铸钱文"道光通宝"四字，隶书，直读，背面穿左右铸满文"宝泉"二字，钱径 2.4，穿宽 0.6，郭宽 0.4 厘米；余 2 枚铜钱锈蚀严重，钱文不可辨识。

十九、第十九号墓（TXY M19）

（一）墓葬形制

M19 位于西岛西部，北邻 M10，南邻 M20，开口于①层下，距地表深 0.45 米。长方形竖穴土坑墓，直壁，较规整，平底。长 2.5，宽 2.48～2.56，深 0.2 米。墓向 165°。

墓圹内填黄褐色花土，含植物根系，土质较疏松。

墓内并列三具木棺，三棺均为梯形，棺木已朽，残留部分棺板。甲棺长 1.9，宽 0.5～0.55，残高 0.2，棺板残厚 0.06～0.07 米，棺底铺有一层厚约 0.02 米的草木灰；乙棺长 2.01，宽 0.51～0.65，残高 0.2，棺板残厚 0.06～0.08 米，棺底铺有一层厚约 0.02 米的草木灰；丙棺长 2.02，宽 0.55～0.66，残高 0.25，棺板残厚 0.08 米，棺底铺有一层厚约 0.02 米的草木灰（图 2-37；图版九，2）。

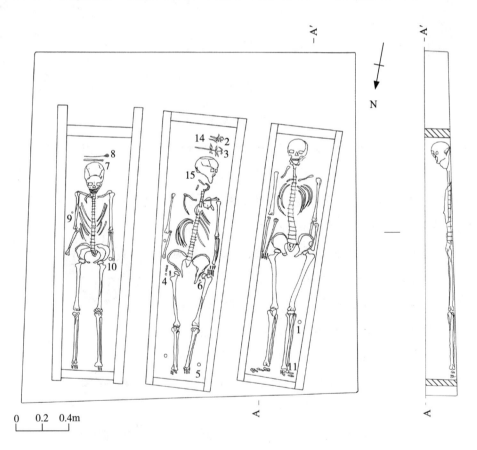

图 2-37　M19 平面剖视图

1、5、10、11.铜钱　2.簪　3.头饰　4.戒指　6.钮扣　7.扁方　8.簪　9.钮扣　14.头饰　15.耳环

（二）人骨及葬式

三具木棺内各有人骨一具。

甲棺内人骨保存较好，头朝南，面向上，仰身直肢。经对人骨的体质人类学鉴定，墓主系成年男性，死亡年龄在30～35岁。

乙棺内人骨保存较好，头朝南，面向西仰身直肢。经对人骨的体质人类学鉴定，墓主系成年女性，死亡年龄在25岁左右。

丙棺内人骨保存较好，头朝南，面向上，仰身直肢。经对人骨的体质人类学鉴定，墓主系成年女性，死亡年龄在55～60岁。

（三）出土器物

出土器物有扁方1件，簪2件，头饰2件，戒指1枚，耳环1件，钮扣2个，铜钱14枚。

扁方　1件。标本M19：7，出土于墓主丙头顶，质地为银。簪头卷曲呈卷轴状，向后弯曲，簪身与卷轴齐宽，整体扁平呈长条形，整体光素，簪身背面压印有长方形"□□楼"戳记。通长14.7，宽1.5，簪身厚0.05厘米（图2-38，2；图版五二，1、2）。

簪　2件。标本M19：2，出土于墓主乙头顶，质地为银鎏金。簪头为两朵石榴花，以粗鎏金银丝为枝干，支起累丝、攒焊而成的石榴花，累丝为叶缘的金箔花叶点缀在周围，设计精巧，工艺繁复，簪头和簪挺以鎏金银片包裹连接在一起，簪挺扁平细长，末端呈圆弧状，簪挺首尾外面各阴刻有花叶纹饰一组。通长25.4，簪挺宽0.9，厚0.15厘米（图2-38，1；图版六〇，2、3）。标本M19：8，出土于墓主丙头顶，簪杆质地为银，簪头质地为铜。禅杖形簪，簪头由三部分组成，顶部为一葫芦，中部为五组金丝卷成的如意云状框架，以中间支柱为轴心焊接在一起，匀称分布，每组如意云状框架均有三组小如意云焊接在一起，框架最下悬挂小圆环若干，下为覆莲座，已残；簪挺细长，截面呈圆形，尾部攒尖。残长20.6厘米。

头饰　2件。标本M19：3，出土于墓主乙头顶，质地为银鎏金。已残，最上层为五朵花瓣托起的葫芦，下为月牙形华盖状饰件，主要以累丝、攒焊工艺制成，外缘钩挂有九组金丝卷成的叶片，最下为一带有残缺装饰的鎏金，粗铜丝别插在中间饰件内的铜管内，与最上层的葫芦连接在一起。通长3.1，宽1.5，残高3.8厘米（图2-38，5；图版六二，3）。标本M19：14，出土于墓主乙头部，质地为铜鎏金，残损严重。残存部分主要为鎏金铜丝组成的枝干和累丝、焊接等工艺制成的花朵、花叶等（图2-38，3）。

戒指　1枚。标本M19：4，出土于墓主乙右手指，质地为银。整体呈圆环状，戒环厚重，外壁圆鼓，整体光素。内径1.6厘米。

耳环　1件。标本M19：15，出土于墓主乙头部，质地为银。坠饰部分已残，残存部分为主要以累丝工艺制成的花叶饰件；其后焊接耳环脚，已残，残存部分呈"S"状。残长6.4，宽3.9厘米（图2-38，4；图版六三，2）。

钮扣　2个。标本M19：6，出土于乙棺棺底西部，质地为黄铜，钮扣穿鼻上粘连有丝织物。钮扣下为近球形, 上接一圆环形穿鼻。钮扣直径 0.9, 通高 1.2 厘米。标本 M19∶9, 出土于丙棺棺底东部, 质地为铜, 钮扣穿鼻上粘连有丝织物。钮扣下为近球形, 上接一圆环形穿鼻。钮扣直径 0.9, 通高 1.2 厘米。

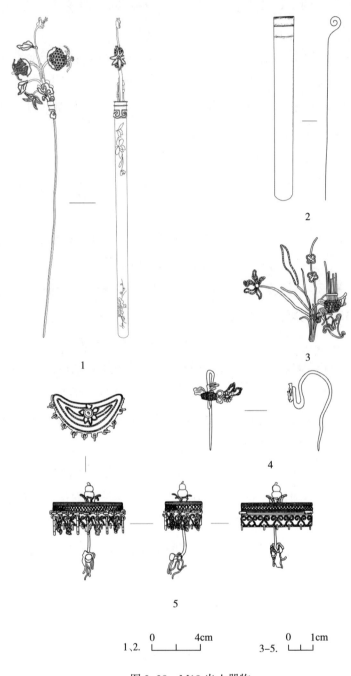

图 2-38　M19 出土器物

1. 簪 (M19∶2)　2. 扁方 (M19∶7)　3. 头饰 (M19∶14)　4. 耳环 (M19∶15)　5. 头饰 (M19∶3)

　　铜钱　14 枚。标本 M19∶1, 共 1 枚, 出自墓主甲下肢骨附近, 圆形方穿, 正、背面有圆郭, 郭较宽, 正面铸钱文"道光通宝"四字, 隶书, 直读, 背面锈蚀严重, 穿左右所铸满文不可辨识, 钱径 2.3, 穿宽 0.5, 郭宽 0.3 厘米。标本 M19∶5, 共 3 枚, 出自墓主乙跖骨附近, 均圆形方穿。M19∶5-1 和

M19：5-2，正、背面有圆郭，郭较宽，正面铸钱文"嘉庆通宝"四字，隶书，直读，背面锈蚀严重，穿左右所铸满文不可辨识，钱径2.4，穿宽0.5，郭宽0.3厘米；余1枚铜钱锈蚀严重，钱文不可辨识。标本M19：10，共1枚，出自墓主丙盆骨下草木灰中，圆形方穿，锈蚀严重，钱文不可辨识。标本M19：11，共2枚，出自墓主甲跖骨下草木灰中，均圆形方穿，锈蚀严重，钱文不可辨识，钱径2.5厘米。标本M19：12，共4枚，出自墓主乙头骨和盆骨附近发现，均圆形方穿。M19：12-1，正、背面有圆郭，郭较宽，正面铸钱文"嘉庆通宝"四字，隶书，直读，背面穿左右铸满文"宝泉"二字，钱径2.4，穿宽0.5，郭宽0.3厘米；余3枚铜钱锈蚀严重，钱文不可辨识。标本M19：13，共4枚，出自墓主丙头骨下草木灰中，均圆形方穿。M19：13-1，正、背面有圆郭，郭较宽，正面铸钱文"道光通宝"四字，隶书，直读，背面与其他铜钱粘连，钱径2.2，穿宽0.5，郭宽0.3厘米；余3枚铜钱锈蚀严重，钱文不可辨识。

二十、第二十号墓（TXY M20）

（一）墓葬形制

M20位于西岛西部，北邻M19，西邻M21，开口于①层下，距地表深0.14米。长方形竖穴土坑墓，墓圹分两次开挖而成，甲棺墓圹打破乙棺墓圹，直壁，较规整，长3.08，宽1.46~1.6，深0.76米。墓向151°。

墓圹内填黄褐色花土，含植物根系，土质较软。

墓内并列两具木棺，两棺均为梯形，棺木已朽，残留部分棺板。甲棺长1.86，宽0.32~0.5，残高0.18米，棺底铺有一层厚约0.02米的草木灰和白灰；乙棺长1.78，宽0.32~0.52，残高0.18米，棺底铺有一层厚约0.02米的草木灰（图2-39；图版一〇，1）。

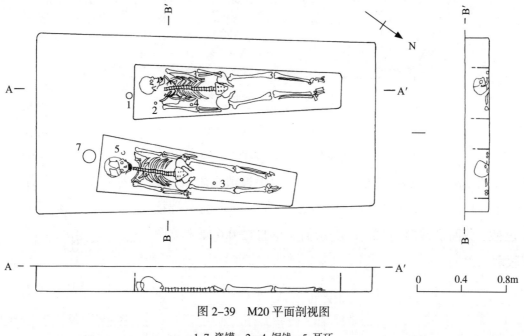

图2-39　M20平面剖视图

1、7. 瓷罐　2~4. 铜钱　5. 耳环

（二）人骨及葬式

两具木棺内各有人骨一具。

甲棺内人骨保存较好，头朝南，面向西，仰身直肢。经对人骨的体质人类学鉴定，墓主系成年男性，死亡年龄在35～40岁。

乙棺内人骨保存一般，头朝南，面向上，仰身直肢。经对人骨的体质人类学鉴定，墓主系成年女性，死亡年龄在35～40岁。

（三）出土器物

出土器物有瓷罐2个，耳环1件，铜钱6枚。

瓷罐　2件。标本M20：1，出自墓主甲头侧棺外填土内。浅褐色粗胎，施酱黄釉，内施满釉，器口刮削露胎，外侧仅颈肩部施釉，器底粘连有砂粒；整体呈深腹，瘦高形，敛口，圆唇，斜领，鼓腹，圈足，颈肩部有两个对称的竖系，均残。口径9.6，底径6.6，腹径12.8，通高13.2厘米（图2-40，1；图版五〇，1）。标本M20：7，出自墓主乙头侧棺外填土内，浅黄褐色粗胎，施酱釉，内施满釉，器口刮削露胎，外侧仅颈肩部施釉；敛口，方圆唇，斜领，缓弧肩，鼓腹，圈足，颈肩部有两个对称的泥条形竖系。口径8.8，最大腹径12，底径6.8，通高10.9厘米（图2-40，2）。

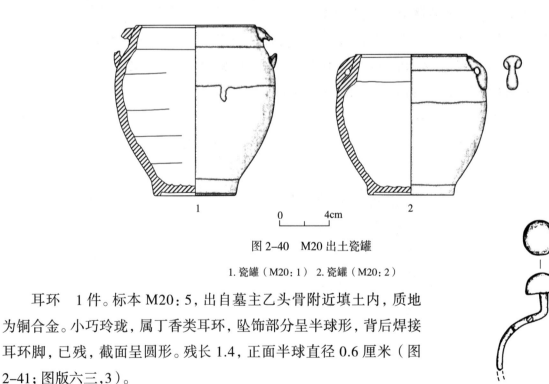

图2-40　M20出土瓷罐

1. 瓷罐（M20：1）　2. 瓷罐（M20：2）

耳环　1件。标本M20：5，出自墓主乙头骨附近填土内，质地为铜合金。小巧玲珑，属丁香类耳环，坠饰部分呈半球形，背后焊接耳环脚，已残，截面呈圆形。残长1.4，正面半球直径0.6厘米（图2-41；图版六三，3）。

图2-41　M20出土耳环（M20：5）

铜钱　6枚。标本M20：2，共1枚，出自墓主甲头骨东侧，圆形方穿，正、背面有圆郭，郭较宽，正面铸钱文"雍正通宝"四字，隶书，直读，背面穿左右铸满文"宝泉"二字，钱径2.7，穿宽0.55，郭宽0.4，厚0.12厘米，重3.6克（图2-42；图版七〇，4）。标本M20：3，共2枚，出自墓主乙跖骨附近，均圆形方穿，正、背面有圆郭，郭较宽，正面铸钱文"乾隆通宝"四字，隶书，直读。M20：3-1，背面穿左右铸满文"宝泉"二字，钱径2.3，穿宽0.5，郭宽0.3厘米；M20：3-2，背面锈蚀严重，穿左右所铸满文不可辨识。标本M20：4，共2枚，出自墓主甲肋骨下草木灰中，均圆形方穿。M20：4-1，正、背面有圆郭，郭较宽，正面铸钱文"乾隆通宝"四字，隶书，直读，背面锈蚀严重，穿左右所铸满文不可辨识，钱径2.5，穿宽0.6，郭宽0.3厘米；M20：4-2，锈蚀严重，钱文不可辨识，表面粘连有布料（图版七四，1）。

0　　　　2cm

图2-42　M20出土铜钱（M20：2）拓片

二十一、第二十一号墓（TXY M21）

（一）墓葬形制

M21位于西岛西部，东邻M20，西邻M23，开口于①层下，距地表深0.54米。长方形竖穴土坑墓，墓圹分两次开挖而成，乙棺墓圹打破甲棺墓圹，直壁，较规整，长2.52，宽1.62～1.74，深0.26米。墓向162°。

墓圹内填黄褐色花土，含花土点、植物根系，土质较软。

墓内并列两具木棺，两棺均为梯形，棺木已朽，残留部分棺板。甲棺长1.72，宽0.36～0.5，残高0.2米，棺底铺有一层厚约0.02米的草木灰；乙棺长1.74，宽0.44～0.56，残高0.16米，棺底铺有一层厚约0.02米的草木灰（图2-43）。

（二）人骨及葬式

两具木棺内各有人骨一具。

甲棺内人骨保存一般，头朝南，面向上，仰身直肢。经对人骨的体质人类学鉴定，墓主系成年男性，死亡年龄在60岁以上。

乙棺内人骨保存一般，头朝南，面向西，仰身直肢。经对人骨的体质人类学鉴定，墓主系成年女性，死亡年龄在40岁左右。

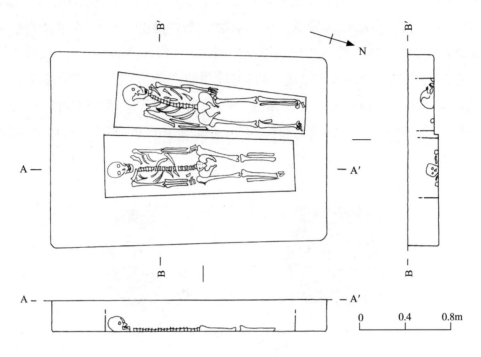

图 2-43　M21 平面剖视图

（三）出土器物

未发现出土器物。

二十二、第二十二号墓（TXY M22）

（一）墓葬形制

M22 位于西岛西部，东邻 M23，西邻 M24，开口于①层下，距地表深 0.54 米。长方形竖穴土坑墓，墓圹分两次开挖而成，乙棺墓圹打破甲棺墓圹，直壁，较规整，长 3.04，宽 2.08～2.2，深 0.34 米。墓向 150°。

墓圹内填黄褐色花土，土质较软。

墓内并列两具木棺，两棺均为梯形，棺木已朽，残留部分棺板。甲棺长 2.06，宽 0.68～0.72，残高 0.38，棺板残厚 0.12～0.14 米，棺底铺有一层厚约 0.02 米的草木灰；乙棺长 2.08，宽 0.52～0.78，残高 0.32，棺板残厚 0.1～0.14 米，棺底铺有一层厚约 0.02 米的草木灰（图 2-44；图版一〇，2）。

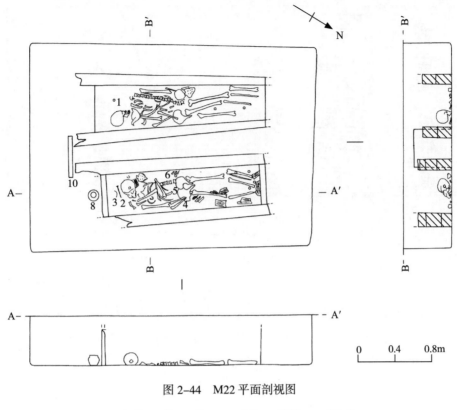

图 2-44　M22 平面剖视图

1、5. 铜钱　2. 簪　3. 簪　4、6. 戒指　8. 瓷罐　10. 符文砖

（二）人骨及葬式

两具木棺内各有人骨一具。

甲棺内人骨保存较差，头朝南，面向西，仰身直肢。经对人骨的体质人类学鉴定，墓主系成年男性，死亡年龄在 50～55 岁。

乙棺内人骨保存较差，头朝南，头骨移动错位，仰身直肢。经对人骨的体质人类学鉴定，墓主系成年女性，死亡年龄在 35～40 岁。

（三）出土器物

出土器物有符文砖 1 块，瓷罐 1 件，簪 2 件，戒指 2 枚，铜钱 9 枚。

符文砖　1 块。标本 M22：10，出自两棺头侧棺外填土内，为方砖，砖正面中间为朱符，符左右依次为朱书 "身披北斗　頭頂三台" "壽山永固　石朽人來"，砖背面中央为朱书 "長人富貴"，长 41，宽 41，厚 6.5 厘米（图 2-45；图版四五，1、2）。

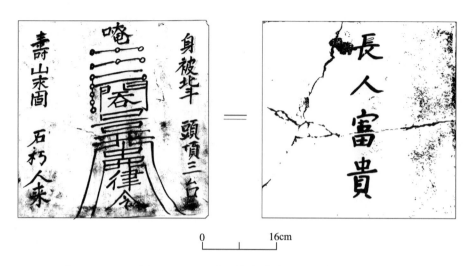

图 2-45　M22 出土符文砖（M22：10）

瓷罐　1 件。标本 M22：8，出自墓主乙头侧棺外填土内。浅褐色粗胎，施酱釉，内施满釉，外侧仅颈肩部施釉。敛口，圆唇，斜领，缓弧肩，鼓腹，圈足，颈肩部有两个对称的竖系，均残。口径 9，底径 7，最大腹径 12，通高 10.5 厘米（图 2-46；图版五〇，2）。

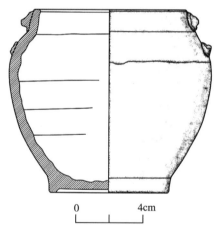

图 2-46　M22 出土瓷罐（M22：8）

簪　2 件。标本 M22：3，出土于墓主乙头顶，质地为银鎏金。簪头残损严重，仅存部分如意纹状框架和一串三个小圆环；簪杆与簪头连接处为一累珠般的细颈，其下方为细长的圆柱锥状簪杆，尾部攒尖。残长 8.8，簪杆直径 0.15～0.5 厘米（图 2-47，2）。标本 M22：2，出土于墓主乙头顶，质地为银鎏金。簪头呈梅花柱状，向后折曲，两端均点缀梅花点，簪挺扁平细长，上宽下窄，末端呈圆弧状，整体光素，仅在簪挺背面压印有一长方形戳记，不可辨识。通长 18，宽 0.6～1 厘米（图 2-47，1）。

戒指　2 枚。标本 M22：4，出土于墓主乙右指骨，质地为银鎏金。整体呈马镫形，戒面为长方形浅槽，上下两端微外翘，中间饰两道横向突出的线纹，左右各接一组花卉纹，戒环呈长条弧形，已残。戒指围长残长 5，最大宽 1.4 厘米（图 2-47，3）。标本 M22：6，出土于墓主乙左指骨，质地为银鎏金。整体呈马镫形，戒面为长方形浅槽，上下两端微外翘，中间饰两道横向突出的线纹，左右各接一组花卉纹，戒面背面压印有一长方形戳记，不可辨识；戒环呈长条弧形，已残。围长残长5，最大宽1.4厘米。

　　铜钱　9枚。标本M22：1，共3枚，出自墓主甲头骨和跖骨附近，均圆形方穿，锈蚀严重，钱文不可辨识。M22：1-1，表面粘连有4道呈放射状的线痕，钱径2.5厘米。标本M22：5，共5枚，出自墓主乙肋骨附近，均圆形方穿，锈蚀严重，钱文不可辨识。M22：5-1，表面粘连有4道线痕，钱径2.4厘米（图版七四，6左；图版七五，1左）；M22：5-2，表面粘连有4道线痕，钱径2.6厘米（图版七四，6右；图版七五，1右）。标本M22：7，共1枚，出自墓主乙腿骨下草木灰中，残损严重，钱文不可辨识。

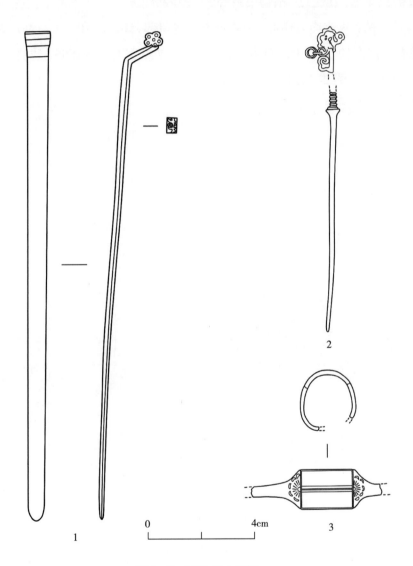

图2-47　M22出土首饰

1.簪（M22：2）　2.簪（M22：3）　3.戒指（M22：4）

二十三、第二十三号墓（TXY M23）

（一）墓葬形制

M23 位于西岛西部，东邻 M21，西邻 M22，开口于①层下，距地表深 0.48 米。长方形竖穴土坑墓，墓圹分两次开挖而成，甲棺墓圹打破乙棺墓圹，直壁，较规整，长 2.84，宽 2.2~2.28，深 0.58 米。墓向 165°。

墓圹内填黄褐色花土，花土点、植物根系等，土质较软。

墓内并列两具木棺，两棺均为梯形，棺木已朽，残留部分棺板。甲棺长 1.96，宽 0.42~0.54，残高 0.34 米，棺底铺有一层厚约 0.02 米的草木灰；乙棺长 1.74，宽 0.46~0.66，残高 0.34 米，棺底铺有一层厚约 0.02 米的草木灰（图 2-48；图版一一，1）。

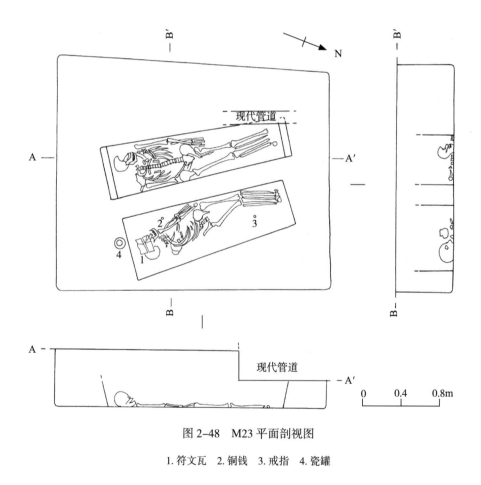

图 2-48　M23 平面剖视图

1. 符文瓦　2. 铜钱　3. 戒指　4. 瓷罐

（二）人骨及葬式

两具木棺内各有人骨一具。

甲棺内人骨保存一般，头朝南，面向西，仰身直肢。经对人骨的体质人类学鉴定，墓主系成年男性，死亡年龄在 30 岁左右。

乙棺内人骨保存较差，头朝南，面向西，仰身直肢。经对人骨的体质人类学鉴定，墓主系成年女性，死亡年龄在 25～30 岁。

（三）出土器物

出土器物有符文瓦 1 片，瓷罐 1 件，玉佩件 1 件，戒指 1 枚，铜钱 2 枚。

符文瓦　1 片。标本 M23：1，出自墓主乙头上填土内，瓦表磨光，中间为朱符，符左侧为墨书"墓""符"，长 17.5，宽 14.6～17，厚 1.3 厘米。

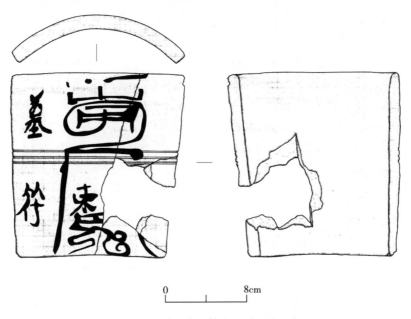

图 2-49　M23 出土符文瓦（M23：1）

瓷罐　1 件。标本 M23：4，出自乙棺头侧棺外填土内，浅褐色粗胎，施酱釉，内施满釉，外侧仅颈肩部施釉。整体呈深腹，瘦高形，敛口，圆唇，斜领，鼓腹，圈足，颈肩部有两个对称的竖系，均残。口径 8.6，底径 6.6，通高 11.2 厘米（图 2-50,1；图版五〇,3）。

玉佩件　1 件。标本 M23：5，清理人骨时在墓主乙右手骨下发现，质地为玉。正面为六出菱花形，对称式构图，体偏薄，上窄下宽，佩件中心有三道贯通对称花片边缘的细凹槽交叉，交叉处有缀合孔，细凹槽内靠近花瓣边缘处各有一个缀合孔，菱花花瓣花尖处也各有缀合孔一个；背面内凹，中央为椭圆形凸起，外为六边形浅槽。长 4.1，宽 2.8，厚 0.4 厘米（图 2-50,2；图版六六,4）。

戒指　1 枚。标本 M23：3，出自墓主乙右手骨下，质地为银鎏金。整体呈马镫形，戒面为长方形浅槽，上下各饰一道横向突出的线纹，浅槽左右各接半朵花纹，戒环呈长条弧形，已残。戒指围长残长 4.5，内径 1.4，最大宽 0.7 厘米（图 2-50,3）。

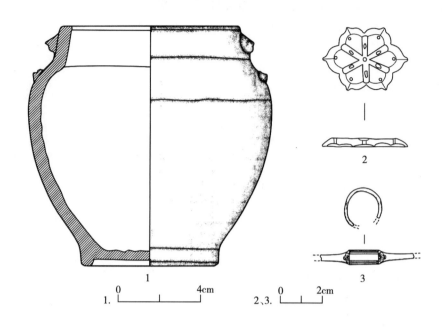

图 2-50　M23 出土器物

1. 瓷罐（M23∶4）　2. 玉佩件（M23∶5）　3. 戒指（M23∶3）

铜钱　2 枚。标本 M23∶2，皆出自墓主乙肋骨和下肢骨附近，均圆形方穿。M23∶2-1，正、背面有圆郭，郭较宽，正面铸钱文"康熙通宝"四字，隶书，直读，背面锈蚀严重，穿左右所铸满文不可辨识，钱径 2.7，穿宽 0.5，郭宽 0.5 厘米；余 1 枚铜钱残损严重，钱文不可辨识。

二十四、第二十四号墓（TXY M24）

（一）墓葬形制

M24 位于西岛西部，东邻 M22，开口于①层下，距地表深 0.5 米。长方形竖穴土坑墓，墓圹分两次开挖而成，甲棺墓圹打破乙棺墓圹，直壁，较规整，长 3.06，宽 2.02～2.38，深 0.54 米。墓向 117°。

墓圹内填黄褐色花土，含花土点、植物根系等，土质较软。

墓内并列两具木棺，两棺均为梯形，棺木已朽，残留部分棺板（图版一一，2）。两棺外均围有一周木板，槽朽严重，似为木椁。甲棺长 2.14，宽 0.48～0.72，残高 0.48，棺板残厚 0.06～0.08 米，棺底铺有一层厚约 0.02 米的草木灰；乙棺长 2.06，宽 0.56～0.64，残高 0.4，棺板残厚 0.08～0.1 米，棺底铺有一层厚约 0.02 米的草木灰（图 2-51～52；图版一二，1）。

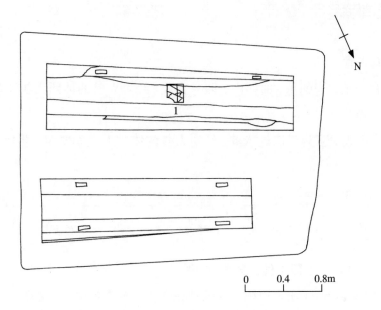

图 2-51 M24 棺盖平面图

1. 素面瓦

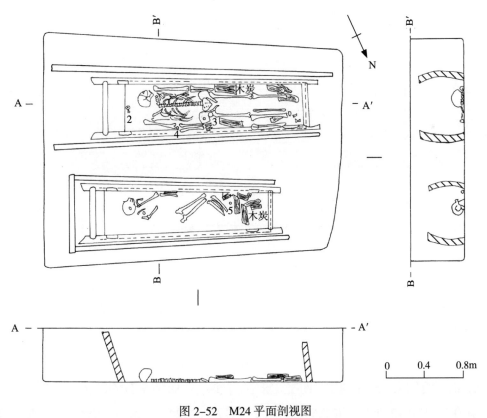

图 2-52 M24 平面剖视图

2. 顶戴 3～5. 铜钱

（二）人骨及葬式

两具木棺内各有人骨一具。

甲棺内人骨保存一般，头朝东，面向南，仰身直肢。经对人骨的体质人类学鉴定，墓主系成年男性，死亡年龄在 55～60 岁。

乙棺内人骨保存较差，应为二次迁入葬。经对人骨的体质人类学鉴定，墓主系成年女性，死亡年龄在 45～50 岁。

（三）出土器物

出土器物有素面瓦 1 片，顶戴 1 件，铜钱 15 枚。

素面瓦　1 片。标本 M24：1 出自甲棺墓主头侧棺盖上，泥质灰陶，一端宽、一端窄，内施布纹，外为素面，中间饰三道凹弦纹，长 18，宽 15～17，厚 1.7 厘米（图 2-53）。

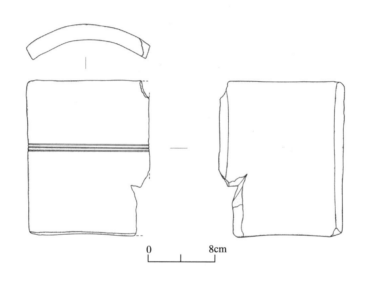

图 2-53　M24 出土素面瓦（M24：1）

顶戴　1 件。标本 M24：2 出自墓主甲头顶。系清朝官员吉服冠顶。质地为铜，锈蚀严重，下为镂花铜座，底径 3.5 厘米，中间为圆形铜珠，直径 2.4 厘米，其上覆有镂花铜盖，顶戴通高 6.5 厘米（图 2-54，1；图版六七，4）。

铜钱　15 枚。标本 M24：3，共 3 枚，出自墓主甲盆骨左侧，均圆形方穿。M24：3-1，正、背面有圆郭，郭较宽，正面铸钱文"雍正通宝"四字，隶书，直读，背面穿左右铸满文"宝泉"二字，钱径 2.6，穿宽 0.6，郭宽 0.5，厚 0.12 厘米，重 3.5 克（图 2-54，2）；M24：3-2，正、背面有圆郭，郭较宽，正面铸钱文"康熙通宝"四字，隶书，直读，背面穿左右铸满文"宝泉"二字，钱径 2.6，穿宽 0.5，郭宽 0.5 厘米；余 1 枚铜钱锈蚀严重，钱文不可辨识。标本 M24：4，共 7 枚，出自墓主甲头骨和下肢骨下草木灰中，均圆形方穿。M24：4-1，正、背面有圆郭，郭较宽，正面铸钱文"乾隆通宝"四字，隶书，直读，背面穿左右铸满文"宝泉"二字，钱径 2.5，穿宽 0.5，郭宽 0.4 厘米；余 6 枚铜钱锈蚀严重，钱文不可辨识，M24：4-2，表面残留有线痕，M24：4-3，表面粘连有布料。标本 M24：5，共 5 枚，出自墓主乙头骨、肋骨和跖骨下草木灰中，均圆形方穿。M24：5-1，正、背面有圆郭，郭较宽，正面铸钱文"乾隆通宝"四字，隶书，直读，背面锈蚀严重，穿左右所铸满文不可辨识，钱径 2.5，穿宽 0.5，郭宽 0.5 厘米；余 4 枚铜钱锈蚀严重，钱文不可辨识。

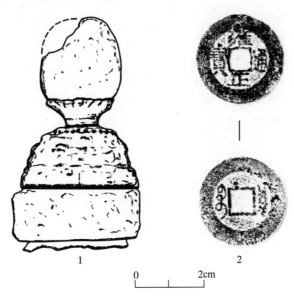

图 2-54　M24 出土顶戴和铜钱拓片

1. 顶戴（M24：2）　2. 铜钱（M24：3-1）

二十五、第二十五号墓（TXY M25）

（一）墓葬形制

M25 位于西岛西部，开口于①层下，距地表深 0.42 米。长方形竖穴土坑墓，直壁，较规整，平底。长 2.52，宽 0.74～1.04，深 0.32 米。墓向 323°。

墓圹内填黄褐色花土，含花土点、植物根系，土质较疏松。

葬具为木棺，棺木已朽，残留部分棺板。木棺平面呈梯形，长 1.92，宽 0.42～0.62，残高 0.22，棺板残厚 0.02～0.1 米，棺底铺有一层厚约 0.02 米的草木灰，人骨周围有大量大块木炭（图 2-55；图版一二，2）。

（二）人骨及葬式

棺内置人骨一具，保存较差，头朝北，面向上，仰身屈肢。经对人骨的体质人类学鉴定，墓主系成年女性，死亡年龄在 35～40 岁。

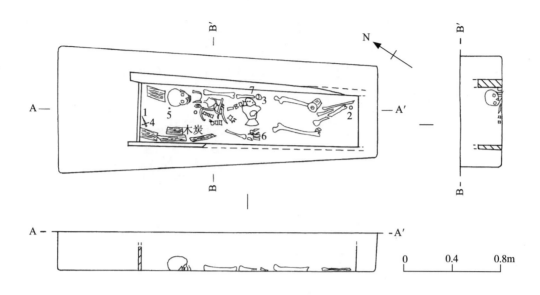

图 2-55　M25 平面剖视图

1、4. 簪　2. 铜钱　3、6、7. 戒指　5. 耳环

（三）出土器物

出土器物簪 2 件，耳环 1 枚，戒指 3 枚，铜钱 2 枚。

簪　2 件。标本 M25：1，出土于墓主头顶西部，质地为银鎏金。簪头呈竹节状，上饰有浮雕效果的梅花等纹饰，因锈蚀模糊不清，簪头向后弯曲，簪挺扁平细长，截面呈 D 形，上宽下窄，挺尾为圆弧状。通长 16，宽 0.5～0.9 厘米（图 2-56，1）。标本 M25：4，出土于墓主西北侧，质地为银。禅杖形簪，簪头由顶部为一葫芦，中部为四组金丝卷成的如意云状框架，残损严重，以中间支柱为轴心焊接在一起，匀称分布，框架最下悬挂小圆环若干；簪杆残断，与簪头连接处为一累珠般的细颈，其下为细长的圆柱锥状簪杆，尾部攒尖。残长 8.8，簪杆直径 0.15～0.5 厘米（图 2-56，2）。

耳环　1 枚。标本 M25：5，出土于墓主西北侧，质地为银。坠饰部分呈蕉叶状，背后焊接耳环脚，已残。蕉叶长 2.6，宽 1.3 厘米。

戒指　3 枚。标本 M25：3，出土于墓主左指骨处，质地为银鎏金。整体呈马镫形，戒面为长方形浅槽，上下各饰一道横向突出的线纹，浅槽左右各接半朵花纹，戒环为细长条形，尾部呈弧状，活口。内径 1.7、最大宽 0.7 厘米（图 2-56，3）。标本 M25：6，出土于墓主右指骨处，质地为银。戒面较宽，呈花式，上下各四瓣，对称分布，戒面上纹饰因锈蚀模糊不清；戒环部分已残。展开残长 2.6、最大宽 1.3 厘米。标本 M25：7，出土于墓主左指骨处，质地为银。整体呈马镫形，戒面为长方形浅槽，上下各饰一道横向突出的线纹，浅槽左右各接半朵花纹，戒环呈长条弧形，已残。展开残长 3.2，最大宽 0.7 厘米。

铜钱　2 枚。标本 M25：2，出自墓主肋骨、跖骨附近。均圆形方穿，锈蚀严重，钱文不可辨识。

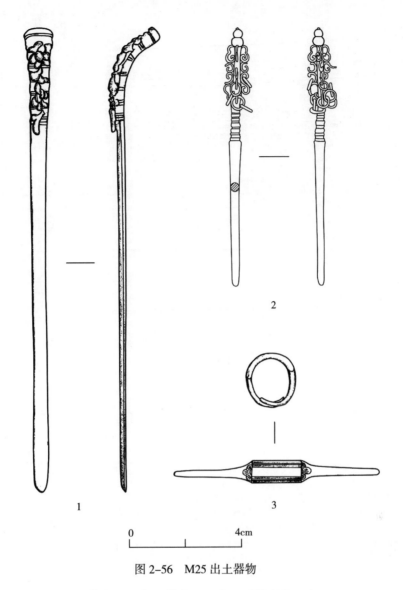

图 2-56 M25 出土器物

1. 簪（M25:1） 2. 簪（M25:4） 3. 戒指（M25:3）

二十六、第二十六号墓（TXY M26）

（一）墓葬形制

M26 位于西岛西部，西邻 M28，开口于①层下，距地表深 0.5 米。长方形竖穴土坑墓，直壁，较规整，平底。长 2.94，宽 0.52～1.06，深 0.52 米。墓向 156°。

墓圹内填黄褐色花土，含植物根系，土质较疏松。

葬具为木棺，棺木已朽，残留部分棺板。木棺平面呈梯形，长 2.04，宽 0.46～0.62，残高 0.42，棺板残厚 0.1～0.14 米。棺底铺有一层厚约 0.02 米的草木灰（图 2-57；图版一三,1）。

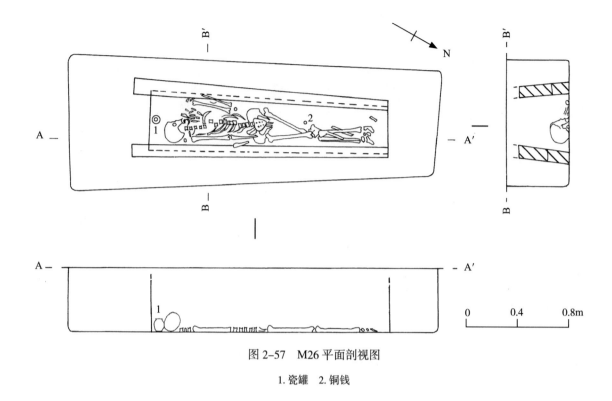

图 2-57　M26 平面剖视图

1. 瓷罐　2. 铜钱

（二）人骨及葬式

棺内置人骨一具，骨架保存一般，头朝南，面向西，仰身直肢。经对人骨的体质人类学鉴定，墓主系成年男性，死亡年龄在 25 岁左右。

（三）出土器物

出土器物有瓷罐 1 件，铜钱 2 枚。

瓷罐　1 件。标本 M26：1，出自棺内墓主头顶附近，浅褐色粗胎，施酱釉，内施满釉，外侧仅颈肩部施釉。敛口，圆唇，斜领，鼓腹，圈足，颈肩部有两个对称的竖系，均残。口径 8.6，底径 6.8，最大腹径 12.4，通高 11.2 厘米（图 2-58，1）。

铜钱　2 枚。标本 M26：2-1，出自墓主盆骨西侧，圆形方穿，正、背面有圆郭，郭较宽，正面铸钱文"康熙通宝"四字，隶书，直读，背面穿左右铸满文"宝泉"二字，钱径 2.7，穿宽 0.5，郭宽 0.4，厚 0.12 厘米，重 2.9 克（图 2-58，2）。标本 M26：2-2，出自墓主脚骨西侧，圆形方穿，正、背面有圆郭，郭较宽，正面铸钱文"康熙通宝"四字，隶书，直读，背面穿左右铸满文"宝泉"二字，钱径 2.7，穿宽 0.5，郭宽 0.4，厚 0.14 厘米，重 4.5 克（图 2-58，3；图版七〇，1）。

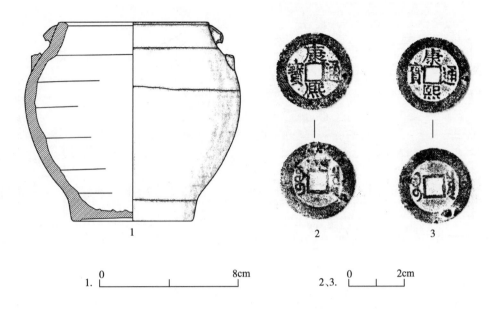

图 2-58　M26 出土瓷罐和铜钱拓片

1. 瓷罐（M26：1）　2. 铜钱（M26：2-1）　3. 铜钱（M26：2-2）

二十七、第二十七号墓（TXY M27）

（一）墓葬形制

M27 位于西岛西部，东邻 M16，西邻 M18，开口于①层下，距地表深 0.46 米。为长方形竖穴土坑墓，墓圹分两次开挖而成，甲棺的墓圹打破乙棺的墓圹，直壁，较规整，长 2.94，宽 1.4～1.9，深 0.9 米。墓向 153°。

墓圹内填黄褐色花土，含花土点、植物根系，土质较软。

墓内并列两具木棺，两棺均为梯形，棺木已朽，残留部分棺板。甲棺长 1.9，宽 0.42～0.58，残高 0.32 米，棺底铺有一层厚约 0.02 米的草木灰；乙棺长 2，宽 0.38～0.58，残高 0.32 米，棺底铺有一层厚约 0.02 米的草木灰（图 2-59）。

（二）人骨及葬式

两具木棺内各有人骨一具。

甲棺内人骨保存一般，头朝南，面向上，仰身直肢。经对人骨的体质人类学鉴定，墓主系成年男性，死亡年龄在 30 岁左右。

乙棺内人骨保存一般，头朝南，面向西，仰身直肢。经对人骨的体质人类学鉴定，墓主系成年女性，死亡年龄在 25 岁左右。

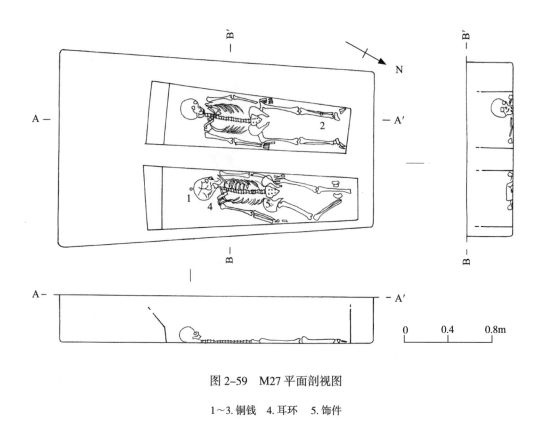

图 2-59　M27 平面剖视图

1～3. 铜钱　4. 耳环　5. 饰件

（三）出土器物

出土器物有耳环 1 枚，饰件 1 件，铜钱 9 枚。

耳环　1 枚。标本 M27：4，出自墓主乙头骨下，质地为铜。为丁香类耳环，坠饰部分为圆饼状，有托，托内珠饰已缺，背面焊接耳环脚，残损严重。圆饰片直径 1，厚 0.1 厘米。

饰件　1 件。标本 M27：5，出自墓主乙盆骨下草木灰中，质地为银鎏金。为箔片和细丝制成的圆形篆书寿字焊接在圆环上，寿字正面中央有托，托内珠饰已缺。直径 2.3 厘米。

铜钱　9 枚。标本 M27：1，共 3 枚，出自墓主乙肋骨附近，均圆形方穿。M27：1-1，正、背面有圆郭，郭较宽，正面铸钱文"乾隆通宝"四字，隶书，直读，背面穿左右铸满文"宝泉"二字，钱径 2.4，穿宽 0.5，郭宽 0.3，厚 0.14 厘米，重 3.3 克（图 2-60，1）；M27：1-2，正、背面有圆郭，郭较宽，正面铸钱文"道光通宝"四字，隶书，直读，背面穿左右铸满文"宝泉"二字，钱径 2.5，穿宽 0.5，郭宽 0.3，厚 0.15 厘米，重 4.2 克（图 2-60，2）；余 1 枚铜钱锈蚀不清，钱文不可辨识。标本 M27：2，共 3 枚，出自墓主甲跖骨下草木灰中，均圆形方穿。M27：2-1，正、背面有圆郭，郭较宽，正面铸钱文"乾隆通宝"四字，隶书，直读，背面穿左右铸满文"宝泉"二字，钱径 2.5，穿宽 0.5，郭宽 0.3，厚 0.14 厘米，重 3.4 克（图 2-60，3）；M27：2-2，正、背面有圆郭，郭较宽，正面铸钱文"嘉庆通宝"四字，隶书，直读，背面穿左右铸满文"宝泉"二字，钱径 2.4，穿宽 0.5，郭宽 0.3，厚 0.14 厘米，重 3.5 克（图 2-60，4）；M27：2-3，正、背面有圆郭，郭较宽，正面铸钱文"乾隆通宝"四字，隶书，直读，背面锈蚀严重，穿左右所铸满文不可辨识，钱径 2.5，穿宽 0.4，郭宽 0.4 厘米。标本 M27：3，共 3 枚，出自墓主乙盆骨下草木灰中，均圆形方穿，有 2 枚 "乾隆通宝"，正、背面有圆郭，郭较宽，正面铸钱文 "乾隆通宝" 四字，隶书，直读，背面锈蚀严重，穿左右所铸满文不可辨识。M27:3-1，钱径 2.5，穿宽 0.4，郭宽 0.5 厘米；余 1 枚铜钱锈蚀严重，钱文不可辨识。

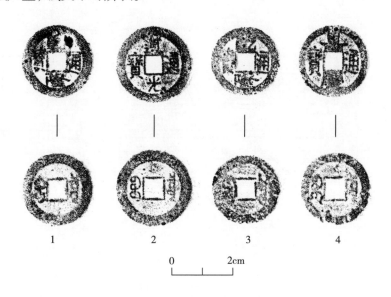

图 2-60　M27 出土铜钱拓片

1、3. 乾隆通宝（M27:1-1, M27:2-1）　2. 道光通宝（M27:1-2）　4. 嘉庆通宝（M27:2-2）

二十八、第二十八号墓（TXY M28）

（一）墓葬形制

M28 位于西岛西部，南邻 M29，东邻 M26，开口于①层下，距地表深 0.32 米。长方形竖穴土坑墓，墓圹分两次开挖而成，乙棺墓圹打破甲棺墓圹，直壁，较规整，平底。长 3，宽 1.8，深 0.54 米。墓向 157°。

墓圹内填黄褐色花土，土质较软。

墓内并列两具木棺，两棺均为梯形，棺木已朽，残留部分棺板。甲棺长 1.94，宽 0.62～0.7，残高 0.16，棺板残厚 0.06～0.08 米，棺底铺有一层厚约 0.02 米的草木灰和白灰；乙棺长 2.04，宽 0.48～0.72，残高 0.24～0.26，棺板残厚 0.02～0.13 米，棺底铺有一层厚约 0.02 米的草木灰和白灰（图 2-61；图版一三,2）。

（二）人骨及葬式

两具木棺内各有人骨一具。

甲棺内人骨保存状况一般，肋骨摆放较为凌乱，应为二次迁入葬。经对人骨的体质人类学鉴定，墓主系成年男性，死亡年龄在 25～30 岁。

乙棺内人骨保存状况较差，骨架摆放较为凌乱，应为二次迁入葬。经对人骨的体质人类学鉴定，墓主系成年女性，死亡年龄在 25 岁左右。

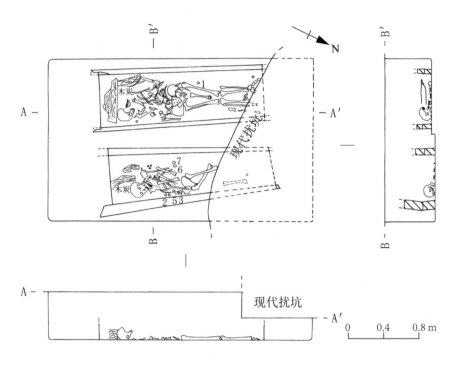

图 2-61　M28 平面剖视图

1、2. 铜钱　　3、5、6、7. 戒指

（三）出土器物

出土器物有戒指 4 枚，铜钱 13 枚。

戒指　4 枚。标本 M28：3，出自墓主乙骨架左侧。质地为银鎏金。整体呈马镫形，腐蚀严重，戒面似为花形，纹饰不清，戒环为细长条形，尾部呈弧状，活口。内径 1.3，最大宽 1 厘米（图 2-61，1；图版六四，3）。标本 M28：5，出自墓主乙骨架左侧。质地为银鎏金。整体呈马镫形，腐蚀严重，戒面似为花形，纹饰不清，戒环为细长条形，尾部呈弧状，活口。内径 1.3，最大宽 1 厘米。标本 M28：6，出自墓主乙骨架右侧，质地为银，整体呈马镫形，戒面为长方形浅槽，上下两端微外翘，中间饰两道横向突出的线纹，戒环为细长条形，尾部呈弧状，活口。内径 1.2，最大宽 0.9 厘米（图 2-61，2；图版六三，5）。标本 M28：7，出自墓主乙骨架右侧，质地为银，整体呈马镫形，戒面为长方形浅槽，上下两端微外翘，中间饰两道横向突出的线纹，戒环为细长条形，尾部呈弧状，活口。内径 1.2，最大宽 0.9 厘米。

铜钱　13 枚。标本 M28：1，共 4 枚，出自墓主甲头骨和下肢骨附近，均圆形方穿，有 2 枚"康熙通宝"。M28：1-1，正、背面有圆郭，郭较宽，正面铸钱文"康熙通宝"四字，隶书，直读，背面锈蚀严重，穿左右所铸满文不可辨识，钱径 2.6，穿宽 0.6，郭宽 0.4 厘米，重 3.5 克。余 2 枚锈蚀严重，钱文不可辨识。标本 M28：2，共 4 枚，出自乙棺棺底，均圆形方穿，锈蚀严重，钱文不可辨识。M28：2-1，表面残留有 10 道放射状线痕（图版七五，2、3 右）；M28：2-2，表面残留有 7 道放射状线痕（图版七五，

2、3左）。标本 M28：4，共 5 枚，出自墓主甲骨架下草木灰中，均圆形方穿，锈蚀严重，钱文不可辨识。

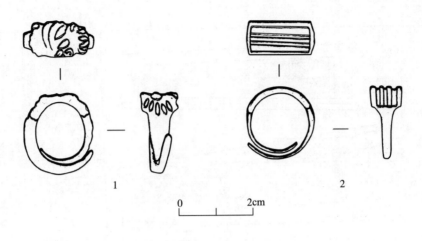

图 2-62　M28 出土器物

1. 戒指（M28：3）　2. 戒指（M28：6）

二十九、第二十九号墓（TXY M29）

（一）墓葬形制

　　M29 位于西岛西部，北邻 M28，南邻 M30，开口于①层下，距地表深 0.56 米。长方形竖穴土坑墓，墓圹分两次开挖而成，乙棺墓圹打破甲棺墓圹，直壁，较规整，平底。长 3.28，宽 2.04～2.08，深 0.68 米。墓向 147°。

　　墓圹内填黄褐色花土，含花土点、植物根系，土质较软。

　　墓内并列两具木棺，两棺均为梯形，棺木已朽，残留部分棺板（图版 2-63；图版一四，1）。甲棺长 2.18，宽 0.52～0.64，残高 0.26，棺板残厚 0.1～0.14 米，棺底铺有一层厚约 0.02 米的草木灰；乙棺长 2.22，宽 0.58～0.88，残高 0.5，棺板残厚 0.12～0.2 米，棺底铺有一层厚约 0.02 米的草木灰（图 2-64；图版一四，2）。

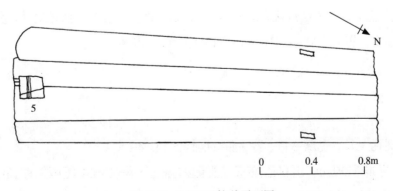

图 2-63　M29 乙棺盖平面图

5. 符文瓦

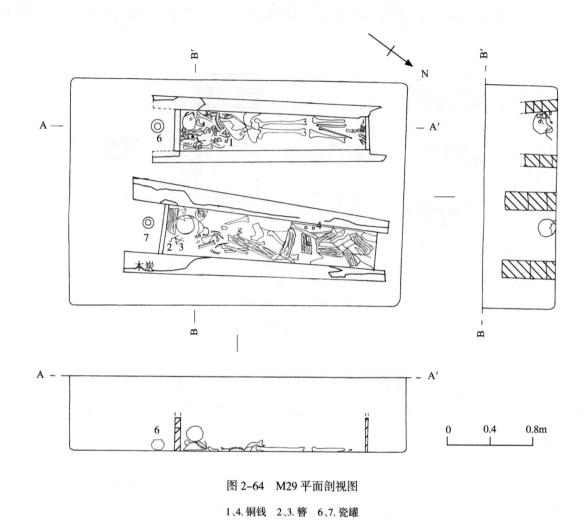

图 2-64　M29 平面剖视图

1、4. 铜钱　　2、3. 簪　　6、7. 瓷罐

（二）人骨及葬式

两具木棺内各有人骨一具。

甲棺内人骨保存较差，骨架摆放凌乱，应为二次迁入葬。经对人骨的体质人类学鉴定，墓主系成年男性，死亡年龄在 35～40 岁。

乙棺内人骨保存较差，骨架摆放凌乱，应为二次迁入葬，骨架周围摆放有大量长条形木炭。经对人骨的体质人类学鉴定，墓主系成年女性，死亡年龄在 50～55 岁。

（三）出土器物

出土器物有符文瓦 1 片，瓷罐 2 件，簪 2 件，铜钱 5 枚。

符文瓦　1 片。标本 M29：5，出自乙棺墓主头侧棺盖上（图 2-63；图版一四，1），为泥质灰陶，一端宽、一端窄，内施布纹，外为素面，中间饰三道凹弦纹，瓦表磨光，中间为朱符，朱符周围可识别朱书"安""墓""符"，长 18，宽 15.5～17，厚 1.5 厘米（图 2-65；图版四一，3）。

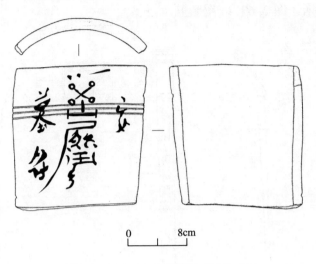

图 2-65 M29 出土符文瓦（M29：5）

瓷罐 2件。标本 M29：6，出自甲棺墓主头侧棺外填土内，浅黄褐色胎，施酱釉，内施满釉，器口刮釉露胎，外侧仅颈肩部施釉，器底粘连有大量砂粒。敛口，圆唇，斜领，弧肩，鼓腹，圈足，颈肩部有两个对称的竖系，均残。口径 9，底径 6.6，最大腹径 12，通高 11.2 厘米（图 2-66，1）。标本 M29：7，出自乙棺墓主头侧棺外填土内，浅黄褐色胎，施酱黄釉，内施满釉，器口刮釉露胎，外侧仅颈肩部施釉，腹下部粘连有大量姜黄色杂釉。敛口，圆唇，斜领，缓弧肩，鼓腹，圈足，颈肩部有两个对称的竖系，均残。口径 8.5，底径 6.4，最大腹径 11.6，通高 10.4 厘米（图 2-66，2）。

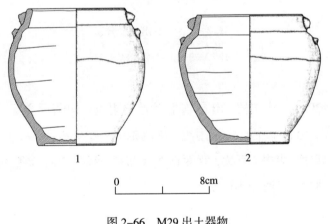

图 2-66 M29 出土器物

1. 瓷罐（M29：6） 2. 瓷罐（M29：7）

簪 2件。标本 M29：3，出自墓主乙头骨附近，质地为银鎏金。簪头正面为委角正方形，四角各阴刻一只蝴蝶，中部凸起呈圆环状，圆环上阴刻一回首玉兔卧于草地之上；簪杆焊接在簪头背后，随后折曲，簪杆细长，截面呈圆形，尾部圆滑。通长 12.2，簪头长 1.8，厚 0.3，簪杆直径 0.2 厘米（图 2-67，2；图版五八，5）。标本 M29：2，出自墓主乙头骨附近，质地为银鎏金。簪头呈梅花柱状，向后折曲，两端均点缀梅花点，簪挺扁平细长，上宽下窄，末端呈圆弧状，折曲处正面刻有花边方框，框内为树下一人跪卧祈愿的浮雕，簪挺靠近折曲处有一深一浅两道凹弦纹，其外正面阴刻折枝桃花，背面阴刻松枝。

通长 13.2，宽 0.3～0.6 厘米（图 2-67，1；图版五六，5、6）。

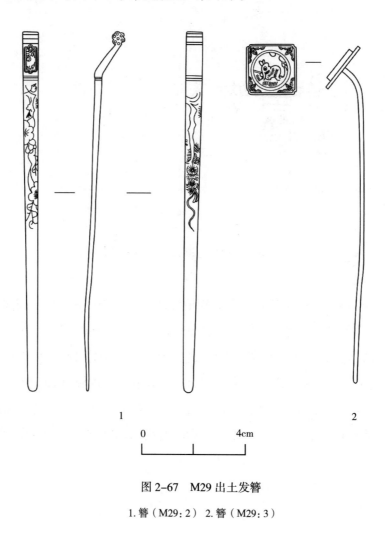

图 2-67　M29 出土发簪

1. 簪（M29：2）　2. 簪（M29：3）

铜钱　5 枚。标本 M29：1，共 2 枚，出自墓主甲骨架附近，均圆形方穿，锈蚀严重，钱文不可辨识。标本 M29：4，共 3 枚，出自墓主乙骨架附近，均圆形方穿。M29：4-1，正、背面有圆郭，郭较宽，正面铸钱文"康熙通宝"四字，隶书，直读，背面粘连有布料，钱径 2.8，穿宽 0.5，郭宽 0.4 厘米（图版七四，2）；余 2 枚铜钱锈蚀严重，钱文不可辨识。

三十、第三十号墓（TXY M30）

（一）墓葬形制

M30 位于西岛西部，北邻 M29，开口于①层下，距地表深 0.88 米。长方形竖穴土坑墓，直壁，较规整，平底。长 2.4，宽 2.84～3.06，深 0.8 米。墓向 150°。

墓圹内填黄褐色花土，含植物根系等，土质较疏松。

墓内并列三具木棺，三棺均为梯形，棺木已朽，残留部分棺板。甲棺长 1.88，宽 0.38～0.54，残高 0.32，棺板残厚 0.02～0.06 米，棺底铺有一层厚约 0.02 米的草木灰；乙棺长 1.74，宽 0.4～0.48，残高 0.34，棺板残厚 0.02 米，棺底铺有一层厚约 0.02 米的草木灰；丙棺长 1.84，宽 0.42～0.48，残高 0.22～0.3，棺板残厚 0.02～0.08 米，棺底铺有一层厚约 0.02 米的白灰（图 2-68）。

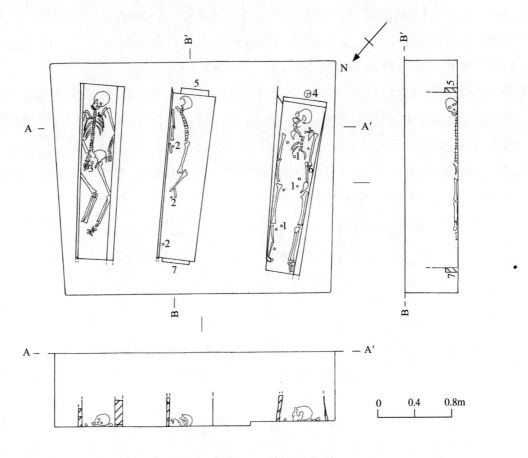

图 2-68　M30 平面剖视图

1、2、6.铜钱　3.戒指　4.瓷罐　5、7.涂墨砖

（二）人骨及葬式

三具木棺内各有人骨一具。

甲棺内人骨保存较差，肋骨和盆骨缺失严重，应为二次迁入葬。经对人骨的体质人类学鉴定，墓主系成年男性，死亡年龄在 40 岁左右。

乙棺内人骨保存较差，仅残存头骨和肢骨，应为二次迁入葬。经对人骨的体质人类学鉴定，墓主系成年女性，死亡年龄在 30 岁左右。

丙棺内人骨保存一般，头朝南，面向上，仰身直肢。经对人骨的体质人类学鉴定，墓主系成年女性，死亡年龄在 25～30 岁。

（三）出土器物

出土器物有涂墨砖2块，瓷罐1件，戒指1枚，铜钱15枚。

涂墨砖　2块。砖通体涂墨，墨层下隐约可见有朱书痕迹，已不可辨识。标本M30：5，出自墓主乙头侧棺外填土内，长27.1，宽13，厚6.5厘米（图版四六，3、4）。标本M30：7，出自墓主乙脚侧棺外填土内，长27，宽13，厚6.5厘米（图版四七，1）。

瓷罐　1件。标本M30：4，出自墓主甲头侧棺外填土内，浅褐色胎，施酱釉，内施满釉，器口刮釉露胎，外侧仅颈肩部施釉。整体呈深腹、瘦高形，敛口，圆唇，斜领，鼓腹，圈足，颈肩部有两个对称的竖系，均残。口径8.2，底径5.6，通高10.8厘米（图2-69，1；图版五一，2）。

戒指　1枚。标本M30：3，出土于墓主丙右手骨处，质地为黄铜。整体呈圆环状，戒环轻薄，整体光素，已残为三段。内径1.5厘米（图2-69，2）。

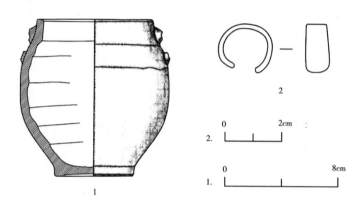

图2-69　M30出土器物

1.瓷罐（M30：4）　2.戒指（M30：3）

铜钱　15枚。标本M30：1，共10枚，出自墓主甲骨架周围，均圆形方穿。M30：1-1，正、背面有圆郭，郭较宽，正面铸钱文"万历通宝"四字，钱径2.5厘米；M30：1-2，正、背面有圆郭，郭较宽，正面铸钱文"天启通宝"四字，钱径2.7厘米；M30：1-3，正、背面有圆郭，郭较宽，正面铸钱文"万历通宝"四字，钱径2.7，穿宽0.5，郭宽0.3厘米；余7枚铜钱锈蚀严重，钱文不可辨识。标本M30：2，共3枚，出自乙棺棺底，均圆形方穿，锈蚀严重，钱文不可辨识。标本M30：6，共2枚，出自墓主甲骨架下草木灰中，均圆形方穿，锈蚀破损严重，钱文不可辨识。

三十一、第三十一号墓（TXY M31）

（一）墓葬形制

M31位于西岛西部，西邻M32，开口于①层下，距地表深0.74米。长方形竖穴土坑墓，直壁，较规整，分三次开挖而成。长3.5，宽3.84～4，甲棺墓底距地表深1.56，乙棺墓底距地表深1.52，丙棺墓底距地表深 1.36 米。墓向 153°。

墓圹内填黄褐色花土，土质较疏松。

墓内并列三具木棺，三棺均为梯形，棺木已朽，残留部分棺板（图版一五，2）。甲棺长 2.26，宽
0.52～0.66，残高 0.28～0.46，棺板残厚 0.06～0.08 米，棺底铺有一层厚约 0.02 米的草木灰；乙棺长
2.32，宽 0.46～0.68，残高 0.3～0.32，棺板残厚 0.1～0.14 米，棺底铺有一层厚约 0.02 米的草木灰；丙
棺长 2.12，宽 0.62～0.74，残高 0.36，棺板残厚 0.12～0.16 米，棺底铺有一层厚约 0.02 米的草木灰
（图 2-70；图版一六，1）。

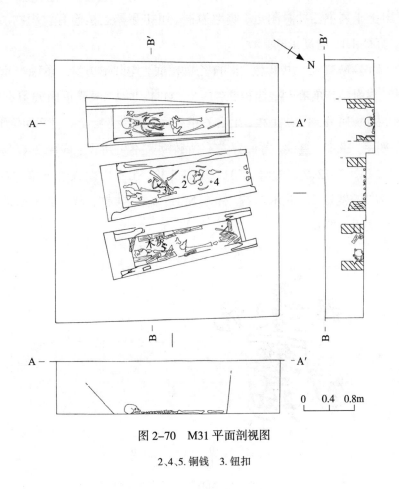

图 2-70　M31 平面剖视图

2、4、5. 铜钱　3. 钮扣

（二）人骨及葬式

三具木棺内各有人骨一具。

甲棺内人骨保存较差，头朝南，面向上，仰身直肢。经对人骨的体质人类学鉴定，墓主系成年女
性，死亡年龄在 25 岁左右。

乙棺内人骨保存较差，骨架凌乱，应为二次迁入葬。经对人骨的体质人类学鉴定，墓主系成年男
性，死亡年龄在 50～55 岁。

丙棺内人骨保存较差，骨架凌乱，应为二次迁入葬，骨架周围放置有大量长条形木炭。经对人骨
的体质人类学鉴定，墓主系成年女性，死亡年龄在 60 岁以上。

（三）出土器物

出土器物有符文瓦1片，钮扣2件，铜钱11枚。

符文瓦　1片。标本M31：1，出自丙棺墓主头侧棺盖上，右下角残缺，瓦表磨光，中间为朱符，符周围为朱书"魂""魄""定"，长17.2，宽14.6~16.4，厚1.5厘米（图2-71；图版四三，4）。

钮扣　2件。标本M31：3-1，出土于墓主乙肋骨附近，质地为铜，穿鼻上粘连有丝织物。钮扣下为近球形，球下半部如桑葚饰状密集麻点，上接一圆环形穿鼻。直径1.1，通高1.5厘米（图2-72,1）。标本M31：3-2，出土于墓主乙肋骨附近，质地为铜，钮扣穿鼻上粘连有丝织物。钮扣下为近球形，上接一圆环形穿鼻。直径1.1，通高1.5厘米。

铜钱　11枚。标本M31：2，共3枚，出自乙棺棺底，均圆形方穿，锈蚀严重，钱文不可辨识。其中M31：2-1，铜钱背面粘连有布料，钱径2.7厘米；M31：2-2，铜钱正面残留有线痕，背面粘连有布料，钱径2.8厘米。标本M31：4，共1枚，出自乙棺棺底，圆形方穿，正、背面有圆郭，郭较宽，正面铸钱文"嘉庆通宝"四字，隶书，直读，背面穿左右所铸满文不可辨识，钱径2.4，穿宽0.5，郭宽0.3，厚0.15厘米，重3.4克（图2-72,2）。标本M31：5，共3枚，出自丙棺人骨下草木灰中，均圆形方穿，锈蚀严重，钱文不可辨识，钱径2.5厘米左右。标本M31：6，共4枚，出自墓主乙骨架草木灰中，均圆形方穿，锈蚀严重，钱文不可辨识。

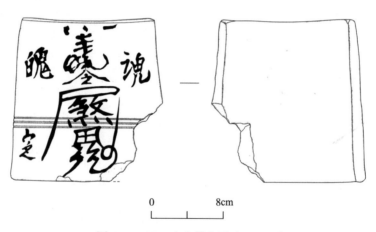

图2-71　M31出土符文瓦（M31：1）

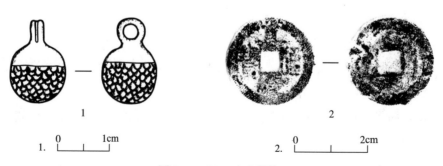

图2-72　M31出土器物

1.钮扣（M31：3-1）　2.铜钱（M31：4）

三十二、第三十二号墓（TXY M32）

（一）墓葬形制

M32 位于西岛西部，东邻 M31，西邻 M33，开口于①层下，距地表深 0.21 米。长方形竖穴土坑墓，直壁，较规整，平底。长 2.6，宽 1.71～1.83，深 0.49 米。墓向 160°。

墓圹内填黄褐色花土，含花土点、植物根系等，土质较疏松。

墓内并列两具木棺，两棺均为梯形，棺木已朽，残留部分棺板。甲棺长 1.78，宽 0.4～0.44，残高 0.28，棺板残厚 0.02～0.03 米，棺底铺有一层厚约 0.02 米的草木灰；乙棺长 1.84，宽 0.42～0.29，残高 0.28，棺板残厚 0.01～0.03 米，棺底铺有一层厚约 0.02 米的草木灰（图 2-73）。

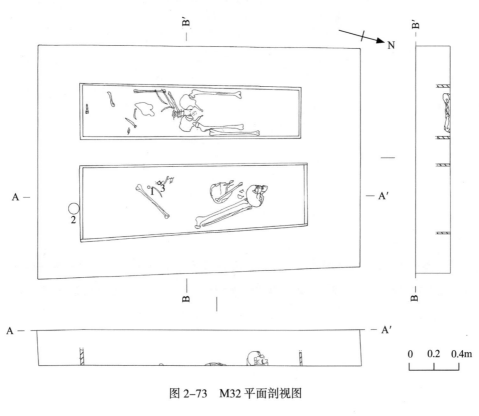

图 2-73　M32 平面剖视图

1、3. 铜钱　2. 瓷罐

（二）人骨及葬式

两具木棺内各有人骨一具。

甲棺内人骨摆放凌乱，未见头骨，应为二次迁入葬。经对人骨的体质人类学鉴定，墓主系成年女性，死亡年龄在 45～50 岁。

乙棺内人骨摆放凌乱，应为二次迁入葬。经对人骨的体质人类学鉴定，墓主系成年男性，死亡年龄在 45 岁左右。

（三）出土器物

出土器物有瓷罐 1 件，铜钱 2 枚。

瓷罐　1 件。标本 M32：2，出自乙棺墓主头侧棺外填土内，浅黄色粗胎，施酱釉，内施满釉，器口刮釉露胎，外侧仅颈肩部施釉，外腹下部部分区域有琉璃状凸起，并粘连有大量浅黄色及黑色杂釉。敛口，圆唇，直领，缓弧肩，鼓腹，圈足，颈肩部有两个对称的竖系，均残。口径 8.8、最大腹径 11.2、底径 6.7、通高 11.2 厘米（图 2-74）。

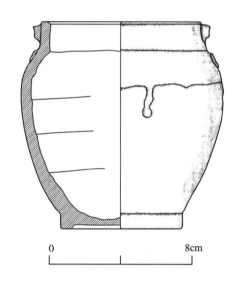

0 ⸺⸺⸺⸺⸺⸺⸺⸺ 8cm

图 2-74　M32 出土瓷罐（M32：2）

铜钱　2 枚。标本 M32：1，共 1 枚，出自乙棺棺底中部，圆形方穿，锈蚀严重，钱文不可辨识。标本 M32：3，共 1 枚，出自乙棺棺底草木灰中，圆形方穿，正、背面有圆郭，郭较宽，正面铸钱文"康熙通宝"四字，隶书，直读，背面锈蚀严重，穿左右所铸满文不可辨识，钱径 2.7，穿宽 0.5，郭宽 0.4 厘米。

三十三、第三十三号墓（TXY M33）

（一）墓葬形制

M33 位于西岛西部，东邻 M32，西邻 M34，开口于①层下，距地表深 0.13 米。长方形竖穴土坑墓，直壁，较规整，平底。长 3.01，宽 1.84～2.3，深 0.47 米。墓向 161°。

墓圹内填黄褐色花土，含花土点、植物根系等，土质较疏松。

墓内并列两具木棺，两棺均为梯形，棺木已朽，残留部分棺板。甲棺长 2.3，宽 0.48～0.68，残高 0.47，棺板残厚 0.08～0.13 米，棺底铺有一层厚约 0.02 米的草木灰；乙棺长 2.28，宽 0.67～0.73，残高 0.47，棺板残厚 0.15～0.16 米，棺底铺有一层厚约 0.02 米的草木灰（图 2-75；图版一六，2）。

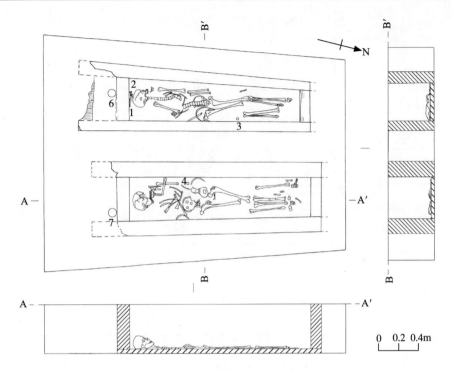

图 2-75　M33 平面剖视图

1、2. 簪　3、4. 铜钱　6、7. 瓷罐

（二）人骨及葬式

两具木棺内各有人骨一具。

甲棺内人骨保存较差，头朝南，面向西，仰身直肢。经对人骨的体质人类学鉴定，墓主系成年女性，死亡年龄在 35～40 岁。

乙棺内人骨保存较差，头朝南，面向东，仰身直肢。经对人骨的体质人类学鉴定，墓主系成年男性，死亡年龄在 40 岁左右。

（三）出土器物

出土器物有瓷罐 2 件，簪 3 件，铜钱 5 枚。

瓷罐　2 件。标本 M33：6，出自甲棺墓主头侧棺外填土内，浅褐色胎，施酱釉，内施满釉，器口刮釉露胎，外侧施釉至腹下部。整体矮胖，敛口，圆唇，矮斜领，弧肩，鼓腹，外底向上微凹。口径 8.8，底径 8.2，通高 8 厘米（图 2-76，2；图版四九，2）。标本 M33：7，出自乙棺墓主头侧棺外填土内，浅褐色粗胎，施酱黄釉，内施满釉，口沿内侧及器口刮釉露胎，外侧仅颈肩部施釉，器底粘连有砂粒。敛口，圆唇，直领，缓弧肩，鼓腹，圈足，颈肩部有两个对称的竖系，均残。口径 9，最大腹径 11.8，底径 6.8，通高 10.8 厘米（图 2-76，1；图版五一，3）。

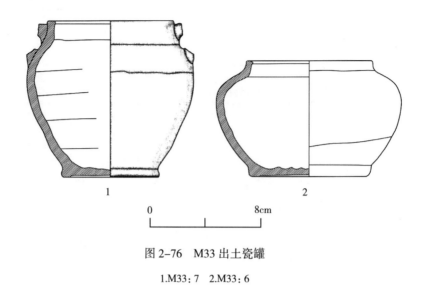

图 2-76　M33 出土瓷罐

1.M33：7　2.M33：6

簪　3 件。标本 M33：1，出土于墓主甲头顶，质地为银鎏金。簪头呈如意形，向后折曲，簪挺扁平细长，上宽下窄，尾端残缺，折曲处正面刻有方框，框内为树下站立一人双手合十的浮雕。残长 9.1 厘米（图 2-77，2）。标本 M33：2-1，出土于墓主甲头顶，质地为银鎏金。簪头正面为五出菱花形，中部凸起呈圆环状，因锈蚀，表面纹饰不清；簪杆细长，截面为圆形，垂直焊接于簪头背后，已残为数段。残长 8.2，簪头宽 1.8 厘米（图 2-77，1）。标本 M33：2-2，出土于墓主甲头顶，质地为银鎏金。簪头残损严重，残存禅杖形簪头残片；簪杆细长，截面呈圆形，残为数段。

铜钱　5 枚。标本 M33：3，共 1 枚，出自墓主甲腿骨外侧，圆形方穿，正、背面有圆郭，郭较宽，正面铸钱文"康熙通宝"四字，隶书，直读，背面穿左右铸满文"宝泉"二字，钱径 2.7，穿宽 0.5，郭宽 0.5，厚 0.15 厘米，重 4.1 克（图 2-78，1）。标本 M33：4，共 1 枚，出自墓主乙肋骨附近，圆形方穿，正、背面有圆郭，郭较宽，正面铸钱文"雍正通宝"四字，隶书，直读，背面穿左右铸满文"宝泉"二字，钱径 2.7，穿宽 0.5，郭宽 0.4 厘米。标本 M33：5，共 3 枚，出自墓主乙人骨下草木灰中，均圆形方穿。M33：5-1，正、背面有圆郭，郭较宽，正面铸钱文"康熙通宝"四字，隶书，直读，背面穿左右铸满文"宝泉"二字，钱径 2.7，穿宽 0.5，郭宽 0.5，厚 0.15 厘米，重 4.2 克（图 2-78，2）；余 2 枚铜钱锈蚀严重，钱文不可辨识，M33：5-2 铜钱表面残留有 7 道放射状线痕（图版七四，3），M33：5-2 与棺底板粘连在一起。

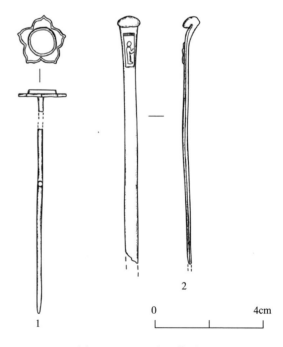

图 2-77　M33 出土簪子

1.M33：2-1　2.M33：1

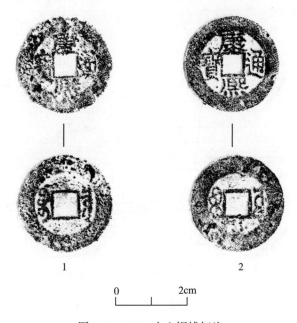

图 2-78　M33 出土铜钱拓片

1.康熙通宝（M33：3）　2.康熙通宝（M33：5-1）

三十四、第三十四号墓（TXY M34）

（一）墓葬形制

M34 位于西岛西部，东邻 M33，开口于①层下，距地表深 0.4 米。长方形竖穴土坑墓，墓圹分两次开挖而成，甲棺墓圹打破乙棺墓圹，直壁，较规整，长 3.12，宽 1.8～2.4，深 0.66 米。墓向 149°。

墓圹内填黄褐色花土，含植物根系等，土质较疏松。

墓内并列两具木棺，两棺均为梯形，棺木已朽，残留部分棺板（图版一七，1）。甲棺长 2.18，宽 0.62～0.86，残高 0.46，棺板残厚 0.16～0.18 米，棺底铺有一层厚约 0.02 米的草木灰；乙棺长 2.16，宽 0.42～0.58，残高 0.42，棺板残厚 0.14～0.16 米，棺底铺有一层厚约 0.02 米的草木灰（图 2-79）。

（二）人骨及葬式

两具木棺内各有人骨一具。

甲棺内人骨保存较差，头向南，面向西，仰身直肢。经对人骨的体质人类学鉴定，墓主系成年女性，死亡年龄在 30～35 岁。

乙棺内人骨摆放凌乱，应为二次迁入葬。经对人骨的体质人类学鉴定，墓主系成年男性，死亡年龄在 70 岁以上。

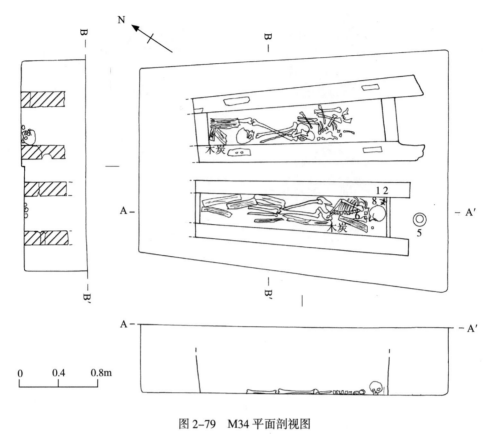

图 2-79　M34 平面剖视图

1、2、8. 簪　5. 瓷罐　6、7. 钮扣

（三）出土器物

出土器物有符文瓦 1 片，瓷罐 1 件，簪 3 件，钮扣 3 枚，铜钱 1 枚。

符文瓦　1 片。标本 M34：4，出自甲棺墓主头侧棺盖上（图版一七，2），瓦表磨光，中间为朱符，符周围为朱书"六""丁""守""墓""篆""□"，长 18.2，宽 16.5～17.5，厚 1.6 厘米（图 2-80；图版四三，5）。

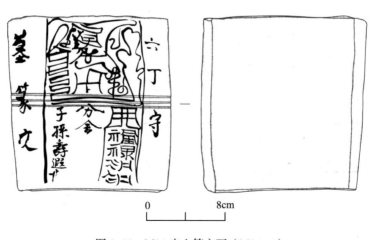

图 2-80　M34 出土符文瓦（M34：4）

瓷罐　1件。标本 M34：5，出自甲棺墓主头侧棺外填土内，粗褐胎，施酱釉，内施满釉，外侧仅颈肩部施釉。整体呈深腹，瘦高形，敛口，圆唇，斜领，鼓腹，圈足，颈肩部有四个对称的竖系，均残。口径 9.8，最大腹径 13，底径 7，通高 14.2 厘米（图 2-81，4；图版五一，4）。

簪　3件。标本 M34：1，出土于墓主甲头顶，质地为银。簪头呈梅花柱状，向后折曲，两端均阴刻有梅花纹饰，簪挺扁平细长，上宽下窄，尾端残缺，折曲处正面刻有方框，框内为树下站立一人双手合十的浮雕。残长 10 厘米（图 2-81，5）。标本 M34：2，出土于墓主甲头顶，质地为银。簪头正面为六出海棠形，边缘随花形阴刻一周细槽和紧贴细槽的短放射线，其内左右各阴刻一草叶纹，中部凸起呈圆环状，圆环上随边缘阴刻一周细槽，其内上为月牙，左为树，树下为玉兔卧于地上，兔首朝天；簪杆焊接在簪头背后，随后折曲，簪杆呈细长圆柱锥状，尾部攒尖。簪头长 2.3，宽 1.6，厚 0.25，通长 10.8 厘米（图 2-81，1；图版五九，1、2）。标本 M34：8，出土于墓主甲头顶，质地为银，与 M34：2 为一对。簪头正面为六出海棠形，边缘随花形阴刻一周细槽和紧贴细槽的短放射线，其内左右各阴刻一草叶纹，中部凸起呈圆环状，圆环上随边缘阴刻一周细槽，其内上为月牙，右为树，树下为玉兔卧于地上，兔首朝天；簪杆焊接在簪头背后，随后折曲，簪杆呈细长圆柱锥状，尾部攒尖。簪头长 2.3，宽 1.6，厚 0.25，通长 10.8 厘米。

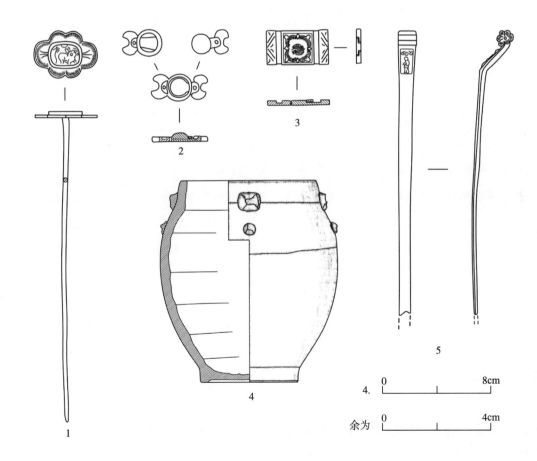

图 2-81　M34 出土器物

1、5. 簪（M34：2、M34：1）　2. 钮扣（M34：7）　3. 钮扣（M34：6-1）　4. 瓷罐（M34：5）

钮扣　3枚。标本M34：6-1，出土于墓主甲头顶，质地为银鎏金。搭扣，钮为正方形，正中为搭放扣的圆孔，孔内上下有两道横隔，圆孔周围阴刻四朵花瓣，钮与长方形钮襻一体，相接处为凹槽，内有两个缀合孔；扣为圆饼状，上阴刻花蕊，焊接于钮襻上，钮襻正面呈"凸"字形，边缘隆起，隆起部分与扣之间形成凹槽，内有两个缀合孔；钮扣搭扣后，左右对称，中间为盛开的花朵，左右两侧钮襻分别饰有"＜"形和"＞"形纹。钮扣搭扣后长2.2，宽1.2，厚0.15厘米（图2-81，3；图版六六，3上）。标本M34：6-2，出土于墓主甲头顶，质地为银鎏金。搭扣，钮为正方形，正中为搭放扣的圆孔，孔内上下有两道横隔，圆孔周围阴刻四朵花瓣，钮与长方形钮襻一体，相接处为凹槽，内有两个缀合孔；扣为圆饼状，上阴刻花蕊，焊接于钮襻上，钮襻正面呈"凸"字形，边缘隆起，隆起部分与扣之间形成凹槽，内有两个缀合孔；钮扣搭扣后，左右对称，中间为盛开的花朵，左右两侧钮襻分别饰有"＜"形和"＞"形纹。钮扣搭扣后长2.2，宽1.2，厚0.15厘米（图版六六，3下）。标本M34：7，出土于墓主甲头顶，质地为银。搭扣，钮为圆环，底有两道横隔，亚腰银锭形钮襻，相连处有一缀合孔；扣为半球形，亚腰银锭形钮襻，亚腰处有一缀合孔。钮扣搭扣后长2，宽1，厚0.2厘米（图2-81，2；图版六六，2）。

铜钱　1枚。标本M34：3，出自墓主甲头骨附近草木灰中，圆形方穿，锈蚀严重，钱文不可辨识。

三十五、第三十五号墓（TXY M35）

（一）墓葬形制

M35位于西岛西部，西邻M36，开口于①层下，距地表深0.24米。长方形竖穴土坑墓，直壁，较规整，平底。长2.8，宽1.75～1.82，深0.24米。墓向120°。

墓圹内填黄褐色花土，含花土点、植物根系等，土质较疏松。

墓内并列两具木棺，两棺均为梯形，棺木已朽，残留部分棺板。甲棺长2.12，宽0.52～0.65，残高0.24，棺板残厚0.11～0.12米，棺底铺有一层厚约0.02米的草木灰；乙棺长2.2，宽0.58～0.74，残高0.22，棺板残厚0.11～0.14米，棺底铺有一层厚约0.02米的草木灰和白灰（图2-82；图版一八，1）。

（二）人骨及葬式

两具木棺内各有人骨一具。

甲棺内人骨保存一般，头朝东，面向北，仰身直肢。经对人骨的体质人类学鉴定，墓主系成年女性，死亡年龄在50岁左右。

乙棺内人骨保存较差，人骨摆放较为凌乱，应为二次迁入葬。经对人骨的体质人类学鉴定，墓主系成年男性，死亡年龄在45岁左右。

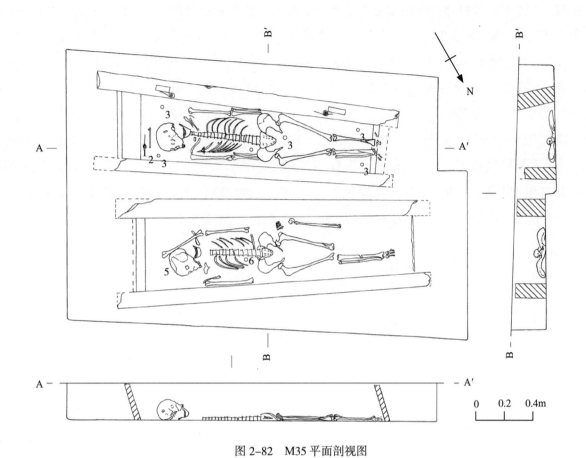

图 2-82　M35 平面剖视图

1、2、8～10. 簪　3、6. 铜钱　4、11. 钮扣　5. 顶戴

（三）出土器物

出土器物有簪 5 件，顶戴 1 件，钮扣 3 枚，铜钱 10 枚。

簪　5 件。标本 M35：1，出土于墓主甲头顶，质地为铜。簪头卷曲呈卷轴状，向后弯曲，簪挺扁平细长，上宽下窄，尾部呈圆弧状，簪挺正面折曲处阴刻团寿纹，背面压印一长方形戳记，不可辨识。通长 14.7，宽 0.65～1.1 厘米（图 2-83，1；图版五七，5、6）。标本 M35：2，出土于墓主甲头顶，质地为铜。簪头残，残存部分形似一只蝙蝠，累丝而成；簪脚焊接在簪头背后，随后折曲，焊接处为一圆形垫片；簪脚呈瘦长针状，尾部攒尖。残长 9.5 厘米（图 2-83，3；图版六一，2）。标本 M35：8，出土于墓主甲头顶，质地为铜。簪头不存，簪脚上端残存焊接痕迹，簪脚呈瘦长针状，尾部攒尖。残长 9 厘米（图 2-83，4）。标本 M35：9，出土于墓主甲头顶，质地为铜。簪头为圆饼形，簪脚垂直焊接在簪头背面，簪脚细长，截面为圆形，尾部攒尖。通长 5 厘米（图 2-83，5；图版五九，4）。标本 M35：10，出土于墓主甲头顶，质地为铜。禅杖形簪，簪头顶部为一葫芦，下为五组金丝卷成的如意云状框架，以中间支柱为轴心焊接在一起，匀称分布，每组如意云状框架均为三组小如意云框架焊接在一起而成，每个小如意纹框架均悬挂圆环一个；簪挺细长，截面呈圆形，尾部残缺。残长 10.5 厘米（图 2-83，2；图版五八，1）。

　　顶戴　1件。标本 M35: 5, 出自墓主乙头顶, 系清朝官员吉服冠顶。下为镂花铜座, 底径 3.3 厘米, 中间为圆形铜珠, 直径 2.8 厘米, 其上覆有镂花铜盖, 顶戴通高 4 厘米（图 2-84, 1; 图版六七, 5）。

　　钮扣　3枚。标本 M35: 4-1, 出土于墓主甲肋骨附近, 质地为铜。钮扣下部为近球形, 上接一圆环形穿鼻。直径 0.9, 通高 1.5 厘米（图 2-84, 2）。标本 M35: 4-2, 出土于墓主甲胸部, 质地为铜。钮扣下部为近球形, 已残, 内为中空, 上接一圆环形穿鼻。直径 0.9, 通高 1.5 厘米。标本 M35: 11, 出土于墓主甲头骨附近, 质地为铜鎏金。搭扣, 钮为正方形, 正中为搭放扣的圆孔, 孔内上下有两道横隔, 圆孔周围纹饰不清, 钮与长方形钮襻一体, 相接处为凹槽, 内有 1 个方形缀合孔; 扣为圆饼状, 饰梅花点, 焊接于钮襻上, 钮襻正面呈 "凸" 字形, 边缘隆起, 隆起部分与扣之间形成凹槽, 内有 1 个方形缀合孔; 钮扣搭扣后, 左右对称。钮扣搭扣后长 2.2, 宽 1.2, 厚 0.15 厘米。

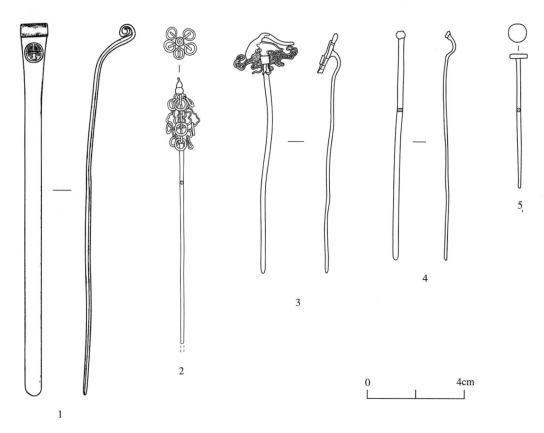

图 2-83　M35 出土发簪

1.M35: 1　2.M35: 10　3.M35: 2　4.M35: 8　5.M35: 9

　　铜钱　10枚。标本 M35: 3, 共 5 枚, 出自墓主甲头骨及跖骨附近（图版一八, 2）, 均圆形方穿。M35: 3-1, 圆形方穿, 正、背面有圆郭, 郭较宽, 正面铸钱文 "乾隆通宝" 四字, 隶书, 直读, 背面穿左右所铸满文 "宝泉" 二字, 钱径 2.4, 穿宽 0.5, 郭宽 0.3 厘米（图版七〇, 5）; 余 3 枚铜钱锈蚀严重, 钱文不可辨识。标本 M35: 6, 共 1 枚, 出自墓主乙肋骨附近, 圆形方穿, 锈蚀严重, 钱文不可辨识。标本 M35: 7, 共 4 枚, 出自墓主甲骨架下草木灰中, 均圆形方穿, 锈蚀严重, 钱文不可辨识, 其中 M35: 7-1 一面可见 5 道线痕, 一面可见 2 道线痕（图版七四, 5）。

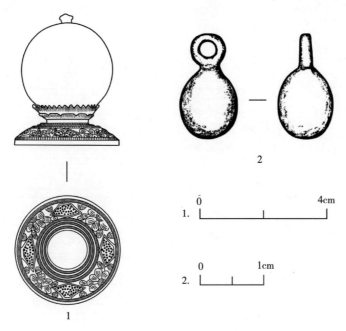

图 2-84　M35 出土器物

1. 顶戴（M35：5）　2. 钮扣（M35：4-1）

三十六、第三十六号墓（TXY M36）

（一）墓葬形制

M36 位于西岛西部，东邻 M35，西邻 M38，开口于①层下，距地表深 0.4 米。长方形竖穴土坑墓，直壁，较规整，平底。长 2.5，宽 1.35～1.82，深 0.1～0.15 米。墓向 180°。

墓圹内填黄褐色花土，含花土点、植物根系等，土质较疏松。

墓内并列两具木棺，两棺均为梯形，棺木已朽，残留部分棺板。甲棺长 1.95，宽 0.54～0.61，残高 0.09～0.14，棺板残厚 0.06～0.07 米，棺底铺有一层厚约 0.02 米的草木灰；乙棺长 1.95，宽 0.45～0.64，残高 0.12，棺板残厚 0.06～0.08 米，棺底铺有一层厚约 0.02 米的草木灰（图 2-85；图版一九，1）。

（二）人骨及葬式

两具木棺内各有人骨一具。

甲棺内人骨保存较好，头朝南，面向上，仰身直肢。经对人骨的体质人类学鉴定，墓主系成年女性，死亡年龄在 35 岁左右。

乙棺内人骨保存较好，头朝南，面向西，仰身直肢，骨架周围放置有大量长条形木炭。经对人骨的体质人类学鉴定，墓主系成年男性，死亡年龄在 45～50 岁。

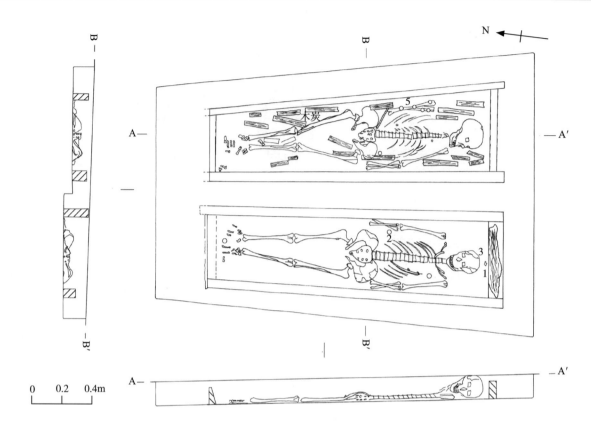

图 2-85　M36 平面剖视图

1. 簪　2. 饰件　3、5. 铜钱

（三）出土器物

出土器物有簪 1 件，饰件 1 件，铜钱 11 枚。

簪　1 件。标本 M36：1，出土于墓主甲头顶，质地为铜。仅残存两节簪杆，簪杆呈瘦长针状（图 2-86，2）。

饰件　1 件。标本 M36：3，出土于墓主甲头顶，质地为铜鎏金。饰件可分为上下三层，最顶层为椭圆形托，其内镶嵌珠饰已缺；第二层为焊接于椭圆形垫片上的对称分布的四朵如意纹；第三层亦为焊接于椭圆形垫片上的对称分布的四朵如意纹，第二层和第三层之间用一螺旋的铜丝隔开一定距离。长 3，宽 2，残高 0.5 厘米（图 2-86，1）。

铜钱　11 枚。标本 M36：2，共 3 枚，出自墓主甲肋骨、跖骨附近，均圆形方穿，锈蚀严重，钱文不可辨识。标本 M36：4，共 3 枚，出自墓主甲骨架下草木灰中，均圆形方穿，锈蚀严重，钱文不可辨识。标本 M36：5，共 5 枚，出自墓主乙骨架下草木灰中，均圆形方穿，其中有 3 枚嘉庆通宝。M36：5-1，正、背面有圆郭，郭较宽，正面铸钱文"嘉庆通宝"四字，隶书，直读，背面锈蚀严重，穿左右所铸满文不可辨识，钱径 2.3，穿宽 0.5，郭宽 0.3，厚 0.16 厘米，重 3.6 克（图 2-86，3；图版七一，2）；余 2 枚铜钱锈蚀严重，钱文不可辨识，M36：5-3，铜钱背面粘连有布料。

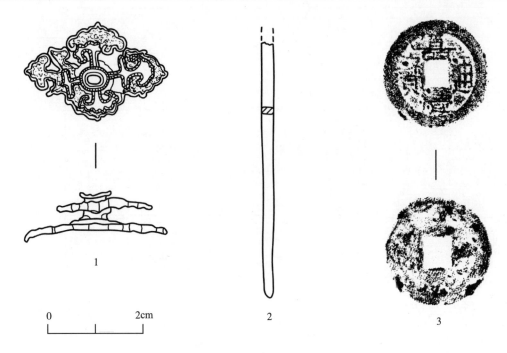

图 2-86 M36 出土头饰及铜钱拓片

1. 饰件（M36∶3） 2. 簪（M36∶1） 3. 嘉庆通宝（M36∶5-1）

三十七、第三十七号墓（TXY M37）

（一）墓葬形制

M37 位于西岛西部，北邻 M36，南邻 M32，开口于①层下，距地表深 0.44 米。长方形竖穴土坑墓，直壁，较规整，平底。长 2.32，宽 1.65～2.19，深 0.49 米。墓向 165°。

墓圹内填黄褐色花土，含花土点、植物根系等，土质较疏松。

墓内并列两具木棺，两棺均为梯形，棺木已朽，残留部分棺板。甲棺长 2.2，宽 0.57～0.64，残高 0.15～0.2，棺板残厚 0.06～0.08 米，棺底铺有一层厚约 0.02 米的草木灰，人骨周围散布有大块的木炭；乙棺长 2.25，宽 0.54～0.69，残高 0.2，棺板残厚 0.02～0.04 米，棺底铺有一层厚约 0.02 米的草木灰，棺底东部见有大块木炭（图 2-87；图版一九,2）。

（二）人骨及葬式

两具木棺内各有人骨一具。

甲棺内人骨摆放较为凌乱，应为二次迁入葬。经对人骨的体质人类学鉴定，墓主系成年女性，死亡年龄在 30～35 岁。

乙棺内人骨摆放凌乱，未见头骨，应为二次迁入葬。经对人骨的体质人类学鉴定，墓主系成年男性，死亡年龄在 25 岁左右。

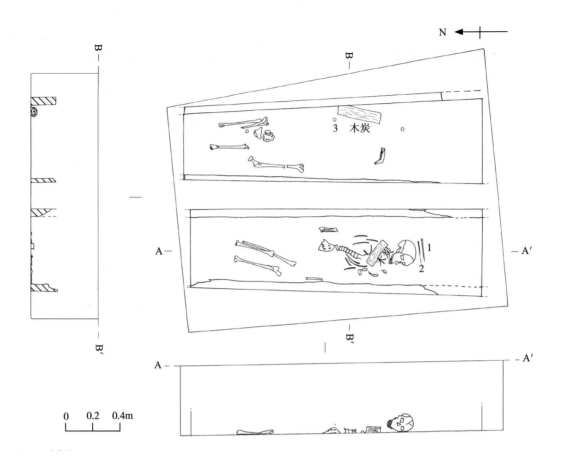

图 2-87　M37 平面剖视图

1、2. 簪　3. 铜钱

（三）出土器物

出土器物有簪 3 件, 铜钱 3 枚。

簪　3 件。标本 M37：1, 出土于墓主甲头顶, 质地为铜。簪头呈如意形, 向后折曲, 簪挺扁平细长, 残为三段, 上宽下窄, 尾端呈尖弧状, 折曲处正面刻有方框, 框内为树下站立一人双手合十的浮雕, 簪挺正面锈蚀严重, 可辨识部分纹饰为阴刻松枝。残长 16.6 厘米（图 2-88, 1）。标本 M37：2-1, 出土于墓主甲头顶, 质地为铜。簪头缺失, 仅残存部分簪杆和别插簪杆的铜管, 簪杆细长, 呈瘦长针状, 尾部攒尖（图 2-88, 2）。标本 M37：2-2, 出土于墓主甲头顶, 质地为铜。簪头缺失, 仅残存部分簪杆和别插簪杆的铜管, 簪杆呈瘦长针状, 尾部攒尖。

铜钱　3 枚。标本 M37：3, 出自乙棺棺底, 圆形方穿。M37：3-1, 正、背面有圆郭, 郭较宽, 正面铸钱文 "乾隆通宝" 四字, 隶书, 直读, 背面穿左右铸满文 "宝泉" 二字, 钱径 2.6, 穿宽 0.5, 郭宽 0.5, 厚 0.14 厘米, 重 4 克（图 2-88, 3）；其余 2 枚均为圆形方穿, 因锈蚀严重, 钱文不可辨识。

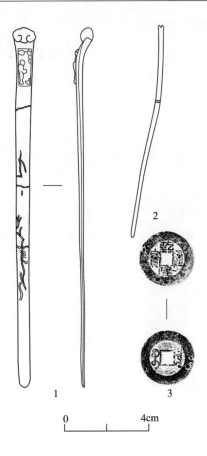

图 2-88　M37 出土器物

1. 簪（M37：1）　2. 簪（M37：2-1）　3. 乾隆通宝（M37：3-1）

三十八、第三十八号墓（TXY M38）

（一）墓葬形制

M1 位于西岛西部，东邻 M36，开口于①层下，距地表深 0.16 米。长方形竖穴土坑墓，墓圹分两次开挖而成，乙棺墓圹打破甲棺墓圹，直壁，较规整，长 2.72，宽 1.9，深 0.18 米。墓向 148°。

墓圹内填黄褐色花土，含花土点、植物根系等，土质较疏松。

墓内并列两具木棺，两棺均为梯形，棺木已朽，残留部分棺板。甲棺长 1.66，宽 0.42～0.58，残高 0.14 米，棺底铺有一层厚约 0.02 米的草木灰；乙棺长 1.94，宽 0.44～0.66，残高 0.28，棺板残厚0.08～0.1 米，棺底铺有一层厚约 0.02 米的草木灰（图 2-89；图版二〇，2）。

（二）人骨及葬式

两具木棺内各有人骨一具（图版二〇，1）。

甲棺内人骨摆放凌乱，应为二次迁入葬，骨架周围放置有大量长条形木炭。经对人骨的体质人类学鉴定，墓主系成年女性，死亡年龄在 45～50 岁。

　　乙棺内人骨保存较差，头朝南，面向东，仰身直肢，骨架周围放置有大量长条形木炭。经对人骨的体质人类学鉴定，墓主系成年男性，死亡年龄在 30 岁左右。

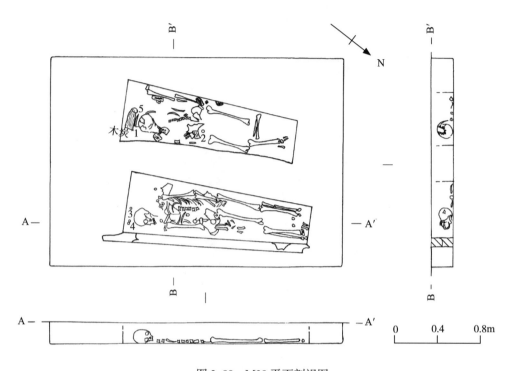

图 2-89　M38 平面剖视图

1. 簪　2、4. 铜钱　3. 顶戴　5. 头饰

（三）出土器物

　　出土器物有簪 1 件，头饰 1 件，顶戴 1 件，铜钱 4 枚。

　　簪　1 件。标本 M38：1，出土于墓主甲头顶，质地为铜。簪头呈如意形，向后折曲，簪挺扁平细长，上宽下窄，尾端呈弧状，折曲处正面刻有方框，框内为树下站立一人双手合十的浮雕。通长 15.6 厘米（图 2-90，1；图版五六，1、2）。

　　头饰　1 件。标本 M38：5，出土于墓主甲头骨下，质地为铜。残损严重，仅残存小块残片，为铜片捶打而成，锈蚀严重，可辨识有梅花。残长 2.2，残宽 1.5，厚 0.3 厘米（图 2-90，2）。

　　顶戴　1 件。标本 M38：3，出自墓主乙头顶，锈蚀严重，残存铜座和圆形铜珠，铜珠直径 2.5，通高 2.6 厘米（图 2-90，4）。

　　铜钱　4 枚。标本 M38：2，共 1 枚，出自墓主甲盆骨下草木灰中，圆形方穿，正、背面有圆郭，郭较宽，正面铸钱文"乾隆通宝"四字，隶书，直读，背面穿左右铸满文"宝泉"二字，钱径 2.4，穿宽 0.5，郭宽 0.4，厚 0.16 厘米，重 3.8 克（图 2-90，3）。标本 M38：4，共 3 枚，出自墓主乙头骨及跖骨附近，均为圆形方穿，因锈蚀严重，钱文不可辨识（图版七五，4、5）。M38：4-1，铜钱一面残留有 4 道线痕，另一面粘连有布料，钱径 2.6 厘米；M38：4-2，铜钱一面残留有 2 道线痕，钱径 2.7 厘米；M38：

4-3，铜钱一面残留有 4 道线痕，钱径 2.6 厘米。

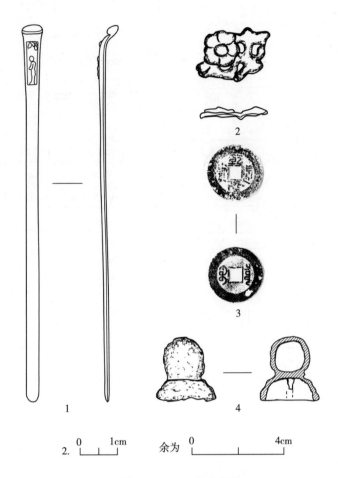

2. 　0　　1cm　　　余为　0　　　　　4cm

图 2-90　M38 出土器物

1.簪（M38：1）　2.头饰（M38：5）　3.乾隆通宝（M38：2）　4.顶戴（M38：3）

三十九、第三十九号墓（TXY M39）

（一）墓葬形制

M39 位于西岛西部，西邻 M40，开口于①层下，距地表深 0.28 米。长方形竖穴土坑墓，直壁，较规整，平底。长 2.74，宽 1.6～1.74，深 0.36 米。墓向 182°。

墓圹内填黄褐色花土，含花土点、植物根系等，土质较疏松。

墓内并列两具木棺，墓圹中部被现代沟打破，两棺破损严重，棺木已朽，残留部分棺板。甲棺长 1.8，宽 0.46～0.54，残高 0.3，棺板残厚 0.02～0.06 米，棺底铺有一层厚约 0.02 米的草木灰；乙棺长 1.84，宽 0.52～0.58，残高 0.4，棺板残厚 0.04～0.06 米，棺底铺有一层厚约 0.02 米的草木灰（图 2-91）。

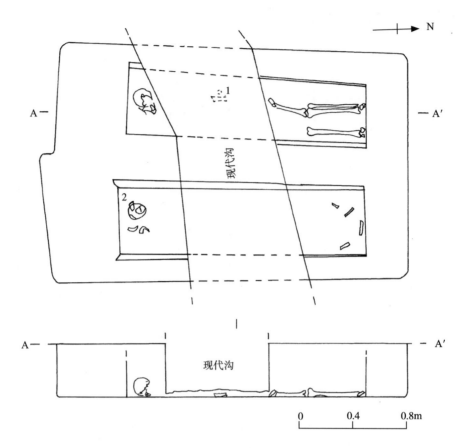

图 2-91　M39 平面剖视图

1. 铜钱　2. 扁方

（二）人骨及葬式

两具木棺内各有人骨一具。

甲棺内人骨因现代沟破坏，仅残存头骨和部分下肢骨。经对人骨的体质人类学鉴定，墓主系成年男性，死亡年龄在 40 岁左右。

乙棺内人骨因现代沟破坏，仅残存头骨和部分碎骨。经对人骨的体质人类学鉴定，墓主系成年女性，死亡年龄在 65 岁以上。

（三）出土器物

出土器物有扁方 1 件，耳环 1 枚，铜钱 1 枚。

扁方　1 件。标本 M39:2，清理人骨时在墓主乙头骨下发现，质地为黄铜。簪头卷曲呈卷轴状，向后弯曲，簪身与卷轴齐宽，残为三段，表面锈蚀严重。残长 7.1，宽 2.3 厘米（图 2-92，1）。

耳环　1 枚。标本 M39:3，清理人骨时在墓主乙头骨下发现，质地为铜。耳环脚已缺，剩余部分为半圆环，外壁圆鼓，表面纹饰不清。残长 1.5，残宽 0.8 厘米。

铜钱　1枚。标本 M39：1，出自甲棺棺底中部，圆形方穿，正、背面有圆郭，郭较宽，正面铸钱文"光绪通宝"四字，隶书，直读，背面穿左右铸满文"宝泉"二字，钱径2.2，穿宽0.5，郭宽0.3，厚0.15厘米，重3.4克（图2-92，2）。

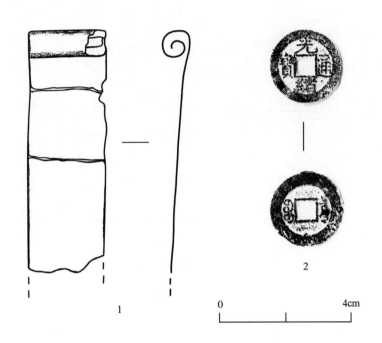

图 2-92　M39 出土扁方及铜钱拓片

1. 扁方（M39：2）　2. 光绪通宝（M39：1）

四十、第四十号墓（TXY M40）

（一）墓葬形制

M40 位于西岛西部，东北邻 M39，开口于①层下，距地表深 0.2 米。长方形竖穴土坑墓，直壁，较规整，平底。长 2.8，宽 1.16，深 0.24 米。墓向 47°。

墓圹内填黄褐色花土，含植物根系，土质较疏松。

葬具为木棺，棺木已朽，残留部分棺板。木棺平面呈梯形，长 2.08，宽 0.64～0.76，残高 0.16，棺板厚 0.1～0.14 米。棺底铺有一层厚约 0.02 米的草木灰（图 2-93；图版二一，1）。

（二）人骨及葬式

棺内置人骨一具，骨架保存较好。头朝东，面向上，仰身直肢。经对人骨的体质人类学鉴定，墓主系成年男性，死亡年龄在 35 岁左右。

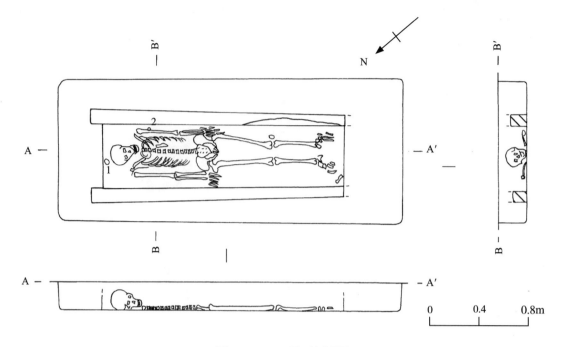

图 2-93　M40 平面剖视图

1. 顶戴　2. 铜钱

（三）出土器物

出土器物有顶戴 1 件，铜钱 5 枚。

顶戴　1 件。标本 M40：1，出自墓主头顶，底座缺失，仅残存顶珠和镂花铜盖，顶珠直径 2.7，通高 3.6 厘米（图 2-94，1；图版六七，6）。

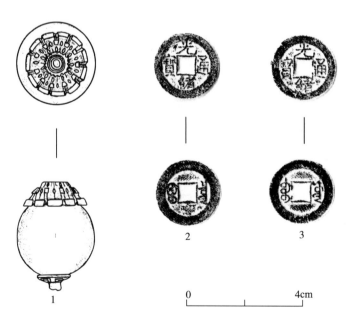

图 2-94　M40 出土顶戴及铜钱

1. 顶戴（M40：1）　2. 光绪通宝（M40：2-1）　3. 光绪通宝（M40：2-2）

铜钱 5枚。标本 M40:2,出自墓主骨架下的草木灰中,均圆形方穿,有 3枚光绪通宝。M40: 2-1,正、背面有圆郭,郭较宽,正面铸钱文"光绪通宝"四字,隶书,直读,背面穿左右铸满文"宝泉"二字,钱径 2.2,穿宽 0.5,郭宽 0.3,厚 0.15 厘米,重 3.2 克(图 2-94,2;图版七一,5);M40: 2-2,正、背面有圆郭,郭较宽,正面铸钱文"光绪通宝"四字,隶书,直读,背面穿左右铸满文"宝源"二字,钱径 2.2,穿宽 0.5,郭宽 0.3,厚 0.14 厘米,重 2.8 克(图 2-94,3);余 2枚铜钱锈蚀严重,钱文不可辨识。

四十一、第四十一号墓(TXY M41)

(一)墓葬形制

M41 位于西岛西部,东南邻 M53,开口于①层下,距地表深 0.32 米。长方形竖穴土坑墓,直壁,较规整,平底。长 2.9,宽 1.8~1.82,深 0.24 米。墓向 192°。

墓圹内填黄褐色花土,含花土点、植物根系等,土质较疏松。

墓内并列两具木棺,两棺均为梯形,棺木已朽,残留部分棺板。甲棺长 2.12,宽 0.6~0.7,残高 0.12,棺板残厚 0.08~0.12 米,棺底铺有一层厚约 0.02 米的草木灰;乙棺长 2.06,宽 0.62~0.66,残高 0.12,棺板残厚 0.08~0.1 米,棺底铺有一层厚约 0.02 米的草木灰(图 2-95;图版二一,2)。

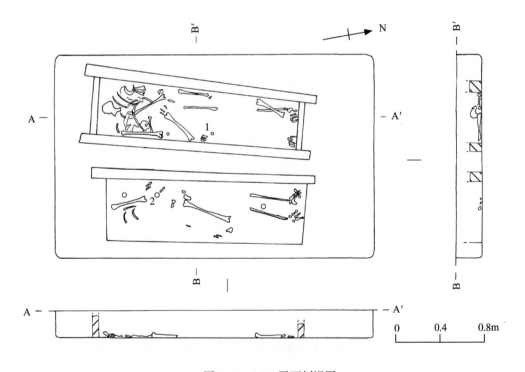

图 2-95 M41 平面剖视图

1. 铜钱 2. 铜元

（二）人骨及葬式

两具木棺内各有人骨一具。

甲棺内人骨摆放凌乱，应为二次迁入葬。经对人骨的体质人类学鉴定，墓主系成年女性，死亡年龄在 30～35 岁。

乙棺内有部分肢骨和肋骨，摆放凌乱，应为二次迁入葬。经对人骨的体质人类学鉴定，墓主系中年男性。

（三）出土器物

出土器物有铜钱 1 枚，铜币 1 枚，铜元 2 枚。

铜钱　1 枚。标本 M41：1-1，放置于墓主甲肋骨附近，圆形方穿，因锈蚀严重钱文不可辨识。

铜币　1 枚。标本 M41：1-2，出自墓主甲趾骨附近，材质为铜镍合金，圆形，中间有一近圆形穿孔，钱币正面中央所铸纹饰为穿孔破坏，其上铸有"大□□国"，其下铸有"大同三年"，穿孔左右各铸一枚五角星，背面穿孔周围残存纹饰为双龙戏珠，钱径 2.2 厘米（图版七二，1）。

铜元　2 枚。分别出自墓主乙肋骨和跖骨附近，均为圆形，中间无孔。标本 M41：2-1，因锈蚀严重，正面钱文已不可辨识，背面隐约可见所铸为双旗纹，钱径 3.2 厘米。标本 M41：2-2，因锈蚀严重，两面所铸纹饰均不可辨识，钱径 3.2 厘米。

四十二、第四十二号墓（TXY M42）

（一）墓葬形制

M42 位于西岛西部，西邻 M53，开口于①层下，距地表深 0.2 米。长方形竖穴土坑墓，直壁，较规整，平底。长 2.7，宽 1.04～1.34，深 0.32 米。墓向 198°（图 2-96）。

墓圹内填黄褐色花土，土含花土点、植物根系，质较疏松。

葬具为木棺，棺木已朽，残留部分棺板。木棺平面呈梯形，长 2.18，宽 0.56～0.72，残高 0.32～0.44，棺板厚 0.08～0.12 米。棺底铺有一层厚约 0.02 米的草木灰。

（二）人骨及葬式

棺内置人骨摆放较为凌乱，应为二次迁入葬。经对人骨的体质人类学鉴定，墓主系成年女性，死亡年龄在 60 岁以上。

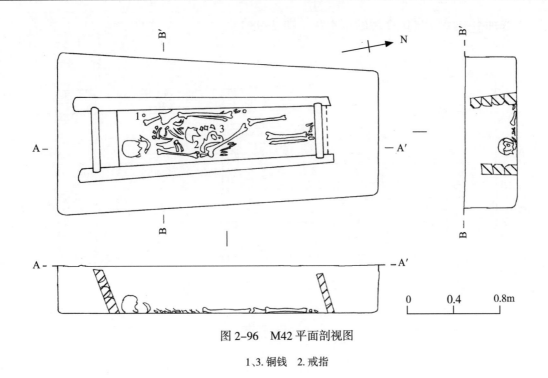

图 2-96　M42 平面剖视图

1、3. 铜钱　2. 戒指

（三）出土器物

出土器物有戒指 1 枚，铜钱 2 枚。

戒指　1 枚。标本 M42：2，清理人骨时在墓主右手骨下发现，质地为银鎏金。饰面为圆形，正中饰浮雕圆寿纹，周围点缀一圈连珠纹，环为长条形，尾部呈弧状，横长 1.5，纵宽 1.8 厘米（图 2-97；图版六四，4）。

铜钱　2 枚。标本 M42：1，出自墓主头骨西侧，圆形方穿，正面铸钱文"光绪通宝"四字，背面锈蚀严重，所铸钱文不可辨识，钱径 2.2，穿宽 0.5，郭宽 0.3 厘米。标本 M42：3，出自墓主盆骨下的草木灰中，圆形方穿，因锈蚀严重，两面钱文均不可辨识，铜钱一面可见 4 道线痕，钱径 2.4 厘米（图版七四，4）。

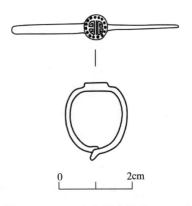

图 2-97　M42 出土银戒指（M42：2）

四十三、第四十三号墓（TXY M43）

（一）墓葬形制

M43 位于西岛西部，东邻 M45，开口于①层下，距地表深 0.2 米。长方形竖穴土坑墓，直壁，较规整，平底。长 2.6，宽 1.06～1.26，深 0.14 米。墓向 118°。

墓圹内填黄褐色花土，土质较疏松。

葬具为木棺，棺木已朽，残留部分棺板。木棺平面呈梯形，长 2.12，宽 0.76～0.82，残高 0.2，棺板厚 0.12 米。棺底铺有一层厚约 0.02 米的草木灰（图 2-98）。

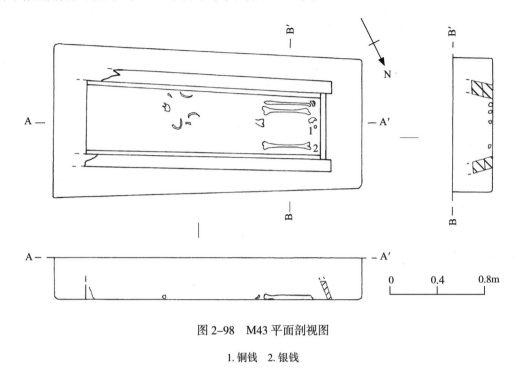

图 2-98　M43 平面剖视图

1. 铜钱　2. 银钱

（二）人骨及葬式

棺内仅剩部分下肢骨和少量碎骨。经对人骨的体质人类学鉴定，墓主系中年女性。

（三）出土器物

出土器物有银钱 2 枚，铜钱 1 枚。

银钱　2 枚。均出自墓主跖骨附近，质地为银鎏金，圆形方穿，较薄，钱外缘与内侧的一周凹线构成外郭，方穿与其外的方向凹线构成内郭，正面钱文为压印"中华民国"（图版七三，3、4）。标本 M43：2-1，背面为压印"甲子"，钱径 2.6，穿宽 0.2 厘米；标本 M43：2-2，背面因锈蚀致钱文不清，仅可辨识"甲"字，钱径 2.6，穿宽 0.2 厘米。

铜钱　1 枚。标本 M43：1，出自墓主跖骨附近，圆形方穿，正、背面有圆郭，郭较宽，正面铸钱文"乾隆通宝"四字，隶书，直读，背面穿左右铸满文"宝泉"二字，钱径 2.6，穿宽 0.5，郭宽 0.4 厘米。

四十四、第四十四号墓（TXY M44）

（一）墓葬形制

M44 位于西岛西部，东邻 M17，开口于①层下，距地表深 0.46 米。长方形竖穴土坑墓，直壁，较规整，平底。长 2.46，宽 0.72～0.92，深 0.42 米。墓向 159°。

墓圹内填黄褐色花土，含花土点、植物根系，土质较疏松。

葬具为木棺，棺木已朽，残留部分棺板。木棺平面呈梯形，长 2.16，宽 0.56～0.68，残高 0.32，棺板残厚 0.1 米。棺底铺有一层厚约 0.02 米的草木灰（图 2-99；图版二二，2）。

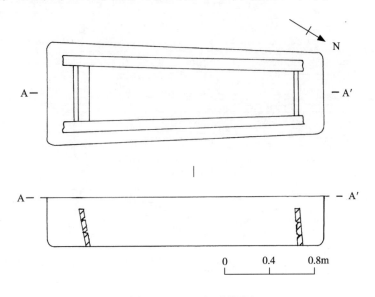

图 2-99　M44 平面剖视图

（二）人骨及葬式

棺内未见人骨，应为迁出葬。

（三）出土器物

未发现有出土器物。

四十五、第四十五号墓（TXY M45）

（一）墓葬形制

M45 位于西岛西部，东邻 M44，南邻 M46，开口于①层下，距地表深 0.22 米。长方形竖穴土坑墓，直壁，较规整，平底。长 2.76，宽 0.96～0.98，深 0.3 米。墓向 170°。

墓圹内填黄褐色花土，含花土点、植物根系，土质较疏松。

葬具为木棺，棺木已朽，残留部分棺板。木棺平面呈梯形，长 1.84～2.08，宽 0.56～0.7，残高 0.14～0.26，棺板残厚 0.02～0.04 米。棺底铺有一层厚约 0.02 米的草木灰（图 2-100）。

（二）人骨及葬式

棺内置人骨一具，骨架保存一般，头朝南，面向西，仰身直肢。经对人骨的体质人类学鉴定，墓主系成年女性，死亡年龄在 30～35 岁。

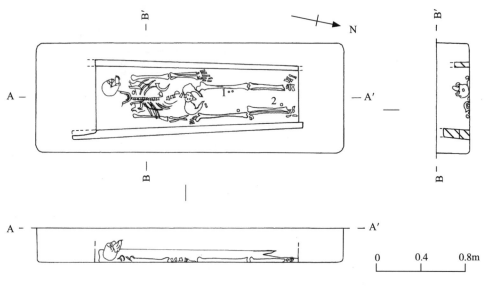

图 2-100　M45 平面剖视图

1. 钮扣　　2. 铜钱

（三）出土器物

出土器物有钮扣 4 颗，铜钱 2 枚。

钮扣　4 颗。出自墓主盆骨和下肢骨附近，由穿鼻和钮扣两部分组成，质地均为黄铜，穿鼻上粘连有丝织物（图版六五，4）。标本 M45：1-1，钮扣下部为近球形，为仿布扣造型，表面饰凹凸不平的布条编织纹饰，直径 1.25 厘米，上接一圆环形穿鼻，穿鼻上粘连有丝织物，通高 1.85 厘米（图2-101，2）。标本 M45：1-2，钮扣下部为近球形，素面，直径0.9 厘米，上接一圆环形穿鼻，穿鼻上粘连有丝织物，通高 1.3厘米（图 2-101，1）。标本 M45：1-3，钮扣下部为近球形，模仿布疙瘩扣，表面饰凹凸不平的布条编织纹饰，直径 1.2 厘米；上接一圆环形穿鼻，穿鼻上粘连有丝织物，通高 1.8 厘米。标本 M45：1-4，钮扣下部为近球形，因锈蚀表面纹饰不清，直径 1.2 厘米；上接一圆环形穿鼻，通高 1.85 厘米。

铜钱　2 枚。均出自墓主下肢骨内侧，圆形方穿，因锈蚀严重，正面钱文均无法辨识。标本 M45：2-1，背面依稀可见所铸

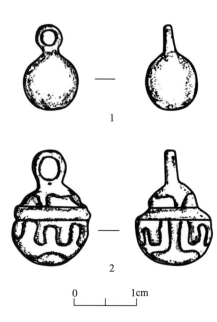

图 2-101　M45 出土钮扣

1. M45：1-2　　2. M45：1-1

为满文，已不可辨识，钱径 2.5 厘米。标本 M45：2-2，背面因锈蚀严重，钱文无法辨识，钱径 2.5 厘米。

四十六、第四十六号墓（TXY M46）

（一）墓葬形制

M46 位于西岛西部，东邻 M47，西邻 M48，开口于①层下，距地表深 0.3 米。长方形竖穴土坑墓，直壁，较规整，平底。长 2.42，宽 1.24～1.36，深 0.26 米。墓向 164°。

墓圹内填黄褐色花土，含花土点、植物根系，土质较疏松。

葬具为木棺，棺木已朽，仅残留板灰，平面呈梯形，长 2.12，宽 0.62～0.66，棺残高 0.12，棺板残厚 0.02 米，棺底铺有一层草木灰（图 2-102）。

（二）人骨及葬式

木棺破环较为严重，仅残存棺底，未发现人骨。

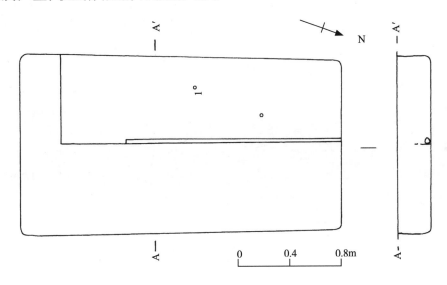

图 2-102　M46 平面剖视图

1. 铜钱

（三）出土器物

出土器物仅有铜钱 2 枚。

铜钱　2 枚。均为 "乾隆通宝"，出自棺底中部。标本 M46：1-1，圆形方穿，正、背面有圆郭，郭较宽，正面铸钱文 "乾隆通宝" 四字，隶书，直读，背面穿左

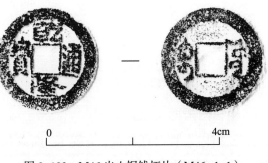

图 2-103　M46 出土铜钱拓片（M46：1-1）

右铸满文 "宝源" 二字, 钱径 2.3, 穿宽 0.6, 郭宽 0.3, 厚 0.13 厘米, 重 3.2 克（图 2-103）。

四十七、第四十七号墓（TXY M47）

（一）墓葬形制

M47 位于西岛西部, 东邻 M18, 西邻 M46, 开口于①层下, 距地表深 0.24 米。长方形竖穴土坑墓, 直壁, 较规整, 平底。长 2.4, 残宽 1.6, 深 0.42 米。墓向 112°。

墓圹内填黄褐色花土, 含植物根系等, 土质较软。

墓内并列两具木棺, 两棺均为梯形, 棺木已朽, 残留部分棺板。甲棺被现代坑和管道打破, 破坏严重, 仅残存棺底和部分棺板, 残长 1.9, 宽 0.5~0.64, 残高 0.42 米, 棺底铺有一层厚约 0.02 米的草木灰; 乙棺长 2.04, 宽 0.5~0.56, 残高 0.44, 棺板残厚 0.08~0.1 米, 棺底铺有一层厚约 0.02 米的草木灰（图 2-104）。

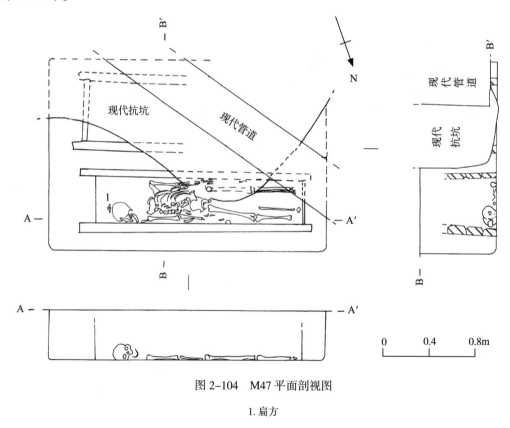

图 2-104　M47 平面剖视图

1. 扁方

（二）人骨及葬式

甲棺内未见人骨。

乙棺内人骨保存较差, 头朝东, 面向北, 仰身直肢。经对人骨的体质人类学鉴定, 墓主系成年女性, 死亡年龄在 45~50 岁。

（三）出土器物

出土器物有扁方1件。

扁方　1件。标本 M47：1，清理人骨时在墓主乙头骨下发现，质地为铜。簪头卷曲呈卷轴状，向后弯曲，簪身与卷轴齐宽，残损严重，簪身正面折曲处粘连有丝织品。残长 5、宽 1.6 厘米（图 2-105）。

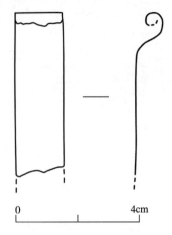

图 2-105　M47 出土扁方（M47：1）

四十八、第四十八号墓（TXY　M48）

（一）墓葬形制

M48 位于西岛西部，北邻 M46，开口于①层下，距地表深 0.12 米。长方形竖穴土坑墓，墓圹分两次开挖而成，甲棺墓圹打破乙棺墓圹，直壁，较规整。墓圹西部被现代坑打破，残长 3.02，宽 1.72～2.02，深 0.5～0.66 米。墓向 174°。

墓圹内填黄褐色花土，含花土点、植物根系等，土质较软。

墓内并列两具木棺，两棺均为梯形，棺木已朽，残留部分棺板。甲棺长 2.12，残宽 0.42～0.6，残高 0.52，棺板残厚 0.1～0.14 米，棺底铺有一层厚约 0.02 米的草木灰；乙棺长 2.4，宽 0.68～0.9，残高 0.38，棺板残厚 0.1～0.16 米，棺底铺有一层厚约 0.02 米的草木灰（图 2-106；图版二三，1）。

（二）人骨及葬式

甲棺内未见人骨。

乙棺内人骨保存一般，头向南，面向上，仰身直肢。经对人骨的体质人类学鉴定，墓主系成年女性，死亡年龄在 40 岁左右。

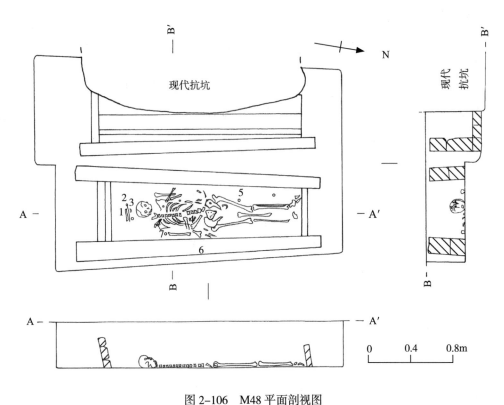

图 2-106　M48 平面剖视图

1. 扁方　2、3. 簪　4. 钮扣　5. 铜钱

（三）出土器物

出土器物有扁方 1 件，簪 4 件，钮扣 6 个，铜钱 6 枚。

扁方　1 件。标本 M48：1，出土于墓主乙头骨附近，质地为银包金。簪头缺失，簪身整体扁平呈长条形，整体光素，尾部呈弧状。残长 14.2，宽 1.4，厚 0.05 厘米（图 2-107,5）。

簪　4 件。均出自墓主乙头骨附近。标本 M48：2，质地为铜，簪头呈耳挖形，簪杆大部呈细长圆柱锥状，尾部扁平，整体光素，仅在簪杆靠近簪头处有一累珠般的颈。通长 19.7 厘米（图 2-107,1；图版五九,5）。标本 M48：3-1，质地为铜，仅残存簪脚，整体呈瘦长针状，头部有穿孔，其附近缠绕有数圈金属丝。残长 5.6 厘米（图 2-107,3）。标本 M48：3-2，质地为铜，仅残存部分簪脚，呈瘦长针状，头部有穿孔，其附近缠绕有数圈金属丝。残长 3 厘米（图 2-107,4）。标本 M48：3-3，质地为铜，仅残存部分簪脚，呈瘦长针状。残长 4.1 厘米。此外，还有 3 件簪头，在此一并介绍。标本 M48：3-4，出土于墓主甲头顶，质地为铜。簪头，残损严重，仅可辨识为花形，正中镶嵌白色珠一颗。残长 2，残宽 1.8 厘米。标本 M48：3-5，出土于墓主甲头顶，质地为铜。簪头，残损严重，仅可辨识为花形，正中镶嵌白色珠一颗。残长 1.5，残宽 1 厘米。标本 M48：7，质地为铜，仅残存部分禅杖形簪头，上为葫芦，下为残断的如意云状框架。残长 2.2 厘米（图 2-107,2）。

钮扣　6 个。均出自墓主乙肋骨附近。标本 M48：4-1，质地为黄铜，穿鼻上粘连有丝织物。钮扣下部为近球形，素面，上接一圆环形穿鼻。直径 0.9，通高 1.3 厘米。

铜钱　6枚。出自墓主乙盆骨周围及甲棺棺底草木灰中。因锈蚀严重，仅1枚可辨识为乾隆通宝。标本 M48：6-1，圆形方穿，正、背面有圆郭，郭较宽，正面铸钱文"乾隆通宝"四字，隶书，直读，背面钱文不可辨识，钱径 2.4，穿宽 0.5，郭宽 0.4 厘米。

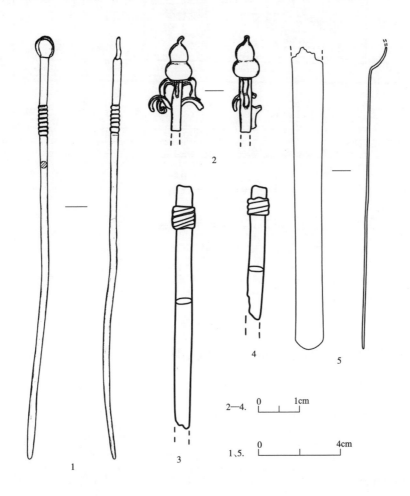

图 2-107　M48 出土器物

1.簪（M48：2）　2.簪头（M48：7）　3.簪（M48：3-1）　4.簪（M48：3-2）　5.扁方（M48：1）

四十九、第四十九号墓（TXY M49）

（一）墓葬形制

M49 位于西岛西部，东邻 M50，开口于①层下，距地表深 0.3 米。长方形竖穴土坑墓，直壁，较规整，平底。长 2.6，宽 0.84～0.92，深 0.14 米。墓向 164°。

墓圹内填黄褐色花土，含花土点、植物根系，土质较疏松。

葬具为木棺，棺木已朽，残留部分棺板。木棺平面呈梯形，长 1.92，宽 0.54～0.64，残高 0.16，棺板厚 0.06 米。棺底铺有一层厚约 0.02 米的草木灰（图 2-108）。

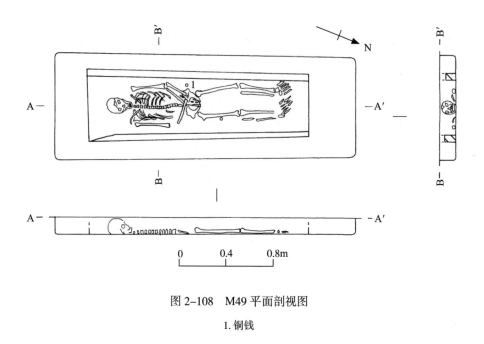

图 2-108　M49 平面剖视图

1. 铜钱

（二）人骨及葬式

棺内置人骨一具，骨架保存一般，头朝南，面向上，仰身直肢。经对人骨的体质人类学鉴定，墓主系成年男性，死亡年龄在 30～35 岁。

（三）出土器物

出土器物仅有铜钱 2 枚。

铜钱　2 枚。标本 M49：1，出自墓主跖骨附近。M49：1-1，圆形方穿，正、背面有圆郭，郭较宽，正面铸钱文"乾隆通宝"四字，隶书，直读，背面穿左右所铸满文因锈蚀不可释读，钱径 2.5，穿宽 0.5，郭宽 0.3 厘米；余 1 枚锈蚀严重，钱文可辨识。

五十、第五十号墓（TXY M50）

（一）墓葬形制

M50 位于西岛西部，南邻 M51，开口于①层下，距地表深 0.5 米。长方形竖穴土坑墓，直壁，较规整，平底。长 2.2，宽 0.8～0.96，深 0.26 米。墓向 170°。

墓圹内填黄褐色花土，含花土点、植物根系，土质较疏松。

葬具为木棺，棺木已朽，残留部分棺板。木棺平面呈梯形，长 1.68，宽 0.46～0.6，残高 0.12，棺板残厚 0.06 米。棺底铺有一层厚约 0.02 米的草木灰（图 2-109；图版二三，2）。

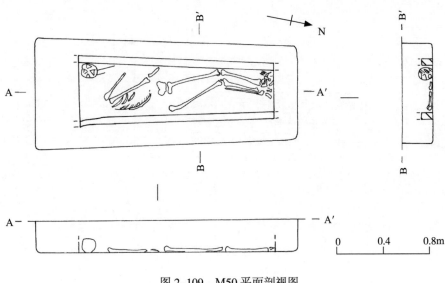

图 2-109　M50 平面剖视图

（二）人骨及葬式

棺内置人骨一具，骨架保存较差，头朝南，侧身屈肢，上半身肢骨摆放较为凌乱，可能为二次迁入葬。经对人骨的体质人类学鉴定，墓主系成年男性，死亡年龄在 25 岁左右。

（三）出土器物

未发现出土器物。

五十一、第五十一号墓（TXY M51）

（一）墓葬形制

M51 位于西岛西部，北邻 M50，开口于①层下，距地表深 0.6 米。长方形竖穴土坑墓，直壁，较规整，平底。长 2.46，宽 0.9～0.94，深 0.2 米。墓向 162°。

墓圹内填黄褐色花土，含花土点、植物根系，土质较疏松。

葬具为木棺，棺木已朽，残留部分棺板。木棺平面呈梯形，长 1.82，宽 0.38～0.52，残高 0.2 米。棺底铺有一层厚约 0.02 米的草木灰（图 2-110；图版二四，1）。

（二）人骨及葬式

棺内置人骨一具，骨架保存较差，头朝南，面向上，侧身直肢。经对人骨的体质人类学鉴定，墓主系成年男性，死亡年龄在 40～45 岁。

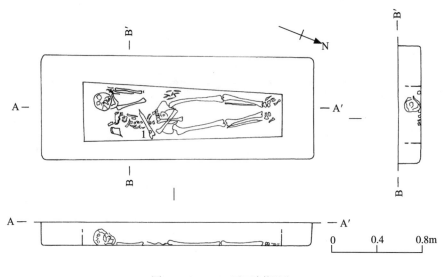

图 2-110　M51 平面剖视图

1. 铜钱

（三）出土器物

出土器物仅发现铜钱3枚，

铜钱　3枚。出自墓主上肢骨下的草木灰中，均为乾隆通宝。标本 M51：1-1，圆形方穿，正、背面有圆郭，郭较宽，正面铸钱文"乾隆通宝"四字，隶书，直读，背面穿左右铸满文"宝源"二字，钱径2.5，穿宽0.5，郭宽0.4，厚0.12厘米，重3克（图2-111）。

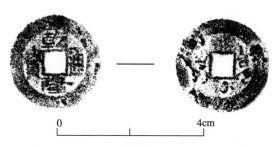

图 2-111　M51 出土铜钱拓片（M51：1-1）

五十二、第五十二号墓（TXY M52）

（一）墓葬形制

M52 位于西岛西部，北邻 M51，开口于①层下，距地表深 0.4 米。长方形竖穴土坑墓，直壁，较规整，平底。长 2.3，宽 0.96～0.98，深 0.36 米。墓向 172°。

墓圹内填黄褐色花土，含花土点、植物根系，土质较疏松。

葬具为木棺，棺木已朽，残留部分棺板。木棺平面呈梯形，长 2.02，宽 0.42～0.56，残高 0.18 米。棺底铺有一层厚约 0.02 米的草木灰（图 2-112）。

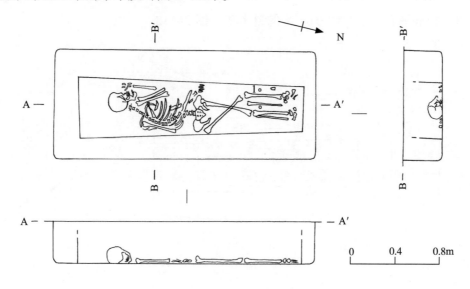

图 2-112　M52 平面剖视图

1. 铜钱

（二）人骨及葬式

棺内置人骨一具，骨架保存一般，头朝南，面向西，侧身屈肢。经对人骨的体质人类学鉴定，墓主系成年男性，死亡年龄在 35～40 岁。

（三）出土器物

出土器物仅发现铜钱 4 枚。

铜钱　4 枚。出自墓主肋骨及跖骨附近，有康熙通宝 3 枚，另 1 枚因锈蚀不可辨识。标本 M52：1-1，圆形方穿，正、背面有圆郭，郭较宽，正面铸钱文"康熙通宝"四字，隶书，直读，背面穿左右铸满文"宝泉"二字，钱径 2.4，穿宽 0.5，郭宽 0.4 厘米。标本 M52：1-4，圆形方穿，因表面锈蚀，钱文不可辨识，钱币一面粘连有部分白色布料，钱径 2.4 厘米。

五十三、第五十三号墓（TXY M53）

（一）墓葬形制

M53 位于西岛西部，东邻 M42，北邻 M41，开口于①层下，距地表深 0.2 米。长方形竖穴土坑墓，直壁，较规整，平底。长 2.64，宽 1～1.32，深 0.58 米。墓向 204°。

墓圹内填黄褐色花土，含花土点、植物根系，土质较疏松。

葬具为木棺，棺木已朽，残留部分棺板。木棺平面呈梯形，长 2.12，宽 0.52～0.7，残高 0.42，棺板厚 0.08～0.12 米。棺底铺有一层厚约 0.02 米的草木灰（图 2-113）。

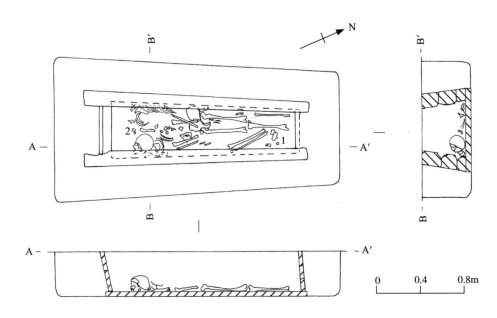

图 2-113　M53 平面剖视图

1. 铜钱　2. 铅佩件

（二）人骨及葬式

棺内置人骨一具，骨架摆放凌乱，应为二次迁入葬。经对人骨的体质人类学鉴定，墓主系成年男性，死亡年龄在 40～45 岁左右。

（三）出土器物

出土出土器物有铅佩件 1 件，铜钱 2 枚。

铅佩件　1 件。标本 M53：2，出自墓主盆骨下草木灰中。正面呈圆形，体偏薄，上宽下窄，边缘略残，中央为一正方形穿孔。直径 2.7、厚 0.5、孔长 1.2 厘米（图 2-114；图版六六，6）。

铜钱　2 枚。标本 M53：1，出自墓主骨架周围。均锈蚀严重，钱文不可辨识，圆形方穿，钱径 2 厘米左右。

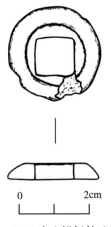

图 2-114　M53 出土铅佩件（M53：2）

五十四、第五十四号墓（TXY M54）

（一）墓葬形制

M54 位于西岛西部，南邻 M55，开口于①层下，距地表深 1.1 米。长方形竖穴土坑墓，直壁，较规整，平底。长 2.16，宽 0.78～1.02，深 0.3 米。墓向 0°。

墓圹内填黄褐色花土，土质较疏松。

葬具为木棺，棺木已朽，残留部分棺板。木棺平面呈梯形，长 2，宽 0.44～0.62，残高 0.16 米。棺底铺有一层厚约 0.02 米的草木灰（图 2-115）。

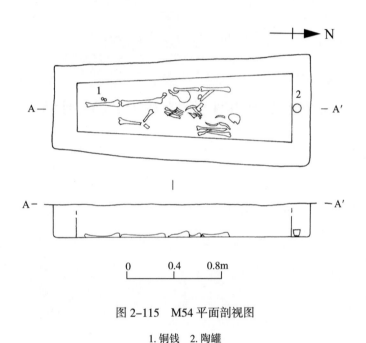

图 2-115　M54 平面剖视图

1. 铜钱　2. 陶罐

（二）人骨及葬式

棺内置人骨一具，骨架摆放凌乱，未见骨头，应为二次迁入葬。经对人骨的体质人类学鉴定，墓主系成年男性，死亡年龄在 35～40 岁。

（三）出土器物

出土器物有陶罐 1 件，铜钱 2 枚。

陶罐　1 件。标本 M54:2，出自墓主头侧棺外填土内，泥质灰陶，整体矮胖，喇叭口，圆唇，束径，弧肩，鼓腹，平底。口径 7，最大腹径 8，底径 5.5，通高 5.8 厘米（图 2-116；图版四八,1）。

铜钱　2 枚。均出自墓主跖骨附近，标本 M54:1-1，圆形方穿，正、背面有圆郭，郭较宽，正面铸钱文"咸丰通宝"四字，直读，背面因锈蚀，穿左右所铸满文不可辨识，钱径 2.3，穿宽 0.4，郭宽 0.3 厘米；标本 M54：1-2，圆形方穿，因锈蚀钱文不可辨识，钱径 2.3 厘米。

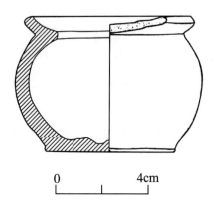

图 2-116　M54 出土陶罐（M54：2）

五十五、第五十五号墓（TXY M55）

（一）墓葬形制

M55 位于西岛西部，北邻 M54，南邻 M56，开口于①层下，距地表深 0.64 米。墓向 335°。

因上层破坏严重，仅残存棺底痕迹。平面呈梯形，长 1.76，宽 0.52～0.7 米。棺底铺有一层草木灰和白灰（图 2-117）。

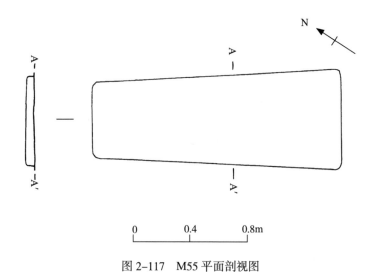

图 2-117　M55 平面剖视图

（二）人骨及葬式

未见人骨。

（三）出土器物

未发现出土器物。

五十六、第五十六号墓（TXY M56）

（一）墓葬形制

M56 位于西岛中部，南邻 M57，北邻 M55，开口于①层下，距地表深 0.85 米。长方形竖穴土坑墓，直壁，较规整，平底。长 2.55，宽 1.47～1.82，深 0.27 米。墓向 5°。

墓圹内填黄褐色花土，含植物根系等，土质较软。

墓内并列两具木棺，两棺均为梯形，棺木已朽。甲棺长 1.94，宽 0.35～0.54，残高 0.12 米，棺底铺有一层厚约 0.02 米的草木灰；乙棺长 1.96，宽 0.33～0.55，残高 0.13 米，棺底铺有一层厚约 0.02 米的草木灰（图 2-118；图版二五,1）。

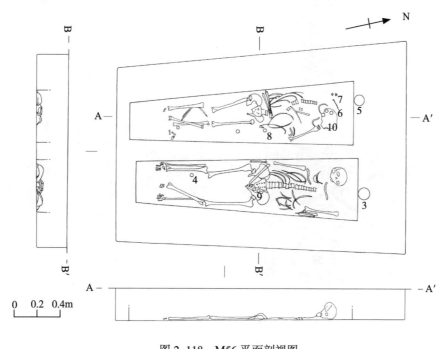

图 2-118　M56 平面剖视图

3、5. 瓷罐　4、8～10. 铜钱　6、7. 簪

（二）人骨及葬式

两具木棺内各有人骨一具。

甲棺内人骨保存一般，头朝北，面向上，仰身直肢。经对人骨的体质人类学鉴定，墓主系成年男性，死亡年龄在 40 岁左右。

乙棺内人骨保存较差，骨架摆放凌乱，应为二次迁入葬。经对人骨的体质人类学鉴定，墓主系成年女性，死亡年龄在 35～40 岁。

（三）出土器物

出土器物有符文瓦 2 片，瓷罐 2 件，簪 3 件，铜钱 9 枚。

符文瓦　2 片。标本 M56：1，出自甲棺头侧棺盖上（图版二四，2），泥质灰陶，一端宽、一端窄，内施布纹，外为素面，中间饰三道凹弦纹，瓦表磨光，中间为朱符，符周围为朱书"亡""者""安""稳"，长 18.8，宽 15.5～18.8，厚 1.6 厘米（图 2-119，1）。标本 M56：2，出自乙棺头侧棺盖上（图版二四，2），泥质灰陶，一端宽、一端窄，内施布纹，外为素面，中间饰三道凹弦纹，瓦表磨光，中间为朱符，符周围为朱书"安""墓""大""吉"，长 16.7，宽 15～17.5，厚 1.5 厘米（图 2-119，2；图版四一，4）。

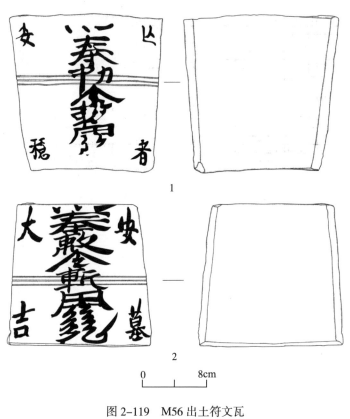

图 2-119　M56 出土符文瓦

1.M56：1　2.M56：2

瓷罐　2 件。标本 M56：3，出自甲棺墓主头侧棺外填土内，浅褐色胎，施酱釉，内施满釉，外侧仅颈肩部施釉。整体呈深腹，瘦高形，敛口，圆唇，斜领，鼓腹，圈足，颈肩部有四个对称的竖系，均残。口径 10.4，最大腹径 13.6，底径 7，通高 14.8 厘米（图 2-120，2；图版五一，5）。标本 M56：5，出自乙棺墓主头侧棺外填土内，浅褐色胎，施酱黄色釉，内施满釉，器口刮削露胎，外部上腹部施釉，下腹部粘连有大量黄褐色杂釉。敛口，圆唇，鼓腹，圈足，颈肩部有两个对称的竖系，均残。口径 8.5，最大腹径 11.4，底径 6.4，通高 10.4 厘米（图 2-120，1；图版五〇，4）。

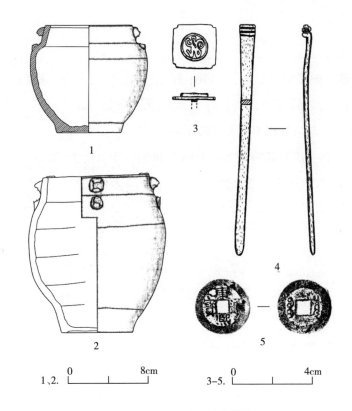

图 2-120　M56 出土随葬器物

1、2. 瓷罐（M56：5、M56：3）　3、4. 簪（M56：7-1、M56：6）　5. 康熙通宝（M56：4）

簪　3 件。均出土于墓主乙头顶。标本 M56：6，骨质，簪头呈梅花柱状，稍微向后弯曲，梅花柱两端沿梅花花瓣边缘阴刻一周细线，正中为一凹点；簪挺扁平细长，上宽下窄，尾部略残，呈圆弧状；簪表面施仿玉的绿漆。长 11，宽 0.4～0.7 厘米（图 2-120，4；图版五七，1、2）。标本 M56：7-1，质地为铜。仅残存簪头，正面为委角正方形，中部凸起呈圆环状，因锈蚀表面纹饰不清。长 2.1，厚 0.3 厘米（图 2-120，3）。标本 M56：7-2，质地为铜。仅残存簪头，正面为委角正方形，中部凸起呈圆环状，因锈蚀表面纹饰不清。长 2.1、厚 0.3 厘米。另出土有数节簪杆，细长，截面呈圆形。

铜钱　9 枚。标本 M56：4，1 枚，出自墓主甲跖骨附近，圆形方穿，正、背面有圆郭，郭较宽，正面铸钱文“康熙通宝”四字，隶书，直读，背面穿左右铸满文“宝泉”二字，钱径 2.7，穿宽 0.5，郭宽 0.4，厚 0.14 厘米，重 3.8 克（图 2-120，5）。标本 M56：9，2 枚，出自墓主甲盆骨下草木灰中，一枚为“康熙通宝”，钱径 2.7，穿宽 0.5，郭宽 0.4 厘米，另一枚为圆形方穿，因锈蚀钱文不可辨识。标本 M56：8，3 枚，出自墓主乙肋骨及跖骨附近，一枚为“康熙通宝”，钱径 2.4，穿宽 0.5，郭宽 0.4 厘米，另两枚均为圆形方穿，因锈蚀钱文不可辨识。标本 M56：10，3 枚，出自墓主乙盆骨下草木灰中，两枚为“康熙通宝”，钱径 2.7，穿宽 0.5，郭宽 0.5 厘米，另一枚为圆形方穿，因锈蚀钱文不可辨识。

五十七、第五十七号墓（TXY M57）

（一）墓葬形制

M57 位于西岛中部，南邻 M58，北邻 M56，开口于①层下，距地表深 0.66 米。长方形竖穴土坑墓，直壁，较规整，平底。长 2.6，宽 0.64～0.9，深 0.66 米。墓向 350°。

墓圹内填黄褐色花土，含植物根系，土质较疏松。

葬具为木棺，棺木已朽，残留部分棺板。木棺平面呈梯形，长 2，宽 0.36～0.52，残高 0.14 米。棺底铺有一层厚约 0.02 米的草木灰（图 2-121）。

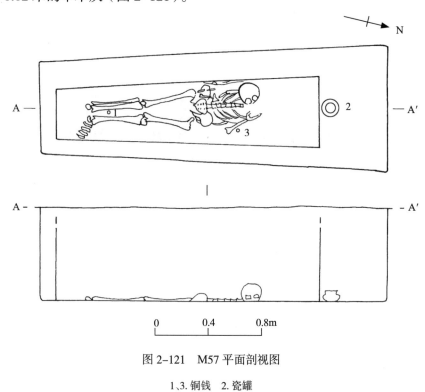

图 2-121　M57 平面剖视图

1、3. 铜钱　2. 瓷罐

（二）人骨及葬式

棺内置人骨一具，骨架保存一般，头朝北，头骨移动，面向不详，仰身直肢。经对人骨的体质人类学鉴定，墓主系成年男性，死亡年龄在 30 岁左右。

（三）出土器物

出土器物有瓷罐 1 件，铜钱 2 枚。

瓷罐　1 件。标本 M57∶2，出自墓主头侧棺外填土内，浅褐胎，施酱釉，内壁下部施浅黄绿色釉，施酱釉至口沿下；器口刮釉露胎；外壁施酱釉至腹下部，有流釉。整体矮胖，敛口，圆唇，矮斜领，弧肩，鼓腹，平底微凹。口径8.4，最大腹径12.8，底径8.3，通高8厘米（图2-122，1；图版四九，3）。

　　铜钱2枚。标本M57：1，出自墓主跖骨附近，圆形方穿，正、背面有圆郭，郭较宽，正面铸钱文"康熙通宝"四字，隶书，直读，背面穿左右铸满文"宝泉"二字，钱径2.9，穿宽0.5，郭宽0.4，厚0.14厘米，重4.2克（图2-122，2）。标本M57：3，出自墓主指骨下草木灰中，圆形方穿，因锈蚀正面钱文和背面所铸满文均不可辨识，钱径2.8，穿宽0.5，郭宽0.4厘米。

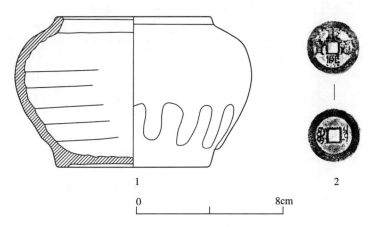

图2-122　M57出土瓷罐及铜钱拓片

1. 瓷罐（M57：2）　2. 康熙通宝（M57：1）

五十八、第五十八号墓（TXY M58）

（一）墓葬形制

　　M58位于西岛中部，南邻M61，北邻M57，开口于①层下，距地表深0.58米。长方形竖穴土坑墓，直壁，较规整，墓圹南部被现代墙基打破。残长1.96，宽1.75，深0.1米。墓向350°。

　　墓圹内填黄褐色花土，含花土点、植物根系等，土质较疏松。

　　墓内并列两具木棺，两棺均为梯形，棺木已朽，南部均被现代墙基破坏。甲棺北部发现有木榫残痕，棺残长1.7，残宽0.42~0.68，残高0.06米，棺底铺有一层厚约0.02米的草木灰；乙棺残长1.54，残宽0.46~0.52，残高0.06米，棺底铺有一层厚约0.02米的草木灰（图2-123；图版二五，2）。

（二）人骨及葬式

　　两具木棺内均未见人骨，应为迁出葬。

（三）出土器物

　　出土器物有铜钱2枚。

铜钱　2 枚。标本 M58：2，出自甲棺棺底北部，圆形方穿，正、背面有圆郭，郭较宽，正面铸钱文"宣统通宝"四字，隶书，直读，背面穿左右铸满文"宝泉"二字，钱径 2，穿宽 0.3，郭宽 0.3 厘米。标本 M58：3，出自乙棺棺底北部，圆形方穿，正、背面有圆郭，郭较宽，正面铸钱文"光绪通宝"四字，隶书，直读，背面穿左右铸满文因锈蚀不可辨识，钱径 2.4，穿宽 0.5，郭宽 0.4 厘米。

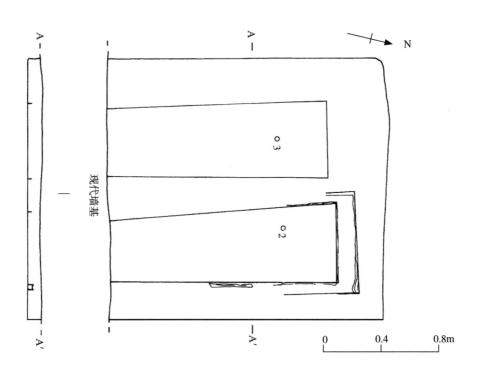

图 2-123　M58 平面剖视图
2、3. 铜钱

五十九、第五十九号墓（TXY M59）

（一）墓葬形制

M59 位于西岛中部，南邻 M60，北邻 M61，开口于①层下，距地表深 0.7 米。长方形竖穴土坑墓，直壁，较规整，平底。长 2.56，宽 1.14～1.2，深 0.28 米。墓向 285°。

墓圹内填黄褐色花土，含花土点、植物根系，土质较疏松。

葬具为木棺，棺木已朽，残留部分棺板。木棺平面呈梯形，长 2.06，宽 0.54～0.74，残高 0.2 米。棺底铺有一层厚约 0.02 米的草木灰（图 2-124；图版二六，1）。

（二）人骨及葬式

棺内置人骨一具，保存较差，头骨移动，上肢骨和肋骨摆放凌乱，应为二次迁入葬。经对人骨的体质人类学鉴定，墓主系未成年男性，死亡年龄在 12～13 岁。

（三）出土器物

未发现有出土器物。

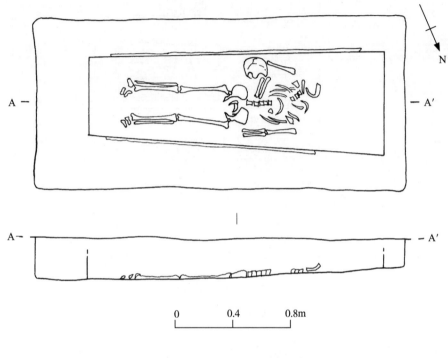

图 2-124　M59 平面剖视图

六十、第六十号墓（TXY M60）

（一）墓葬形制

M60 位于西岛中部，北邻 M59，开口于①层下，距地表深 0.7 米。长方形竖穴土坑墓，直壁，较规整，平底。长 2.98，宽 2.04～2.2，深 0.58 米。墓向 270°。

墓圹内填黄褐色花土，土质较疏松。

墓内并列两具木棺，两棺均为梯形，棺木已朽，残留部分棺板。甲棺长 2.02，宽 0.32～0.66，残高 0.46，棺板残厚 0.06～0.08 米，棺底铺有一层厚约 0.02 米的草木灰；乙棺长 1.86，宽 0.5～0.62，残高 0.12，棺板残厚 0.02～0.04 米，棺底铺有一层厚约 0.02 米的草木灰（图 2-125）。

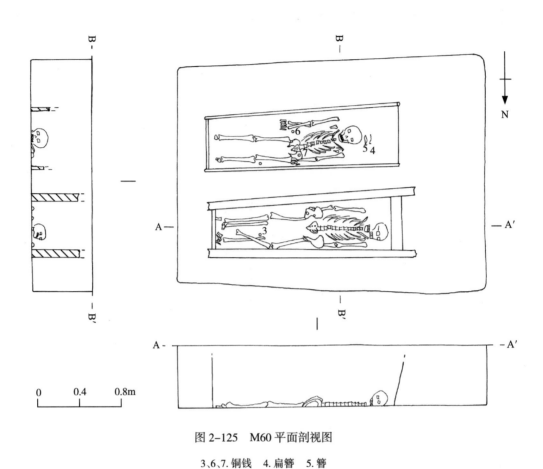

图 2-125　M60 平面剖视图

3、6、7.铜钱　4.扁簪　5.簪

（二）人骨及葬式

两具木棺内各有人骨一具。

甲棺内人骨保存一般，头朝西，面向北，仰身直肢。经对人骨的体质人类学鉴定，墓主系成年男性，死亡年龄在 30 岁左右。

乙棺内人骨保存一般，头朝西，面向上，仰身直肢。经对人骨的体质人类学鉴定，墓主系成年女性，死亡年龄在 25 岁左右。

（三）出土器物

出土器物有符文瓦 2 片，扁簪 1 件，簪 1 件，铜钱 9 枚。

符文瓦　2 片。标本 M60：1，出自甲棺墓主头侧棺盖上，为泥质灰陶，一端宽、一端窄，内施布纹，外为素面，右下部残缺，瓦表磨光，中间绘有朱符，符上为朱书"陽"，左侧书有四字朱书，可释读有"中華三年"，瓦里为朱书墓主生卒信息，从右至左可释读有"同治□二年九月□""顯考李公諱""中華三年"，长 16.2，残宽 16，厚 1.4 厘米（图 2-126，1；图版四二，1、2）。标本 M60：2，出自乙棺墓主头侧棺盖上，为泥质灰陶，一端宽、一端窄，内施布纹，外为素面，瓦表磨光，四角各有

一朱书文字，仅可识别一字"造"，中间为墓主生卒信息，从右至左依次可释读有"十月十一日酉□
生""□□□□太君高年三十八壽終靈□""民國八年二月初五日巳時終"，瓦里绘有朱符，长 21.1，
宽 15.5～18.5，厚 1.5 厘米（图 2-126，2；图版四三，1、2）。

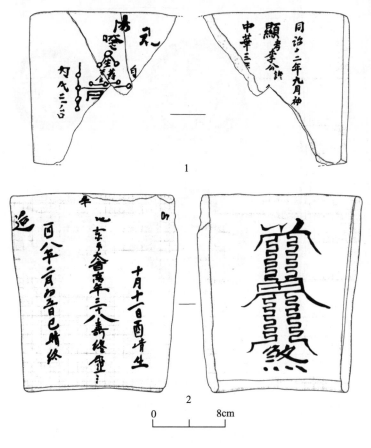

图 2-126　M60 出土符文瓦

1.M60：1　2.M60：2

扁簪　1 件。标本 M60：4，出土于墓主乙头顶，质地为铜。整体扁平呈浅弧状，中腰细窄，两端呈
梭形；簪身两端正面饰对称的花草纹。通长 7.5 厘米（图 2-127，1；图版五五，4）。

簪　1 件。标本 M60：5，出土于墓主乙头顶，质地为铜。簪头已缺，簪脚为瘪针形，尾部呈弧状；
簪脚靠近簪头位置折曲，残存有焊接簪头的痕迹。残长 4.2 厘米（图 2-127，2）。

铜钱　9 枚。标本 M60：4，1 枚，出自墓主甲跖骨附近，圆形方穿，正、背面有圆郭，郭较宽，正
面铸钱文"道光通宝"四字，隶书，直读，背面穿左右铸满文"宝泉"二字，钱径 2.4，穿宽 0.6，郭宽
0.3，厚 0.13 厘米，重 2.5 克（图 2-127，3）。标本 M60：6，分别出自墓主乙指骨和跖骨附近，共 3 枚，
均为"宣统通宝"。M60：6-1，圆形方穿，正、背面有圆郭，郭较宽，正面铸钱文"宣统通宝"四字，隶
书，直读，背面穿左右铸满文"宝泉"二字，钱径 1.9，穿宽 0.6，郭宽 0.3，厚 0.13 厘米，重 2.5 克（图
2-127，4；图版七一，6）。

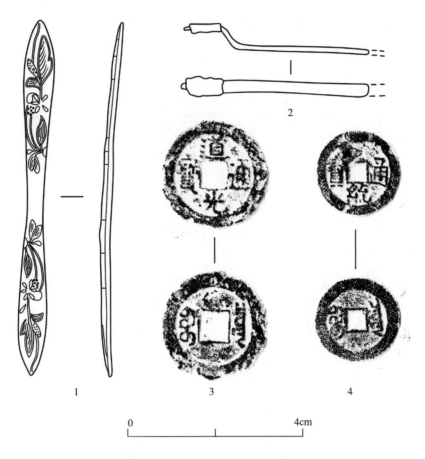

图 2-127　M60 出土器物及铜钱拓片

1. 扁簪（M60:4）　2. 簪（M60:5）　3. 道光通宝（M60:4）　4. 宣统通宝（M60:6-1）

六十一、第六十一号墓（TXY M61）

（一）墓葬形制

M61 位于西岛中部，南邻 M59，北邻 M58，开口于①层下，距地表深 0.62 米。长方形竖穴土坑墓，直壁，较规整，东部被现代墙基打破。残长 2.5，残宽 0.7～0.72，深 0.49 米。墓向 345°。

墓圹内填黄褐色花土，含植物根系，土质较软。

葬具为木棺，棺木已朽，残留部分棺板。木棺平面呈梯形，长 1.9，宽 0.42～0.58，残高 0.36，棺板残厚 0.02～0.04 米。棺底铺有一层厚约 0.02 米的草木灰（图 2-128；图版二六，1）。

（二）人骨及葬式

棺内置人骨一具，骨架保存较差，不见头骨，上肢骨和肋骨摆放较为凌乱，应为二次迁入葬。经对人骨的体质人类学鉴定，墓主系成年男性，死亡年龄在 30 岁左右。

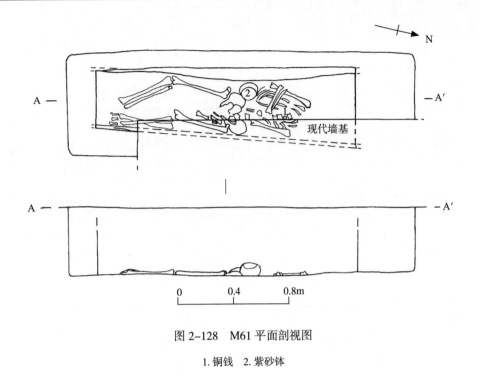

图 2-128　M61 平面剖视图

1. 铜钱　2. 紫砂钵

（三）出土器物

出土器物有紫砂钵 1 件，铜钱 1 枚。

紫砂钵　1 件。标本 M61:2，出自墓主肋骨西侧，朱红色胎，胎质细腻，胎中含较多白色砂粒，形制敦雅圆浑，造工精练。敛口，鼓腹，寰底。口径 14，最大腹径 16.8，高 10 厘米（图 2-129；图版四八,2）。

铜钱　1 枚。标本 M61:1，出自墓主肋骨东侧，圆形方穿，锈蚀严重，正面钱文仅可辨识一"康"字，钱背铸有满文，亦不可辨识，钱径 2.7，穿宽 0.5，郭宽 0.4 厘米。

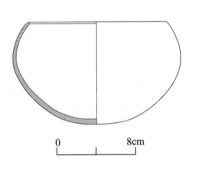

图 2-129　M61 出土紫砂钵（M61:2）

六十二、第六十二号墓（TXY M62）

（一）墓葬形制

M62 位于西岛中部，东邻 M78，西邻 M69，开口于①层下，距地表深 0.7 米。长方形竖穴土坑墓，直壁，较规整，平底。长 2.28，宽 0.95～0.98，深 0.34 米。墓向 5°。

墓圹内填黄褐色花土，含花土点、植物根系，土质较软。

葬具为木棺，棺木已朽，残留部分棺板。木棺平面呈梯形，长 2.15，宽 0.48～0.58，残高 0.23，棺板残厚 0.04～0.05 米。棺底铺有一层厚约 0.02 米的草木灰（图 2-130）。

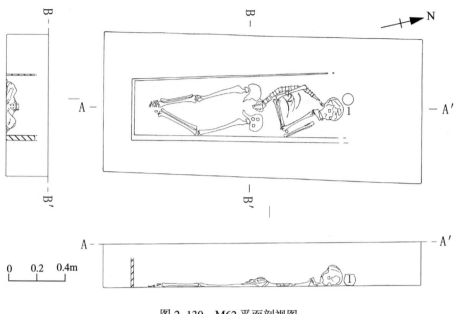

图 2-130　M62 平面剖视图

（二）人骨及葬式

棺内置人骨一具，骨架保存较差，头朝北，面向东，仰身直肢。经对人骨的体质人类学鉴定，墓主系成年男性，死亡年龄在 40～50 岁。

（三）出土器物

出土器物有瓷罐 1 件，铜钱 6 枚。

瓷罐　1 件。标本 M62∶1，出自墓主头顶填土内，白褐色胎，施酱釉，内施满釉，器口刮釉露胎，外侧仅颈肩部施釉，外腹下部粘连有大量黄褐色杂釉。敛口，圆唇，直领，缓弧肩，鼓腹，圈足，颈肩部有两个对称的竖系，均残。口径 8.4，最大腹径 11.6，底径 6.8，通高 11.1 厘米（图 2-131；图版五○,5）。

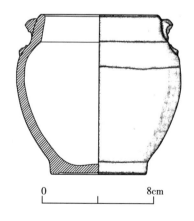

图 2-131　M62 出土瓷罐（M62∶1）

铜钱　6枚。标本M62:2，共2枚，出自墓主肋骨附近。M62:2-1，圆形方穿，正、背面有圆郭，郭较宽，因表面锈蚀，正面铸钱文可辨识有"□治通□"四字，直读，背面穿左右铸满文不可辨识，钱径2.8，穿宽0.5，郭宽0.4厘米；另1枚铜钱为圆形方穿，因锈蚀，钱文不可辨识。标本M62:3，共4枚，出自墓主左指骨、盆骨下草木灰中。M62:3-1，圆形方穿，正、背面有圆郭，郭较宽，因表面锈蚀，正面铸钱文仅可辨识一"康"字，背面穿左右铸满文不可辨识，钱径2.8，穿宽0.4，郭宽0.4厘米；其余2枚铜钱皆为圆形方穿，因锈蚀，钱文不可辨识。

六十三、第六十三号墓（TXY M63）

（一）墓葬形制

M63位于西岛中部，东邻M86，开口于①层下，距地表深0.5米。长方形竖穴土坑墓，直壁，较规整，东北部被M86打破。长2.44，宽0.82~0.88，深0.36米。墓向334°。

墓圹内填黄褐色花土，含花土点、朽木块，土质较疏松。

葬具为木棺，棺木已朽，残留部分棺板。木棺平面呈梯形，长1.68，宽0.36~0.44，残高0.24~0.26，棺板残厚0.04~0.06米。棺底铺有一层厚约0.02米的草木灰和白灰（图2-132；图版二七，1）。

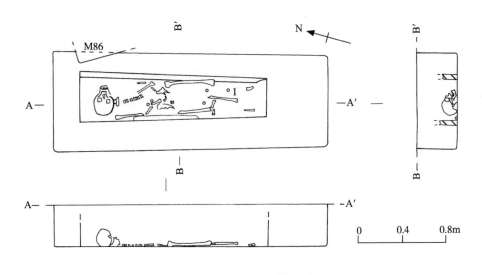

图2-132　M63平面剖视图

1.铜钱

（二）人骨及葬式

棺内置人骨一具，骨架摆放凌乱，应为二次迁入葬。经对人骨的体质人类学鉴定，墓主系成年女性，死亡年龄在45~50岁。

（三）出土器物

出土器物仅有铜钱 10 枚。

铜钱　10 枚。标本 M63：1，共 5 枚，出自墓主肋骨和跖骨附近，均为圆形方穿，因锈蚀，钱文不可辨识。标本 M63：2，共 5 枚，出自墓主头骨及右跖骨下草木灰中，均为圆形方穿。M63：2-1，正面钱文可辨识为"康熙□宝"，背面所铸满文不可识读，钱径 2.4，穿宽 0.5，郭宽 0.4 厘米；其余铜钱因锈蚀，钱文均不可辨识。

六十四、第六十四号墓（TXY M64）

（一）墓葬形制

M64 位于西岛中部，东邻 M61，开口于①层下，距地表深 0.3 米。长方形竖穴土坑墓，直壁，较规整，平底。长 2.34，宽 1.62～1.76，深 0.26 米。墓向 342°。

墓圹内填黄褐色花土，含植物根系，土质较软。

墓内并列两具木棺，两棺均为梯形，棺木已朽。甲棺长 1.82，宽 0.44～0.54，残高 0.16 米，棺底铺有一层厚约 0.02 米的草木灰；乙棺长 1.92，宽 0.44～0.54，残高 0.2，棺板残厚 0.06～0.08 米，棺底铺有一层厚约 0.02 米的草木灰（图 2-133）。

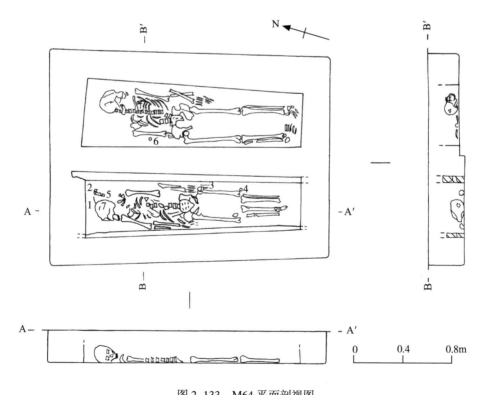

图 2-133　M64 平面剖视图

1、7. 簪　2. 扁方　3. 戒指　4、6. 铜钱　5. 耳环

（二）人骨及葬式

两具木棺内各有人骨一具。

甲棺内人骨保存一般，头朝北，面向东，仰身直肢。经对人骨的体质人类学鉴定，墓主系成年男性，死亡年龄在 30 岁左右。

乙棺内人骨保存较差，头朝北，面向西，仰身直肢。经对人骨的体质人类学鉴定，墓主系成年女性，死亡年龄在 30 岁左右。

（三）出土器物

出土器物有扁方 1 件，簪 2 件，戒指 1 枚，耳环 1 件，铜钱 7 枚。

扁方　1 件。标本 M64：2，出土于墓主乙头顶，质地为银包金。簪头卷曲呈卷轴状，向后弯曲，簪身与卷轴齐宽，已残，整体扁平呈长条形，整体光素。残长 8.4，宽 2.2，厚 0.8 厘米（图 2-134，2）。

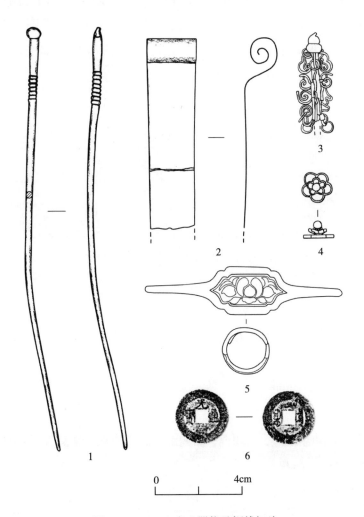

图 2-134　M64 出土器物及铜钱拓片

1、3. 簪（M64：1、M64：7）　2. 扁方（M64：2）　4. 耳环（M64：5）　5. 戒指（M64：3）　6. 光绪通宝（M64：4-1）

簪　2件。标本 M64：1，出土于墓主乙头顶，质地为铜。簪头呈耳挖形，簪杆大部呈细长圆柱锥状，尾部扁平，整体光素，仅在簪杆靠近簪头处有一累珠般的颈。通长 18.7 厘米（图 2-134，1；图版五九，6）。标本 M64：7，清理人骨时在墓主乙头骨下发现，质地为铜鎏金。禅杖形簪，仅残存簪头，残损严重，上层为葫芦，下层可辨识为五组金丝卷成的如意云状框架，以中间支柱为轴心焊接在一起，匀称分布，框架内悬挂小圆环若干。残长 4.5 厘米（图 2-134，3）。

戒指　1枚。标本 M64：3，出土于墓主乙右指骨，质地为银。整体呈马镫形，戒面为委角长方形，沿戒面边缘阴刻一圈细线，内刻有浮雕效果的大朵牡丹纹饰；戒环为细长条形，尾部呈弧状，活口。戒面长 3.5，宽 2，内径 2 厘米（图 2-134，5；图版六四，2）。

耳环　1件。标本 M64：5，清理人骨时在墓主乙头骨下发现，质地为铜鎏金。坠饰部分为双层梅花造型，最顶层花蕊部分镶嵌白色珠一颗，坠饰背面焊接耳环脚，耳环脚细长，截面为圆形，素面，靠近梅花处折曲，尾部残缺。残长 3.8，梅花直径 1.4 厘米（图 2-134，4）。

铜钱　7枚。标本 M64：4，共 3 枚，出自墓主乙下肢骨附近。M64：4-1，圆形方穿，正、背面有圆郭，郭较宽，正面铸钱文"光绪通宝"四字，隶书，直读，背面穿左右铸满文"宝泉"二字，钱径 2.45，穿宽 0.55，郭宽 0.4，厚 0.15 厘米，重 3.8 克（图 2-134，6）；其余 2 枚，均为圆形方穿，锈蚀严重，钱文不可辨识。标本 M64：6，共 4 枚，出自墓主甲上肢骨下草木灰中，均为圆形方穿。M64：6-1，正面钱文可辨识为"□治□宝"，背面穿左右铸满文"宝泉"二字，钱径 2.4，穿宽 0.5，郭宽 0.4 厘米；其余 3 枚铜钱，表面锈蚀严重，钱文不可辨识。

六十五、第六十五号墓（TXY M65）

（一）墓葬形制

M65 位于西岛中部，东邻 M67，南邻 M68，开口于①层下，距地表深 0.2 米。长方形竖穴土坑墓，直壁，较规整，平底。长 2.62，宽 0.96～0.98，表深 0.3 米。墓向 246°。

墓圹内填黄褐色花土，含植物根系，土质较软。

葬具为木棺，棺木已朽，残留部分棺板。木棺平面呈梯形，长 1.96，宽 0.52～0.66，残高 0.16，棺板残厚 0.02～0.08 米。棺底铺有一层厚约 0.02 米的草木灰（图 2-135）。

（二）人骨及葬式

棺内置人骨一具，骨架保存较差，头朝西，面向北，仰身直肢。经对人骨的体质人类学鉴定，墓主系成年女性，死亡年龄在 35～40 岁。

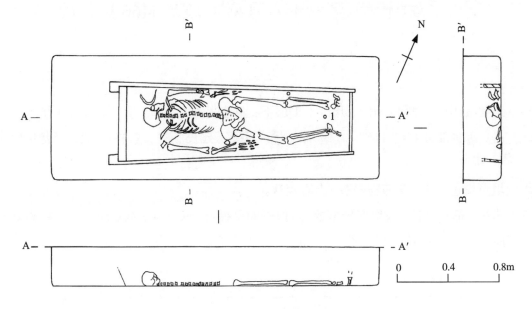

图 2-135　M65 平面剖视图

1、2. 铜钱

（三）出土器物

出土器物仅发现铜钱 3 枚。

标本 M65：1，共 2 枚，出自墓主跖骨附近，均为圆形方穿，正、背面有圆郭。M65：1-1，正面铸钱文"康熙通宝"四字，隶书，直读，背面穿左右铸满文"宝泉"二字，钱径 2.5，穿宽 0.5，郭宽 0.38，厚 0.1 厘米，重 2.9 克（图 2-136，1）；M65：1-2，正面铸钱文"乾隆通宝"四字，隶书，直读，背面粘连有织物，钱径 2.5，穿宽 0.5，郭宽 0.4 厘米。标本 M65：2，共 1 枚，出自墓主左上肢骨下草木灰中，圆形方穿，正、背面有圆郭，郭较宽，正面铸钱文"道光通宝"四字，隶书，直读，背面穿左右铸满文"宝源"二字，钱径 2.35，穿宽 0.5，郭宽 0.3，厚 0.16 厘米，重 4.1 克（图 2-136，2）。

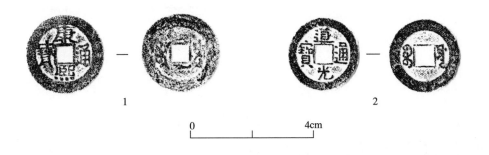

图 2-136　M65 出土铜钱拓片

1. 康熙通宝（M65：1-1）　2. 道光通宝（M65：2）

六十六、第六十六号墓（TXY M66）

（一）墓葬形制

M66 位于西岛中部，西邻 M67，开口于①层下，距地表深 0.3 米。长方形竖穴土坑墓，东南部被现代扰坑打破，西北部被 M67 打破，直壁，较规整，平底。残长 2.32，宽 1～1.02，深表 0.12 米。墓向 136°。

墓圹内填黄褐色花土，含植物根系，土质较软。

葬具为木棺，棺木已朽，残留部分棺板。木棺平面呈梯形，长 1.86，宽 0.56～0.6，残高 0.08 米。棺底铺有一层厚约 0.02 米的草木灰（图 2-137）。

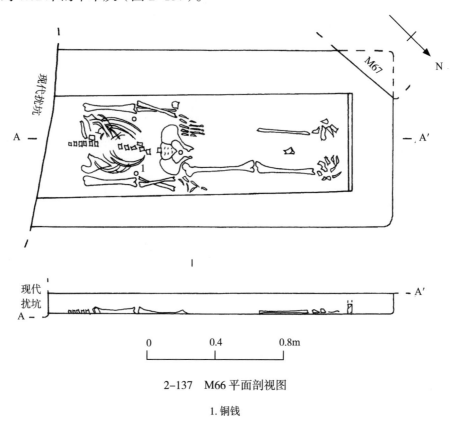

2-137　M66 平面剖视图

1. 铜钱

（二）人骨及葬式

棺内置人骨一具，骨架保存较差，未见头骨，左下肢骨残缺。经对人骨的体质人类学鉴定，墓主系成年男性，死亡年龄在 22 岁左右。

（三）出土器物

出土器物仅发现铜钱 3 枚。

标本 M66：1，共 3 枚，出自墓主肋骨和盆骨附近，均为"光绪通宝"。M66：1-1，圆形方穿，正、背面有圆郭，郭较宽，正面铸钱文"光绪通宝"四字，隶书，直读，背面穿左右所铸满文不可辨识，钱径 2.3，穿宽 0.5，郭宽 0.35，厚 0.15 厘米，重 2.8 克（图 2-138）。

0 4cm

图 2-138 M66 出土铜钱拓片（M66：1-1）

六十七、第六十七号墓（TXY M67）

（一）墓葬形制

M67 位于西岛西部，东邻 M66，西邻 M65，开口于①层下，距地表深 0.8 米。长方形竖穴土坑墓，直壁，较规整，平底。长 1.15，宽 0.65～0.67，深 0.24 米。墓向 260°。

墓圹内填黄褐色花土，含植物根系，土质较软。

葬具不详，墓主骨骼下仅见一平面呈梯形的痕迹，长 0.96，宽 0.33～0.36，残高 0.1 米（图 2-139；图版二七，2）。

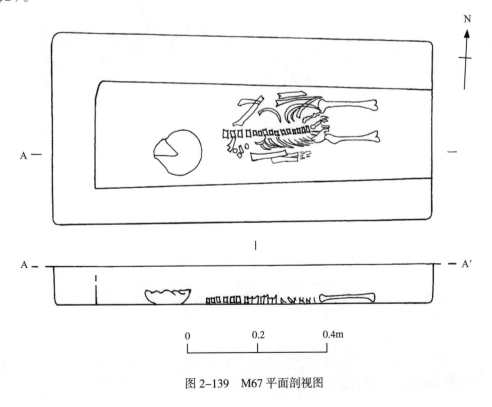

0 0.2 0.4m

图 2-139 M67 平面剖视图

（二）人骨及葬式

墓内置人骨一具，头朝西，骨架保存较差。经对人骨的体质人类学鉴定，墓主系婴幼儿，死亡年龄在 11 个月左右。

（三）出土器物

未发现有出土器物。

六十八、第六十八号墓（TXY M68）

（一）墓葬形制

M68 位于西岛中部，北邻 M65，开口于①层下，距地表深 0.5 米。长方形竖穴土坑墓，直壁，较规整，平底。长 2.42，宽 0.82～1.12，深 0.14 米。墓向 253°。

墓圹内填黄褐色花土，含植物根系，土质较软。

葬具为木棺，棺木已朽。木棺平面呈梯形，长 1.86，宽 0.42～0.66，残高 0.08 米。棺底铺有一层厚约 0.02 米的草木灰（图 2-140）。

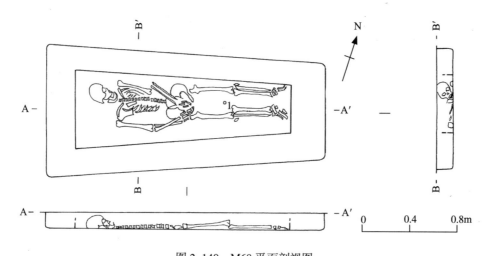

图 2-140　M68 平面剖视图

1.铜钱

（二）人骨及葬式

棺内置人骨一具，骨架保存一般，头朝西，面向北，仰身直肢。经对人骨的体质人类学鉴定，墓主系成年男性，死亡年龄在 35 岁左右。

（三）出土器物

出土器物仅见铜钱7枚。

标本M68：1，共1枚，出自墓主跖骨内侧，圆形方穿，正、背面有圆郭，正面铸钱文"光绪通宝"四字，直读，背面穿左右所铸满文因锈蚀不可辨识，钱径2.2，穿宽0.5，郭宽0.4厘米。标本M68：2，共6枚，出自墓主右下肢骨下草木灰中，均为圆形方穿，因锈蚀钱文不可辨识，部分铜钱背面穿左右隐约可见所铸满文。

六十九、第六十九号墓（TXY M69）

（一）墓葬形制

M69位于西岛中部，西邻M58，开口于①层下，距地表深0.46米。长方形竖穴土坑墓，直壁，较规整，平底。长2.14，宽0.84～1.06，深0.12米。墓向160°。

墓圹内填黄褐色花土，含植物根系，土质较软。

葬具为木棺，棺木已朽。木棺平面呈梯形，长1.7，宽0.48～0.62，残高0.06米。棺底铺有一层厚约0.02米的草木灰（图2-141）。

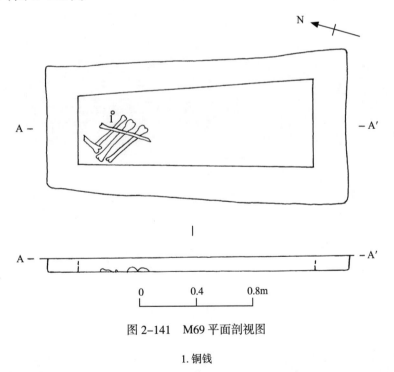

图2-141　M69平面剖视图

1. 铜钱

（二）人骨及葬式

棺内仅有部分肢骨，应为二次迁入葬。经对人骨的体质人类学鉴定，墓主系成年男性。

（三）出土器物

出土器物仅发现铜钱 1 枚。

标本 M69：1，出自棺底北部，圆形方穿，正、背面有圆郭，郭较宽，正面铸钱文"咸丰通宝"四字，隶书，直读，背面穿左右所铸满文不清，钱径 2.3，穿宽 0.5，郭宽 0.2，厚 0.16 厘米，重 3.4 克（图 2-142；图版七一，4）。

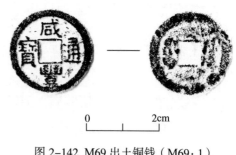

图 2-142　M69 出土铜钱（M69：1）

七十、第七十号墓（TXY M70）

（一）墓葬形制

M70 位于西岛中部，南邻 M71，开口于①层下，距地表深 0.24 米。长方形竖穴土坑墓，直壁，较规整，平底。长 2.4，宽 1.72～1.86，深 0.89 米。墓向 72°。

墓圹内填黄褐色花土，含花土点、朽木块，土质疏松。

墓内并列两具木棺，两棺均为梯形，棺木已朽，残留部分棺板。甲棺长 2.04，宽 0.47～0.56，残高 0.43，棺板残厚 0.08～0.09 米，棺底铺有一层厚约 0.02 米的草木灰；乙棺长 1.94，宽 0.48～0.62，残高 0.42，棺板残厚 0.08～0.09 米，棺底铺有一层厚约 0.02 米的草木灰（图 2-143）。

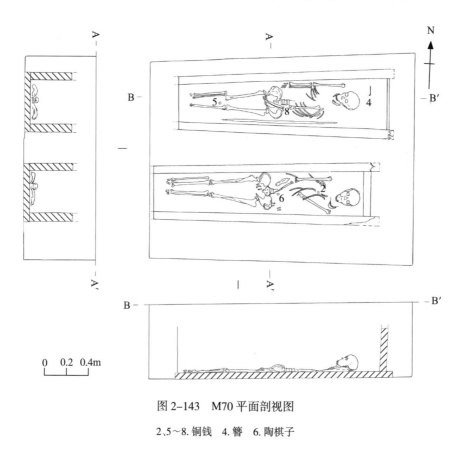

图 2-143　M70 平面剖视图

2、5～8. 铜钱　4. 簪　6. 陶棋子

（二）人骨及葬式

两具木棺内各有人骨一具。

甲棺内人骨保存一般，头朝东，面向上，仰身直肢。经对人骨的体质人类学鉴定，墓主系成年男性，死亡年龄在 60 岁左右。

乙棺内人骨保存较差，头朝东，面向上，仰身直肢。经对人骨的体质人类学鉴定，墓主系成年女性，死亡年龄在 35～40 岁。

（三）出土器物

出土器物有素面瓦 1 片，符文瓦 1 片，簪 1 件，陶棋子 1 枚，铜钱 5 枚。

素面瓦　1 片。标本 M70：1，出自墓主甲头骨上方填土内，泥质灰陶，一端宽、一端窄，内施布纹，外为素面，中间饰三道凹弦纹，长 18，宽 15.5～17.8，厚 1.5 厘米（图 2-144，1；图版四一，1）。

符文瓦　1 片。标本 M70：3，出自墓主乙头骨上方填土内，泥质灰陶，一端宽、一端窄，内施布纹，外为素面，中间饰三道凹弦纹，瓦表磨光，中间为朱符，符周围为朱书"魂""魄""宁"，长 17，宽 14.5～17，厚 1.4 厘米（图 2-144，2；图版四三，6）。

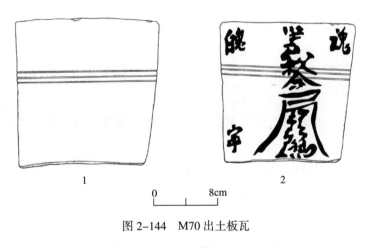

图 2-144　M70 出土板瓦

1. 素面瓦（M70：1）　2. 符文瓦（M70：3）

簪　1 件。标本 M70：4，出土于墓主乙头顶，质地为铜。簪头呈如意形，向后折曲，簪挺扁平细长，上宽下窄，尾端残缺，折曲处正面刻有方框，框内纹饰锈蚀不清。残长 7.9 厘米（图 2-145，1）。

陶棋子　1 枚。标本 M70：6，出自墓主甲右下肢骨下草木灰中，泥质红陶，体偏薄，上窄下宽，正面呈圆形，内压印"馬"字，背面平滑。直径 2.8，厚 0.9 厘米（图 2-145，2；图版六七，7）。

铜钱　5 枚。标本 M70：5，共 1 枚，出自墓主乙下肢骨内侧，圆形方穿，正、背面有圆郭，郭较宽，正面铸钱文"乾隆通宝"四字，隶书，直读，背面穿左右铸满文"宝源"二字，钱径 2.5，穿宽 0.5，郭宽 0.35，厚 0.13 厘米，重 3.3 克（图 2-145，3；图版七〇，6）。标本 M70：2，共 1 枚，出自墓主甲肋骨处，标本 M70：7，2 枚出自墓主乙上肢骨下草木灰中。标本 M70：8，共 1 枚，出自墓主乙肢骨附近，均为圆形方穿，锈蚀严重，钱文不可辨识。

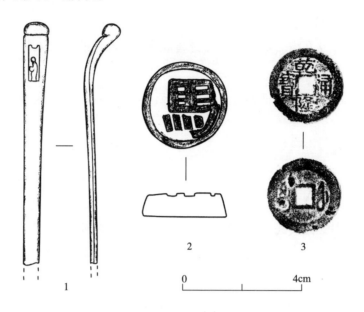

图 2-145　M70 出土器物及铜钱拓片

1. 簪（M70：4）　2. 陶棋子（M70：6）　3. 乾隆通宝（M70：5）

七十一、第七十一号墓（TXY M71）

（一）墓葬形制

M71 位于西岛中部，南邻 M72，开口于①层下，距地表深 0.24 米。长方形竖穴土坑墓，上部被现代扰坑破坏严重。长 2.35，宽 1.72～1.86，深 0.44 米。墓向 50°。

墓圹内填黄褐色花土，含植物根系等，土质较软。

墓内并列两具木棺，两棺均为梯形，棺木已朽，因现代扰坑破坏，木棺大部分仅残留棺底。甲棺长 2.02，宽 0.52～0.64，棺残存高 0～0.28，棺板残厚 0.06～0.1 米，棺底铺有一层厚约 0.02 米的草木灰；乙棺长 2，宽 0.52～0.68，残高 0～0.25，棺板残厚 0.08 米，棺底铺有一层厚约 0.02 米的草木灰（图 2-146；图版二八，1）。

（二）人骨及葬式

两具木棺内各有人骨一具。

因现代扰坑破坏，甲棺内仅残存部分肋骨、盆骨和跖骨。经对人骨的体质人类学鉴定，墓主系成年女性。

因现代扰坑破坏，乙棺内仅残存部分上肢骨和跖骨。经对人骨的体质人类学鉴定，墓主系成年男性。

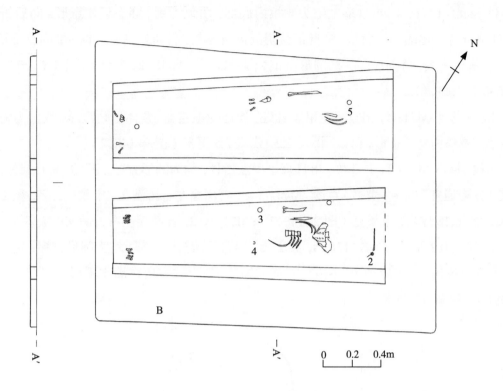

图 2-146　M71 平面剖视图

2. 簪　　3、5. 铜钱　　4. 戒指

（三）出土器物

出土器物有符文瓦 1 片，簪 1 件，戒指 1 枚，铜钱 4 枚。

符文瓦　1 片。标本 M71：1，出自墓主甲侧上方填土内，泥质灰陶，一端宽、一端窄，内施布纹，外为素面，瓦表磨光，中间为朱符，符周围为朱书"亡""者""安""稳"，长 15.5，宽 14～16.2，厚 1.7 厘米（图 2-147；图版四一，5）。

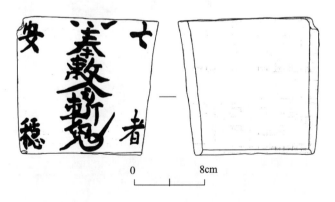

图 2-147　M71 出土符文瓦（M71：1）

簪　1件。标本M71:2，出自墓主甲头侧棺内底部，质地为铜。簪头呈如意形，向后折曲，簪挺扁平细长，上宽下窄，尾端呈三角形；簪挺正面阴刻折枝桃花，折曲处刻有方框，框内纹饰锈蚀不清，可辨识为月下站立一人，背面压印一椭圆形戳记，因锈蚀不可辨识。通长15.6，宽0.6～0.9厘米（图2-148，1；图版五六，3、4）。

戒指　1枚。标本M71:4，出自墓主甲肋骨处，质地为银鎏金。整体呈马镫形，戒面为梅花形，内饰六个梅花点，戒环为细长条形，已残。横长2.2，残宽2.5厘米（图2-148，2）。

铜钱　4枚。标本M71:3，共2枚，出自墓主甲左指骨，均为圆形方穿，正、背面有圆郭，郭较宽，正面铸钱文"乾隆通宝"四字，隶书，直读。M71:3-1，背面穿左右铸满文"宝泉"二字，径2.35，穿宽0.5，郭宽0.3，厚0.18厘米，重4克（图2-148，3）；M71:3-2，背面穿左右铸满文"宝泉"二字，钱径2.4，穿宽0.4，郭宽0.3厘米。标本M71:5，共2枚，出自乙棺棺底中部，均为圆形方穿，正、背面有圆郭，郭较宽，正面铸钱文"乾隆通宝"四字，背面锈蚀严重，穿左右所铸满文不可辨识。M71:5-1，钱径2.4，穿宽0.4，郭宽0.3厘米。

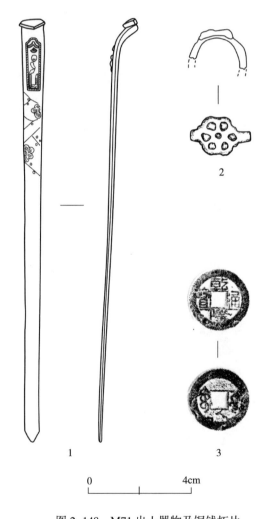

图2-148　M71出土器物及铜钱拓片

1.簪（M71:2）　2.戒指（M71:4）　3.乾隆通宝（M71:3-1）

七十二、第七十二号墓（TXY M72）

（一）墓葬形制

M72 位于西岛中部，北邻 M71，开口于①层下，距地表深 0.56 米。长方形竖穴土坑墓，直壁，较规整，平底。长 2.34，宽 1.74~1.82，深 0.24 米。墓向 75°。

墓圹内填黄褐色花土，含植物根系等，土质较软。

墓内并列两具木棺，两棺均为梯形，棺木已朽，残留部分棺板。甲棺长 1.98，宽 0.46~0.58，残高 0.2，棺板残厚 0.06~0.08 米，棺底铺有一层厚约 0.02 米的草木灰；乙棺长 2，宽 0.52~0.72，残高 0.18，棺板残厚 0.05~0.07 米，棺底铺有一层厚约 0.02 米的草木灰和白灰（图 2-149）。

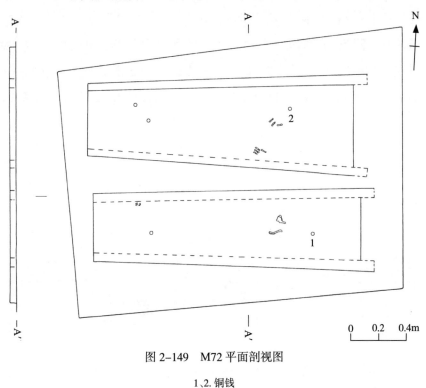

图 2-149　M72 平面剖视图

1、2. 铜钱

（二）人骨及葬式

甲棺内仅见零星碎骨，应为迁出葬。经对残存人骨的体质人类学鉴定，墓主系成年，性别不可鉴定。

乙棺内仅见零星碎骨，应为迁出葬。经对残存人骨的体质人类学鉴定，墓主系成年，性别不可鉴定。

（三）出土器物

残存出土器物有铜钱 5 枚。

标本 M72：1，共 2 枚，出自甲棺棺底的东部和西部，均为圆形方穿。M72：1-1，正面铸钱文"嘉庆通宝"四字，背面锈蚀严重，穿左右铸满文不可辨识，钱径 2.4，穿宽 0.6，郭宽 0.3 厘米；余 1 枚铜钱，锈蚀严重，钱文不可辨识。标本 M72∶2，共 3 枚，出自乙棺棺底的中部和西部，均为圆形方穿，锈蚀严重，钱文不可辨识。

七十三、第七十三号墓（TXY M73）

（一）墓葬形制

M73 位于西岛中部，南邻 M74，开口于①层下，距地表深 0.21 米。长方形竖穴土坑墓，直壁，较规整，平底。长 2.8，宽 1.95～2，深 0.61 米。墓向 329°。

墓圹内填黄褐色花土，含植物根系等，土质较软。

墓内并列两具木棺，两棺均为梯形，棺木已朽，残留部分棺板。甲棺长 2.34，宽 0.57～0.63，残高 0.34～0.48，棺板残厚 0.12～0.13 米，棺底铺有一层厚约 0.02 米的草木灰和白灰；乙棺长 2.32，宽 0.48～0.6，残高 0.40，棺板残厚 0.08～0.11 米，棺底铺有一层厚约 0.02 米的草木灰（图 2-150）。

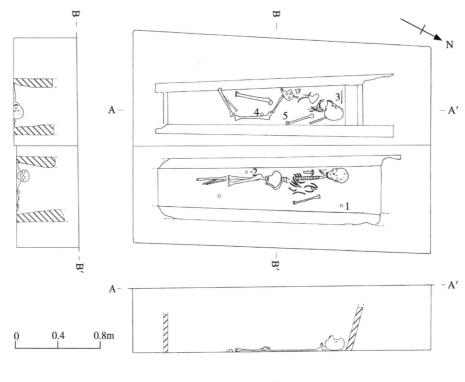

图 2-150　M73 平面剖视图

1、4. 铜钱　　2、5. 戒指　　3. 簪

（二）人骨及葬式

两具木棺内各有人骨一具。

甲棺内人骨摆放凌乱，应为二次迁入葬。经对人骨的体质人类学鉴定，墓主系成年女性，死亡年龄在 25～30 岁。

乙棺内人骨摆放凌乱，应为二次迁入葬。经对人骨的体质人类学鉴定，墓主系成年女性，死亡年龄在 25 岁左右。

（三）出土器物

出土器物有簪 1 件，戒指 2 枚，铜钱 7 枚。

簪　1 件。标本 M73：3，出自墓主乙头顶，材质为铜。簪头呈竹节形，向后折曲，簪挺扁平细长，上宽下窄，尾部呈三角形；簪首曲处正面有竹叶、梅花、菊花浮雕饰片焊接于竹节上，簪挺正面靠近簪首处阴刻兰草纹。通长 16.1 厘米（图 2-151，1；图版五七，3、4）。

戒指　2 枚。标本 M73：2，出自墓主甲右指骨，质地为银。戒面正面呈两枚铜钱相交的连钱纹，用银片相围构出廓、穿边缘，左右均有一银片围成的如意纹，银片围成的格内镶嵌白色饰片；死口，戒环呈长条状，残断。戒面长 1.6、宽 0.7 厘米（图 2-151，2；图版六五，1）。标本 M73：5，清理人骨时在墓主乙左指骨下发现，质地为银。整体呈马镫形，活口；戒面为长方形，内为长方形浅槽，浅槽上下各阴刻一细槽；戒环呈长条状。戒面长 1.6、宽 0.7、最大内径 1.7 厘米（图 2-151，3；图版六三，6）。

铜钱　7 枚。标本 M73：1，共 3 枚，出自墓主甲头骨东侧及下肢骨西侧，均为圆形方穿，锈蚀严重，钱文不可辨识。标本 M73：4，共 1 枚，出自墓主乙下肢骨内侧，圆

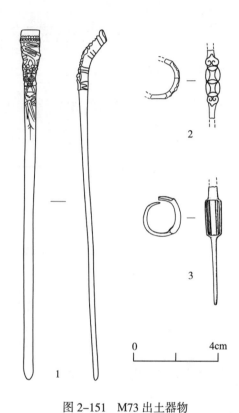

图 2-151　M73 出土器物

1. 簪（M73：3）　2、3. 戒指（M73：2、M73：5）

形方穿，正、背面有圆郭，郭较宽，正面铸钱文"康熙通宝"四字，隶书，直读，背面锈蚀严重，穿左右铸满文不可辨识，钱径 2.4、穿宽 0.5、郭宽 0.3 厘米。标本 M73：6，共 3 枚，出自墓主乙盆骨下草木灰中，均为圆形方穿，锈蚀严重，钱文不可辨识。

七十四、第七十四号墓（TXY M74）

（一）墓葬形制

M74 位于西岛中部，北邻 M73，开口于①层下，距地表深 0.2 米。长方形竖穴土坑墓，墓圹分两次开挖而成，乙棺墓圹打破甲棺墓圹，直壁，较规整，长 2.54、宽 1.64～1.7、深 0.36～0.4 米。墓向 344°。

墓圹内填黄褐色花土，含花土点、朽木块，土质疏松。

墓内并列两具木棺，两棺均为梯形，棺木已朽，残留部分棺板。甲棺长 1.86，宽 0.44～0.58，残高 0.2 米，棺底铺有一层厚约 0.02 米的草木灰；乙棺长 1.88，宽 0.42～0.56，棺残存高 0.14 米，棺底铺有一层厚约 0.02 米的草木灰（图 2-152）。

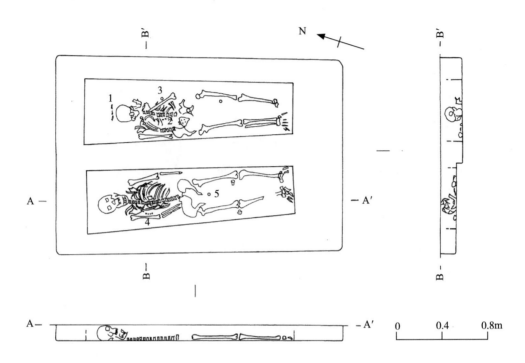

图 2-152　M74 平面剖视图

1. 簪　2、4. 钮扣　3、5. 铜钱

（二）人骨及葬式

两具木棺内各有人骨一具。

甲棺内人骨保存一般，头朝北，面向上，仰身直肢。经对人骨的体质人类学鉴定，墓主系成年女性，死亡年龄在 35～40 岁。

乙棺内人骨保存一般，头朝北，面向上，仰身直肢。经对人骨的体质人类学鉴定，墓主系成年男性，死亡年龄在 30～35 岁。

（三）出土器物

出土器物有簪 1 件，钮扣 18 枚，铜钱 7 枚。

簪　1 件。标本 M74：1，出自墓主甲头顶，质地为铜。如意形簪首，向后微折，簪挺扁平细长，上宽下窄，尾部缺失，锈蚀严重，残为三段。残长 8.8 厘米（图 2-153）。

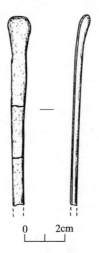

图 2-153 M74 出土簪（M74：1）

钮扣 18 枚。标本 M74：2，共 2 枚，出土于墓主甲肋骨处，质地为铜。M74：2-1，呈近球形，其内中空，素面，其上穿鼻已缺，球径 0.7 厘米；M74：2-2，锈蚀严重，其形不可辨识。标本 M74：4，共16 枚，出土于墓主乙肋骨处，质地为铜，皆锈蚀严重，下部为近球形，上接一圆环形穿鼻，表面纹饰不清，钮扣大小不一。

铜钱 7 枚。标本 M74：3，共 2 枚，出自墓主甲肋骨和下肢骨内侧，均为圆形方穿，锈蚀严重，钱文不可辨识。标本 M74：5，共 2 枚，出自墓主乙头骨西侧和下肢骨内侧，均为圆形方穿，锈蚀严重，钱文不可辨识。标本 M74：6，共 3 枚，出自墓主甲头骨下草木灰中，均为圆形方穿，锈蚀严重，钱文不可辨识，M74：6-1，表面残存有 2 道线痕，钱径 2.7 厘米。

七十五、第七十五号墓（TXY M75）

（一）墓葬形制

M75 位于西岛中部，开口于①层下，距地表深 0.5 米。长方形竖穴土坑墓，直壁，较规整，平底。长 2.6，宽 1.1～1.14，深 0.44 米。墓向 346°。

墓圹内填黄褐色花土，含植物根系等，土质较软。

葬具为木棺，棺木已朽，残留部分棺板。木棺平面呈梯形，长 2.02，宽 0.62～0.74，残高 0.2，棺板残厚 0.06～0.08 米。棺底铺有一层厚约 0.02 米的草木灰和白灰（图 2-154）。

（二）人骨及葬式

棺内置人骨一具，骨架保存一般，头朝北，面向西，仰身直肢。经对人骨的体质人类学鉴定，墓主系成年男性，死亡年龄在 30～35 岁。

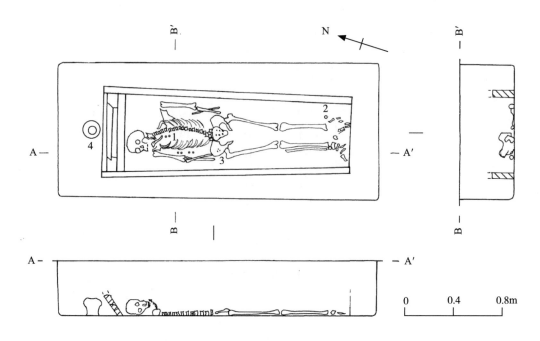

图 2-154　M75 平面剖视图

1. 钮扣　　2、3. 铜钱　　4. 瓷罐

（三）出土器物

出土器物有瓷罐 1 件，钮扣 6 颗，铜钱 4 枚。

瓷罐　1 件。标本 M75∶4，出自墓主头侧棺外填土内，通体施青白釉，口沿上部施一周酱黄色釉，底部无釉，露黄褐色胎。直口微侈，方唇，矮领，微折肩，鼓腹，下腹斜直，微内曲，平底微凹。口径 7.8，最大腹径 13.5，底径 8.4，通高 12.7 厘米（图 2-155,1；图版四八,6）。

钮扣　6 颗。标本 M75∶1，出自墓主肋骨处，质地为铜。均锈蚀严重，下部为近球形，上接一圆环形穿鼻，表面纹饰不清；部分钮扣穿鼻上粘连有丝织物。钮扣大小不一（图版六五,5）。

铜钱　4 枚。标本 M75∶2，共 1 枚，出自墓主下肢骨东侧，圆形方穿，正、背面有圆郭，郭较

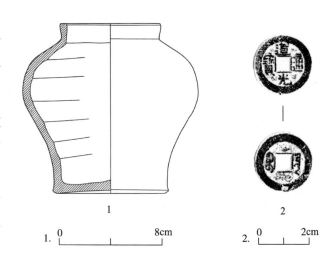

图 2-155　M75 出土瓷罐及铜钱拓片

1. 瓷罐（M75∶4）　2. 道光通宝（M75∶2）

宽，正面铸钱文"道光通宝"四字，隶书，直读，背面穿左右铸满文"宝泉"二字，钱径 2.3，穿宽 0.5，郭宽 0.28，厚 0.18 厘米，重 3.3 克（图 2-155,2）。标本 M75∶3，共 3 枚，出自墓主盆骨下草木灰中，均为圆形方穿，锈蚀严重，钱文不可辨识。

七十六、第七十六号墓（TXY M76）

（一）墓葬形制

M76 位于西岛中部，南邻 M77，开口于①层下，距地表深 0.4 米。长方形竖穴土坑墓，直壁，较规整，平底。长 2.28，宽 1.04～1.06，深 0.2 米。墓向 260°。

墓圹内填黄褐色花土，含植物根系，土质较疏松。

葬具为木棺，棺木已朽，残留部分棺板。木棺平面呈梯形，长 2.04，宽 0.68～0.8，残高 0.16，棺板残厚 0.1～0.12 米。棺底铺有一层厚约 0.02 米的草木灰（图 2-156；图版二八,2）。

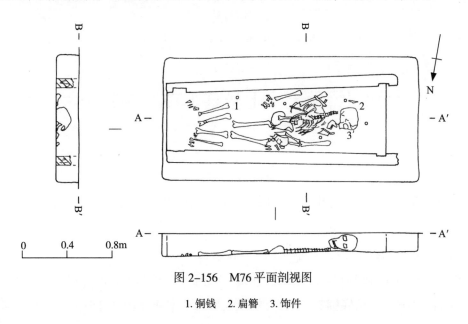

图 2-156　M76 平面剖视图

1. 铜钱　　2. 扁簪　　3. 饰件

（二）人骨及葬式

棺内置人骨一具，骨架保存较差，头朝西，面向北，仰身直肢。经对人骨的体质人类学鉴定，墓主系成年女性，死亡年龄在 25～30 岁。

（三）出土器物

出土器物有扁簪 1 件，饰件 1 件。铜钱 6 枚。

扁簪　1 件。标本 M76：2，出自墓主头顶附近，质地为银鎏金。整体扁平，中腰细窄，两端如梭，素面；背面压印有"和春足纹田子"长方形戳记。通长 7.6，宽 0.7 厘米（图 2-157；图版五五,1、2）。

饰件　1 件。标本 M76：3，出自墓主头骨西侧，质地为铜。锈蚀严重，残存部分呈圆丘状，表面凹凸不平，镶嵌有红色珠子若干。残长 2.5，残宽 2.2，残高 0.5 厘米。

铜钱　6 枚。标本 M76：1，分别出自墓主肋骨和跖骨附近，均为圆形方穿，锈蚀严重，钱文不可辨识。M76：1-1，表面残存有 2 道线痕。

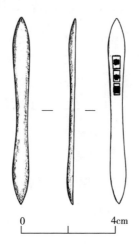

图 2-157　M76 出土扁簪（M76：2）

七十七、第七十七号墓（TXY M77）

（一）墓葬形制

M77 位于西岛中部，北邻 M76，开口于①层下，距地表深 0.5 米。长方形竖穴土坑墓，直壁，较规整，平底。长 2.74，宽 1.14～1.3，深 0.12 米。墓向 348°。

墓圹内填黄褐色花土，含花土点、朽木块，土质较疏松。

葬具为木棺，棺木已朽，破坏严重，仅残存棺底。木棺平面呈梯形，长 2.16，宽 0.68～0.84，残高 0.08，棺板残厚 0.06～0.08 米。棺底铺有一层厚约 0.02 米的草木灰（图 2-158）。

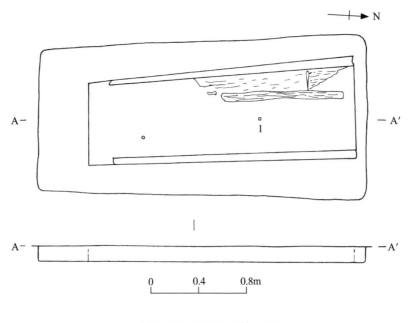

图 2-158　M77 平面剖视图

1. 铜钱

（二）人骨及葬式

棺内仅残存少量碎骨。

（三）出土器物

出土器物残存有铜钱2枚。

标本 M77：1，共2枚，出自棺底中部，均为圆形方穿，正、背面有圆郭，郭较宽，正面铸钱文"乾隆通宝"四字，隶书，直读，背面锈蚀严重，穿左右所铸满文不可辨识。M77：1-1，钱径2.5，穿宽0.5，郭宽0.4厘米。

七十八、第七十八号墓（TXY M78）

（一）墓葬形制

M78 位于西岛中部，东北邻 M63，开口于①层下，距地表深0.5米。长方形竖穴土坑墓，直壁，较规整，平底。长1.08，宽0.8~0.82，高0.08米。墓向357°。

墓坑内填黄褐色花土，含花土点、朽木块，土质较疏松。

未发现葬具（图2-159；图版二九，1）。

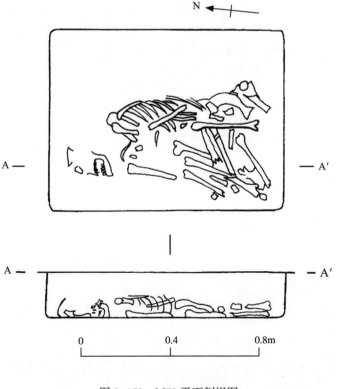

图 2-159　M78 平面剖视图

（二）人骨及葬式

墓坑内安置有人骨 1 堆, 骨架保存较差, 摆放较为凌乱。经对人骨的体质人类学鉴定, 人骨分属 2 个个体, 分别为死亡年龄在 40 岁左右的成年男性和死亡年龄在 30 岁左右的成年女性。

（三）出土器物

未发现有出土器物。

七十九、第七十九号墓（TXY M79）

（一）墓葬形制

M79 位于西岛西南部, 西邻 M80, 开口于①层下, 距地表深 0.9 米。长方形竖穴土坑墓, 直壁, 较规整, 平底。长 2.57, 宽 0.98～1.02, 深 0.37 米。墓向 155°。

墓圹内填黄褐色花土, 含植物根系, 土质较疏松。

葬具为木棺, 棺木已朽, 残留部分棺板。木棺平面呈梯形, 长 2.1, 宽 0.47～0.6, 残高 0.36, 棺板残厚 0.07～0.1 米。棺底铺有一层厚约 0.02 米的草木灰（图 2-160）。

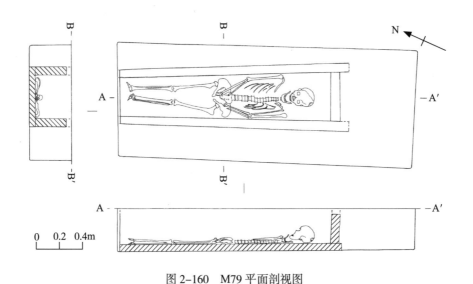

图 2-160　M79 平面剖视图

（二）人骨及葬式

棺内置人骨一具, 骨架保存头朝南, 面向上, 仰身直肢。经对人骨的体质人类学鉴定, 墓主系成年男性, 死亡年龄在 30～35 岁。

（三）出土器物

未发现有出土器物。

八十、第八十号墓（TXY M80）

（一）墓葬形制

M80位于西岛西南部，南邻M81，开口于①层下，距地表深1米。长方形竖穴土坑墓，直壁，较规整，平底。长2.45，宽1.21～1.22，深0.55米。墓向340°。

墓圹内填黄褐色花土，含花土点、植物根系，土质较疏松。

葬具为木棺，棺木已朽，残留部分棺板。木棺平面呈梯形，长2.05，宽0.54～0.61，残高0.55，棺板残厚0.08米。棺底铺有一层厚约0.02米的草木灰（图2-161；图版二九,2）。

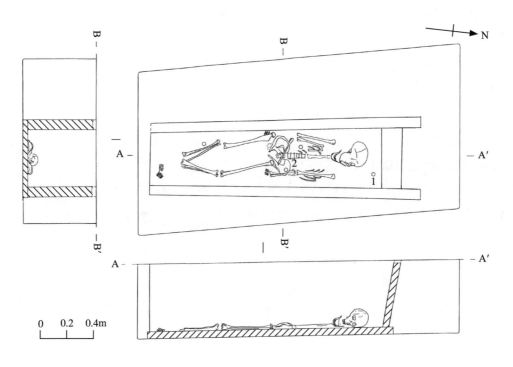

图2-161　M80平面剖视图

1.铜钱　2.银钱

（二）人骨及葬式

棺内置人骨一具，骨架保存较差。经对人骨的体质人类学鉴定，棺内人骨分属2个个体，其中头骨属成年女性，死亡年龄在25岁左右，其余骨架属未成年男性，死亡年龄在13～14岁。

（三）出土器物

出土器物仅见银钱 2 枚，铜钱 2 枚。出自墓主骨架附近。

银钱 2 枚。标本 M80：2，均为圆形方穿，钱较薄，表面粘连有布料。M80：2-1，钱径 2.5 厘米。

铜钱 2 枚。标本 M80：1，均为圆形方穿，正、背面有圆郭，郭较宽，正面铸钱文"乾隆通宝"四字，隶书，直读，背面穿左右铸满文"宝泉"二字。M80：1-1，钱径 2.5，穿宽 0.55，郭宽 0.4，厚 0.15 厘米，重 3.8 克（图 2-162）。

图 2-162　M80 出土铜钱（M80：1-1）

八十一、第八十一号墓（TXY M81）

（一）墓葬形制

M81 位于西岛西南部，北邻 M80，开口于①层下，距地表深 0.22 米。长方形竖穴土坑墓，直壁，较规整，平底。长 2.48，宽 0.9～1，深 1.1 米。墓向 8°。

墓圹内填黄褐色花土，含花土点、植物根系，土质较疏松。

葬具为木棺，棺木已朽，残留部分棺板。木棺平面呈梯形，长 1.94，宽 0.36～0.42，残高 0.42 米。棺底铺有一层厚约 0.02 米的草木灰（图 2-163；图版三〇，1）。

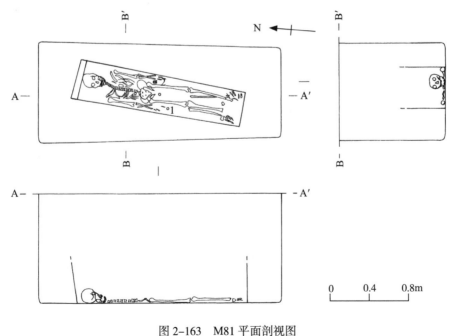

图 2-163　M81 平面剖视图

1. 铜钱　2. 印章

（二）人骨及葬式

棺内置人骨一具，骨架保存一般，头朝北，面向上，仰身直肢。经对人骨的体质人类学鉴定，墓主系未成年男性，死亡年龄在 15 岁左右。

（三）出土器物

出土器物有印章 1 方，铜钱 3 枚。

印章　1 方。标本 M81：2，出自墓主左指骨处，石质，方形印体，无钮，印面正方形，有边栏，阳文篆书"□□"二字；印体四面分别阴刻泛舟图、"上白文汗简文也""己卯八月全""下红文古文奇字"；印顶为阴文篆书，为旋读"古柳王氏"。印面边长 1.5，高 1.7 厘米（图 2-164；图版六八，1～3；图版六九，1～4）。

铜钱　3 枚。标本 M81：1，出自墓主下肢骨附近，均为圆形方穿，正、背面有圆郭，郭较宽，正面铸钱文"乾隆通宝"四字，隶书，直读，背面锈蚀严重，穿左右所铸满文不可辨识。M81：1-1，钱径 2.4，穿宽 0.5，郭宽 0.4 厘米。

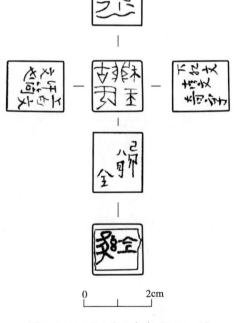

图 2-164　M81 出土印章（M81：2）

八十二、第八十二号墓（TXY M82）

（一）墓葬形制

M82 位于西岛西南部，东北邻 M81，开口于①层下，距地表深 0.4 米。长方形竖穴土坑墓，直壁，较规整，平底。长 2.64，宽 0.92～0.96，深 0.46 米。墓向 12°。

　　墓圹内填黄褐色花土，含植物根系，土质疏松。

　　葬具为木棺，棺木已朽，残留部分棺板。木棺平面呈梯形，长 2.26，宽 0.52～0.64，残高 0.36，棺板残厚 0.06～0.08 米。棺底铺有一层厚约 0.02 米的草木灰（图 2-165；图版三〇，2）。

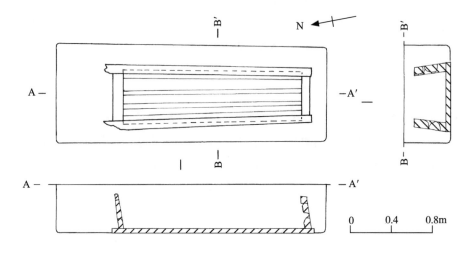

图 2-165　M82 平面剖视图

（二）人骨及葬式

　　棺内未见人骨，应为迁出葬。

（三）出土器物

　　出土器物仅有符文瓦 1 片。

　　标本 M82：1，出自木棺头侧棺盖上，泥质灰陶，一端宽、一端窄，内施布纹，外为素面，瓦表磨光，中间绘朱符，四角各有朱书文字一个，已不可释读，瓦里为朱书墓主生卒信息，仅可释读有"□公""民国"，长 17.2，宽 16～18，厚 1.7 厘米（图 2-166；图版四四，1、2）。

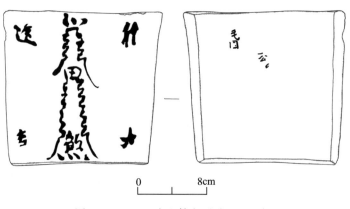

图 2-166　M82 出土符文瓦（M82：1）

八十三、第八十三号墓（TXY M83）

（一）墓葬形制

M83 位于西岛西南部，南邻 M84，开口于①层下，距地表深 0.56 米。长方形竖穴土坑墓，墓圹分两次开挖而成，乙棺墓圹打破甲棺墓圹，直壁，较规整，平底。长 3.34，宽 2.1，深 1.46～1.56 米。墓向 8°。

墓圹内填黄褐色花土，含花土点、植物根系，土质疏松。

墓内并列两具木棺，两棺均为梯形，棺木已朽，残留部分棺板（图版三一，1）。甲棺棺盖长 3.16 米，棺盖上残存有黑漆和白色字迹，字迹模糊，不可辨识，棺长 2.06，宽 0.62～0.74，高 0.28～0.48 米，棺板残厚 0.1 米，棺底铺有一层厚约 0.02 米的草木灰；乙棺棺内壁尚残留有一些朱漆，长 2.4，宽 0.68～0.82，残高 0.62，棺板残厚 0.12～0.14 米，棺底铺有一层厚约 0.02 米的草木灰（图 2-167；图版三一，2）。

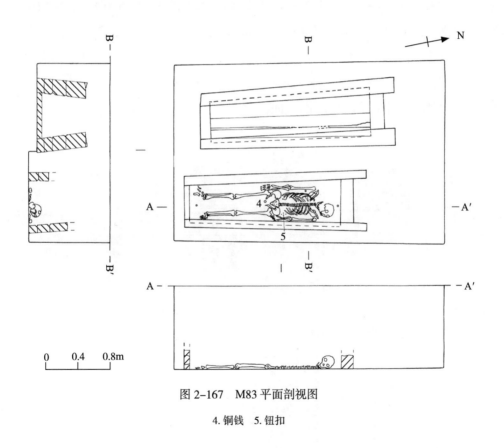

图 2-167　M83 平面剖视图

4. 铜钱　5. 钮扣

（二）人骨及葬式

两具木棺内各有人骨一具。

甲棺内人骨保存较好，头朝北，面向上，仰身直肢。经对人骨的体质人类学鉴定，墓主系成年男性，死亡年龄在 35 岁左右。

乙棺内未发现人骨。

（三）出土器物

出土器物有符文砖 3 块，钮扣 6 颗，铜钱 6 枚。

符文砖　3 块。标本 M83：1，出自甲棺头侧棺盖上方填土内，泥质灰陶，通体磨光，背面中央为朱符，其上方为朱书文字"陰壙"，右侧为朱书文字"身披北斗□□三台"、左侧为朱书"壽山永遠石朽人來"，砖四角各有一朱书文字，依次为"魂""魄""安""康"；正面为朱书墓主生卒信息，从右至左依次可释读有"嘉庆十四年十二月十一日己时生""皇□□赠孺人王六公□富德元配王孺人之枢""光绪十九年四月二十五日辰時终"，长 27.5，宽 13，厚 6 厘米（图 2-168，3；图版四六，1、2）。标本 M83：2，出自甲棺棺盖上填土内，泥质灰陶，通体磨光，背面中央为朱符，其上方为朱书文字"□壙"，右侧为朱书文字"□披北□□□□□"，左侧为朱书"□□永遠□朽人□"，正面为朱书墓主生卒信息，模糊不可释读，长 24.2，宽 11.4，厚 4.7 厘米（图 2-168，2；图版四四，5、6）。标本 M83：3，出自乙棺棺盖上填土内，泥质灰陶，通体磨光，背面中央为朱符，其上方为朱书文字"□□"，右侧为朱书文字"魂""安"，左侧为朱书"魄""寧"，正面为朱书墓主生卒信息，从右至左可释读有"嘉慶十二年正月初八日□□生""□□□□登仕郎王公諱富德□□六十三年寿之枢砖""同治十年七□□……"，长 25.3，宽 11.8，厚 5.2 厘米（图 2-168，1；图版四四，4）。

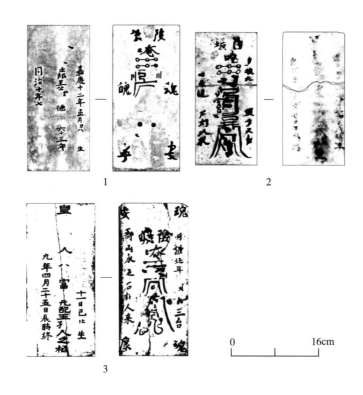

图 2-168　M83 出土符文砖

1.M83：3　2.M83：2　3.M83：1

钮扣　6颗。标本M83：5，出自墓主甲肋骨处，质地为黄铜。均锈蚀严重，下部为近球形，上接一圆环形穿鼻，表面纹饰不清；部分钮扣穿鼻上粘连有丝织物。钮扣大小不一。

铜钱　6枚。标本M83：4，共4枚，出自墓主甲肋骨、头骨和下肢骨附近，标本M83：6，共2枚，出自墓主甲盆骨下草木灰中，均为圆形方穿，锈蚀严重，钱文不可辨识。

八十四、第八十四号墓（TXY M84）

（一）墓葬形制

M84位于西岛西南部，北邻M83，开口于①层下，距地表深0.66米。长方形竖穴土坑墓，直壁，较规整，平底。长3.3，宽3，深0.72～0.92米。墓向6°。

墓圹内填黄褐色花土，含花土点、植物根系等，土质疏松。

墓内并列三具木棺，三棺均为梯形，棺木已朽，甲、乙棺残留部分棺盖（图2-169；图版三二，1）。甲棺长2.16，宽0.5～0.58，残高0.58，棺板残厚0.08～0.1米，棺底铺有一层厚约0.02米的草木灰；乙棺长2.14，宽0.62～0.72，残高0.48，棺板残厚0.12～0.14米，棺底铺有一层厚约0.02米的草木灰；丙棺长2.28，宽0.6～0.8，残高0.6，棺板残厚0.12～0.18米，棺底铺有一层厚约0.02米的草木灰（图2-170；图版三二，2）。

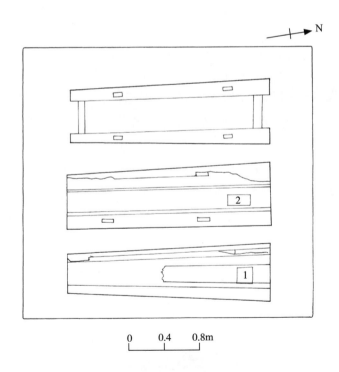

图 2-169　M84 清理前平面图

1. 朱书板瓦　2. 符文砖

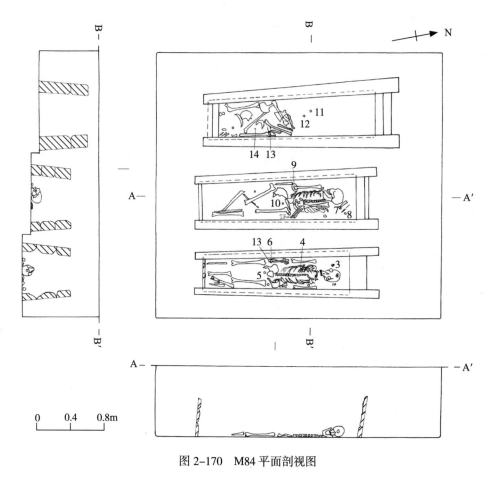

图 2-170　M84 平面剖视图

3.耳环　4、8.簪　5、11.银钱　6、9.手镯　7.扁方　10.铜钱　12.佩件　13.钮扣　14.银元宝　16.戒指

（二）人骨及葬式

三具木棺内各有人骨一具。

甲棺内人骨保存较好，头朝北，面向上，仰身直肢。经对人骨的体质人类学鉴定，墓主系成年女性，死亡年龄在 40～50 岁。

乙棺内人骨保存较差，头朝北，面向西，仰身直肢。经对人骨的体质人类学鉴定，墓主系成年女性，死亡年龄在 30 岁左右。

丙棺内骨架摆放凌乱，未见头骨，应为二次迁入葬。经对人骨的体质人类学鉴定，墓主系成年女性，死亡年龄在 30～35 岁。

（三）出土器物

出土器物有朱书板瓦 1 片，符文砖 1 块，扁方 2 件，簪 2 件，手镯 2 件，耳环 1 对，戒指 2 枚，佩件 2 件，钮扣 1 枚，银元宝 1 件，银钱 8 枚，铜钱 3 枚。

朱书板瓦　1 片。标本 M84:1，出自甲棺墓主头侧棺盖上，为泥质灰陶，一端宽、一端窄，内施布纹，外为素面，瓦表磨光，上为朱书墓主生卒信息，从右至左依次可释读有"前清道光庚子年七月初三日酉时生""中华□□次显继妣王母陆太君享年八十寿之瓦""民国八年夏历八月十六日酉时终"，长17.5，宽14.6～17，厚1.6厘米（图2-171，2；图版四三，3）。

符文砖　1块。标本M84：2，出自乙棺墓主头侧棺盖上，泥质陶，正面磨光，上为朱书墓主生卒信息，从右至左依次可释读有"道光□□年□月十六日□□生""皇□例赠孺人王母太君□□□□公……""光绪□年□月十六日□□终"，背面中央为朱符，上方为朱书文字，已不可辨识，右侧为朱书文字"魂""安"，左侧为朱书 文字"□""宁"，长24.5，宽11.5，厚5.5厘米（图2-171，1；图版四七，2、3）。

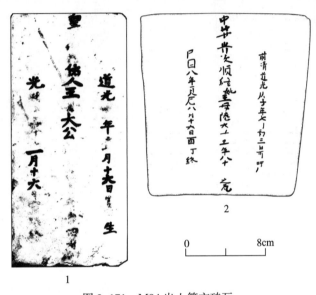

图2-171　M84出土符文砖瓦
1.M84：2　2.M84：1

扁方　2件。标本M84：7，出自墓主乙头顶，质地为包银。锈蚀严重，残为三段，簪头卷曲呈卷轴状，向后弯曲，簪身与卷轴齐宽，整体扁平呈长条形，尾部呈弧状。长18，宽2.2～2.4厘米（图2-172，2）。标本M84：17，出自墓主甲头骨下，质地为银。簪头卷曲呈卷轴状，向后弯曲，簪身与卷轴齐宽，整体扁平呈长条形，尾部呈弧状；簪身正面折曲处有一圆寿纹，外饰一周葵纹，簪身背面中部压印一长方形戳记，不可辨识。通长11.7，宽1.4，厚0.6厘米（图2-172，4；图版五三，3、4）。

簪　2件。标本M84：4，出自墓主甲肋骨处，质地为银。禅杖形簪，簪头由三部分组成，顶部为以簪杆为中心焊接的掐丝葫芦，簪杆的突出部分作为瓜蔓，中部为五组金丝卷成的如意云状框架，以簪杆为轴心焊接在一起，匀称分布，每组如意云状框架均有三组小如意云焊接在一起，中间框架悬挂两个串联在一起的小圆环，最下层框架悬挂一个小圆环，下为掐丝仰莲形座；簪挺细长，截面呈圆形，尾部攒尖，簪杆中间弯折变形。簪杆复形后通长12.8厘米（图2-172，3；图版五八，1）。标本M84：8，出自墓主乙头顶，质地为包银。锈蚀严重，残为三段。簪头呈耳挖形，簪杆大部呈细长圆柱锥状，尾部扁平，整体光素，仅在簪杆靠近簪头处有一累珠般的颈。通长20.4厘米（图2-172，1）。

手镯　2件。标本M84：6，出自墓主甲右指骨附近，质地为银。整体呈扁圆形，一侧较平直，镯身截面呈近圆形，镯头外侧阴刻团寿纹，镯身内侧压印有一长方形戳记，不可辨识。长径 7.4，短径 6.5，镯身直径 0.6，镯头直径 0.7 厘米（图 2-172,5；图版六二,4）。标本 M84：9，出自墓主乙右指骨处，质地为银，表面锈蚀严重。整体呈扁圆形，一侧较平直，镯身平面呈近圆形。长径 7.6，短径 6.2，镯身直径 0.7，镯头直径 0.8 厘米（图 2-172,6；图版六二,5）。

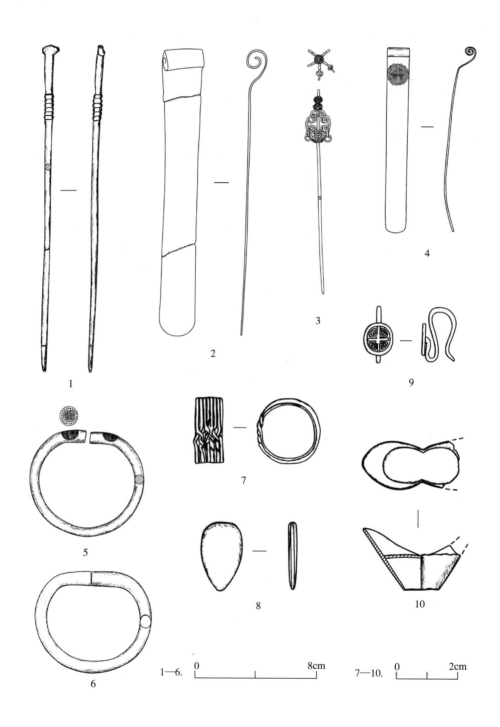

图 2-172　M84 出土器物

1、3. 簪（M84：8、M84：4）　2、4. 扁方（M84：7、M84：17）　5、6. 手镯（M84：6、M84：9）　7. 戒指（M84：16）

8. 佩件（M84：12）　9. 耳环（M84：3-1）　10. 银元宝（M84：14）

耳环　1 对。标本 M84：3，出自墓主甲头骨前，质地为银，形制相同（图版六三，4）。M84：3-1，坠饰部分为圆饰片，上为圆寿纹，背面垂直焊接耳环脚；耳环脚总体呈 S 形，为细长银丝折成，银丝截面为圆形。横宽 0.9，纵长 1.8 厘米（图 2-172，9）。

戒指　2 枚。标本 M84：16，出自墓主甲右指骨下，质地为银。死口，为细银丝编成，由八层银丝上下编织缠绕后捶打而成。内径 2 厘米（图 2-172，7；图版六五，2、3）。标本 M84：20，出自墓主甲右指骨下，质地为铜。戒面为花边方形薄片，焊接在戒环上，戒面上錾刻纹饰，纹饰因锈蚀不清；戒环为细铜丝制成，死口。戒面长 1.3，宽 1.4，内径 1.8 厘米。

佩件　2 件。标本 M84：12，出自丙棺棺底中部，质地为银。正面呈杏核形，扁平状，体偏薄。长 2.1，宽 1.4，厚 0.25 厘米（图 2-172，8；图版六六，5）。标本 M84：18，出自墓主乙左下肢骨下，质地为铜鎏金。残损严重，仅可辨识有球状残片、细挂钩、螺杆等。

钮扣　1 枚。标本 M84：13，出自丙棺棺底中部，质地为铜鎏金。锈蚀严重，下部为近球形，上接穿鼻，表面纹饰不清。球径 1，高 1.7 厘米。

银元宝　1 件。标本 M84：14，出自丙棺棺底中部，由银片打制焊接而成。体似船型，弧首，束腰，前翅翘起，锭面平整，周周略高，底部中空，呈“8”字形。残长 3.3，腰部宽 1.2，高 1.9 厘米（图 2-172，10；图版七三，6）。

银钱　8 枚。标本 M84：5，共 4 枚，出自墓主甲上肢骨和盆骨处，由银片裁切成，形制基本一致，均为圆形方穿，其上阴刻线条和文字。M84：5-3，正面阴刻钱文“中华民国”，直读，背面穿左右阴刻“通宝”，钱径 2.8，穿宽 0.45，厚 0.05 厘米。标本 M84：11，共 2 枚，出自丙棺棺底中部和南部，由银片裁切成，均为圆形方穿，其上阴刻线条和文字。M84：11-1，正面阴刻钱文“光绪通宝”四字，直读，背面穿左右阴刻满文“宝泉”二字，钱径 2.9，穿宽 0.5，厚 0.07 厘米。标本 M84：15，共 2 枚，出自墓主甲盆骨下，由银片裁切成，均为圆形方穿，其上阴刻线条和文字。M84：15-1，正面阴刻钱文“光绪通宝”四字，直读，背面穿左右阴刻满文“宝泉”二字，钱径 2.9，穿宽 0.5，厚 0.07 厘米（图版七三，2）。

铜钱　3 枚。标本 M84：10，共 2 枚，出自墓主乙盆骨下，均为圆形方穿，锈蚀严重，钱文不可辨识。标本 M84：19，共 1 枚，出自墓主乙左下肢骨下，圆形方穿，锈蚀严重，钱文不可辨识。

八十五、第八十五号墓（TXY M85）

（一）墓葬形制

M85 位于西岛西南部，东邻 M84，开口于①层下，距地表深 0.6 米。长方形竖穴土坑墓，直壁，较规整，平底。长 2.98，宽 1.76～2.1，深 0.47～1.03 米。墓向 86°。

墓圹内填黄褐色花土，含花土点、植物根系，土质疏松。

墓内并列两具木棺，两棺均为梯形，棺木已朽，残留部分棺盖（图版三三，1）。甲棺长 2.1，宽 0.55～0.63，残高 0.25，棺板残厚 0.08～0.09 米，棺底铺有一层厚约 0.02 米的草木灰；乙棺长 2.17，宽

0.48～0.58，残高 0.43，棺板残厚 0.09～0.11 米，棺底铺有一层厚约 0.02 米的草木灰（图 2-173；图版三三，2）。

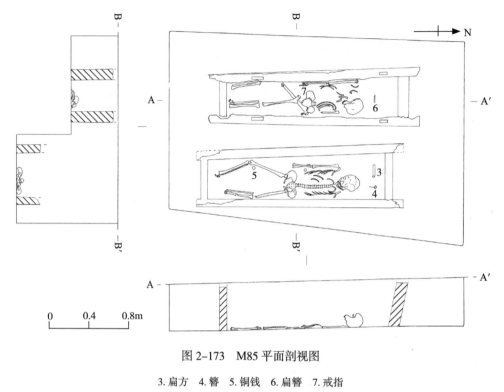

图 2-173　M85 平面剖视图

3. 扁方　4. 簪　5. 铜钱　6. 扁簪　7. 戒指

（二）人骨及葬式

两具木棺内各有人骨一具。

甲棺内人骨保存较差，头朝北，面向上，仰身直肢。经对人骨的体质人类学鉴定，墓主系成年女性，死亡年龄在 25 岁左右。

乙棺内人骨保存较差，头朝北，面向东，仰身直肢。经对人骨的体质人类学鉴定，墓主系成年女性，死亡年龄在 30～35 岁。

（三）出土器物

出土器物有符文瓦 1 片，符文砖 1 块，扁方 1 件，扁簪 1 件，簪 1 件，戒指 1 枚，铜钱 3 枚。

符文瓦　1 片。标本 M85：2，出自乙棺墓主头侧棺盖上，泥质灰陶，一端宽、一端窄，内施布纹，外为素面，瓦表磨光，中间为朱符，符周围为朱书，其上为"陰壙"，右为"身披北斗□"，右为"壽山永遠石朽人來"；瓦里为朱书墓主信息，从右至左依次可释读有"同治二年十二月三十日戌時□""清封孺人王二公讳廷傑繼配□……""民國二十年六月……"，长 18.5，宽 14.5～17.5，厚 1.7 厘米（图2-174，1；图版四二，3、4）。

符文砖　1 块。标本 M85：1，出自墓主甲头骨上方填土内，泥质条砖，通体磨光，正面中央为朱符，背面为朱书墓主生卒信息，从右至左可释读有"□豊□年十月初九日辰時生""□故顯妣王母安太君□年三□□之""……年八月十三日酉時終"，长 25.3，宽 12，厚 5.3 厘米（图 2-174，2；图版四七，5、6）。

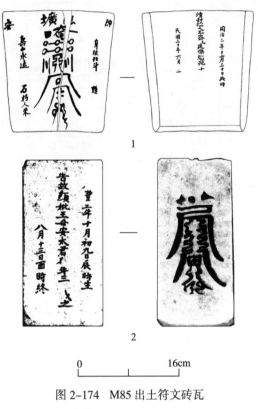

图 2-174　M85 出土符文砖瓦

1. 符文瓦（M85：2）　2. 符文砖（M85：1）

扁方　1 件。标本 M85：3，出自墓主甲头顶，质地为包金。簪头已残，向后弯曲，簪身与簪头齐宽，整体扁平呈长条形，簪身外侧弯曲处阴刻一四出委角菱花纹，内刻团寿字。残长 14.3，宽 1.9，厚 0.09 厘米（图 2-175，1）。

扁簪　1 件。标本 M85：6，出自墓主乙头顶，质地为包金，背部锈蚀严重。整体扁平，中腰细窄，两端如梭，素面。通长 7.6，宽 0.7 厘米（图 2-175，3；图版五五，3）。

簪　1 件。标本 M85：4，出自墓主甲头顶，质地为银。簪头扁平，平面似为一展翅的蝙蝠，部分残缺，簪杆扁平细长，与簪头平行，靠近簪头部分饰虾节形纹饰。残长 6.5 厘米（图 2-175，4；图版六〇，4）。

戒指　1 枚。标本 M85：7，出自墓主乙右指骨下发现，质地为银，戒面呈长方形，突出一弧角方形，内为寿字纹，戒环由 9 股细银环缠绕而成，已散。戒面长 1.4，最大宽 1.5，环内径 1.8 厘米（图 2-175，2）。

铜钱　3 枚。标本 M85：5，出自墓主甲肢骨附近，形制相同，均为圆形方穿，正、背面有圆郭，郭较宽，正面铸钱文"光绪通宝"四字，隶书，直读，背面穿左右铸满文"宝泉"二字。M85：5-1，钱径 2.4，穿宽 0.5，郭宽 0.35，厚 0.16 厘米，重 3.8 克（图 2-175，5）。

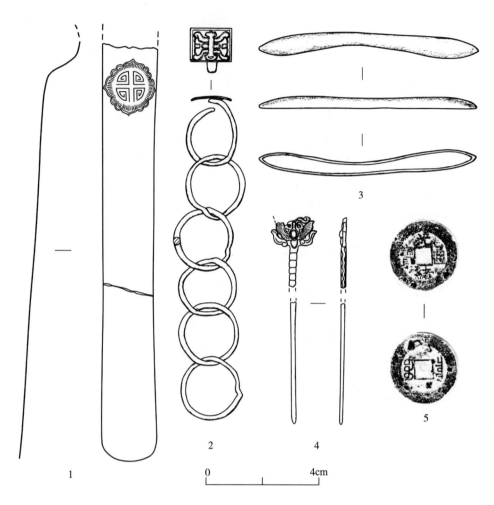

图 2-175　M85 出土器物及铜钱拓片

1. 扁方（M85∶3）　2. 戒指（M85∶7）　3. 扁簪（M85∶6）　4. 簪（M85∶4）　5. 光绪通宝（M85∶5-1）

八十六、第八十六号墓（TXY M86）

（一）墓葬形制

M86 位于西岛中部，西邻 M63，开口于①层下，距地表深 1 米。长方形竖穴土坑墓，直壁，平底。长 0.93，宽 0.32～0.41，深 0.21～0.26 米。墓向 327°。

墓圹内填黄褐色花土，含花土点、树根，土质较疏松。

葬具不详，仅残留部分木质底板（图 2-176；图版二七,1）。

（二）人骨及葬式

木板上置人骨一具，骨架保存一般。头朝北，仰身直肢。经对人骨的体质人类学鉴定，墓主系婴幼儿，死亡年龄在 2～2.5 岁左右。

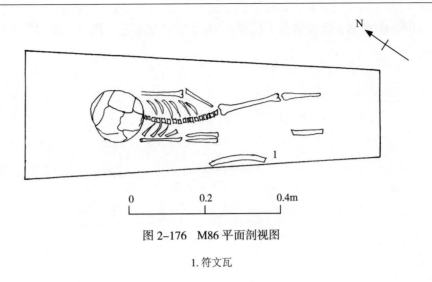

图 2-176　M86 平面剖视图

1. 符文瓦

（三）出土器物

出土器物有符文瓦 1 片。

标本 M86：1，出自墓主上肢骨西侧，泥质灰陶，一端宽、一端窄，内施布纹，外为素面，中间饰三道凹弦纹，瓦表磨光，中间为朱符，符周围为朱书"元""亨""大""吉"，长 19.7，宽 17～18.5，厚 1.6 厘米（图 2-177；图版四四，3）。

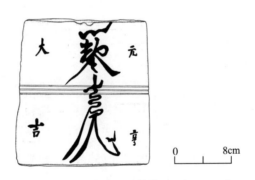

图 2-177　M86 出土符文瓦（M86：1）

八十七、第八十七号墓（TXY M87）

（一）墓葬形制

M87 位于西岛西部，开口于①层下，距地表深 0.64 米。长方形竖穴土坑墓，直壁，较规整，平底。长 2.5，宽 1.7～1.8，深 0.38～0.6 米。墓向 340°。

墓圹内填黄褐色花土，土质疏松。

墓内并列两具木棺，两棺均为梯形，棺木已朽，残留部分棺板。甲棺长 2.03，宽 0.46～0.62，残高 0.24，棺板残厚 0.06～0.08 米，棺底铺有一层厚约 0.02 米的草木灰；乙棺长 1.95，宽 0.48～0.6，残高

0.42，棺板残厚 0.06~0.08 米，棺底铺有一层厚约 0.02 米的草木灰（图 2-178；图版三四，1）。

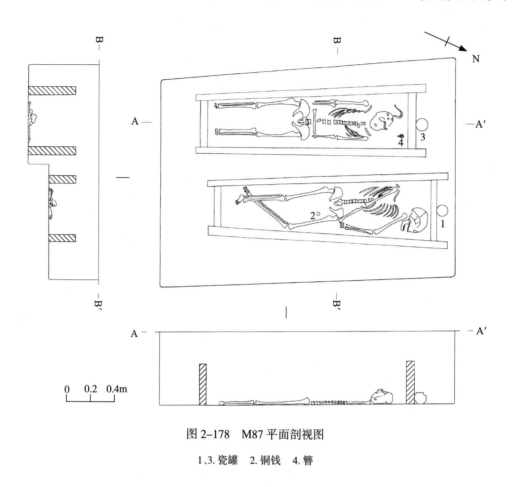

图 2-178　M87 平面剖视图

1、3. 瓷罐　2. 铜钱　4. 簪

（二）人骨及葬式

两具木棺内各有人骨一具。

甲棺内人骨保存一般，头朝北，面向东，侧身屈肢。经对人骨的体质人类学鉴定，墓主系成年男性，死亡年龄在 30 岁左右。

乙棺内人骨保存一般，头朝北，仰身直肢。经对人骨的体质人类学鉴定，墓主系成年女性，死亡年龄在 30 岁左右。

（三）出土器物

出土器物有瓷罐 2 件，簪 1 件，铜钱 4 枚。

瓷罐　2 件。标本 M87：1，出自甲棺墓主头侧棺外填土内，浅褐色粗胎，施酱黄色釉，内施满釉，器口刮釉露胎，外侧仅颈肩部施釉。整体呈深腹，瘦高形，敛口，圆唇，斜领，鼓腹，圈足，颈肩部有两个对称的竖系，均残。口径 8.4，底径 6.6，通高 11.2 厘米（图 2-179，1；图版五〇，6）。标本 M87：3，出自乙棺墓主头侧棺外填土内，浅褐色粗胎，胎内掺杂有大量沙粒，施酱釉，内施釉至口沿下，外侧施釉至腹下部。整体矮胖，敛口，尖圆唇，矮斜领，弧肩，鼓腹，圈足。口径 10.7，最大腹径 13.5，底径 7，通高 8.2～8.7 厘米（图 2-179,2；图版四九,4）。

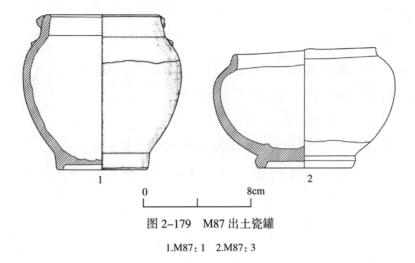

图 2-179　M87 出土瓷罐

1.M87：1　2.M87：3

　　簪　1 件。标本 M87：4，出土于墓主乙头骨附近，质地为铜，锈蚀严重。簪头平面呈正方形，中部凸起呈圆环状；簪杆焊接在簪头背后，已残，截面呈圆形。残长 3.6，簪头长 1.4，厚 0.3 厘米（图 2-180,1）。

　　铜钱　4 枚。标本 M87：2，共 1 枚，出自墓主甲下肢骨内侧，圆形方穿，正、背面有圆郭，郭较宽，正面铸钱文"康熙通宝"四字，隶书，直读，背面穿左右铸"□东"二字，钱径 2.8，穿宽 0.6，郭宽 0.4 厘米。标本 M87：5，共 3 枚，出自墓主甲盆骨下，均为"康熙通宝"。M87：5-1，背面穿左右铸满文"宝泉"二字，钱径 2.8，穿宽 0.6，郭宽 0.4 厘米（图 2-180,2）。

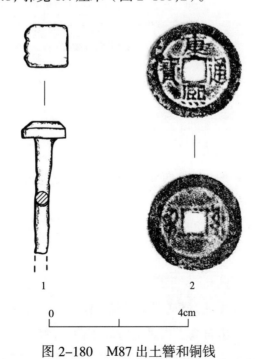

图 2-180　M87 出土簪和铜钱

1. 簪（M87：4）　2. 康熙通宝（M87：5-1）

八十八、第八十八号墓(TXY M88)

(一)墓葬形制

M88位于西岛西北部,北邻M89,开口于①层下,距地表深0.22米。长方形竖穴土坑墓,直壁,较规整,平底。长2.52,宽1.06~1.34,深0.4米。墓向305°。

墓圹内填黄褐色花土,含植物根系,土质较疏松。

葬具为木棺,棺木已朽,残留部分棺盖(图版三四,2)。木棺平面呈梯形,长1.7,宽0.44~0.54,残高0.2,棺板残厚0.02~0.04米。棺底铺有一层厚约0.02米的草木灰(图2-181;图版三五,1)。

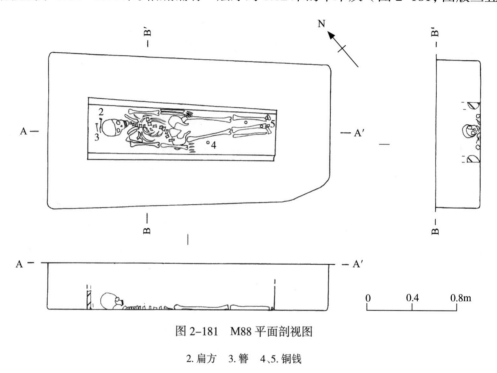

图2-181 M88平面剖视图

2.扁方 3.簪 4、5.铜钱

(二)人骨及葬式

棺内置人骨一具,骨架保存一般,头朝西北,面向上,仰身直肢。经对人骨的体质人类学鉴定,墓主系成年女性,死亡年龄在45岁左右。

(三)出土器物

出土器物有符文瓦1片,扁方1件,簪1件,铜钱6枚。

符文瓦　1片。标本M88:1,出自墓主头骨上方填土内(图版三四,2),泥质灰陶,一端宽、一端窄,内施布纹,外为素面,瓦表磨光,中间为朱符,符周围为朱书,不可辨识,瓦里为朱书墓主信息,已不可释读,长17.5,宽15~16,厚1.5厘米(图2-182;图版四一,6)。

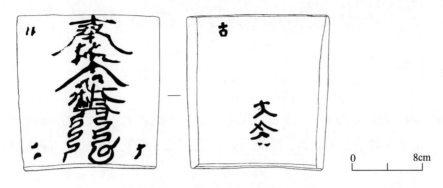

图 2-182　M88 出土符文瓦（M88：1）

扁方　1件。标本 M88：2，出土于墓主头顶，质地为包金。簪头卷曲呈卷轴状，卷轴外侧伏有一蝙蝠饰件；卷轴向后弯曲，簪身呈扁平长条形，逐渐内收，末端呈圆弧状；簪身整体光素，仅在外面靠近卷轴部位錾刻有圆形篆书寿字纹，背面中部靠近折曲处压印有长方形戳记，不可辨识。通长 19.8，宽 1.2～1.6，簪身厚 0.15 厘米（图 2-183，1；图版五四，1、2）。

簪　1件。标本 M88：3，出土于墓主头顶，质地为银。簪头扁平，平面似为蝙蝠形，簪杆与簪头垂直，焊接在簪头背后，截面呈圆形，尾部攒尖。通长 9.8，簪头长 2.1，宽 1.1，簪杆直径 0.15 厘米（图 2-183，2；图版六〇，5）。

铜钱　6枚。标本 M88：4，共 3 枚，出自墓主下肢骨附近，均圆形方穿，锈蚀严重，钱文不可辨识，M88：4-1 和 M88：4-2 表面粘连有布料。标本 M88：5，共 3 枚，出自墓主右下肢骨下草木灰中，均圆形方穿，锈蚀严重，钱文不可辨识。

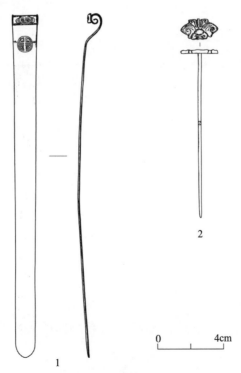

图 2-183　M88 出土器物

1. 扁方（M88：2）　2. 簪（M88：3）

八十九、第八十九号墓（TXY M89）

（一）墓葬形制

M89 位于西岛西北部，南邻 M88，开口于①层下，距地表深 0.24 米。长方形竖穴土坑墓，墓圹分两次开挖而成，甲棺墓圹打破乙棺墓圹，直壁，较规整，长 2.64，宽 1.5～1.7，深 0.24～0.26 米。墓向 323°。

墓圹内填黄褐色花土，含植物根系等，土质疏松。

墓内并列两具木棺，两棺均为梯形，棺木已朽，残留部分棺板。甲棺长 1.88，宽 0.38～0.46，残高 0.24 米，棺底铺有一层厚约 0.02 米的草木灰；乙棺长 1.86，宽 0.40～0.42，残高 0.24 米，棺底铺有一层厚约 0.02 米的草木灰（图 2-184；图版三六，1）。

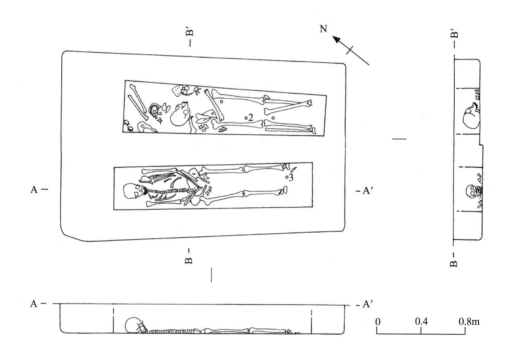

图 2-184　M89 平面剖视图

2、3. 铜钱

（二）人骨及葬式

两具木棺内各有人骨一具。

甲棺内人骨摆放凌乱，应为二次迁入葬。经对人骨的体质人类学鉴定，墓主系成年男性，死亡年龄在 30～35 岁。

乙棺内人骨保存较差，头向西北，面向东，仰身直肢。经对人骨的体质人类学鉴定，墓主系成年女性，死亡年龄在 30 岁左右。

（三）出土器物

出土器物有素面瓦1片，铜钱6枚。

素面瓦 1片。标本 M89：1，出自墓主乙头骨上方填土内（图版三五，2），泥质灰陶，一端宽、一端窄，内施布纹，外为素面，中间饰三道凹弦纹，长17.2，宽14.5～16.6，厚1.5厘米（图2-185；图版四一，2）。

铜钱 6枚。标本 M89：2，共3枚，出自墓主甲下肢骨附近，均圆形方穿。M89：2-1，正、背面有圆郭，郭较宽，正面铸钱文"乾隆通宝"四字，隶书，直读，背面锈蚀严重，穿左右所铸满文不可辨识，钱径2.4，穿宽0.5，郭宽0.4厘米；其余2枚铜钱锈蚀严重，钱文不可辨识。标本 M89：3，共1枚，出自墓主乙跖骨处。圆形方穿，正面铸钱文"乾隆通宝"四字，隶书，直读，背面锈蚀严重，穿左右所铸满文不可辨识，钱径2.4，穿宽0.5，郭宽0.4厘米。标本 M89：4，共2枚，出自墓主乙盆骨下草木灰中，均圆形方穿，锈蚀严重，钱文不可辨识。

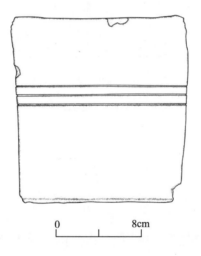

0   8cm

图 2-185 M89 出土素面瓦（M89：1）

九十、第九十号墓（TXY M90）

（一）墓葬形制

M90 位于西岛西北部，开口于①层下，距地表深0.46米。长方形竖穴土坑墓，墓圹分两次开挖而成，甲棺墓圹打破乙棺墓圹，直壁，较规整，长2.7，宽2.04～2.06，深0.46～0.52米。墓向351°。

墓圹内填黄褐色花土，含植物根系等，土质疏松。

墓内并列两具木棺，两棺均为梯形，棺木已朽，残留部分棺板。甲棺长1.96，残宽0.46～0.56，残高0.4，棺板残厚0.08～0.12米，棺底铺有一层厚约0.02米的草木灰和白灰；乙棺长2.04，宽0.56～0.68，残高0.36，棺板残厚0.08～0.1米，棺底铺有一层厚约0.02米的草木灰（图2-186；图版三六，2）。

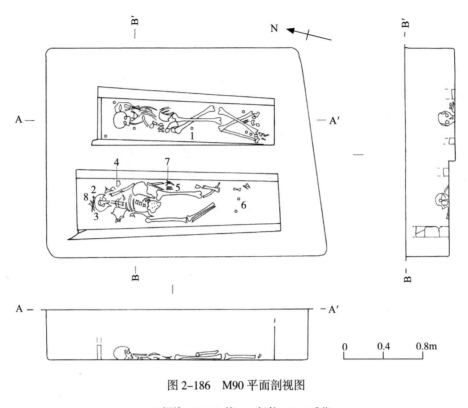

图 2-186　M90 平面剖视图

1、6.铜钱　2、3、8.簪　4.佩件　5、7.戒指

(二) 人骨及葬式

两具木棺内各有人骨一具。

甲棺内人骨摆放凌乱, 应为二次迁入葬。经对人骨的体质人类学鉴定, 墓主系成年女性, 死亡年龄在 40~45 岁。

乙棺内人骨摆放凌乱, 应为二次迁入葬。经对人骨的体质人类学鉴定, 墓主系成年女性, 死亡年龄在 25 岁左右。

(三) 出土器物

出土器物有簪 3 件, 戒指 2 枚, 佩件 1 件, 铜钱 11 枚。

簪　3 件。标本 M90:2, 出自墓主乙头顶, 质地为铜, 锈蚀严重。簪头呈如意形, 向后折曲, 簪挺扁平细长, 上宽下窄, 折曲处正面刻有方框, 框内为树下站立一人双手合十。残长 14 厘米 (图 2-187, 1)。标本 M90:3, 出自墓主乙头顶, 质地为铜, 锈蚀严重。簪头扁平, 平面呈椭圆葵花形, 中部凸起呈椭圆环状, 簪杆焊接在簪头背后, 随后向前折曲, 截面呈圆形, 簪杆已残。残长 8.8, 簪头长 2.4, 宽1.5, 簪杆直径 0.17 厘米 (图 2-187,2; 图版五九,3)。标本 M90:8, 出自墓主乙头顶, 质地为铜。仅残存部分簪杆, 簪杆截面呈圆形。残长 6.1 厘米。

戒指 2枚。标本M90：5，出自墓主乙左指骨，质地为银。整体呈马镫形，戒面为长方形浅槽，上下两端微外翘，中间饰两道横向突出的线纹，左右各接一组花卉纹，戒环为细长条形，尾部呈弧状，活口。戒环正面阴刻有弯曲线条延伸至戒面边缘花卉纹处。内径1.6，最大宽1厘米。标本M90：7，出自墓主乙左指骨，质地为银，锈蚀严重。整体呈马镫形，戒面为长方形浅槽，上下两端微外翘，中间饰两道横向突出的线纹，戒环为细长条形，尾部呈弧状，活口。内径1.6，最大宽1.1厘米（图2-187,4；图版六四,1）。

佩件 1件。标本M90：4，出自墓主乙头顶，质地为琥珀。整体呈卵圆形，体偏薄，正面微凸，背面平滑，左右两侧各有一穿孔，饰件正面阴刻折枝花纹。长4，宽2.8，厚0.8厘米（图2-187,3；图版六七,1）。

铜钱 11枚。标本M90：1，共7枚，出自墓主甲头骨、肋骨和下肢骨附近，均圆形方穿，有3枚"康熙通宝"，4枚锈蚀严重，钱文不可辨识。M90：1-1，正、背面有圆郭，郭较宽，正面铸钱文"康熙通宝"四字，直读，背面穿左右铸"宝福"二字，钱径2.8，穿宽0.55，郭宽0.42，厚0.13厘米，重3.5克（图2-187,5；图版七〇,2）。标本M90：6，共4枚，出自墓主乙上肢骨和跖骨附近，均圆形方穿，锈蚀严重，钱文不可辨识。

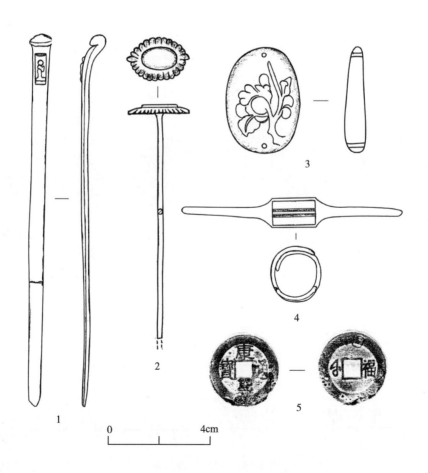

图2-187 M90出土器物和铜钱拓片

1、2.簪（M90：2、M90：3） 3.佩件（M90：4） 4.戒指（M90：7） 5.康熙通宝（M90：1-1）

九十一、第九十一号墓（TXY M91）

（一）墓葬形制

M91 位于西岛西部，开口于①层下，距地表深 0.14 米。长方形竖穴土坑墓，直壁，较规整。长 2.48，宽 2.8，深 1.34～1.42 米。墓向 352°。

墓圹内填黄褐色花土，含植物根系等，土质疏松。

墓内并列三具木棺，三棺均为梯形，棺木已朽，残留部分棺板。甲棺长 2.02，宽 0.58～0.74，残高 0.38，棺板残厚 0.1～0.8 米，棺底铺有一层厚约 0.02 米的草木灰和白灰；乙棺长 1.8，宽 0.48～0.52，残高 0.44，棺板残厚 0.02～0.04 米，棺底铺有一层厚约 0.02 米的草木灰；丙棺长 1.9，宽 0.5～0.58，残高 0.48，棺板残厚 0.04～0.06 米，棺底铺有一层厚约 0.02 米的草木灰和白灰（图 2-188；图版三七,1）。

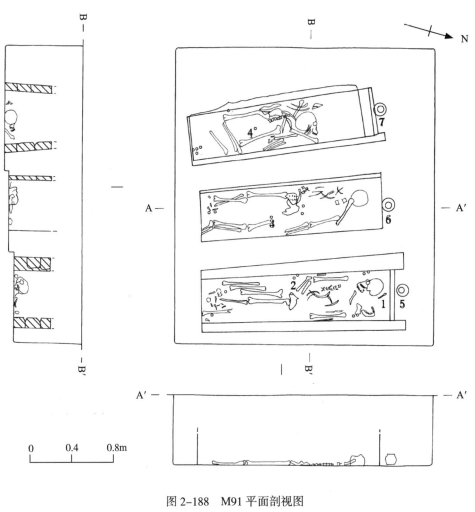

图 2-188　M91 平面剖视图

1.簪　2～4.铜钱　5～7.瓷罐

（二）人骨及葬式

三具木棺内各有人骨一具。

甲棺内人骨摆放凌乱，应是二次迁入葬。经对人骨的体质人类学鉴定，墓主系成年男性，死亡年龄在 25 岁左右。

乙棺内人骨摆放凌乱，应是二次迁入葬。经对人骨的体质人类学鉴定，墓主系成年女性，死亡年龄在 25 岁左右。

丙棺内人骨摆放凌乱，应是二次迁入葬。经对人骨的体质人类学鉴定，墓主系成年女性，死亡年龄在 25～30 岁。

（三）出土器物

出土器物有瓷罐 3 件，簪 1 件，铜钱 22 枚。

瓷罐　3 件。标本 M91：5，出自甲棺墓主头侧棺外填土内，深褐色粗胎，胎内掺杂有较多沙粒，施酱釉，内施釉至口沿下，口部刮釉露胎，外侧施釉至腹下部。侈口，圆唇，束径，弧肩，腹微鼓，平底微内凹。口径 7.8，最大腹径 11.9，底径 8.4，通高 13 厘米（图 2-189，3；图版四九，6）。标本 M91：6，出自乙棺墓主头侧棺外填土内，紫褐色粗胎，胎内沙粒较多，施酱绿釉，内壁除口沿部，均施满釉；外侧仅颈肩部施釉，口部刮釉露胎。整体呈深腹，瘦高形，侈口，圆唇，溜肩，鼓腹，下腹斜直，平底，肩部及腹部一周外壁经修整为两排六边形装饰。口径 8.4，底径 8.6，通高 20.5 厘米（图 2-189，2；图版四九，1）。标本 M91：7，出自丙棺墓主头侧棺外填土内，浅褐色粗胎，施酱釉，内施满釉，口部刮釉露胎，外侧施釉至腹下部，有流釉，底部粘连有较多砂粒。敛口，尖圆唇，矮斜领，弧肩，鼓腹，圈足。口径 10.8，最大腹径 15.4，底径 8.4，通高 14.2 厘米（图 2-189，1；图版四九，5）。

簪　1 件。标本 M91：1，出自墓主甲头顶，质地为银。簪头残缺，仅残存簪脚，簪脚整体呈瘦长针状，头部有穿孔，其附近缠绕有数圈金属丝，簪脚中部背面压印有长方形戳记，不可辨识。残长 9.7 厘米（图 2-189，4；图版六一，4）。

铜钱　22 枚。标本 M91：2，共 10 枚，出自墓主甲头骨和肢骨附近，均为圆形方穿，锈蚀严重，钱文不可辨识。标本 M91：3，共 6 枚，出自墓主乙盆骨和下肢骨附近，锈蚀严重，钱文不可辨识。标本 M91：4，共 6 枚，出自墓主丙人骨附近。有 2 枚"万历通宝"，圆形方穿，正、背面有圆郭，正面铸钱文"万历通宝"四字，直读，M91：4-1，钱径 2.5，穿宽 0.4，郭宽 0.2 厘米；余 4 枚均圆形方穿，锈蚀严重，钱文不可辨识。

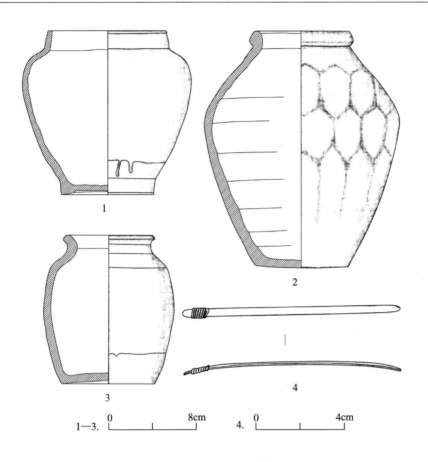

图 2-189　M91 出土器物

1～3. 瓷罐（M91：7、M91：6、M91：5）　4. 簪（M91：1）

九十二、第九十二号墓（TXY M92）

（一）墓葬形制

M92 位于西岛西部，开口于①层下，距地表深 0.4 米。长方形竖穴土坑墓，直壁，较规整，平底。长 2.7，宽 2.14～2.18，深 0.72～0.76 米。墓向 260°。

墓圹内填黄褐色花土，含植物根系等，土质疏松。

墓内并列两具木棺，两棺均为梯形，棺木已朽，残留部分棺板。甲棺长 2.12，宽 0.66～0.76，残高 0.26 米，棺底铺有一层厚约 0.02 米的草木灰；乙棺长 2，宽 0.64～0.7，残高 0.2，棺板残厚 0.08 米，棺底铺有一层厚约 0.02 米的草木灰（图 2-190）。

（二）人骨及葬式

甲棺内未见人骨，应为迁出葬。

乙棺内仅见零星人骨残块，应为迁出葬。

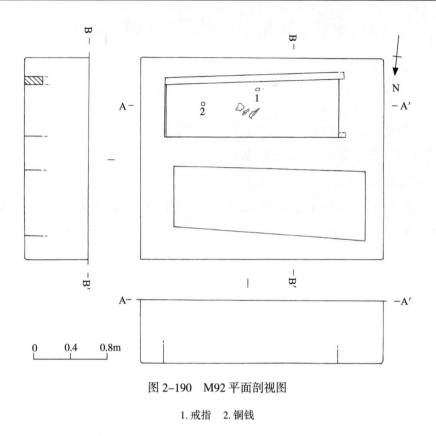

图 2-190 M92 平面剖视图

1. 戒指 2. 铜钱

（三）出土器物

出土器物有戒指 1 枚，铜钱 1 枚。

戒指 1 枚。标本 M92：1，出自乙棺棺内底部中部偏西位置，质地为铜。戒面为圆形，戒面四周刻内凹八边形花窗，花窗内细线纹背地，上刻团寿纹；戒面与戒环相交处各有一三角形凹槽，凹槽内以细线纹背地，上刻五角星；戒环为细长条形，尾部呈弧状，活口。戒面直径 1.1、戒环内径 1.8 厘米（图 2-191，1；图版六四，5）。

铜钱 1 枚。标本 M92：2，出自乙棺棺内底板东部，圆形方穿，正、背面有圆郭，郭较宽，正面铸钱文"道光通宝"四字，直读，背面穿左右铸满文"宝泉"二字，钱径 2.3，穿宽 0.5，郭宽 0.33，厚 0.15 厘米，重 3.4 克（图 2-191，2）。

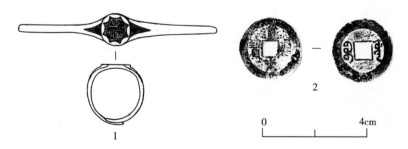

图 2-191 M92 出土器物

1. 戒指（M92：1） 2. 道光通宝（M92：2）

九十三、第九十三号墓（TXY M93）

（一）墓葬形制

M93 位于西岛中部，北邻 M94，开口于①层下，距地表深 0.36 米。长方形竖穴土坑墓，直壁，较规整。长 2.62，宽 1.56～1.6，深 0.78 米。墓向 260°。

墓圹内填黄褐色花土，含植物根系，土质较疏松。

葬具为木棺，棺木已朽。木棺平面呈梯形，长 1.7，宽 1.08～1.1，残高 0.3 米。棺底铺有一层厚约 0.02 米的白灰和草木灰（图 2-192）。

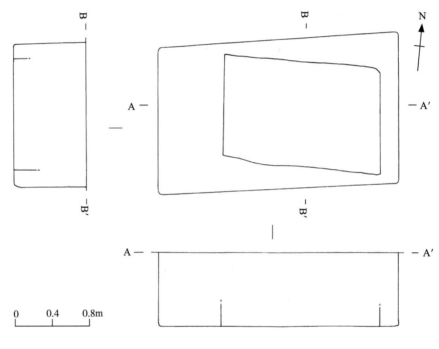

图 2-192　M93 平面剖视图

（二）人骨及葬式

未见人骨，应为迁出葬。

（三）出土器物

未发现有出土器物。

九十四、第九十四号墓（TXY M94）

（一）墓葬形制

M94 位于西岛中部，南邻 M93，开口于①层下，距地表深 0.24 米。长方形竖穴土坑墓，直壁，较规整。长 3.05，宽 1.1～1.2，深 0.55 米。墓向 165°。

墓圹内填黄褐色花土，含植物根系，土质较疏松。

葬具为木棺，棺木已朽，残留部分棺盖。木棺平面呈梯形，长 2.27，宽 0.46～0.64，残高 0.4，棺板残厚 0.1～0.11 米。棺底铺有一层厚约 0.02 米的草木灰和白灰（图 2-193；图版三七，2）。

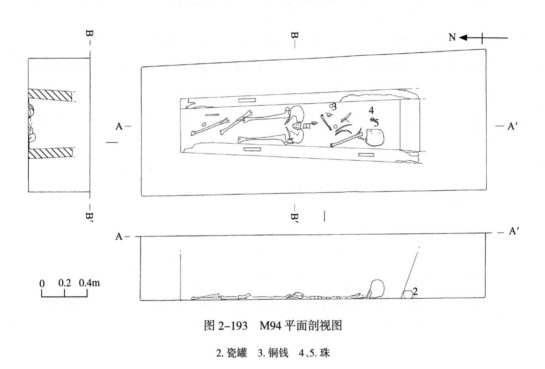

图 2-193　M94 平面剖视图

2. 瓷罐　3. 铜钱　4、5. 珠

（二）人骨及葬式

棺内置人骨摆放凌乱，应为二次迁入葬。经对人骨的体质人类学鉴定，墓主系成年男性，死亡年龄在 25～30 岁。

（三）出土器物

出土器物有符文瓦 1 片，瓷罐 1 件，珠 2 颗，铜钱 3 枚。

符文瓦　1 片。标本 M94：1，出自墓主头侧棺盖上，泥质灰陶，一端宽、一端窄，内施布纹，外为素面，中间饰三道凹弦纹，右上角残缺，瓦表磨光，中间为朱符，符周围为朱书，可释读有"墓""吉"，长 18.2，宽 15.5～16，厚 1.5 厘米（图 2-194）。

图 2-194　M94 出土符文瓦 (M94:1)

　　瓷罐　1件。标本 M94:2, 出自墓主头侧棺外填土内, 白褐色粗胎, 施酱釉, 内施满釉, 器口刮釉露胎, 外侧仅颈肩部施釉。整体呈深腹, 瘦高形, 敛口, 圆唇, 斜领, 鼓腹, 圈足, 颈肩部有两个对称的竖系, 均残。口径 8, 底径 6.4, 通高 10.8 厘米 (图 2-195,1; 图版五一,1)。

　　珠　2颗。出自墓主头骨东侧。标本 M94:4, 为串珠, 质地似为贝壳。骨白色, 整体呈球形, 上下两端略平, 中间有圆形穿孔。球径 1.1, 高 0.8 厘米 (图 2-195,2)。标本 M94:5, 为母珠, 质地为玉。俗称 "三通" 或 "佛头", 青白色, 整体呈圆管状, 中有圆形穿孔, 管壁中央有一圆形横穿孔, 剖面穿孔呈 T 形。直径 1.3, 高 1.7 厘米 (图 2-195,3; 图版六七,2)。

　　铜钱　3枚。标本 M94:3, 出自墓主肋骨处, 均圆形方穿。M94:3-1, 正、背面有圆郭, 郭较宽, 正面铸钱文 "光绪通宝" 四字, 隶书, 直读, 背面锈蚀严重, 穿左右铸所满文不可辨识, 钱径 2.2, 穿宽 0.5, 郭宽 0.3, 厚 0.12 厘米, 重 1.85 克 (图 2-195,4); M94:3-2, 正面铸钱文 "康熙通宝" 四字, 隶书, 直读, 背面锈蚀严重, 穿左右铸所满文不可辨识, 钱径 2.8, 穿宽 0.5, 郭宽 0.4 厘米; 另 1 枚锈蚀严重, 钱文不可辨识。

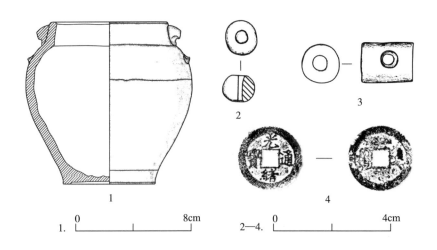

图 2-195　M94 出土器物及铜钱拓片

1. 瓷罐 (M94:2)　2、3. 珠 (M94:4、M94:5)　4. 光绪通宝 (M94:3-1)

九十五、第九十五号墓（TXY M95）

（一）墓葬形制

M95 位于西岛中部，北邻 M96，开口于①层下，距地表深 0.15 米。长方形竖穴土坑墓，直壁，较规整。长 2.4，宽 0.92～1，深 0.37 米。墓向 165°。

墓圹内填黄褐色花土，含植物根系，土质较疏松。

葬具为木棺，棺木已朽，残留部分棺板。木棺平面呈梯形，长 1.98，宽 0.56～0.67，残高 0.24，棺板残厚 0.07～0.08 米。棺底铺有一层厚约 0.02 米的草木灰和白灰（图 2-196；图版三八，1）。

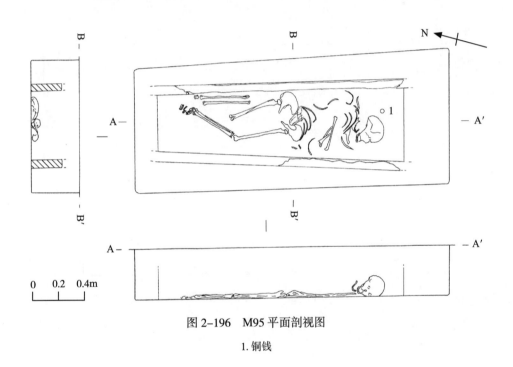

图 2-196　M95 平面剖视图

1. 铜钱

（二）人骨及葬式

棺内置人骨一具，骨架保存较差，头朝南，面向西，侧身屈肢。经对人骨的体质人类学鉴定，墓主系成年男性，死亡年龄在 25～30 岁。

（三）出土器物

仅发现铜钱 5 枚。

铜钱　5 枚。标本 M95：1，共 1 枚，出自墓主头骨附近，圆形方穿，锈蚀严重，钱文不可辨识，铜钱表面粘连有布，钱径 2.6 厘米。标本 M95：2，共 4 枚，出自墓主盆骨下，均圆形方穿，锈蚀严重，钱文不可辨识，钱径 2.6 厘米。

九十六、第九十六号墓（TXY M96）

（一）墓葬形制

M96 位于西岛中部，南邻 M95，开口于①层下，距地表深 0.16 米。长方形竖穴土坑墓，直壁，较规整。长 2.4，宽 1～1.02，深 0.22 米。墓向 167°。

墓圹内填黄褐色花土，含植物根系，土质较疏松。

葬具为木棺，棺木已朽，残留部分棺板。木棺平面呈梯形，长 2，宽 0.46～0.58，残高 0.24 米。棺底铺有一层厚约 0.02 米的草木灰和白灰（图 2-197）。

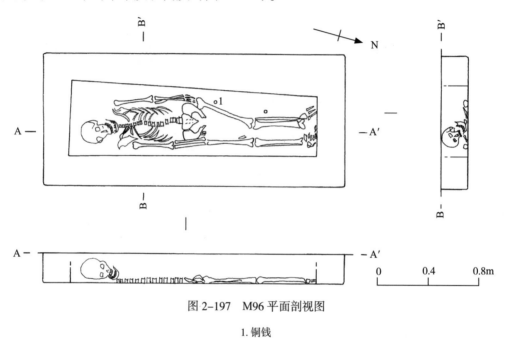

图 2-197　M96 平面剖视图

1. 铜钱

（二）人骨及葬式

棺内置人骨一具，骨架保存较好，头朝南，面向上，仰身直肢。经对人骨的体质人类学鉴定，墓主系成年男性，死亡年龄在 25～30 岁。

（三）出土器物

仅发现铜钱 2 枚。

铜钱　2 枚。标本 M96：1，共 2 枚，出自墓主下肢骨处，均圆形方穿。M96：1-1，正、背面有圆郭，郭较宽，正面铸钱文"雍正通宝"四字，隶书，直读，背面穿左右铸满文"宝泉"二字，钱径 2.7，穿宽 0.6，郭宽 0.4 厘米；M96：1-2，正、背面有圆郭，郭较宽，正面铸钱文"乾隆通宝"四字，隶书，直读，背面穿左右铸满文"宝源"二字，钱径 2.6，穿宽 0.5，郭宽 0.4 厘米。

九十七、第九十七号墓（TXY M97）

（一）墓葬形制

M97 位于西岛中部，南邻 M98，开口于①层下，距地表深 0.12 米。长方形竖穴土坑墓，直壁，较规整。长 2.64，宽 2.58～2.7，深 0.16～0.2 米。墓向 345°。

墓圹内填黄褐色花土，含植物根系等，土质疏松。

墓内并列三具木棺，平面均为梯形，棺木已朽，残留部分棺板。甲棺长 1.8，宽 0.46～0.52，残高 0.18 米，棺底铺有一层厚约 0.02 米的草木灰；乙棺长 1.82，宽 0.38～0.48，残高 0.16 米，棺底铺有一层厚约 0.02 米的草木灰；丙棺长 1.9，宽 0.6～0.7，残高 0.12，棺板残厚 0.08～0.1 米，棺底铺有一层厚约 0.02 米的草木灰（图 2-198；图版三八，2）。

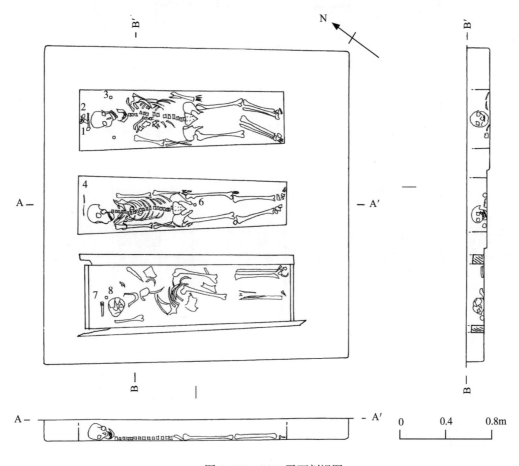

图 2-198　M97 平面剖视图

1、7. 扁方　　2、4. 簪　　3、8. 铜钱　　5. 钮扣

（二）人骨及葬式

三具木棺内各有人骨一具。

　　甲棺内人骨保存一般，头朝西北，面向上，仰身直肢。经对人骨的体质人类学鉴定，墓主系成年女性，死亡年龄在 25～30 岁。

　　乙棺内人骨保存一般，头朝西北，面向西，仰身直肢。经对人骨的体质人类学鉴定，墓主系成年女性，死亡年龄在 25～30 岁。

　　丙棺内人骨摆放凌乱，应为二次迁入葬。经对人骨的体质人类学鉴定，墓主系成年女性，死亡年龄在 60 岁以上。

（三）出土器物

　　出土器物有扁方 2 件，簪 2 件，钮扣 3 颗，铜钱 7 枚。

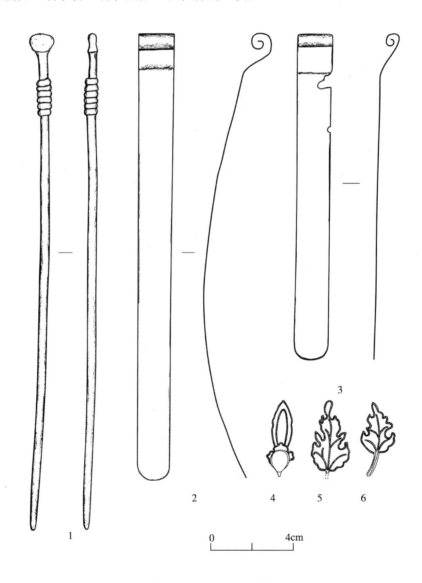

图 2-199　M97 出土器物

1.簪（M97：4）　2、3.扁方（M97：1、M97：7）　4～6.簪花（M97：2）

扁方　2件。标本 M97：1，出自墓主甲头顶，质地为铜，表面布满黑色锈蚀。簪头卷曲呈卷轴状，向后弯曲，簪身与卷轴齐宽，整体扁平呈长条形，略呈弧形，整体光素。通长 18.8，宽 1.5，簪身厚 0.16 厘米（图 2-199，2；图版五二，3、4）。标本 M97：7，出自墓主丙头顶，质地为银鎏金，表面覆盖黑色和绿色锈蚀。簪头卷曲呈卷轴状，向后弯曲，簪身与卷轴齐宽，整体扁平呈长条形，尾部呈圆弧状；整体光素。通长 13.8，宽 1.4，簪身厚 0.06 厘米（图 2-199，3）。

簪　2件。标本 M97：4，出自墓主乙头顶，质地为包金。簪头呈耳挖形，簪杆大部呈细长圆柱锥状，尾部扁平，整体光素，仅在簪杆靠近簪头处有一累珠般的颈。通长 21 厘米（图 2-199，1；图版六〇，1）。标本 M97：2，出自墓主甲头顶。残损严重，摆放较为凌乱，可辨识有细金属丝缠绕而成的枝干，金箔和细金属丝焊接成的金叶、花朵等（图 2-199，4-6）。

钮扣　3颗。标本 M97：5，出自墓主乙肋骨处，质地为铜。钮扣下为近球形，上接一圆环形穿鼻。M97：5-3，球径 0.8、通高 1.2 厘米；M97：5-2，球径 1.1、通高 1.5 厘米；M97：5-1，球径 1.2、通高 1.6 厘米。

铜钱　7枚。标本 M97：3，共 2 枚，出自墓主甲头骨附近，均圆形方穿，正、背面有圆郭，郭较宽，正面铸钱文"道光通宝"四字，隶书，直读。M97：3-1，背面穿左右铸满文"宝源"二字，钱径 2.3，穿宽 0.6，郭宽 0.4 厘米；另 1 枚背面锈蚀严重，穿左右所铸满文不可辨识。标本 M97：6，共 1 枚，出自墓主乙盆骨下，圆形方穿，正面铸钱文"道光通宝"四字，隶书，直读，背面锈蚀严重，穿左右所铸满文不可辨识，钱径 2.3，穿宽 0.5，郭宽 0.3 厘米。标本 M97：8，共 1 枚，出自墓主乙头骨附近，圆形方穿，锈蚀严重，钱文不可辨识。标本 M97：9，共 3 枚，出自墓主乙盆骨下，均圆形方穿。M97：9-1，正面铸钱文"光绪通宝"四字，隶书，直读，背面锈蚀严重，穿左右所铸满文不可辨识，钱径 2.3，穿宽 0.5，郭宽 0.4 厘米；其余 2 枚锈蚀严重，钱文不可辨识。

九十八、第九十八号墓（TXY M98）

（一）墓葬形制

M98 位于西岛中部，南邻 M99，北邻 M97，开口于①层下，距地表深 0.26 米。长方形竖穴土坑墓，直壁，较规整。长 2.42，宽 0.96～1，深 0.24 米。墓向 340°。

墓圹内填黄褐色花土，土质较疏松。

葬具为木棺，棺木已朽，残留部分棺板。木棺平面呈梯形，长 1.98，宽 0.55～0.96，残高 0.16，棺板残厚 0.08～0.1 米。棺底铺有一层厚约 0.02 米的草木灰（图 2-200）。

（二）人骨及葬式

棺内置人骨一具，骨架保存较差，头朝北，面向东，仰身直肢。经对人骨的体质人类学鉴定，墓主系成年女性，死亡年龄在 60 岁以上。

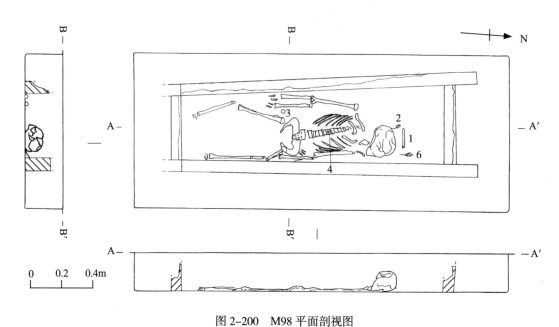

图 2-200　M98 平面剖视图

1. 扁方　2、6. 簪　3. 铜钱　4. 钮扣

（三）出土器物

出土器物有扁方 1 件，簪 2 件，钮扣 2 颗，铜钱 3 枚。

扁方　1 件。标本 M98：1，出自墓主头顶，质地为银鎏金。簪头卷曲呈卷轴状，向后弯曲，簪身与卷轴齐宽，整体扁平呈长条形，尾部呈圆弧状，整体光素，簪身背面靠近折曲处压印有一长方形戳记，不可辨识。通长 13.6，宽 1.4，簪身厚 0.07 厘米（图版五二，5、6）。

簪　2 件。标本 M98：2，出自墓主头顶，为禅杖形簪，簪头为铜质，锈蚀严重，顶部为一葫芦，下为五组金属丝卷成的如意云状框架，以中间支柱为轴心焊接在一起，匀称分布，如意云框架各悬挂一小圆环；簪杆为银质，细长，截面呈圆形，尾部残缺。残长 9，簪杆直径 0.1 厘米（图 2-201，1；图版五八，3）。标本 M98：6，出自墓主头顶，质地为铜。仅残存簪头，簪头扁平，为以铜丝为支架，支架上焊接铜片构成的"寿"字；正面中部有托，托内珠饰已缺，背面焊接有别插簪杆的铜管。簪头长 3.5、残宽 2.7 厘米（图 2-201，2；图版六〇，6）。

钮扣　2 颗。标本 M98：4，出自墓主肋骨处，质地为铜，穿鼻上粘连有丝织物。钮扣下部为近球形，为仿布扣造型，表面饰凹凸不平的布条编织纹饰，上接一圆环形穿鼻（图版六六，1）。M98：4-1，球径 1.23，通高 1.83 厘米；M98：4-2，球径 1.25，通高 1.83 厘米。

铜钱　3 枚。标本 M98：3，共 1 枚，出自墓主盆骨附近，圆形方穿，正、背面有圆郭，郭较宽，正面铸钱文"光绪通宝"四字，隶书，直读，背面锈蚀严重，穿左右所铸满文不可辨识，钱径 2.3，穿宽 0.5，郭宽 0.35，厚 0.15 厘米，重 3.1 克（图 2-201，3）。标本 M98：5，共 2 枚，出自墓主盆骨下，均为圆形方穿。M98：5-1，正面铸钱文"光绪通宝"四字，隶书，直读，背面穿左右铸满文"宝泉"二字，钱径 2.3，穿宽 0.5，郭宽 0.4 厘米；另 1 枚锈蚀严重，钱文不可辨识。

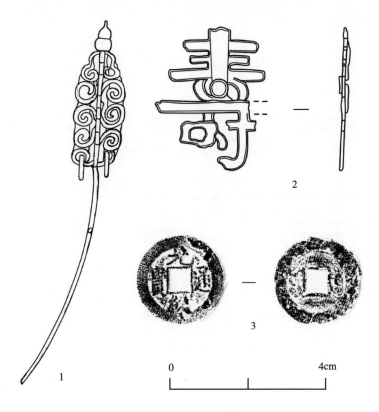

图 2-201　M98 出土器物和铜钱拓片

1、2. 簪（M98：2、M98：6）　3. 光绪通宝（M98：3）

九十九、第九十九号墓（TXY M99）

（一）墓葬形制

M99 位于西岛中部，北邻 M98，开口于①层下，距地表深 0.3 米。长方形竖穴土坑墓，直壁，较规整。长 2.12，宽 0.92～0.96，深 0.18 米。墓向 346°。

墓圹内填黄褐色花土，含植物根系，土质较疏松。

葬具为木棺，棺木已朽，残留部分棺板。木棺平面呈梯形，长 1.78，宽 0.4～0.5，残高 0.18 米。棺底铺有一层厚约 0.02 米的草木灰（图 2-202）。

（二）人骨及葬式

棺内置人骨一具，骨架保存较差，头朝北，面向上，仰身屈肢。经对人骨的体质人类学鉴定，墓主系成年女性，死亡年龄在 50 岁以上。

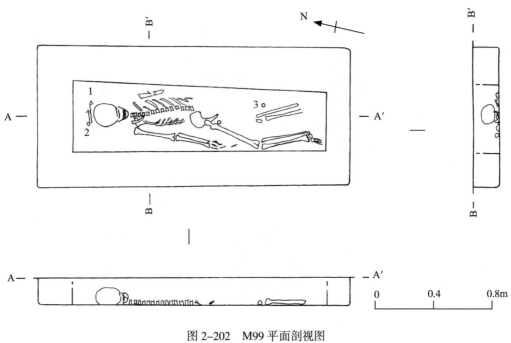

图 2-202　M99 平面剖视图
1.扁方　2.簪　3.铜钱

（三）出土器物

出土器物发现有扁方 1 件，簪 1 件，铜钱 4 枚。

扁方　1 件。标本 M99：1，出自墓主头顶，质地为银鎏金。簪头卷曲呈卷轴状，向后弯曲，簪身与卷轴齐宽，整体扁平呈长条形，尾部呈圆弧状，整体光素，簪身正面折曲处赞刻一团寿纹，簪身背面靠近折曲处压印有一长方形"德华"戳记。通长 12，宽 1.4，簪身厚 0.07 厘米（图 2-203，2；图版四五，3、4）。

簪　1 件。标本 M99：2，出自墓主头顶。禅杖形簪，簪头为铜质，顶部为一葫芦，下为五组金属丝卷成的如意云状框架，以簪杆为轴心焊接在一起，匀称分布，如意云框架各悬挂一小圆环；簪杆细长，为银质，截面呈圆形，尾部攒尖。通长 17.3，簪杆直径 0.1 厘米（图 2-203，1；图版五八，4）。

铜钱　4 枚。标本 M99：3，出自墓主下肢骨内侧，均为圆形方穿，正、背面有圆郭。M99：3-1，正面部分区域粘连有布料，钱文可辨识为"咸丰通宝"，隶书，直读，背面锈蚀严重，穿左右所铸满文不可辨识，钱径 2.3，穿宽 0.5，郭宽 0.2 厘米；M99：3-2，正面铸钱文"光绪通宝"四字，隶书，直读，背面穿左右铸满文"宝泉"二字，钱径 2.25，穿宽 0.5，郭宽 0.36，厚 0.15 厘米，重 3.8 克（图 2-203，3）；另外 2 枚锈蚀严重，钱文不可辨识。

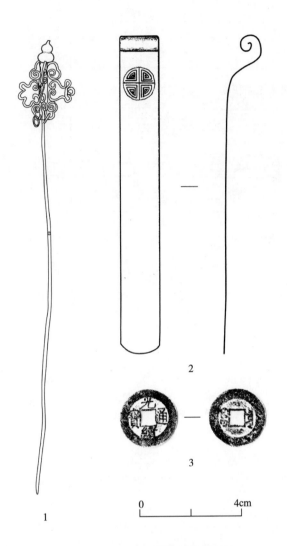

图 2-203　M99 出土器物及铜钱拓片

1. 簪（M99：2）　2. 扁方（M99：1）　3. 光绪通宝（M99：3-2）

一〇〇、第一〇〇号墓（TXY M100）

（一）墓葬形制

M100 位于西岛中部，北邻 M101，开口于①层下，距地表深 0.1 米。长方形竖穴土坑墓，直壁，较规整，南部被现代管道打破。残长 2.6，宽 2.72～2.78，深 0.32～0.4 米。墓向 332°（图 2-204）。

墓圹内填黄褐色花土，含植物根系等，土质疏松。

墓内并列三具木棺，木棺南部被现代管道破坏无存。甲棺残长 1.56，宽 0.44～0.56，残高 0.18 米，棺底铺有一层厚约 0.02 米的草木灰；乙棺残长 1.64，宽 0.38～0.54，残高 0.14 米，棺底铺有一层厚约 0.02 米的草木灰；丙棺残长 1.2，宽 0.4～0.46，残高 0.14 米，棺底铺有一层厚约 0.02 米的草木灰。

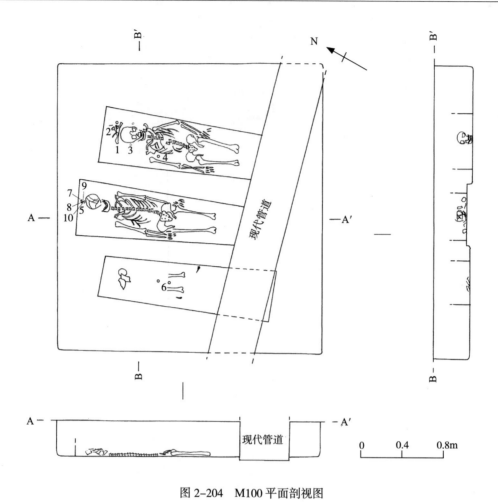

图 2-204　M100 平面剖视图

1. 扁簪　2. 发饰残片　3. 耳环　4、6、10. 铜钱　5、7、8. 簪　9. 铅佩件

（二）人骨及葬式

三具木棺中有两具木棺各内置人骨一具。

甲棺内人骨保存较差，头朝北，面向上，仰身直肢。经对人骨的体质人类学鉴定，墓主系成年女性，死亡年龄在 20 岁左右。

乙棺内人骨保存较差，头朝北，面向上，仰身直肢。经对人骨的体质人类学鉴定，墓主系成年男性，死亡年龄在 30 岁左右。

丙棺内仅有少量肢骨和零星碎骨。经对人骨的体质人类学鉴定，墓主系成年，性别不能鉴定。

（三）出土器物

出土器物有扁簪 1 件，簪 3 件，发饰残片 3 片，铅佩件 1 件，耳环 2 枚，铜钱 4 枚。

扁簪　1 件。标本 M100：1，出自墓主甲头骨附近，质地为银，通体覆盖黑色锈蚀。体呈弓形，中腰细窄，两端扁平呈叶状；簪体正面两端阴刻叶形花窗，花窗内纹饰不清，花窗间亦有缠枝纹，背面束腰处压印有长方形"聯祥"戳记。通长18.2，最大宽3，厚0.1厘米（图2-205,1;图版五五,5）。

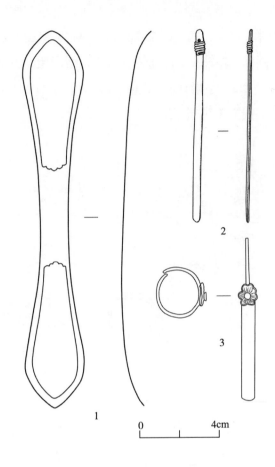

图2-205　M100出土器物

1.扁簪（M100：1）　2.簪（M100：5）　3.耳环（M100：3-1）

　　簪　3件。标本M100：5，出自墓主乙头骨附近，质地为银。簪头残缺，仅残存簪脚，簪脚整体呈瘿长针状，头部有穿孔，其附近缠绕有数圈金属丝。残长9.3厘米（图2-205,2）。标本M100：7，出自墓主乙头骨附近，质地为鎏金。簪头由金属丝、金箔片制成，残损严重，簪脚整体呈瘿长针状，靠近簪头部分折曲呈"∩"形。残长6.9厘米。标本M100：8，出自墓主乙头骨附近，质地为鎏金。簪头呈花形，残损严重，簪脚整体呈瘿长针状，靠近簪头部分折曲呈"∩"形。残长7.9厘米。此外，还有部分发饰残片，标本M100：2，出自墓主甲头骨附近，质地为铜。残损严重，摆放较为凌乱，可辨识有以金箔和细金属丝焊接成的金叶、蝴蝶、花朵等（图2-206,1~3）。

　　铅佩件　1件。标本M100：9，出自墓主乙头骨附近。正面为圆形，体偏薄，上窄下宽，中部镂空，镂空部分正面呈弧角方形，背面呈四瓣花形。直径2.7，通高0.5厘米（图版六六,7）。

　　耳环　2枚。标本M100：3，出自墓主甲头骨两侧，质地为银。整体呈圆形，坠饰部为花形，正中有托，托内珠饰缺失；环为长条形，尾部呈弧状，环背面压印有长方形"□顺"戳记，尾部正面焊接如意云饰片；坠饰上方焊接耳环脚（图版六二,6）。M100：3-1，横长2.5、纵宽2.5厘米（图2-205,3）；M100：3-2，横长2.4、纵宽2.5厘米。

　　铜钱　4 枚。标本 M100：4，共 1 枚，出自墓主甲右指骨附近，圆形方穿，正、背面有圆郭，郭较宽，正面铸钱文"乾隆通宝"四字，隶书，直读，背面锈蚀严重，穿左右所铸满文不可辨识，钱径 2.65，穿宽 0.5，郭宽 0.45，厚 0.13 厘米，重 4.7 克（图 2-206，4）。标本 M100：6，共 2 枚，出自丙棺棺内底部，均为圆形方穿，正、背面有圆郭，郭较宽，正面铸钱文"光绪通宝"四字，隶书，直读。M100：6-1，背面穿左右铸满文"宝泉"，钱径 2.2，穿宽 0.5，郭宽 0.4 厘米。标本 M100：10，共 1 枚，出自墓主乙头骨附近，圆形方穿，锈蚀严重，钱文不可辨识。

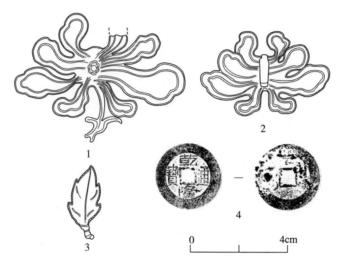

图 2-206　M100 出土器物及铜钱拓片

1～3. 发饰残片（M100：2）　4. 乾隆通宝（M100：4）

一〇一、第一〇一号墓（TXY M101）

（一）墓葬形制

　　M101 位于西岛中部，南邻 M100，开口于①层下，距地表深 0.16 米。长方形竖穴土坑墓，直壁，较规整。长 2.7，宽 1.6～1.66，深 0.26 米。墓向 344°。

　　墓圹内填黄褐色花土，含植物根系，土质较疏松。

　　葬具为木棺，棺木已朽，残存有部分棺盖痕迹，平面呈梯形，长 1.76，宽 0.46～0.52，残高 0.2 米。棺底铺有一层厚约 0.02 米的草木灰（图 2-207）。

（二）人骨及葬式

　　棺内置人骨一具，骨架保存一般，头朝北，面向西，仰身直肢。经对人骨的体质人类学鉴定，墓主系成年女性，死亡年龄在 25 岁左右。

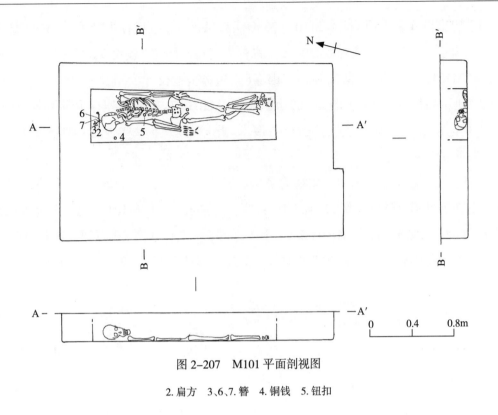

图 2-207　M101 平面剖视图

2. 扁方　3、6、7. 簪　4. 铜钱　5. 钮扣

（三）出土器物

出土器物发现有符文瓦 1 片，扁方 1 件，簪 3 件，钮扣 4 颗，铜钱 4 枚。

符文瓦　1 片。标本 M101：1，出自墓主头侧棺盖上，泥质灰陶，一端宽、一端窄，内施布纹，外为素面，瓦表磨光，中间为朱符，瓦表左上角有朱书文字"造"，右上角有朱书文字"坤"，瓦里为朱书墓主信息，从右至左依次可释读有"道光二十年""董门高□""九月初二日□"，长 16.5，宽 14.5～17，厚 1.5 厘米（图 2-208；图版四二，5、6）。

扁方　1 件。标本 M101：2，出自墓主头顶，质地为包金，表面覆盖有较多黑色瘤状锈蚀。簪头卷曲呈卷轴状，向后弯曲，簪身较卷轴略窄，整体扁平呈长条形，尾部呈圆弧状，整体光素。通长 18.4，宽 2.0～2.4，簪身厚 0.09 厘米（图 2-209，1；图版五三，1、2）。

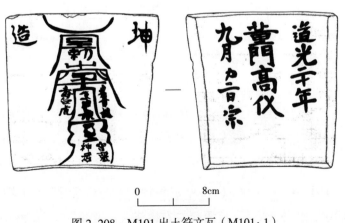

图 2-208　M101 出土符文瓦（M101：1）

簪　3件。均出自墓主头顶。标本 M101：3，簪头残缺严重，仅残存少量鎏金铜丝，簪脚整体呈瘦长针状，头部有穿孔，其附近缠绕有数圈金属丝将簪头与簪脚固定。残长 9.6 厘米（图 2-209，5；图版六一，3）。标本 M101：6，仅残存簪脚，质地为银鎏金，整体呈瘦长针状，簪脚头部分叉呈"Y"形，随后折曲，尾部呈弧形。残长 6.5 厘米（图 2-209，4）。标本 M101：7，簪头仅残存少量鎏金铜丝，簪脚质地为银鎏金，整体呈瘦长针状，尾部较尖。残长 9.6 厘米。此外，发现有一些金箔和细金属丝焊接成的金叶（图 2-209，2、3；图版六一，5）。

钮扣　4颗。均出自墓主肋骨处，质地为黄铜，部分钮扣上粘连有丝织物（图版六五，6）。标本 M101：5-1，下为近球形，穿鼻残断，球径 0.9、残高 1.3 厘米；标本 M101：5-2，下为近球形，穿鼻残缺，球径 0.9，通高 0.9 厘米；标本 M101：5-3，下为近球形，上接一圆环形穿鼻，球径 0.9，通高 1.4 厘米（图 2-209，6）；标本 M101：5-4，下为近球形，上接一圆环形穿鼻，球径 0.9，通高 1.4 厘米。

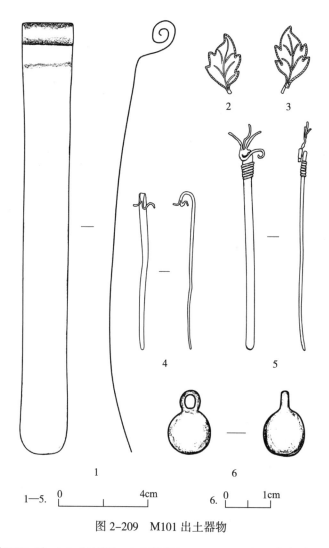

图 2-209　M101 出土器物

1.扁方（M101：2）　2、3.金叶残片　4、5.簪（M101：6、M101：3）　6.钮扣（M101：5-3）

铜钱　4枚。标本 M101：4，共 4 枚，出自墓主头骨、肋骨和盆骨附近，均为圆形方穿，有 3 枚正面铸钱文"道光通宝"四字，隶书，直读，背面穿左右铸满文"宝泉"二字。M101：4-1，钱径 2.3，穿宽

0.5，郭宽 0.3 厘米；另 1 枚锈蚀严重，钱文不可辨识。

一〇二、第一〇二号墓（TXY M102）

（一）墓葬形制

M102 位于西岛中部，北邻 M100，开口于①层下，距地表深 0.35 米。长方形竖穴土坑墓，直壁，较规整。长 2.6，宽 1.72，深 0.17 米。墓向 332°。

墓圹内填黄褐色花土，含植物根系，土质疏松。

墓内并列两具木棺，两棺均为梯形，棺木已朽。甲棺长 1.6，宽 0.4～0.5，残高 0.1 米，棺底铺有一层厚约 0.02 米的草木灰；乙棺长 1.82，宽 0.46～0.56，残高 0.14 米，棺底铺有一层厚约 0.02 米的草木灰（图 2-210）。

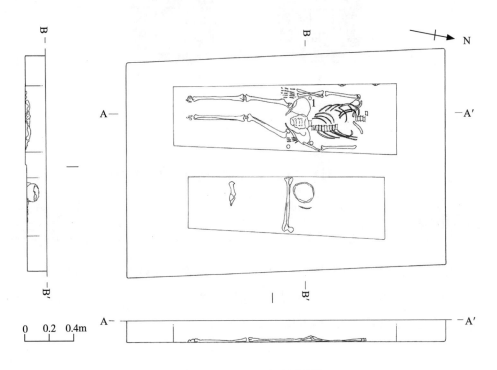

图 2-210　M102 平面剖视图

1. 铜钱

（二）人骨及葬式

两具木棺内各有人骨一具。

甲棺内仅有头骨和部分肢骨，应为二次迁入葬。经对人骨的体质人类学鉴定，墓主系成年女性，死亡年龄在 40 岁以上。

乙棺内人骨保存较差，头骨残损严重，仰身直肢。经对人骨的体质人类学鉴定，墓主系成年男性，死亡年龄在 25 岁左右。

（三）出土器物

出土器物仅发现有铜钱 4 枚。

铜钱 4 枚。标本 M102：1，共 3 枚，出自墓主乙上肢骨附近，均为圆形方穿，正、背面有圆郭，郭较宽，正面铸钱文"光绪通宝"四字，隶书，直读。M102：1-1，背面穿左右铸满文"宝泉"二字，钱径 2.5，穿宽 0.5，郭宽 0.45 厘米。标本 M102：2，共 1 枚，出自墓主乙盆骨下，圆形方穿，正、背面有圆郭，郭较宽，正面铸钱文"光绪通宝"四字，隶书，直读，背面锈蚀严重，穿左右所铸满文不可识读，钱径 2.5，穿宽 0.5，郭宽 0.45，厚 0.15 厘米，重 3.7 克（图 2-211）。

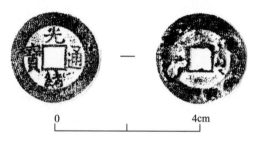

图 2-211　M102 出土铜钱拓片（M102：2）

一〇三、第一〇三号墓（TXY M103）

（一）墓葬形制

M103 位于西岛中部，北邻 M104，开口于①层下，距地表深 0.44 米。近长方形竖穴土坑墓，直壁，较规整。长 2.84，宽 2.14～2.68，深 0.18～0.22 米。墓向 170°。

墓圹内填黄褐色花土，含花土点、朽木块，土质疏松。

墓内并列三具木棺，三棺均为梯形，棺木已朽，残留部分棺板。甲棺长 2，宽 0.48～0.56，残高 0.14 米，棺底铺有一层厚约 0.02 米的草木灰；乙棺长 2.02，宽 0.52～0.58，残高 0.16，棺板残厚 0.1～0.12 米，棺底铺有一层厚约 0.02 米的草木灰；丙棺长 2.1，宽 0.54～0.64，残高 0.14 米，棺底铺有一层厚约 0.02 米的草木灰（图 2-212）。

（二）人骨及葬式

三具木棺内均未发现人骨，应为迁出葬。

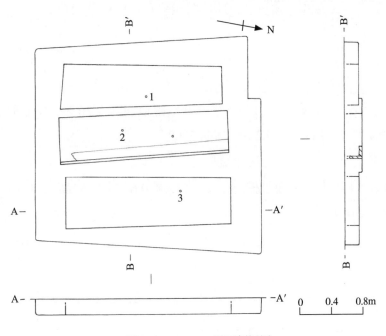

图 2-212 M103 平面剖视图

1、2. 铜钱 3. 银钱

（三）出土器物

出土器物仅发现残存有银钱 1 枚，铜钱 3 枚。

银钱 1 枚。标本 M103：3，出自丙棺棺底北部，为银质，仿方孔钱式样，圆形方穿，近外缘处阴刻一周弦纹，近穿处阴刻方格纹，以此模仿外郭和内郭，正面钱文为阴刻"福寿双全"四字，直读，背面钱文为阴刻"中华民国"四字，直读，钱径 2.5，穿宽 0.4，郭宽 0.3，厚 0.05 厘米，重 1.3 克（图2-213,1；图版七三,5）。

铜钱 3 枚。标本 M103：1，共 1 枚，出自甲棺棺底中部偏东，圆形方穿，正、背面有圆郭，郭较宽，正面铸钱文"道光通宝"四字，直读，背面穿左右铸满文"宝泉"二字，钱径 2.3，穿宽 0.6，郭宽0.3，厚 0.16 厘米，重 3.9 克（图 2-213,2；图版七一,3）。标本 M103：2，共 2 枚，出自乙棺棺底中部。M103：2-1，圆形方穿，正、背面有圆郭，郭较宽，正面铸钱文"道光通宝"四字，直读，背面穿左右铸满文"宝泉"二字，钱径 2.5，穿宽 0.5，郭宽 0.3 厘米；另 1 枚锈蚀严重，钱文不可辨识。

1   2

0   4cm

图 2-213 M103 出土钱币

1. 福寿双全（M103：3） 2. 道光通宝（M103：1）

一〇四、第一〇四号墓（TXY M104）

（一）墓葬形制

M104 位于西岛中部，南邻 M103，开口于①层下，距地表深 0.26 米。长方形竖穴土坑墓，直壁，较规整，平底。长 2.36，宽 1～1.04，深 0.2 米。墓向 220°。

墓圹内填黄褐色花土，含花土点，土质较疏松。

葬具为木棺，棺木已朽。木棺平面呈梯形，长 2.16，宽 0.6～0.7，残高 0.14 米。棺底铺有一层厚约 0.02 米的草木灰（图 2-214）。

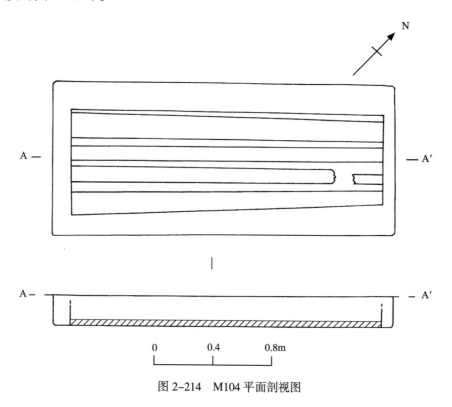

图 2-214　M104 平面剖视图

（二）人骨及葬式

棺内未见人骨，应为迁出葬。

（三）出土器物

未发现有出土器物。

一〇五、第一〇五号墓（TXY M105）

（一）墓葬形制

M105位于西岛中部，开口于①层下，距地表深0.8米。长方形竖穴土坑墓，直壁，较规整，平底。长2.68，宽1.22~1.3，深0.22米。墓向155°。

墓圹内填黄褐色土，含花土点，土质较疏松。

葬具为木棺，棺木已朽。木棺平面呈梯形，长1.8，宽0.6~0.7，残高0.12米。棺底铺有一层厚约0.02米的草木灰（图2-215）。

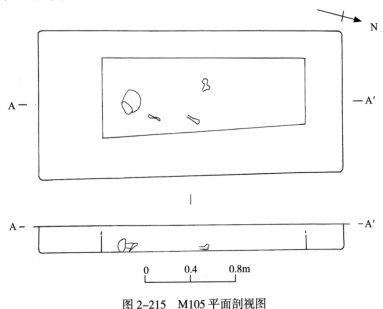

图2-215 M105平面剖视图

（二）人骨及葬式

仅残存棺底，棺内仅见少量零星碎骨残块。

（三）出土器物

未发现有出土器物。

一〇六、第一〇六号墓（TXY M106）

（一）墓葬形制

M106位于西岛中部，南邻M108，开口于①层下，距地表深0.6米。长方形竖穴土坑墓，直壁，较规整，平底。长 2.5，宽 1.04～1.1，深 0.7 米。墓向 195°。

　　墓圹内填黄褐色花土，含植物根系，土质较疏松。

　　葬具为木棺，棺木已朽，残留部分棺盖。木棺平面呈梯形，长 2.12，宽 0.4～0.52，残高 0.6 米。棺底铺有一层厚约 0.02 米的草木灰（图 2-216）。

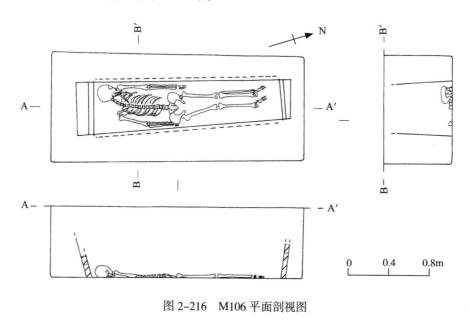

图 2-216　M106 平面剖视图

（二）人骨及葬式

　　棺内置人骨一具，骨架保存一般，头朝南，面向西，仰身直肢。经对人骨的体质人类学鉴定，墓主系成年男性，死亡年龄在 40～45 岁左右。

（三）出土器物

　　未发现有出土器物。

一〇七、第一〇七号墓（TXY M107）

（一）墓葬形制

　　M107 位于西岛中部，西邻 M106，开口于①层下，距地表深 0.78 米。长方形竖穴土坑墓，直壁，较规整，平底。长 2.36，宽 0.96～1.04，深 0.56 米。墓向 192°。

　　墓圹内填黄褐色花土，含花土点，土质较疏松。

　　葬具为木棺，棺木已朽，残留部分棺盖。木棺平面呈梯形，长 1.82，宽 0.52～0.62，残高 0.42，棺板残厚 0.06～0.08 米。棺底铺有一层厚约 0.02 米的草木灰（图 2-217；图版四〇，1）。

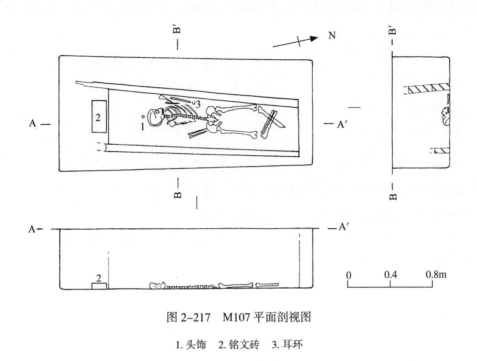

图 2-217　M107 平面剖视图

1.头饰　2.铭文砖　3.耳环

（二）人骨及葬式

棺内置人骨一具，骨架保存较差，头朝南，面向上，仰身直肢。经对人骨的体质人类学鉴定，墓主系未成年女性，死亡年龄在 14 岁左右。

（三）出土器物

出土器物发现有铭文砖 1 块，头饰 1 件，耳环 1 枚。

铭文砖　1 块。标本 M107:2，出自墓主头侧棺外填土内，泥质青砖，正面为篆刻墓主信息，从右至左依次可释读为"光緒三十一年三月二十日巳时故""名三顺年十四岁霂柩""係獨流北街慎侑堂王宅女"，字口内涂墨，长 28，宽13.5，厚 5.5 厘米（图 2-218；图版四七,4）。

头饰　1 件。标本 M107:1，出自墓主头顶，质地为鎏金。残损严重，整体呈绽放的花状，由鎏金银片组成三重花瓣，花蕊点缀其上，最下层花瓣上对称分布有四个穿孔。长 2.5，宽2.3，残高 0.7 厘米。

耳环　1 枚。标本 M107:3，出自墓主左指骨附近。饰面为桃形饰片，其上镶嵌绿色玉片；环为半圆，由两股金属丝缠绕而成，环正下方焊接一小圆环，下坠一元宝形饰片，元宝形

图 2-218　M107 出土铭文砖（M107:2）

饰片两面均压印有两枚铜钱纹饰；饰面上方焊接的细环残断。横宽2.0，残高3.1厘米（图版六三，1）。

一〇八、第一〇八号墓（TXY M108）

（一）墓葬形制

M108位于西岛中部，北邻M106，西邻M109，开口于①层下，距地表深0.4米。长方形竖穴土坑墓，直壁，较规整，平底。长2.5，宽0.82～0.94，深0.5米。墓向5°。

墓圹内填黄褐色土，含花土点、植物根系，土质较疏松。

葬具为木棺，棺木已朽。木棺平面呈梯形，长1.72，宽0.52～0.66，存高0.38米。棺底铺有一层厚约0.02米的草木灰（图2-219）。

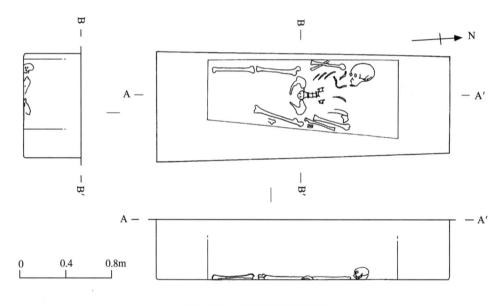

图2-219　M108平面剖视图

（二）人骨及葬式

棺内置人骨不全，摆放较为凌乱，应为二次迁入葬。经对人骨的体质人类学鉴定，墓主系成年男性，死亡年龄在25岁左右。

（三）出土器物

未发现有出土器物。

一〇九、第一〇九号墓（TXY M109）

（一）墓葬形制

M109 位于西岛中部，东邻 M108，开口于①层下，距地表深 0.4 米。长方形竖穴土坑墓，直壁，较规整，平底。长 2.75，宽 0.92～1.2，深 0.45 米。墓向 20°。

墓圹内填黄褐色土，含花土点、含植物根系，土质较疏松。

葬具为木棺，棺木已朽，残留部分棺盖。木棺平面呈梯形，长 2.22，宽 0.6～0.68，残高 0.24，棺板残厚 0.08～0.1 米。棺底铺有一层厚约 0.02 米的草木灰（图 2-220）。

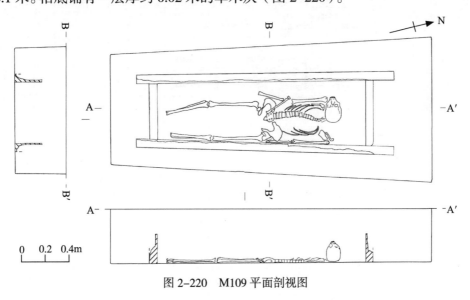

图 2-220　M109 平面剖视图

（二）人骨及葬式

棺内置人骨一具，骨架保存较差，头朝北，面向西，仰身直肢。经对人骨的体质人类学鉴定，墓主系成年男性，死亡年龄在 40 岁左右。

（三）出土器物

未发现有出土器物。

一一〇、第一一〇号墓（TXY M110）

（一）墓葬形制

M110 位于西岛中部，开口于①层下，距地表深 0.46 米。长方形竖穴土坑墓，墓圹分两次开挖而成，乙棺墓圹打破甲棺墓圹，直壁，较规整，长 2.24，宽 1.6～1.62，深 0.32 米。墓向 271°。

　　墓圹内填黄褐色土，含花土点、植物根系，土质疏松。

　　墓内并列两具木棺，两棺平面均为梯形，棺木已朽。甲棺长 1.78，宽 0.48～0.54，残高 0.26 米，棺底铺有一层厚约 0.02 米的草木灰；乙棺长 1.96，宽 0.36～0.5，残高 0.24 米，棺底铺有一层厚约 0.02 米的草木灰（图 2-221）。

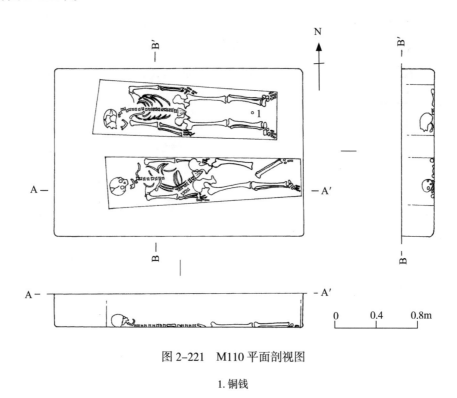

图 2-221　M110 平面剖视图

1. 铜钱

（二）人骨及葬式

　　两具木棺内各有人骨一具。

　　甲棺内人骨保存一般，头向西，面向南，仰身直肢。经对人骨的体质人类学鉴定，墓主系成年男性，死亡年龄在 30～35 岁。

　　乙棺内人骨保存较差，头向西，面向上，仰身直肢。经对人骨的体质人类学鉴定，墓主系成年女性，死亡年龄在 25 岁左右。

（三）出土器物

　　出土器物仅发现有铜钱 3 枚。

　　铜钱　3 枚。标本 M110：1，均出自墓主甲下肢骨内侧，均圆形方穿。M110：1-1，正、背面有圆郭，郭较宽，正面铸钱文"康熙通宝"四字，隶书，直读，背面穿左右铸满文"宝泉"二字，钱径 2.4，穿宽 0.5，郭宽 0.4，厚 0.13 厘米，重 3.1 克（图 2-222）；其余 2 枚锈蚀严重，钱文不可辨识。

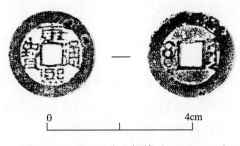

图 2-222　M110 出土铜钱（M110：1-1）

一一一、第一一一号墓（TXY M111）

（一）墓葬形制

M111 位于西岛东部，南邻 M112，开口于①层下，距地表深 0.16 米。长方形竖穴土坑墓，直壁，较规整，平底。长 2.54，宽 1.1~1.12，深 0.3 米。墓向 5°。

墓圹内填黄褐色土，含花土点、植物根系，土质较疏松。

葬具为木棺，棺木已朽，残留部分棺板。木棺平面呈梯形，长 1.98，宽 0.46~0.52，残高 0.1，棺板残厚 0.02~0.04 米。棺底铺有一层厚约 0.02 米的草木灰（图 2-223）。

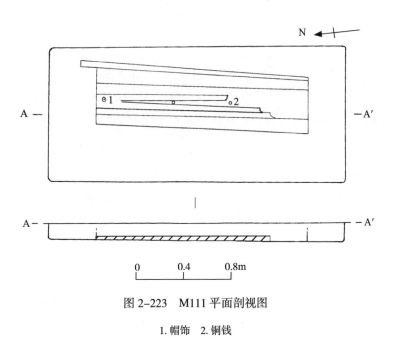

图 2-223　M111 平面剖视图

1. 帽饰　2. 铜钱

（二）人骨及葬式

棺内未见人骨，应为迁出葬。

（三）出土器物

发现的出土器物有帽饰1件，铜钱2枚。

帽饰　1件。标本M111:1，出自棺底北部，质地为黄铜，仅残存基座和部分螺杆，基座平面呈圆形，外侧铸造有细凹槽和较粗的凹槽装饰，直径2.4，残高1.2厘米（图2-224,1）。

铜钱　2枚。标本M111:2，出自棺底中部，均圆形方穿，正、背面有圆郭，郭较宽，正面铸钱文"道光通宝"四字，隶书，直读，背面锈蚀严重，穿左右所铸满文不可辨识。M111:2-1，钱径2.2，穿宽0.5，郭宽0.35，厚0.16厘米，重3.8克（图2-224,2）。

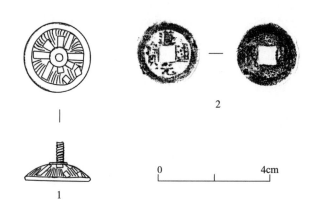

图2-224　M111出土帽饰及铜钱拓片

1. 帽饰（M111:1）　2. 道光通宝（M111:2-1）

一一二、第一一二号墓（TXY M112）

（一）墓葬形制

M112位于西岛东部，北邻M111，开口于①层下，距地表深0.28米。近长方形竖穴土坑墓，墓圹分两次开挖而成，甲棺墓圹打破乙棺墓圹，直壁，较规整，南部被现代墙基打破。残长2.54，残宽1.52～1.84，深0.22～0.28米。墓向350°。

墓圹内填黄褐色土，含花土点、植物根系，土质疏松。

墓内并列两具木棺，两棺均为梯形，棺木已朽，残留部分棺板。甲棺长1.78，残宽0.48～0.52，残高0.22，棺板残厚0.02～0.04米，棺底铺有一层厚约0.02米的草木灰；乙棺残长2，残宽0.58～0.7，残高0.12，棺板残厚0.02米，棺底铺有一层厚约0.02米的草木灰（图2-225）。

（二）人骨及葬式

两棺内均仅剩零星人骨残块，应为迁出葬。

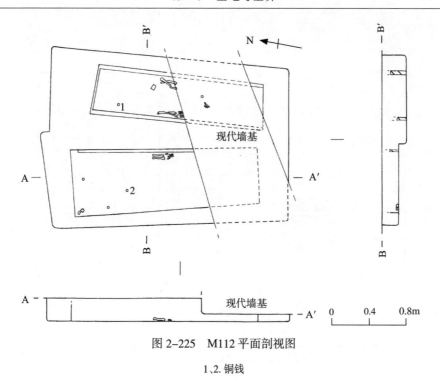

图 2-225　M112 平面剖视图

1、2. 铜钱

（三）出土器物

发现的出土器物有铜钱 5 枚。

铜钱　5 枚。标本 M112：1，共 2 枚，出自甲棺棺底，均为圆形方穿，正、背面有圆郭，郭较宽，正面铸钱文"乾隆通宝"四字，隶书，直读，背面穿左右铸满文"宝泉"二字。M112：1-1，钱径 2.3，穿宽 0.5，郭宽 0.3 厘米。标本 M112：2，共 3 枚，出自乙棺棺底，均圆形方穿。M112：2-1，正面铸钱文"乾隆通宝"四字，隶书，直读，背面锈蚀严重，穿左右所铸满文不可辨识，钱径 2.3，穿宽 0.5，郭宽 0.3 厘米；M112：2-2，正面铸钱文"光绪通宝"四字，隶书，直读，背面锈蚀严重，穿左右所铸满文不可辨识，钱径 1.9，穿宽 0.5，郭宽 0.3 厘米；另 1 枚锈蚀严重，钱文不可辨识，铜钱表面粘连有布料。

一一三、第一一三号墓（TXY M113）

（一）墓葬形制

M113 位于西岛东部，东邻 M114，开口于①层下，距地表深 0.04 米。近长方形竖穴土坑墓，墓圹分两次开挖而成，乙棺墓圹打破甲棺墓圹，直壁，较规整。长 2.32，宽 1.9～1.98，深 0.14 米。墓向 354°。

墓圹内填黄褐色土，含花土点、植物根系，土质疏松。

墓内并列两具木棺，两棺均为梯形，棺木已朽，残留部分棺板。甲棺仅存底部，长 1.8，宽 0.38～0.52，残高 0.08 米，棺底铺有一层草木灰；乙棺长 1.96，宽 0.48～0.62，残高 0.08 米，棺底铺有一层厚约 0.02 米的草木灰（图 2-226；图版四〇，2）。

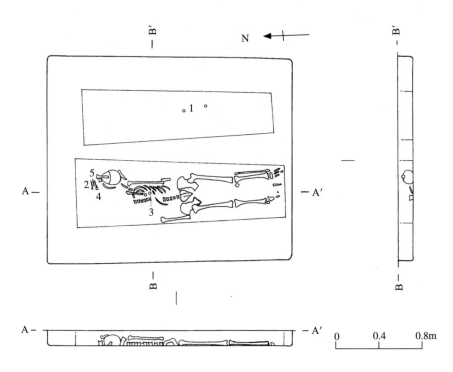

图 2-226　M113 平面剖视图

1、3. 铜钱　　2、4、5. 簪

（二）人骨及葬式

甲棺内未见人骨。

乙棺内人骨保存较差，头向北，仰身直肢。经对人骨的体质人类学鉴定，墓主系成年女性，死亡年龄在 30 岁左右。

（三）出土器物

发现出土器物有簪 3 件，铜钱 4 枚。

簪　3 件。均出自墓主乙头顶，标本 M113：2，质地为铜。簪头为金箔片打制的"壽"字，已残；簪脚整体呈瘿长针状，焊接于簪头背面，随后折曲，尾部较尖。残长 7.4 厘米（图 2-227，1；图版六一，1）。标本 M113：4，仅残存簪脚，质地为铜，簪脚整体呈瘿长针状，尾部较尖。残长 6.9 厘米。标本 M113：5，仅残存簪脚，质地为鎏金，簪脚整体呈瘿长针状，尾部较尖，头部附近缠绕有数圈金属丝。残长 8.3 厘米。

铜钱　4 枚。标本 M113：1，共 2 枚，出自甲棺棺底中部，均为圆形方穿。M113：1-2，正面铸钱文"康熙通宝"四字，隶书，直读，背面穿左右铸满文"宝泉"二字，钱径 2.5，穿宽 0.5，郭宽 0.35，厚 0.1 厘米（图 2-227，2）；M113：1-1，正面铸钱文"雍正通宝"四字，隶书，直读，背面穿左右铸满文"宝泉"二字，钱径 2.7，穿宽 0.5，郭宽 0.36，厚 0.15 厘米，重 3.3 克（图 2-227，3）。标本 M113：3，共 2

枚,出自墓主乙肋骨处,均圆形方穿。M113∶3-1,正面铸钱文"乾隆通宝"四字,直读,背面穿左右铸满文"宝源"二字,钱径2.5,穿宽0.5,郭宽0.35,厚0.13厘米(图2-227,4;图版七一,1);余1枚,锈蚀严重,钱文不可辨识。

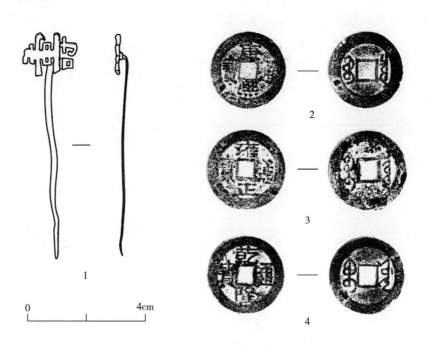

图 2-227　M113 出土簪和铜钱拓片

1. 簪(M113∶2)　2.康熙通宝(M113∶1-2)　3.雍正通宝(M113∶1-1)　4.乾隆通宝(M113∶3-1)

一一四、第一一四号墓(TXY M114)

(一)墓葬形制

M114 位于西岛东部,西邻 M113,开口于①层下,距地表深 0.26 米。长方形竖穴土坑墓,直壁,较规整,平底。长 2.14,宽 1~1.08,深 0.3 米。墓向 351°。

墓圹内填黄褐色土,含花土点、植物根系,土质较疏松。

葬具为木棺,棺木已朽。木棺平面呈梯形,长 1.86,宽 0.32~0.44,残高 0.16 米。棺底铺有一层厚约 0.02 米的草木灰(图2-228)。

(二)人骨及葬式

棺内置人骨一具,骨架保存一般,头向北,面向东,仰身直肢。经对人骨的体质人类学鉴定,墓主系成年男性,死亡年龄在 30~35 岁。

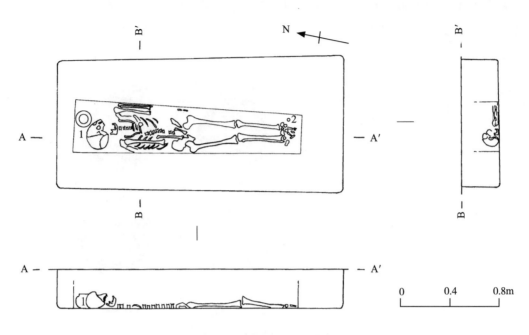

图 2-228　M114 平面剖视图

1. 瓷罐　2. 铜钱

（三）出土器物

出土器物发现有瓷罐 1 件, 铜钱 1 枚。

瓷罐　1 件。标本 M114: 1, 出自棺内墓主头骨附近, 白褐色胎, 施酱釉, 内施满釉, 器口刮釉露胎, 外侧仅颈肩部施釉, 罐底粘连有熔融的砂粒。敛口, 圆唇, 直领, 缓弧肩, 鼓腹, 圈足, 颈肩部有两个对称的竖系, 均残。口径 8.4, 最大腹径 12, 底径 6.6, 通高 10.7 厘米（图 2-229, 1）。

铜钱　1 枚。标本 M114: 2, 出自墓主右跗骨东侧, 圆形方穿, 正、背面有圆郭, 郭较宽, 正面铸钱文"康熙通宝"四字, 隶书, 直读, 背面穿左右铸满文"宝泉"二字, 钱径 2.3, 穿宽 0.5, 郭宽 0.3, 厚 0.15 厘米, 重 2.9 克（图 2-229, 2; 图版七〇, 3）。

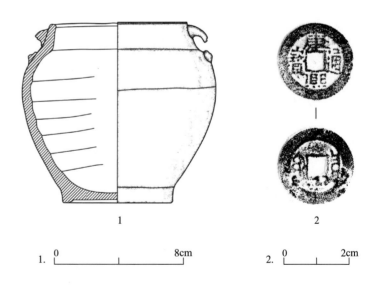

图 2-229　M114 出土瓷罐和铜钱

1. 瓷罐（M114: 1）　2. 康熙通宝（M114: 2）

一一五、第一一五号墓（TXY M115）

（一）墓葬形制

M115 位于西岛东部，北邻 M114，开口于①层下，距地表深 0.1 米。长方形竖穴土坑墓，直壁，中部被现代墙基打破。长 2.45，宽 0.9～0.98，深 0.22 米。墓向 4°。

墓圹内填黄褐色土，含花土点、植物根系，土质较疏松。

葬具为木棺，棺木已朽，平面呈梯形，中部被现代墙基破坏无存，长 1.84，宽 0.38～0.52，残高 0.12 米。棺底铺有一层厚约 0.02 米的草木灰和白灰（图 2-230）。

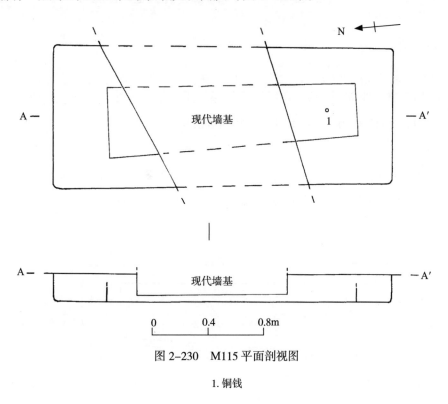

图 2-230　M115 平面剖视图

1. 铜钱

（二）人骨及葬式

棺内未见人骨。

（三）出土器物

残存出土器物仅发现铜钱 1 枚。

铜钱　1 枚。标本 M115：1，出自棺底南部，圆形方穿，正、背面有圆郭，郭较宽，正面铸钱文"乾隆通宝"四字，隶书，直读，背面穿左右铸满文"宝泉"二字，钱径 2.5，穿宽 0.5，郭宽 0.35，厚 0.15 厘米，重 3.6 克（图 2-231）。

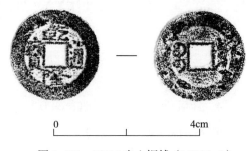

图 2-231　M115 出土铜钱（M115：1）

一一六、第一一六号墓（TXY M116）

（一）墓葬形制

M116 位于西岛东部，西邻 M117，开口于①层下，距地表深 0.22 米。长方形竖穴土坑墓，直壁，较规整，平底。长 2.1，宽 0.78～0.8，深 0.18 米。墓向 352°。

墓圹内填黄褐色土，含花土点、植物根系，土质较疏松。

葬具为木棺，棺木已朽，残留部分棺板。木棺平面呈梯形，长 1.62，宽 0.42～0.54，残高 0.12，棺板残厚 0.04～0.06 米。棺底铺有一层厚约 0.02 米的草木灰（图 2-232）。

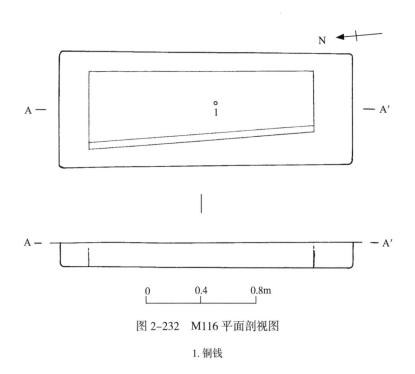

图 2-232　M116 平面剖视图

1. 铜钱

（二）人骨及葬式

棺内未见人骨，应为迁出葬。

（三）出土器物

残存出土器物仅发现铜钱 1 枚。

铜钱　1 枚。标本 M116：1，出自棺底南部，圆形方穿，正、背面有圆郭，郭较宽，正面铸钱文"乾隆通宝"四字，隶书，直读，背面穿左右铸满文"宝泉"二字，钱径 2.5，穿宽 0.5，郭宽 0.4 厘米。

一一七、第一一七号墓（TXY M117）

（一）墓葬形制

M117 位于西岛东部，东邻 M116，西邻 M118，开口于①层下，距地表深 0.18 米。长方形竖穴土坑墓，墓圹分两次开挖而成，甲棺墓圹打破乙棺墓圹，直壁，较规整。长 2.62，宽 1.52～1.6，深 0.14～0.16 米。墓向 354°。

墓圹内填黄褐色土，含花土点、植物根系，土质疏松。

墓内并列两具木棺，两棺均为梯形，棺木已朽，残留部分棺板。甲棺长 1.6，宽 0.32～0.48，残高 0.12 米，棺底铺有一层厚约 0.02 米的草木灰和白灰；乙棺长 1.9，宽 0.38～0.6，残高 0.1 米，棺底铺有一层厚约 0.02 米的草木灰（图 2-233）。

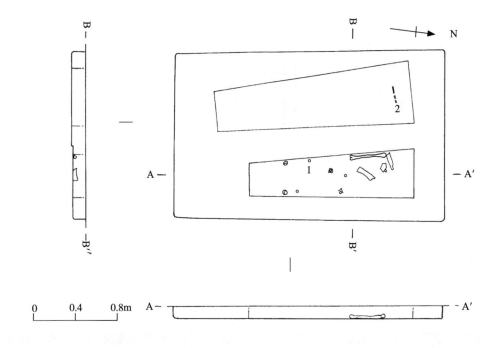

图 2-233　M117 平面剖视图

1. 铜钱　2. 簪

（二）人骨及葬式

甲棺内仅有零星碎骨残块，应为迁出葬。

乙棺内未见人骨，应为迁出葬。

（三）出土器物

残存出土器物仅发现有簪1件，铜钱3枚。

簪　1件。标本 M117：2，出自乙棺棺底北部，质地为铜。簪头呈如意形，向后折曲，簪挺扁平细长，上宽下窄，尾端呈弧状，折曲处正面刻有方框，框内为一人跪立双手合十，方框下阴刻两道细线。通长 13.2 厘米（图 2-234）。

图 2-234　M117 出土簪（M117：2）

铜钱　3枚。标本 M117：1，出自甲棺棺底中部，均为圆形方穿。M117：1-1，正面铸钱文"乾隆通宝"四字，隶书，直读，背面锈蚀严重，穿左右所铸满文不可辨识，钱径 2.3 厘米；另 2 枚锈蚀严重，钱文不可辨识。

一一八、第一一八号墓（TXY M118）

（一）墓葬形制

M118 位于西岛东部，东邻 M117，开口于①层下，距地表深 0.2 米。长方形竖穴土坑墓，直壁，较规整，平底。长 2.4，宽 0.72～0.9，深 0.1 米。墓向 357°。

墓圹内填黄褐色土，含花土点、植物根系，土质较疏松。

葬具为木棺，棺木已朽，平面呈梯形，长 1.84，宽 0.42～0.48，残高 0.1 米。棺底铺有一层厚约 0.02 米的草木灰（图 2-235）。

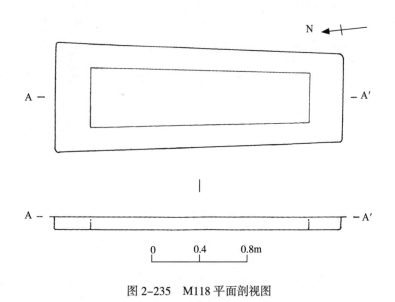

图 2-235　M118 平面剖视图

（二）人骨及葬式

棺内未见人骨。

（三）出土器物

未发现有出土器物。

一一九、第一一九号墓（TXY M119）

（一）墓葬形制

M119 位于西岛东部，开口于①层下，距地表深 0.4 米。长方形竖穴土坑墓，直壁，西北部被现代扰坑打破。长 2.4，宽 1，深 0.2 米。墓向 20°。

墓圹内填黄褐色土，含花土点、植物根系，土质较疏松。

葬具为木棺，棺木已朽，残留部分棺板。木棺平面呈梯形，长 1.84，宽 0.42～0.48，残高 0.1，棺板残厚 0.06～0.08 米。棺底铺有一层厚约 0.02 米的草木灰（图 2-236）。

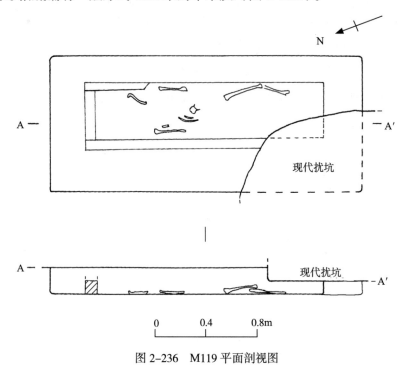

图 2-236　M119 平面剖视图

（二）人骨及葬式

木棺破环严重，棺内仅见零星碎骨残块。

（三）出土器物

未发现有残存出土器物。

一二〇、第一二〇号墓（TXY M120）

（一）墓葬形制

M120 位于西岛中部，南邻 M61，北邻 M57，开口于①层下，距地表深 0.58 米。长方形竖穴土坑墓，直壁，南部被现代墙基打破，破坏无存。残长 1.9，宽 1.34，深 0.08 米。墓向 350°。

墓圹内填黄褐色土，含花土点、植物根系等，土质较疏松。

葬具为木棺，棺木已朽，平面呈梯形，棺南部破坏无存，残长 1.46，宽 0.52～0.62，残高 0.08 米。

棺底铺有一层厚约 0.02 米的草木灰（图 2-237）。

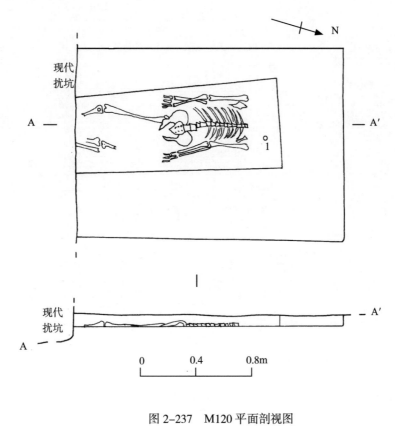

图 2-237　M120 平面剖视图

1. 铜钱

（二）人骨及葬式

棺内置人骨一具，骨架保存较差，头骨和下肢骨残缺，仰身直肢。经对人骨的体质人类学鉴定，墓主系成年男性，死亡年龄在 30～35 岁。

（三）出土器物

出土器物仅有铜钱 3 枚。

铜钱　3 枚。标本 M120：1，出自墓主肋骨和下肢骨附近，均为圆形方穿。M120：1-1，背面有圆郭，郭较宽，正面铸钱文"宣统通宝"四字，隶书，直读，背面穿左右铸满文"宝泉"二字，钱径 2，穿宽 0.3，郭宽 0.3 厘米；另 2 枚锈蚀严重，钱文不可辨识。

第三章　出土器物与墓葬年代研究

元宝岛墓地地层堆积破坏较为严重，这些墓葬均开口于表土层下，分布虽然散乱，但墓与墓之间鲜有打破关系，故只能依照出土器物来大致判定墓葬的年代。

第一节　出土器物

元宝岛墓地出土的器物，按照材质的不同，可以分为陶、瓷、银（鎏金）、铜（合金）、铅、骨、玉等；按照器类的区别，可分为砖瓦类、容器类、首饰类、佩饰类、帽饰类、钱币类等。鉴于元宝岛墓地出土的器物以陶瓷罐、砖瓦、首饰为主，首饰类中的发饰，按材质有铜合金、银、银鎏金、包金、骨等，如若按照质地分类进行介绍，整体叙述将会显得较为杂乱。因此，在本节我们将墓地出土较为完整的器物按照器类进行简要介绍。

一、砖瓦类

墓地共出土各类砖瓦30件，有板瓦、条砖和方砖。

（一）板瓦

共20件。均泥质灰陶，一端宽、一端窄，内施布纹，外为素面。按照瓦表所绘符文和文字不同，可分为三型。

A型　3件。素面瓦，瓦表中间饰三道凹弦纹。标本M24：1、标本M70：1（图版四一，1）和标本M89：1（图版四一，2）均属此类。

B型　17件。形制与素面瓦基本一样，不同之处在于瓦表或瓦里绘有朱符和文字，板瓦绘有朱符的一面往往磨光。可分为二亚型。

Ba型　11件。瓦表或瓦里仅绘有朱符和文字。标本M23：1、标本M29：5（图版四一，3）、标本M31：1（图版四三，4）、标本M34：4（图版四三，5）、标本M56：1、标本M56：2（图版四一，4）、标本M70：3（图版四三，6）、标本M71：1（图版四一，5）、标本M84：1（图版四三，3）、标本M86：1（图版四四，3）、标本M94：1均属此类。

Bb型　6件。瓦表一面绘有符文，一面书有墓主生卒信息，板瓦绘有朱符的一面往往磨光。标本 M60：1（图版四二，1、2）、标本 M60：2（图版四三，1、2）、标本 M82：1（图版四四，1、2）、标本 M85：2（图版四二，3、4）、标本 M88：1（图版四一，6）、标本 M101：1（图版四二，5、6）均属此类。

（二）条砖

共 9 件。均青砖。按砖表面内容可分为二型。

A 型　7 件。砖表面有朱符和墓主生卒信息。可分为二亚型。

Aa 型　6 件。砖表一面绘有朱符文字，一面带有朱书墓主生卒信息。标本 M15：3（图版四六，5、6）、标本 M83：1（图版四六，1、2）、标本 M84：2（图版四七，2、3）、标本 M83：2（图版四四，5、6）、标本 M83：3（图版四四，4）、标本 M85：1（图版四七，5、6）均属此类。

Ab 型　1 件。砖表面仅书有墓主生卒信息。标本 M107：2，正面为篆刻墓主信息，字口内涂墨（图版四七，4）。

B 型　2 件。砖表面通体涂墨，墨层下隐约可见有朱书痕迹。标本 M30：5（图版四六，3、4）和标本 M30：7（图版四七，1）均属此类。

（三）方砖

共 1 件。

标本 M22：10，砖正面中间为朱符，符左右有朱书文字，砖背面中央为朱书"長人富貴"（图版四五，1、2）。

二、容器类

墓地共出土各类容器 29 件，有陶罐、紫砂钵、瓷罐三类。

（一）陶罐

共 1 件。标本 M54：2，泥质灰陶，整体矮胖，喇叭口，圆唇，束径，弧肩，鼓腹，平底（图 3-1,1；图版四八，1）。

（二）紫砂钵

共 1 件。标本 M61：2，敛口，鼓腹，寰底，朱红色胎，胎质细腻，胎中含较多白色砂粒（图 3-1,2；图版四八，2）。

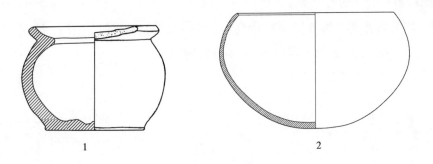

图 3-1　出土陶罐和紫砂钵

1. 陶罐　2. 紫砂钵

（三）瓷罐

共 27 件。按釉色可分为白釉罐、青白釉罐、绿釉罐和酱（黑）釉罐四类；按系之多寡可分为无系罐、双系罐和四系罐三类。

白釉罐　3 件。形制基本一致。其特点是直口，矮领，微折肩，鼓腹，下腹斜直，微内曲，平底内凹，通体施青白色釉，口沿上部施一周酱黄色釉，底部刮釉露胎。标本 M3：4（图版四八，3）、标本 M3：5（图 3-2，3；图版四八，4）、标本 M4：2（图版四八，5）均属此类。

青白釉罐　1 件。标本 M75：4，直口微侈，方唇，矮领，微折肩，鼓腹，下腹斜直，微内曲，平底微凹；通体施青白釉，口沿上部施一周酱黄色釉，底部无釉，露黄褐色胎（图 3-2，6；图版四八，6）。

绿釉罐　1 件。标本 M91：6，整体呈深腹瘦高形，侈口，圆唇，溜肩，鼓腹，下腹斜直，平底，肩部及腹部一周外壁经修整呈两排六边形装饰（图 3-2，7；图版四九，1）。

酱（黑）釉罐　共 22 件。根据系之多寡可分为三型。

A 型　5 件。均为无系罐。按照器口、腹部及器底特征可分为三亚型。

Aa 型　3 件。整体矮胖，敛口，矮斜领，弧肩，鼓腹，圈足。标本 M33：6（图 3-2，2；图版四九，2）、标本 M57：2（图版四九，3）、标本 M87：3（图版四九，4）均属此类。

Ab 型　1 件。整体呈瘦高形，敛口，矮斜领，弧肩，鼓腹，下腹斜曲，圈足。标本 M91：7（图 3-2，8；图版四九，5）属于此类。

Ac 型　1 件。侈口，束径，弧肩，腹微鼓，平底微内凹。标本 M91：5（图 3-2，5；图版四九，6）属于此类。

B 型　15 件。均为双系罐，整体呈深腹瘦高形。按照器口变化可分为二亚型。

Ba 型　12 件。敛口，斜领，鼓腹，圈足。标本 M20：1（图 3-2，4；图版五〇，1），标本 M20：7，标本 M22：8（图版五〇，2），标本 M23：4（图版五〇，3），标本 M26：1，标本 M29：6，标本 M29：7，标本 M56：5（图版五〇，4），标本 M62：1（图版五〇，5），标本 M87：1，标本 M94：2（图版五一，1），标本 M114：1 均属此类。

Bb 型　3 件。直口，斜直领，鼓腹，圈足。标本 M30：4（图 3-2，1；图版五一，2），标本 M32：2，标本 M33：7（图版五一，3）均属此类。

　　C 型　2 件。均为四系罐，整体呈深腹瘦高形。直口微敛，斜直领，鼓腹，圈足。标本 M34：5（图 3-2，9；图版五一，4），标本 M56：3（图版五一，5）均属此类。

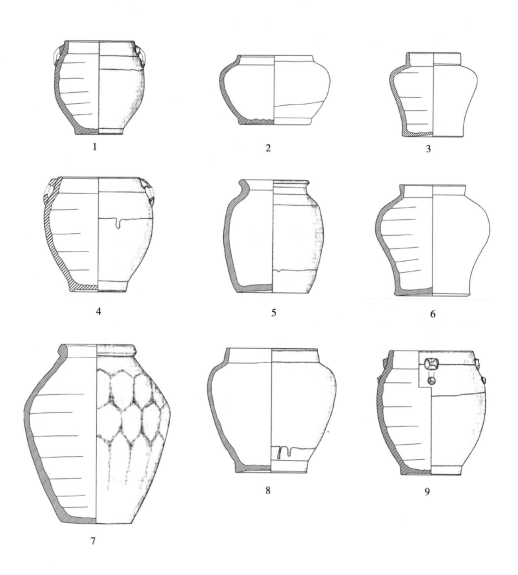

图 3-2　出土瓷罐

1.Bb 型酱釉罐（M30：4）　2.Aa 型酱釉罐（M33：6）　3.A 型白釉罐（M3：5）　4.Ba 型酱釉罐（M20：1）　5.Ac 型酱釉罐（M91：5）　6.A
型青白釉罐（M75：4）　7.A 型绿釉罐（M91：6）　8.Ab 型酱釉罐（M91：7）　9.C 型酱釉罐（M34：5）

三、首饰类

墓地共出土首饰可分为发饰、耳饰、手镯、戒指等[1]。

（一）发饰

较完整者共73件。可分为簪、钗两类，另有1件较精美的饰件，在此一并介绍。

簪72件。其中可辨识器型的有　件，可分为九型。

A型　共16件。为扁方，材质有铜合金、银、银鎏金和包金。形制基本一致，簪头卷曲呈卷轴状，向后弯曲，簪身与卷轴齐宽，整体扁平呈长条形。按照表面装饰内容可分为3亚型。

Aa型　共11件。整体光素，簪身未见纹饰。标本M19∶7，簪身背面压印有长方形"□□楼"戳记（图3-3,1；图版五二,1、2）；标本M11∶1、标本M39∶2、标本M47∶1、标本M48∶1、标本M64∶2、标本M84∶7、标本M97∶1（图版五二,3、4）、标本M97∶7、标本M98∶1（图版五二,5、6）、标本M101∶2（图版五三,1、2）均属此类。

Ab型　共4件。整体光素，在簪身正面折曲处靠近卷轴部位压印（錾刻）有团寿纹。标本M9∶2，簪身背面中部压印有长方形"永顺□"戳记（图3-3,2；图版五三,5）；标本M84∶17，团寿纹外饰一周葵纹，簪身背面中部压印一长方形戳记，不可辨识（图版五三,3、4）；标本M85∶3，团寿纹外饰一周四出委角菱花纹；标本M88∶2，卷轴外侧伏有一蝙蝠饰件，簪身背面中部靠近折曲处压印有长方形戳记，不可辨识（图版五四,1、2）；标本M99∶1，簪身背面近折曲处压印有一长方形"德华"戳记（图版五四,3、4）。

Ac型　共1件。簪身通体压印花纹。标本M18∶2，该扁方整体纹饰繁复华丽，卷轴中央饰一蝙蝠，簪身边缘为一圈菱形纹，其内为主纹饰区，由地纹和主纹组成，地纹为鱼子纹，地纹之上为外凸的主纹饰，从靠近卷轴一侧开始先为玉兔、梅花、蝴蝶纹饰，中有一长方形隔断，上刻有多组线条，外为等距分布的梅花、莲花、牡丹和菊花，由枝叶贯穿在一起；簪体内面纹饰部分内凹，对应长方形隔断位置压印有一长方形"□泰昌"戳记（图3-3,3；图版五四,5）。

B型　共5件。为扁簪，又称押发、双尖簪，整体扁平，中腰细窄，两端外凸呈柳叶状。可分为2亚型。

Ba型　2件。表面为素面。标本M76∶2，簪身背面压印有"和春足纹田子"长方形戳记（图3-3,9；图版五五,1、2）；标本M85∶6，质地为包金（图版五五,3）。

Bb型　3件。表面压印有花纹。标本M2∶3，簪体正面两端的纹饰由地纹和主纹饰组成，粗犷的草叶纹衬映在鱼子地纹之上，簪身背面对称压印有两组长方形戳记，模糊不清，仅可辨识有"美"字（图3-3,8；图版五三,6）；标本M60∶4，簪身正面两端饰对称的花草纹（图版五五,4）；标本M100∶1，簪体正面两端阴刻叶形花窗，花窗内纹饰不清，花窗间亦有缠枝纹，背面束腰处压印有长方形"聯

---

[1]　首饰的定名和描述主要参考书目为扬之水：《中国古代金银首饰》，北京：故宫出版社,2014年。

祥"戳记(图版五五,5)。

C 型 16件。簪头向后折曲,簪挺扁平细长,上宽下窄。按照簪头式样,可分为4亚型。

Ca 型 9件。簪头为如意形。标本 M74:1,整体光素;标本 M18:3,簪头呈如意形,上伏有一只蟾蜍,靠近簪头一侧焊接有三只蝙蝠,伏于簪身外面;标本 M70:4,簪铤正面折曲处刻有方框,框内纹饰锈蚀不清;标本 M33:1、标本 M38:1(图版五六,1、2)和标本 M90:2,簪铤正面折曲处刻有方框,框内为树下站立一人双手合十的浮雕;标本 M117:2,簪铤正面折曲处刻有方框,框内为树下站立一人双手合十的浮雕,方框下阴刻两道细线;标本 M71:2,簪挺正面阴刻折枝桃花,折曲处刻有方框,框内纹饰锈蚀不清,可辨识为月下站立一人,背面压印一椭圆形戳记,因锈蚀不可辨识(图3-3,5;图版五六,3、4);标本 M37:1,簪铤正面折曲处刻有方框,框内为树下站立一人双手合十的浮雕,簪挺正面可辨识部分纹饰为阴刻松枝。

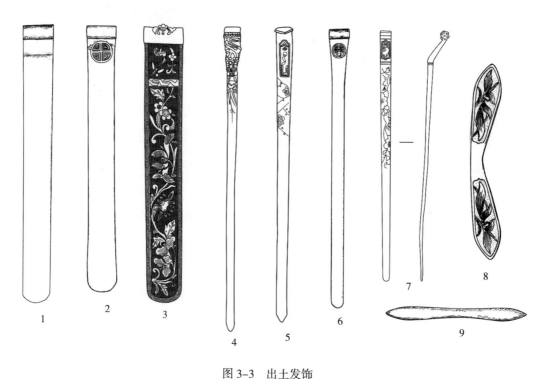

图3-3 出土发饰

1.Aa 型簪(M19:7) 2.Ab 型簪(M9:2) 3.Ac 型簪(M18:2) 4.Cc 型簪(M73:3) 5.Ca 型簪(M71:2)

6.Cd 型簪(M35:1) 7.Cb 型簪(M29:2) 8.Bb 型簪(M2:3) 9.Ba 型簪(M76:2)

Cb 型 4件。簪头纵截面呈梅花形。标本 M22:2,簪头呈梅花柱状,两端均点缀梅花点,簪挺背面压印有一长方形戳记,不可辨识;标本 M29:2,簪头呈梅花柱状,两端均点缀梅花点,折曲处正面刻有花边方框,框内为树下一人跪卧祈愿的浮雕,簪挺靠近折曲处有一深一浅两道凹弦纹,其外正面阴刻折枝桃花,背面阴刻松枝(图3-3,7;图版五六,5、6);标本 M34:1,簪头呈梅花柱状,两端均阴刻有梅花纹饰,折曲处正面刻有方框,框内为树下站立一人双手合十的浮雕;标本 M56:6,骨质,簪头呈梅花柱状,梅花柱两端沿梅花花瓣边缘阴刻一周细线,正中为一凹点,簪表面施仿玉绿漆(图版五七,1、2)。

Cc 型　2件。簪头呈竹节型。标本 M25：1，簪头呈竹节状，上饰有浮雕效果的梅花等纹饰，因锈蚀模糊不清；标本 M73：3，簪头呈竹节形，簪首曲处正面有竹叶、梅花、菊花浮雕饰片焊接于竹节上，簪挺正面靠近簪首处阴刻兰草纹（图 3-3,4；图版五七,3、4）。

Cd 型　1件。标本 M35：1，簪头卷曲呈卷轴状，簪挺正面折曲处阴刻团寿纹，背面压印一长方形戳记，不可辨识（图 3-3,6；图版五七,5、6）。

D 型　8件。为禅杖形簪，又有称锡杖形簪。形制基本一致，大小不同，一般簪头顶部为一葫芦，中部为几组金丝卷成的如意云状框架，以中间支柱为轴心焊接在一起，匀称分布，框架内悬挂小圆环若干；其下为细长的圆柱锥状簪杆。标本 M22：3、标本 M25：4、标本 M35：10（图版五八,1）、标本 M48：7、标本 M64：7、标本 M84：4（图 3-4,4；图版五八,2）、标本 M98：2（图版五八,3）、标本 M99：2（图版五八,4）均属此类。

E 型　9件。为花头簪，簪头呈扁平状，簪杆为细长针形。按照簪头式样可分为 5 亚型。

Ea 型　4件。簪头正面为委角正方形。标本 M29：3，簪头正面为委角正方形，四角各阴刻一只蝴蝶，中部凸起呈圆环状，圆环上阴刻一回首玉兔卧于草地之上，簪杆焊接在簪头背后，随后折曲，簪杆细长，截面呈圆形（图 3-4,3；图版五八,5）；标本 M56：7-1、标本 M56：7-2 和标本 M87：4，簪头正面为委角正方形，中部凸起呈圆环状，表面纹饰因锈蚀不清。

Eb 型　1件。标本 M33：2-1，簪头正面为五出菱花形，中部凸起呈圆环状，因锈蚀，表面纹饰不清，簪杆细长（图 3-4,8）。

Ec 型　2件。形制相同，标本 M34：2（图 3-4,5；图版五九,1、2）和标本 M34：8，簪头正面为六出海棠形，边缘随花形阴刻一周细槽和紧贴细槽的短放射线，其内左右各阴刻一草叶纹，中部凸起呈圆环状，圆环上随边缘阴刻一周细槽，其内为上月牙，左为树，树下为玉兔卧于地上，兔首朝天，簪杆焊接在簪头背后，随后折曲，簪杆呈细长圆柱锥状，尾部攒尖。

Ed 型　1件。标本 M90：3，簪头平面呈椭圆葵花形，中部凸起呈椭圆环状，簪杆焊接在簪头背后，随后向前折曲，截面呈圆形（图 3-4,6；图版五九,3）。

Ee 型　1件。标本 M35：9，簪头平面为圆形，簪脚垂直焊接在簪头背面，簪脚细长，截面为圆形，尾部攒尖（图 3-4,7；图版五九,4）。

F 型　4件。为耳挖簪，又称一丈青。形制基本一致，长短不一，簪头呈耳挖形，簪杆大部呈细长圆柱锥状，尾部扁平，整体光素，仅在簪杆靠近簪头处有一累珠般的颈。标本 M48：2（图版五九,5）、标本 M64：1（图 3-4,2；图版五九,6）、标本 M84：8、标本 M97：4（图版六〇,1）均属此类。

G 型　1件。簪头为仿花式样。标本 M19：2，簪头为两朵石榴花，以粗鎏金银丝为枝干，支起累丝、攒焊而成的石榴花，累丝为叶缘的金箔花叶点缀在周围，设计精巧，工艺繁复，簪头和簪挺以鎏金银片包裹连接在一起，簪挺扁平细长，末端呈圆弧状，簪挺首尾外面各阴刻有花叶纹饰一组（图 3-4,1；图版六〇,2、3）。

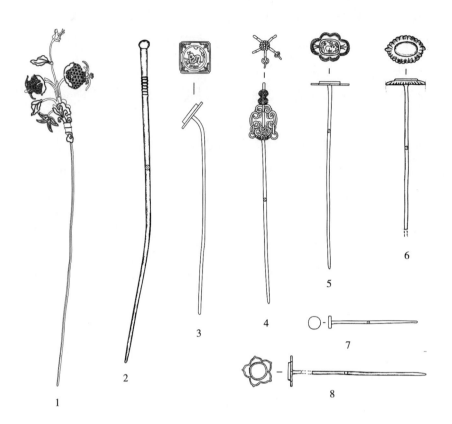

图 3-4　出土发饰

1.G 型簪(M19:2)　2.F 型簪(M64:1)　3.Ea 型簪(M29:3)　4.D 型簪(M84:4)　5.Ec 型簪(M34:2)

6.Ed 型簪(M90:3)　7.Ee 型簪(M35:9)　8.Eb 型簪(M33:2-1)

H 型　4 件。形体较小,簪头扁平。按照簪头和簪脚式样可分为 3 亚型。

Ha 型　1 件。标本 M85:4,簪头扁平,部分残缺,平面形似蝙蝠,簪脚与簪头平行,扁平细长,靠近簪头部分饰虾节形纹饰(图 3-5,4;图版六〇,4)。

Hb 型　1 件。标本 M88:3,簪头扁平,平面形似蝙蝠,簪脚与簪头垂直,焊接在簪头背后,截面呈圆形,尾部攒尖(图 3-5,2;图版六〇,5)。

Hc 型　2 件。簪头为寿字。标本 M98:6,仅残存簪头,簪头扁平,为以铜丝为支架,支架上焊接铜片构成的"寿"字;正面中部有托,托内珠饰已缺,背面焊接有别插簪杆的铜管(图版六〇,6);标本 M113:2,簪头为金箔片打制的"壽"字,已残,簪脚整体呈瘦长针状,焊接于簪头背面,随后折曲,尾部较尖(图 3-5,5;图版六一,1)。

I 型　9 件。簪头均残损严重,簪脚整体呈瘦长针状。从与簪脚同出土的由金箔和细金属丝焊接成的金叶来推断,此类簪为簪头纹样仿肖草虫花鸟之形的象生。按照簪头与簪脚的连接方式,可分为 2 亚型。

Ia 型　2 件。标本 M35:2,簪头残存部分形似一只蝙蝠,簪脚焊接在簪头背后,随后折曲,焊接处为一圆形垫片(图 3-5,3;图版六一,2);标本 M35:8,均存簪脚。

Ib 型　7 件。簪脚整体呈瘦长针状,头部有穿孔,其附近缠绕有数圈金属丝将簪头与簪脚固定。

标本 M101：3，簪头残存少量鎏金铜丝（图版六一，3）；标本 M37：2-1、标本 M48：3-1、标本 M48：3-2、标本 M91：1（图 3-5，6；图版六一，4）、标本 M100：5、标本 M101：6，均存簪脚。

钗　1件。标本 M2：2，钗首为一佛像，头戴五佛冠，右手托钵，左手所持法器残，结跏趺坐于莲花座，钗脚为两股，呈扁圆针状，尾部攒尖（图 3-5，1；图版六二，1、2）。

头饰件　1件。标本 M19：3，银鎏金，不知是何功用，因出自墓主头骨附近，暂列于此。最上层为五朵花瓣托起的葫芦，下为月牙形华盖状饰件，主要以累丝、攒焊工艺制成，外缘钩挂有九组金丝卷成的叶片，最下为一带有残缺装饰的鎏金粗铜丝别插在中间饰件内的铜管内，与最上层的葫芦连接在一起（图 3-5，7；图版六二，3）。

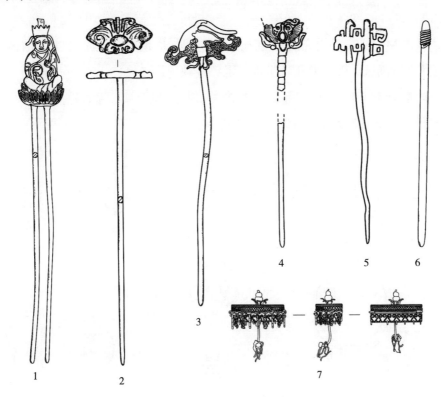

图 3-5　出土发饰

1. 钗（M2：2）　2.Hb 型簪（M88：3）　3.Ia 型簪（M35：2）　4.Ha 型簪（M85：4）　5.Hc 型簪（M113：2）

6.Ib 型簪（M91：1）　7. 头饰（M19：3）

（二）耳饰

共 8 件（对）。按照横截面形状可分为二型。

A 型　4 件（对）。横截面呈圆形，可分为二亚型。

Aa 型　3 件（对）。为耳钳，截面呈圆形。标本 M18：4，残存部分截面呈半圆环形，正面为一蜂鸟伏于近圆形底托上，其侧为两只凸出的蝙蝠伏于其上的半环，耳钳脚部分缺失；标本 M100：3（1 对），整体呈圆形，坠饰部为花形，正中有托，托内珠饰缺失，环为长条形，尾部呈弧状，环背面压印有长方形"□顺"戳记，尾部正面焊接如意云饰片，坠饰上方焊接耳环脚（图 3-6，2；图版六二,6)。

Ab 型　1 件。标本 M107：3,为耳坠。饰面为桃形饰片,其上镶嵌绿色玉片,饰面一侧焊接的细环残断,一侧细环由两股金属丝缠绕而成；耳环正下方焊接一小圆环,下坠一元宝形饰片,元宝形饰片两面均压印有两枚铜钱纹饰(图版六三,1)。

B 型　4 件(对)。为耳环,横截面呈近 S 型。按照饰面式样可分为 4 亚型。

Ba 型　1 件。标本 M19：15,已残,坠饰残存部分主要以累丝工艺制成的花叶饰件,其后焊接耳环脚(图 3-6,4；图版六三,2)。

Bb 型　1 件。标本 M20：5,属丁香类耳环,小巧玲珑,坠饰部分呈半球形,背后焊接耳环脚(图 3-6,1；图版六三,3)。

Bc 型　1 件。标本 M64：5,坠饰部分为双层梅花造型,最顶层花蕊部分镶嵌白色珠一颗,坠饰背面焊接耳环脚,耳环脚细长,靠近梅花处折曲,尾部残缺(图 3-6,3)。

Bd 型　1 对。标本 M84：3-1,坠饰部分为圆饰片,上为圆寿纹,背面垂直焊接耳环脚,耳环脚为细长银丝折成(图 3-6,5；图版六三,4)。

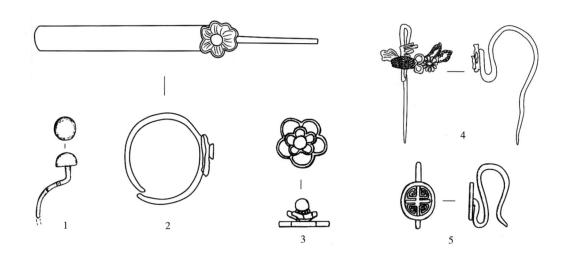

图 3-6　出土耳饰

1.Bb 型耳环(M20：5)　2.Aa 型耳环(M100：3)　3.Bc 型耳环(M64：5)　4.Ba 型耳环(M19：15)　5.Bd 型耳环(M84：3-1)

(三)手镯

共 2 件。整体呈扁圆形,一侧较平直,镯身截面呈圆形。标本 M84：6,镯头外侧阴刻团寿纹,镯身内侧压印有一长方形戳记,不可辨识(图 3-7,1；图版六二,4)；标本 M84：9,整体为素面(图 3-7,2；图版六二,5)。

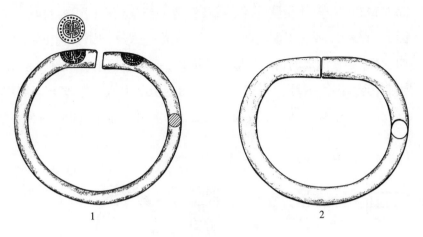

图 3-7　出土手镯

1.M84：6　2.M84：9

（四）戒指

共 22 件。按照整体式样，可分为三型。

A 型　18 件。整体呈马镫形，戒环为活口。按照截面式样可分为五亚型。

Aa 型　10 件。戒面呈近长方形，戒环呈长条弧形。标本 M22：4 和标本 M22：6，戒面为长方形浅槽，上下两端微外翘，中间饰两道横向突出的线纹，左右各接一组花卉纹；标本 M23：3、标本 M25：3 和标本 M25：7，戒面为长方形浅槽，上下各饰一道横向突出的线纹，浅槽左右各接半朵花纹；标本 M28：6（图 3-8,1；图版六三,5）和标本 M28：7，戒面为长方形浅槽，上下两端微外翘，中间饰两道横向突出的线纹；标本 M73：5，戒面为长方形，内为长方形浅槽，浅槽上下各阴刻一细槽（图版六三,6）；标本 M90：5，戒面为长方形浅槽，上下两端微外翘，中间饰两道横向突出的线纹，左右各接一组花卉纹；标本 M90：7，戒面为长方形浅槽，上下两端微外翘，中间饰两道横向突出的线纹（图版六四,1）。

Ab 型　1 件。标本 M64：3，戒面为委角长方形，沿戒面边缘阴刻一圈细线，内刻有浮雕效果的大朵牡丹纹饰，戒环为细长条形，尾部呈弧状（图 3-8,6；图版六四,2）。

Ac 型　4 件。戒面为花形。标本 M25：6，戒面较宽，呈花式，上下各四瓣，对称分布，戒面上纹饰因锈蚀模糊不清；标本 M28：3（图 3-8,2；图版六四,3）和标本 M28：5，戒面纹饰不清；标本 M71：4，戒面为梅花形，内饰六个梅花点。

Ad 型　2 件。戒面为圆形。标本 M42：2，戒面正中饰浮雕圆寿纹，周围点缀一圈连珠纹（图 3-8,5；图版六四,4）；标本 M92：1，戒面四周刻内凹八边形花窗，花窗内细线纹背地，上刻团寿纹，戒面与戒环相交处各有一三角形凹槽，凹槽内以细线纹背地，上刻五角星（图版六四,5）。

Ae 型　1 件。标本 M14：2，戒面较长，平面呈扁六边形，整体光素，仅在中间有一凹槽将戒面分成上下两区，戒环扁平呈弧形（图 3-8,7；图版六四,6）。

B 型　2 件。戒面与戒环宽度相近，展开后整体呈长条形。可分为二亚型（图版六四,5）。

Ba 型　1 件。标本 M30：3，整体呈圆环状，戒环轻薄，整体光素（图 3-8，4）。

Bb 型　1 件。标本 M73：2，戒面正面呈两枚铜钱相交的连钱纹，用银片相围构出廓、穿边缘，左右均有一银片围成的如意纹，银片围成的格内镶嵌白色饰片，戒环呈长条状（图 3-8，8；图版六五，1）。

C 型　2 件。为细银丝编成，戒环为死口。标本 M84：16，由八层银丝上下编织缠绕后捶打而成（图 3-8，3；图版六五，2、3）；标本 M85：7，戒面呈长方形，突出一弧角方形，内为寿字纹，戒环由 9 股细银环缠绕而成，已散。

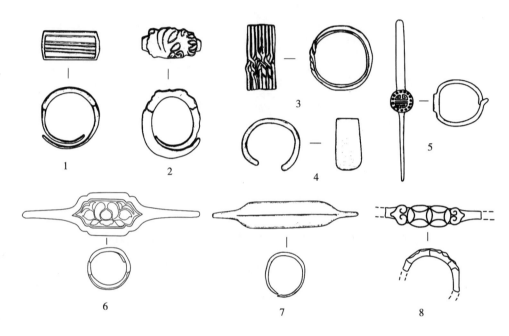

图 3-8　出土戒指

1.Aa 型戒指（M28：6）　2.Ac 型戒指（M28：3）　3.C 型戒指（M84：16）　4.Ba 型戒指（M30：3）　5.Ad 型戒指（M42：2）

6.Ab 型戒指（M64：3）　7.Ae 型戒指（M14：2）　8.Bb 型戒指（M73：2）

四、佩饰类

主要为钮扣、佩件、佩珠等。

（一）钮扣

因残损较多，不能准确统计数量。按照其形制可分为二型。

A 型　铜扣下为近球形，上接一圆环形穿鼻，穿鼻有圆环勾连。按照圆球上纹饰可分为 3 亚型。

Aa 型　圆球为素面。标本 M18：6（图 3-9，3）、标本 M35：4-1、标本 M45：1-2、标本 M75：1（图版六五，5）、标本 M101：5-3 均属此类。

Ab 型　圆球表面饰麻点，呈桑葚状。标本 M31：3-1（图 3-9，1）属于此类。

Ac 型　圆球表面饰布条缠绕的纹饰，为仿布扣造型。标本 M45：1-1（图 3-9，2）、标本 M98：4

（图版六六,1）均属于此类。

B 型。为搭扣,由钮扣和纽襻组成。按照形制可分为二亚型。

Ba 型 1 件。整体呈花型,标本 M34:7,钮为圆环,底有两道横隔,亚腰银锭形钮襻,相连处有一缀合孔;扣为半球形,亚腰银锭形钮襻,亚腰处有一缀合孔（图 3-9,；图版六六,2）。

Bb 型 2 件。整体呈方形。标本 M34:6-1,钮为正方形,正中为搭放扣的圆孔,孔内上下有两道横隔,圆孔周围阴刻四朵花瓣,钮与长方形钮襻一体,相接处为凹槽,内有两个缀合孔;扣为圆饼状,上阴刻花蕊,焊接于钮襻上,钮襻正面呈"凸"字形,边缘隆起,隆起部分与扣之间形成凹槽,内有两个缀合孔;钮扣搭扣后,左右对称,中间为盛开的花朵,左右两侧钮襻分别饰有"<"形和">"形纹（图 3-9,4;图版六六,3 上）。M34:6-2,同属此类（图版六六,3 下）。

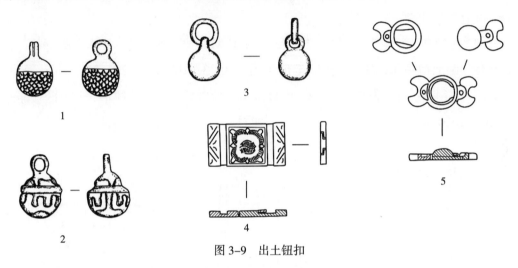

图 3-9 出土钮扣

1.Ab 型钮扣（M31:3-1） 2.Ac 型钮扣（M45:1-2） 3.Aa 型钮扣（M18:6） 4.Bb 型钮扣（M34:6-1）

5.Ba 型钮扣（M34:7）

（二）银佩件

1 件。标本 M84:12,正面呈杏核形,扁平状,体偏薄（图 3-10,2;图版六六,4）。

（三）玉佩件

1 件。标本 M23:5,正面为六出菱花形,对称式构图,体偏薄,上窄下宽,佩件中心有三道贯通对称花片边缘的细凹槽交叉,交叉处有缀合孔,细凹槽内靠近花瓣边缘处各有一个缀合孔,菱花花瓣花尖处也各有缀合孔一个;背面内凹,中央为椭圆形凸起,外为六边形浅槽（图 3-10,1;图版六六,3）。

（四）琥珀佩件

1 件。似为抹额上饰件。标本 M90:4,整体呈卵圆形,体偏薄,正面微凸,背面平滑,左右两侧各有一穿孔, 饰件正面阴刻折枝花纹 (图 3-10, 4; 图版六七, 1)。

(五) 铅佩件

2件。正面呈圆形, 体偏薄, 上宽下窄, 边缘略残, 中央为一正方形穿。标本 M53: 2 (图 3-10, 5; 图版六六, 6)、标本 M100: 9 (图版六六, 7) 均属此类, 似为带扣。

(六) 佩珠

共 2 件。可分为二亚型。

A 型　1件。为母珠, 俗称 "三通" 或 "佛头"。标本 M94: 5, 青白色, 整体呈圆管状, 中有圆形穿孔, 管壁中央有一圆形横穿孔, 剖面穿孔呈 T 形 (图 3-10, 3; 图版六七, 2)。

B 型　1件。为串珠, 质地似为贝壳。标本 M94: 4, 骨白色, 整体呈球形, 上下两端略平, 中间有圆形穿孔 (图 3-10, 6)。

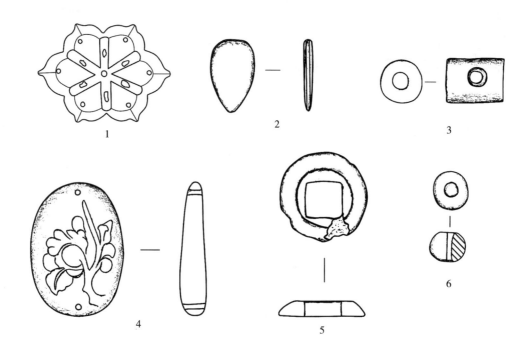

图 3-10　出土佩件

1. 玉佩件 (M23: 5)　2. 银佩件 (M84: 12)　3. A 型佩珠 (M94: 5)　4. 琥珀佩件 (M90: 4)　5. 铅佩件 (M53: 2)

6. B 型佩珠 (M94: 4)

五、帽饰类

共 7 件。均似清代官帽的顶戴, 黄铜材质, 大多残存锈蚀严重。标本 M111: 1, 仅残存基座和部分螺杆，基座平面呈圆形，外侧铸造有细凹槽和较粗的凹槽装饰。标本 M40：1，底座缺失，仅残存顶珠和镂花铜盖（图 3-11,1；图版六七,6）；标本 M3：1（图 3-11,6）和标本 M38：3（图 3-11,3），下为镂花铜座，上为圆形铜珠；标本 M17：1（图 3-11,5；图版六七,3）、标本 M24：2（图 3-11,4；图版六七,4）和标本 M35：5（图 3-11,2；图版六六,5），下为镂花铜座，中间为圆形铜珠，直其上覆有镂花铜盖，其内以螺杆固定。

图 3-11　出土帽饰

1.M40：1　2.M35：5　3.M38：3　4.M24：2　5.M17：1　6.M3：1

六、钱币类

墓地出土各类钱币较多，但大都锈蚀较为严重。可分为日常流通货币、银质冥钱和银元宝三类。在此分别介绍。

（一）日常流通货币

可分为方孔铜钱、铜元和铜币三种。

方孔铜钱　通过对钱文释读，出土铜钱均为明清时期（图版七〇、图版七一）。其中，明代铜钱有万历通宝和天启通宝；清代铜钱有康熙通宝、雍正通宝、乾隆通宝、嘉庆通宝、道光通宝、咸丰通宝、同治通宝、光绪通宝和宣统通宝。

铜元　因钱文和纹饰较浅，加以锈蚀较为严重，只有少量铜元可辨识部分钱文和图案，似均为中华民国开国纪念币（图版七二,2）。

铜币　1枚。标本M41：1-2,材质为铜镍合金,圆形,中间有一近圆形穿孔,钱币正面中央所铸纹饰为穿孔人为破坏,其上铸有"大□□国",其下铸有"大同三年",穿孔左右各铸一枚五角星,背面穿孔周围残存纹饰为双龙戏珠（图版七二,1）。

（二）银质冥钱

均为仿方孔钱式样,较流通铜钱体态偏薄,大都生有黑色锈蚀,可分为五型。

A型　为鎏金银钱,圆形方穿,内外有郭,正面郭内饰鱼子地纹,钱文凸起,为直读阳文楷书"乾隆通宝"；背面穿左右为凸起满文"宝泉",对读（图版七三,1）。标本M1：1和标本M1：2均属此类。

B型　由银片裁切成,均为圆形方穿,其上阴刻线条和文字,正面阴刻钱文"光绪通宝"四字,直读,背面穿左右阴刻满文"宝泉"二字（图版七三,2）。标本M84：11和标本M84：15均属此类。

C型　为鎏金银钱,圆形方穿,钱外缘与内侧的一周凹线构成外郭,方穿与其外的方向凹线构成内郭,正面钱文为压印"中华民国"（图版七三,3、4）。标本M43：2-1,背面为压印"甲子"；标本M43：2-2,背面因锈蚀致钱文不清,仅可辨识"甲"字。

D型　由银片裁切成,圆形方穿,其上阴刻线条和文字,正面阴刻钱文"中华民国",直读,背面穿左右阴刻"通宝"。标本M84：5均属此类。

E型　标本M103：3,为银质,圆形方穿,近外缘处阴刻一周弦纹,近穿处阴刻方格纹,以此模仿外郭和内郭,正面钱文为阴刻"福寿双全"四字,直读,背面钱文为阴刻"中华民国"四字,直读（图版七三,5）。

（三）银元宝

共1件。标本M84：14,由银片打制焊接而成。体似船型,弧首,束腰,前翅翘起,锭面平整,周周略高,底部中空,呈"8"字形（图版七三,6）。

七、其他

主要有棋子、印章。

（一）棋子

1件。标本M70：6,泥质红陶,体偏薄,上窄下宽,正面呈圆形,内压印"馬"字,背面平滑（图3-12；图版六七,7）。

图 3-12　出土棋子（M70∶6）

（二）印章

1 件。标本 M81∶2，石质，方形印体，无钮，六面均有印文。印底面呈正方形，有边栏，为阳文篆书"□□"二字；印体四面分别阴刻泛舟图、"上白文汗简文也""己卯八月全""下红文古文奇字"；印顶为阴文，右起逆时针旋读"古柳王氏"（图 3-13；图版六八，1、2；图版六九，1~4）。

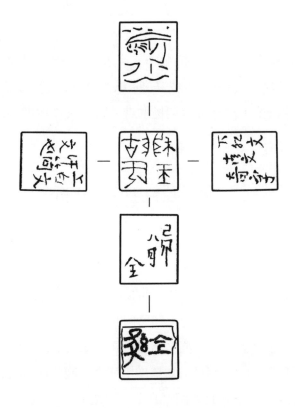

图 3-13　出土印章（M81∶2）

第二节　墓葬年代

元宝岛墓地除少数墓葬（M67、M78、M86）未见木棺外，其余墓葬在墓葬形制方面没有显著的差别，均为京津地区明清及民国时期流行的竖穴土圹木棺，故只能通过各墓出土的各类典型遗物来对其年代进行大致推定。

一、墓葬年代的界定

按照木棺内人骨的情况，可将元宝岛墓地这些墓葬各棺的填埋方式分为一次葬、迁出葬和二次迁入葬三种形式。根据随葬器物的性质，可将其分为两部分：一是成殓时与墓主同时放置在棺内的钱币、首饰、印章、钮扣等，这类器物反映的是墓主入棺的年代；二是与棺同时填埋的素面板瓦、符文砖瓦、陶瓷罐等，这类器物反映的是木棺填埋的年代。

对于棺内随葬的器物。一次葬的木棺，其成殓时间与墓主死亡时间相近（一般死后三日成殓），故放置在棺内的随葬器物反映的是墓主的死亡年代；迁出葬的木棺内残存的少量随葬器物，也可在一定程度上反映墓主的死亡年代；二次迁入葬的木棺，因为存在二次装殓的过程，在此过程中第一次成殓时随葬器物可能遗落在原木棺内，在将墓主迁入新棺时还可能安置一些新的随葬器物，故放置在棺内的随葬器物反映的年代较为复杂，只能说其年代不早于墓主的死亡年代。

对于棺外的随葬器物。如与棺同时填埋的素面板瓦、符文砖瓦、陶瓷罐等，其器物本身的年代反映的是木棺的填埋年代；而符文砖瓦上墓主的生卒信息则反映的是墓主的死亡年代。

按《杨柳青小志》载"杨柳青人惑于鬼神，占候、风水，旧俗死而不葬者，多停枢以俟干支，或俟远人，或俟赀财，或俟茔地，以故破庙古寺中或其旁，纵横错杂，皆攒枢也，泥涂者，灰垩者，坍坏露枢戍露骨习以为惯"。鉴于明清至民国这一时期杨柳青一带普遍存在厝葬的习俗，部分墓主的死亡年代并不等同于木棺的填埋年代。

二、随葬器物年代分析

（一）纪年器物

元宝岛墓地共有 8 座墓出土书有明确纪年文字的符文砖或铭文砖，分别为 M15、M60、M82、M83、M84、M85、M101、M107，其年代主要集中在清末和民国时期。

M15 为双棺墓，墓主甲（女）头骨上方填土出有符文砖 M15：3，正面为墓主生卒信息，从右至左依次可释读有"六年""中□□□十年七月"，知墓主甲死亡时间为中华民国十年（1921 年）。由砖背面所绘阴圹符[1]可以推知，墓主乙的死亡时间又在墓主甲之后。

---

[1]　详见第四章第二节"单葬押圹灵符砖（瓦）"部分解释。

　　M60 为双棺墓，甲棺墓主（男）头侧棺盖上出有符文瓦 M60：1，其瓦里为朱书墓主生卒信息，从右至左可释读有"同治□二年九月□""顯考李公諱""中華三年"；乙棺墓主（女）头侧棺盖头侧出有符文瓦 M60：2，其上书有"十月十一日酉□生""□□□□太君高年三十八壽終靈□""民國八年二月初五日巳時終"。由上可知墓主甲死亡时间为中华民国三年（1914 年），墓主乙的死亡时间应在中华民国八年（1919 年）。

　　M82 为单棺墓，墓主（男）头侧棺盖上出有符文瓦 M82：1，瓦里为朱书墓主生卒信息，仅可释读有"□公""民国"，可知墓主死亡时间在民国时期。

　　M83 为双棺墓，乙棺棺盖上填土内出有符文砖 M83：3，正面为朱书墓主生卒信息，从右至左可释读有"嘉慶十二年正月初八日□□生""□□□□登仕郎王公諱富德□□六十三年寿之柩砖""同治十年七□□"，可知墓主乙死亡时间为同治十年（1871 年）。

　　M84 为三棺墓，甲棺墓主头侧棺盖上出有符文瓦 M84：1，瓦表为朱书墓主生卒信息，从右至左依次可释读有"前清道光庚子年七月初三日酉時生""中華□□次顯繼妣王母陆太君享年八十壽之瓦""民國八年夏歷八月十六日酉時終"；乙棺墓主头侧棺盖上出有符文砖 M84：2，正面磨光，从右至左依次可释读有"道光□□年□月十六日□□生""皇□例贈孺人王母太君□□□□公""光緒□年□月十六日□□終"。可知墓主甲死亡时间为中华民国八年（1919 年），墓主乙死亡时间在光绪年间。

　　M85 为双棺墓，墓主甲头骨上方填土内出有符文砖 M85：1，背面为朱书墓主生卒信息，从右至左可释读有"□豐□年十月初九日辰時生""□故顯妣王母安太君□年三□□之""……年八月十三日酉時終"；乙棺墓主头侧棺盖上出有符文瓦 M85：2，瓦里为朱书墓主信息，从右至左依次可释读有"同治二年十二月三十日戌時□""清封孺人王二公諱廷傑繼配□□""民國二十年六月□"。可知墓主甲死亡时间应在光绪年间（1875—1908 年）[1]，墓主乙死亡时间为中华民国二十年（1931 年）。

　　M101 为单棺墓，墓主头侧棺盖上出有符文瓦 101：1，瓦里为朱书墓主信息，从右至左依次可释读有"道光二十年""董門高□""九月初二日□"，可知墓主死亡时间当在道光二十年（1840 年）。

　　M107 为单棺墓，墓主头侧棺外填土内出有铭文砖 M107：2，正面为篆刻墓主信息，从右至左依次可释读为"光緒三十一年三月二十日巳時故""名三順年十四歲霭柩""係獨流北街慎脩堂王宅女"，可知墓主死亡时间为光绪三十一年（1905 年）。

（二）出土钱币

　　元宝岛墓地共有 98 座墓葬中出土有钱币，均出自棺内，其中 85 座墓可统计墓葬出土钱币的大致年代（表 3-1）[2]。这些钱币年代最早为明万历时期（1573～1620 年），年代最晚为伪满洲国大同三年（1934 年）。其中，2 座墓出土铜钱均为明代货币，76 座墓出土铜钱均为清代钱币，7 座墓出土有民

---

[1]　由符文砖 M85：1 背面所书，"□豐□年十月初九日辰時生""□故顯妣王母安太君□年三□□之""……年八月十三日酉時終"，知墓主甲生于咸丰年间（1851—1862 年），三十余岁死亡，可推断其死亡时间当在光绪年间。

[2]　因墓葬出土部分钱币的锈蚀严重，钱文已不可辨识，表 3-1 是基于可辨识钱文统计出的，故该表所反映的墓葬出土年代最晚钱币会存在部分偏差。

国铜币。

剩余墓葬中，有 12 座墓出土的钱币均为方孔铜钱，但其钱文已不可辨识，部分墓葬（M6、M9）出土的钱币背面可见满文；1 座墓（M1）出土有"乾隆通宝"鎏金银钱，根据形制可推断其年代应为清末至民国时期[1]。

表 3-1　墓葬出土年代最晚钱币统计表

年代最晚钱币	墓葬编号	数量（座）
万历通宝	M91	1
天启通宝	M30	1
康熙通宝	M23、M26、M28、M29、M32、M52、M56、M57、M61、M62、M63、M73、M87、M90、M110、M114	16
雍正通宝	M33	1
乾隆通宝	M4、M5、M11、M17、M20、M24、M35、M37、M38、M43、M46、M48、M49、M51、M70、M71、M77、M80、M81、M89、M96、M113、M115、M116、M117	25
嘉庆通宝	M31、M36、M72	3
道光通宝	M19、M27、M65、M75、M92、M101、M111	7
咸丰通宝	M54、M69	2
光绪通宝	M8、M9、M14、M18、M39、M40、M42、M64、M66、M68、M85、M94、M97、M98、M99、M100、M102、M112	18
宣统通宝	M15、M58、M60、M120	4
民国钱币	M2、M7、M13、M41、M84、M103	6
其他	M1（"乾隆通宝"银钱）	1
出有方孔钱（不可辨识）	M3、M6（清）、M22、M25、M34、M45（清）、M53、M74、M76、M83、M88、M95	12
未出土钱币	M10、M12、M16、M21、M44、M47、M50、M55、M59、M67、M78、M79、M82、M86、M93、M104、M105、M106、M107、M108、M109、M118、M119	23
合计		120

（三）出土瓷罐和紫砂钵

墓地出土的白釉罐和青白釉罐类具有典型的清代特征。A 型白釉罐常见于京津地区清代墓葬，如

---

[1]　上海泓盛 2022 春季拍卖中国古泉有一枚民国"乾隆通宝"金钱拍品，其形制和加工工艺与 M1 所出鎏金"乾隆通宝"银钱基本一致，不同之处在于此件拍品的外缘打"天津天宝·十足叶金·德"等戳。此类形制"乾隆通宝"上的戳记除"天津天宝"外，还见有"天津恒利公十足叶金辛成""天津美丰足赤"等。见 https://artso.artron.net/auction/search_auction.php?keyword=%E2%80%9C%E4%B9%BE%E9%9A%86%E9%80%9A%E5%AE%9D%E2%80%9D%E9%87%91%E9%92%B1。天津天宝、天津恒利均为清末至民国时期天津著名的金店。由此可推知此类"乾隆通宝"的年代应在清末至民国时期。（参见朱晓晴：《〈益世报〉（1920—1937）广告镜像下的天津城市文化研究》，吉林大学，2022 年。）

天津市西青密云路地块清代墓地[1]、北京市丽泽墓地清代墓葬[2]、北京奥运一期工程清墓[3]、五棵松棒球场清墓[4],以及北京大兴采育西组团清墓[5]等。A 型青白釉罐见于北京五棵松篮球馆 M40[6],奥运村工程 M21[7] 奥运一期工程 M71、M145[8],郑常庄燃气热电工程 M7[9]。

　　金、元、明时期京津冀地区及山东、河南的窑址、遗址及墓葬,如正定开元寺金代房址[10]、观台磁州窑址[11]、鹤壁集窑址（元代堆积）[12]、宝坻西河务元墓[13]、辛务屯明代墓地[14]、淄博车站明代墓地[15]、周村汇龙明代墓地[16]、宝丰廖旗营墓地[17]、蓟州区上宝塔清代墓地[18]、龙庭庄园清代墓地[19]以及东营房明清墓地[20]、磁县滏阳营至槐树屯段清代墓葬[21]、丽泽墓地[22]、昌平沙河清代墓[23]等出土有大量的酱（黑）釉罐,这类罐大致可分为无系、双系和四系三大类,每一类又细分为多种型式,目前仅有基于明代纪年墓出土黑（酱）釉罐的初步排序[24],但此类罐的形制在金元至明清这一时期的变化规律尚不明确。

　　元宝岛墓地出土的酱（黑）釉罐与上述罗列金元至明清时期北方地区所见的同类器相比,Aa 型和

[1]　天津市文化遗产保护中心:《西青密云路地块清代墓地发掘报告》,《天津考古（三）》,北京:科学出版社,2023 年 7 月。

[2]　北京市文物研究所编著:《丽泽墓地 丽泽金融商务区园区规划绿地工程发掘报告》,北京:科学出版社,2016 年 6 月。

[3]　北京市文物研究所编著:《北京奥运场馆考古发掘报告》,北京:科学出版社,2007 年 11 月。

[4]　北京市文物研究所:《北京奥运场馆考古发掘报告》,北京:科学出版社,2007 年。

[5]　北京市文物研究所:《大兴古墓葬考古发掘报告集》,北京:科学出版社,2020 年。

[6]　北京市文物研究所:《北京奥运场馆考古发掘报告》,北京:科学出版社,2007 年。

[7]　北京市文物研究所编著:《丽泽墓地丽泽金融商务区园区规划绿地工程发掘报告》,北京:科学出版社,2016 年。

[8]　同上。

[9]　同上。

[10]　河北省文物考古研究所:《河北正定开元寺南遗址金代房址（F5）发掘简报》,《文物》,2022 年第 4 期。

[11]　北京大学考古学系、河北省文物研究所等:《观台磁州窑址》,北京:文物出版社,1997 年。

[12]　司鹤壁市文物工作队:《河南鹤壁集瓷窑遗址 2012 年发掘简报》,《华夏考古》,2021 年第 5 期。

[13]　天津市文化遗产保护中心、天津市宝坻区文化馆:《天津市宝坻区西河务金元墓葬发掘简报》,《北方文物》,2021 年第 1 期。

[14]　天津市文化遗产保护中心、天津市宝坻区文化馆:《宝坻区辛务屯元、明、清代墓地发掘报告》,《天津考古（二）》,北京:科学出版社,2013 年。

[15]　临淄区文物管理局:《淄博市临淄区车站村明代墓发掘简报》,《海岱考古》,2019 年。

[16]　南开大学考古学与博物馆学系、淄博市文物事业管理局、周村区文物管理所:《山东淄博周村汇龙湖明代墓地发掘简报》,《中国国家博物馆馆刊》,2015 年第 2 期。

[17]　郑州大学历史学院、河南省文物局南水北调文物保护办公室、宝丰县文物管理局:《河南宝丰廖旗营墓地明代家族墓发掘简报》,《文物》,2017 年第 4 期。

[18]　天津市文化遗产保护中心、蓟县文物保管所:《蓟县上宝塔清代墓地发掘报告》,《天津考古（二）》,北京:科学出版社,2013 年。

[19]　天津市文化遗产保护中心、蓟县文物保管所:《蓟县龙庭庄园清代墓葬考古发掘报告》,《天津考古（二）》,北京:科学出版社,2013 年。

[20]　天津市文化遗产保护中心、蓟县文物保管所:《蓟县东营房金代窑址及明清墓地发掘报告》,《天津考古（二）》,北京:科学出版社,2013 年。

[21]　南水北调中线干线工程建设管理局、河北省南水北调工程建设领导小组办公室、河北省文物局编著:《磁县滏阳营至槐树屯段墓葬考古发掘报告》,北京:科学出版社,2020 年。

[22]　北京市文物研究所编著:《丽泽墓地丽泽金融商务区园区规划绿地工程发掘报告》,北京:科学出版社,2016 年。

[23]　北京市文物研究所编著:《昌平沙河汉、西晋、唐、元、明、清代墓葬发掘报告》,北京:科学出版社,2012 年。

[24]　陈扬:《明代"磁州窑类型"瓷器分期研究——以明代墓葬出土瓷器为中心》,《故宫博物院院刊》,2020 年第 3 期。

Bb 型酱（黑）釉罐在领之长短、最大腹径位置、腹部形状及圈足部分所表现的特征与金、元、明时期的同类罐均存在较为明显的不同，而与清代墓葬出土的同类罐具有相似特征。如 Aa 型罐见于蓟州上宝塔清代墓地[1]和河北磁县滏阳营至槐树屯段清代墓葬[2]；Ba 型酱釉罐大量见于河北磁县滏阳营至槐树屯段清代墓葬[3]，亦见于北京昌平沙河清代墓 M45[4]等。墓地出土的 Ab 型、Bb 型和 C 型酱釉罐则仍具有一些早期罐的特征，其时代可能稍早。

M61 出土的紫砂钵，敛口，鼓腹，寰底，朱红色胎，胎质细腻，胎中含较多白色砂粒的特点，与2004 年江苏扬州市中医院基建工地出土的"张君德制"紫砂盖钵基本一致[5]。张君德，鲜有文献记载，生卒年不详，一说为清代雍正、乾隆间紫砂陶人，在朱泥壶中有"君德"一式，阔腹曲流，俗谓"君德壶"。民国李景康、张虹所著《阳羡砂壶图考》云："尝见传器，仅镌楷书'君德'二字，造工极精。碧山壶馆藏君德朱泥小壶一柄，双釉皮，底镌'雍正年制'四字，下刻'君德'两字，悉为楷书"[6]。由此推知，元宝岛墓地出土的这件紫砂钵制作年代可能在清雍正、乾隆年间。

（四）出土首饰

扁方和扁簪（押发）为清代的特色首饰；清代耳挖簪与明朝相比尺寸偏长，因此又俗名"一丈青"；耳钳为清代耳饰的一种，与耳坠不同，耳钳去掉坠子而在环上别作装饰[7]。此外，禅杖形簪和顶戴亦只见于京津地区清代至民国时期墓葬，不见于之前墓葬（表 3-2）。

表 3-2　墓葬出土首饰统计表[8]

出土首饰	墓葬编号
扁方	M9、M11、M14、M18、M19、M39、M47、M48、M64、M84、M85、M88、M97、M99、M101
扁簪	M2、M60、M64、M76、M85、M100
耳挖簪	M48、M64、M84、M97
禅杖形簪	M22、M25、M35、M48、M84、M98、M99
顶戴	M3、M17、M24、M35、M38、M40

[1]　天津市文化遗产保护中心、蓟县文物保管所：《蓟县上宝塔清代墓地发掘报告》，《天津考古（二）》，北京：科学出版社，2013 年。

[2]　南水北调中线干线工程建设管理局、河北省南水北调工程建设领导小组办公室、河北省文物局编著：《磁县滏阳营至槐树屯段墓葬考古发掘报告》，北京：科学出版社，2020 年。

[3]　南水北调中线干线工程建设管理局、河北省南水北调工程建设领导小组办公室、河北省文物局编著：《磁县滏阳营至槐树屯段墓葬考古发掘报告》，北京：科学出版社，2020 年。

[4]　北京市文物研究所编著：《昌平沙河汉、西晋、唐、元、明、清代墓葬发掘报告》，北京：科学出版社，2012 年。

[5]　扬州市文物考古研究所著：《广陵遗珍》，南京：江苏凤凰美术出版社，2018 年 12 月。

[6]　黄健亮：《清代紫砂的考古发现》，《收藏》，2010 年第 3 期。

[7]　扬之水：《清代金银首饰的名称与样式》，《形象史学研究》，2013 年。

[8]　表 3-2 是根据墓地出土可辨认首饰统计得来，故其统计结果可能存在部分及偏差。因为部分首饰残损严重已不能辨识其属于哪类。

三、墓葬年代

根据对各墓出土的纪年文字、钱币、瓷罐、紫砂钵和首饰等的综合分析,元宝岛墓地可大致判定年代的共有 96 座墓。其中,2 座墓的年代上限可能到明代晚期;86 座墓的年代上限在清代,部分墓葬的年代下限或可延续到民国时期;8 座墓的年代上限在民国时期。剩余的 24 座墓葬,虽未出土可以明确墓葬年代的器物,但是墓葬形制与其他墓葬基本一致,并且杂列于其他墓葬之间,因此可推知这些墓葬的年代也应在明清至民国时期。

综上所述,元宝岛墓地的整体时间跨度为明代晚期至民国时期,墓葬的年代主要集中在清代(表 3-3)。考虑到双棺墓和三棺墓中墓主死亡的时间差异(如 M85,墓主甲死亡时间应在光绪年间,墓主乙死亡时间为中华民国二十年,两者死亡时间的间隔可达数十年),以及种种迹象所显示墓地浮厝现象的存在,依现有地方志资料可知,因各种原因,厝葬时间可从数年至数十年,如《固安县志》(清咸丰九年刻本)载"甚有惑于阴阳斩殃回刹之说者。逾月而葬,或有停丧至数年者"[1];《青县志》(民国二十年铅印本)载"间有他故不能即葬者,或停于家或厝于庙侧。至有数十年棺骸暴露不葬者,其蔑礼甚矣"[2],仅靠有限的随葬器物来判断整个墓葬(尤其是双棺墓和三棺墓)的年代可能会出现较大偏差,故似无必要再将这些清代墓葬的年代细分为清代前期、中期和后期。

表 3-3　墓葬年代统计表

年代	墓葬编号	数量（座）
明晚期	M30、M91	2
清代	M1、M3、M4、M5、M6、M8、M9、M11、M14、M17、M18、M19、M20、M22、M23、M24、M25、M26、M27、M28、M29、M31、M32、M33、M35、M36、M37、M38、M39、M40、M42、M43、M45、M46、M47、M48、M49、M51、M52、M54、M56、M57、M58、M61、M62、M63、M64、M65、M66、M68、M69、M70、M71、M72、M73、M75、M76、M77、M80、M81、M83、M84、M85、M87、M88、M89、M90、M92、M94、M96、M97、M98、M99、M100、M101、M102、M107、M110、M111、M112、M113、M114、M115、M116、M117、M120	86
民国	M2、M7、M13、M15、M41、M60、M82、M103	8
不可判定	M10、M12、M16、M21、M34、M44、M50、M53、M55、M59、M67、M74、M78、M79、M86、M93、M95、M104、M105、M106、M108、M109、M118、M119	24
合计		120

[1]　丁士良、赵放主编《中国地方志民俗资料汇编·华北卷》,北京:书目文献出版社,1989 年,292 页。
[2]　丁士良、赵放主编《中国地方志民俗资料汇编·华北卷》,北京:书目文献出版社,1989 年,398 页。

第四章　丧葬习俗研究

　　按照中国考古学的定义,考古学属于人文科学,是历史科学的重要组成部分,其任务是根据古代人类通过各种活动留下的实物研究人类古代社会的历史[1],该定义指向非常明晰,即考古学要研究人。然而,显而易见的事实是,考古学研究的实物遗存都是当下的存在,考古学发现的物质资料只是古代人类行为的结果,并因物质遗存的不同保存条件而异,且考古发掘出土的物质遗存大多情况下呈现出碎片化状态[2],并不能直接反映当时人们的行为。考古学家不可能同人类学家、社会学家、经济学家、心理学家,甚至历史学家那样直接面对研究对象,实际上考古学是通过现在研究过去。考古学的困难或魅力都在于如何通过研究当下的存在去了解已经消失的人类过去[3]。

　　在封建王朝时期,丧葬是"五礼"之一,是严密、繁复的礼仪制度,是一项严格规范的礼仪活动。在社会发展历程中,丧葬习俗已经形成一种稳定的传统民俗文化,反映出某个时期,政治、思想文化、经济等多方面的社会面貌和民族关系的交融与交流。整个丧葬习俗包括了大量的物质的和非物质(行为)的因素,而这其中能从考古发掘结果体现出来的内容相当有限。

　　民族考古学即将民族志资料与考古资料进行比较,进而推论古代社会中人类的行为模式,是西方考古学用来解释考古发现材料的主要方法之一。直接历史学方法作为民族考古学的主要组成部分,适用于对同一地域中同一文化连续体的解释,使用历史时期的民族志资料和当代民族学资料来解释同一族群或相同地域的史前文化资料。考古学者普遍相信直接历史方法更为可靠和稳定,因为对现代族群物质文化活动以及社会制度的描述与同一族群直接祖先的物质文化与社会制度作比较会有更为可靠的类似性[4]。

　　在明清时期,中国北方广为流传的择吉类通书、天津和周边地区的地方志[5],以及口头传承的传统民俗,包含了相当多的关于民间丧葬仪式的信息。杨柳青及周边地区清代及民国时期的地方志,如《杨柳青小志》《天津县第三区杨柳青镇概况书》、(民国)《静海县志》、(乾隆)《武清县志》、(康熙)《天津卫志》、(乾隆)《天津县志》《津门杂记》《天津志略》《天津政俗沿革记》等,均有关于丧葬习俗的记载。其中,尤以民国七年(1918年)陈恩荣所撰写的《天津丧礼说略》一文,对天津传统民俗

[1]　夏鼐,王仲殊:《考古学》,见《中国大百科全书·考古学卷》,北京:中国大百科全书出版社,1986年。

[2]　李润权,陈淳:《历史学与考古学的不同清晰度》,《文物季刊》,2023年第2期。

[3]　陈胜前:《考古学研究的"透物见人"问题》,《考古》,2014年第10期。

[4]　曲枫:《民族志类比法在考古人类学中的应用分析——以爱斯基摩民族志学与考古学为例》,《广西民族大学学报(哲学社会科学版)》,2022年第6期。

[5]　丁世良、赵放主编,张军等编:《中国地方志民俗资料汇编 华北卷》,北京:北京图书馆出版社,1989年。

的介绍最为详细, 整个丧礼包括"病革""含殓""转咒""上望乡台""成服""停灵""烧门纸""伴宿""陪吊""冥寿""辞灵""祖奠礼""发引""安葬""合葬""圆坟"等诸多程序。但总体来说, 整个丧葬习俗是丧、葬、祭三个过程的礼俗。

本节内容借用民族考古学的直接历史法从地方传统民俗的视野来观察元宝岛墓地出土的这些随葬器物, 对其所体现的丧葬仪式中的某些环节进行推测, 并对其功能进行分析。此外, 元宝岛墓地这些墓葬绝大部分棺内底部可见草木灰（少量见白灰）以及大量二次葬现象的原因在以上地方志中也能找到相关记载, 在此一并讨论。

第一节　棺内遗物所见装殓时丧葬习俗

一、钱币

（一）出土概况

考古发掘表明, 元宝岛墓地出土的钱币均出自棺木内[1], 主要为当时流通的货币, 还有少量银质冥钱。这些钱币有些位于墓主骨架周围, 有些明确置于墓主骨架下的草木灰中, 未见墓主口中含有钱币的情况。对各木棺出土钱币的数量进行统计发现, 排除二次迁入葬、迁出葬和破坏较为严重的木棺后, 木棺内随葬的钱币数量不等, 但普遍不超过 7 枚。

根据钱币表面粘连物的情况可以将出土钱币分为五类: 第一类, 钱币表面没有粘连物; 第二类, 钱币表面残留有线痕, 线痕数量不一; 第三类, 钱币表面粘连有布料; 第四类, 钱币表面一面粘连有布料, 另一面残留有线痕; 第五类, 钱币直接与棺底板粘连。

（二）传统民俗记载

天津及周边地区明清至民国这一时期的地方志和民俗志中关于随葬钱币的葬俗记录较多。如《天津民俗》载, （入殓时）先将七彩绸铺在棺材底部, 放好头枕、脚枕, 上按一定位置放七枚铜钱, 谓之"七星板"（即头两肩两臀两脚各一）。[2]《西青区志》载, （入殓时）先"铺棺", 棺材刷黑漆, 内糊灰或白纸, 挂上红布, 放入 7 枚铜钱摆成北斗七星状, 男性铜钱字朝上, 女性字朝下。然后移尸入棺, 长子抱头, 依次抱身。抬尸时须用物遮尸不能见天。[3]《静海县志》载, 入殓前, 把棺材外刷黑漆, 内糊白纸, 挂上红布, 放 7 枚铜钱, 摆作北斗七星状, 然后抬尸入棺……抬尸时, 死者须仰卧, 用物遮尸, 不能见天。[4]《天津津辰史迹》载, （倒头时）左手金、右手银（可以铜钱、镍币代替）, 胸压铜钱, 谓防异

---

[1]　本次发掘对于棺木与墓圹间的填土均未仔细清理。

[2]　尚洁:《天津民俗》, 兰州: 甘肃人民出版社, 2004 年。

[3]　西青区地方志编修委员会编纂:《天津市西青区志》, 北京: 方志出版社, 2020 年。

[4]　张培生主编, 静海县志编修委员会编著:《静海县志》, 天津: 天津社会科学院出版社, 1995 年。

类借躯乍尸……（入殓时）按男勺女瓢样在棺底置 7 枚铜钱或镍币。[1]（民国）《固安县志》载，"停棺于中，棺内施以柴灰、钱七枚。子女等纳尸于棺，俗曰'入殓'"。[2]（民国）《定县志》载，"棺中铺以灰及五粮、纸钱之属，足下置酒曲一方，身下撒以铜钱（俗曰'垫背钱'）。是曰'大殓'"。[3]（民国）《新城县志》载，"棺中置七星钱及丝、麻、炭、曲"。[4]（民国）《雄县新志》载，置米、盐、钱、物于棺，殓尸入之，曰"入棺"。[5]《北京丧葬史话》载，（穿盖和含殓后）民间有"左手金右手银"的讲究，就是在死者手里放金银锞子，穷人家也要放些铜钱……往棺材里放的东西是用大烧纸包的锯末，包数与死者的岁数相等，将锯末均匀地放在底，在锯末包上铺一层水红布（富户多用水红洋布或水红小绸子），然后用小铜钱在水红布上摆出北斗七星状，作"垫背钱"。[6]《北京的生育婚姻和丧葬》载，清末及民国初期棺木入院或进门时，须在棺中置铜钱一枚和生铁少许，铜钱象征着"入财"……农村还要在棺底撒上锯末，并且在锯末中混上七枚用钱纸扎起来的铜钱，这叫"垫背钱"，可以保证后辈财运亨通。[7]

（三）讨论

关于钱币的性质。墓地出土的钱币，从性质上看，均属于瘗钱。"瘗钱"一词最早见于《汉书·张汤传》："会人有盗发孝文园瘗钱"，裴骃《史记·集解》引如淳曰："瘗，埋钱于园陵以送死"[8]。元宝岛墓地出土的这些瘗钱，有些明确是出于墓主骨架下方，应属于垫背钱，未发现有出自墓主口中琀钱的习俗。

关于七星。旧时棺内或停尸床上放置的夹底板，因上凿七孔如北斗七星，故名，在板上斜凿枧槽一道，使七孔相连[9]。颜之推《颜氏家训·终制》载有"吾当松棺二寸，衣帽已外，一不得自随，床上唯施七星板"，可知北齐葬俗中已有七星板这类的器具。按《天津民俗》所载"先将七彩绸铺在棺材底部，放好头枕、脚枕，上按一定位置放七枚铜钱，谓之"七星板"[10]，可知在天津传统葬俗中入殓时棺底铺布其上置钱币 7 枚也可称之为七星板。在元宝岛墓地中，M35 甲棺内发现钱币摆放成形似北斗七星的情况，该墓主甲骨架周围白灰之上置有 6 枚铜钱，其中肩胛骨上方、头骨两侧各有 1 枚，右指骨内侧有 1 枚，下肢骨中间、近盆骨处有 1 枚，左下肢胫骨左侧有 1 枚，右下肢胫骨右侧有 1 枚（图 2-82，图版一八，2），这几枚铜钱摆放形状极似北斗七星，推测应为棺内所铺的七星板。其余木棺内随葬铜钱数量不等，但多在 7 枚以下，有部分铜钱还粘连有布料，故此类铜钱亦有可能是当时所铺的七

[1] 杨光祥编著：《天津津辰史迹》，天津：天津古籍出版社，2007 年。
[2] 丁世良，赵放主编：《中国地方志民俗资料汇编 华北卷》，北京：北京图书馆出版社，1989 年，291 页。
[3] 丁世良，赵放主编：《中国地方志民俗资料汇编 华北卷》，北京：北京图书馆出版社，1989 年，325 页。
[4] 丁世良，赵放主编：《中国地方志民俗资料汇编 华北卷》，北京：北京图书馆出版社，1989 年，331 页。
[5] 丁世良，赵放主编：《中国地方志民俗资料汇编 华北卷》，北京：北京图书馆出版社，1989 年，334 页。
[6] 周吉平：《北京殡葬史话》，北京：北京燕山出版社，2002 年。
[7] （德）罗梅君（Mechthild Leutner）著，王燕生等译：《北京的生育、婚姻和丧葬 19 世纪至当代的民间文化和上层文化》，北京：中华书局，2001 年。
[8] 闫璘：《扬州一座明代平民墓出土的铜钱释义》，《中国钱币》2016 年第 6 期。
[9] 陈勤建：《中国风俗小辞典》，上海：上海辞书出版社，2008 年。
[10] 参见（民国二十四年铅印本）《新城县志》称"七星钱"。

星板。元宝岛墓地出土的部分铜钱表面可见明显的线痕（图版七四, 1~6; 图版七五, 1~5), 其中有的铜钱一面为线痕, 另一面则粘连有布料, 这或与当时棺内所铺七星板的制作方法有关, 即将铜钱缝制在棺底所铺布料之上。

　　关于棺内安置钱币的作用。在传统葬俗中木棺内安置钱币具有多样的寓意, 例如, 在棺木入院或进门时, 棺中置铜钱一枚象征着"入财"; 入殓时, 放置于死者身下的"垫背钱", 则可以保证后辈财运亨通。关于棺内安置的七星板, 则可能与北斗主寿夭、主丰歉、主爵禄的职能关系密切, 一方面北斗星君被当作鬼官, 在棺木里摆放北斗首先应是对北斗星君的通报, 并将死者灵魂引向冥府; 另一方面则是通过这种形式表现出人们对死者身后事情的关心, 通过摆放北斗一是表示对北斗星神的敬畏以达到宽大处理死者的目的, 一是企盼死者像七星、三台星那样荣登天界, 同时让死者或北斗神保佑子孙后代安居乐业。[1]

二、禅杖形簪

（一）出土概况

　　元宝岛墓地共出土有 8 件禅杖形簪（即 D 型簪), 随葬此类簪的墓主均为女性。这些禅杖形簪以银（鎏金）为主, 有少量为铜制, 形制特殊, 具有极高的辨识度, 其簪头顶部一般为葫芦, 中部为几组金丝卷成的如意云状框架, 以中间支柱为轴心焊接在一起, 匀称分布, 框架内悬挂小圆环若干, 其下为细长的圆柱锥状簪杆。

（二）相关讨论

　　此种形制的簪在京津地区清墓中常见, 因其造型来源于佛教的锡杖、禅杖, 通常被称为"锡杖簪"或"禅杖簪"。

　　通过对京津地区清代至民国这一时期传统葬俗的初步研究, 应将禅杖形簪称为"九连环", 它不是人生前佩戴的发簪, 而是随死者下葬的一种器物。[2]《天津民俗》载,（入殓时）男女必不可少的为"九连环"佩物（状为佛教人物手持的降魔杵), 女簪于发髻, 男握手中, 说是为亡魂西行途中经恶狗林、鬼门关时驱恶犬, 叩鬼门关所用。[3] 按照天津旧社会传统的殡葬习俗, 入殓时, 女的戴凤冠霞帔, 戴莲花坠儿、如意簪, 还有九连环, 按照封建迷信的说法, 九连环是代表着地宫门的钥匙。[4]

　　在京津地区为亡者佩戴九连环簪的习俗多流行于清代, 可能与满族传统葬俗有关, 在满族传统丧

[1]　祝秀丽:《北斗七星信仰探微》,《辽宁大学学报（哲学社会科学版）》, 1999 年第 1 期。
[2]　黄娜娜:《首饰设计中佛教元素的应用与研究》, 青岛科技大学, 2014 年。
[3]　尚洁主编:《天津民俗》, 兰州: 甘肃人民出版社, 2004 年。
[4]　刘群:《详解津派"白事会"背后的民俗文化》, 三津文化, 2021 年 4 月 7 日。

葬习俗中,九连环是必要的丧葬用品。[1]时至今日,在一些偏远的满族民众聚居地,满族老妇人的头顶上仍结髻,插戴金、银、玉石等材料制作的九连环。20世纪80年代,在北京崇文门花市一些小店尚能买到这类"九连环簪",当时京东仍保留的风俗是女人去世后,无论生前是否信佛,都要在头上别一支"九连环簪"下葬。[2]

在黑龙江瑷珲富明阿墓3号棺出土有一件"锡杖形金簪",同时出土的还有扁方、耳钳和银头饰等具有典型满族民族特征文物[3];此外,在清东陵孝贞显皇后梓宫中随葬有点赤金九连环一只,恭肃皇贵妃棺内殉葬品中有金九连环一只,惠妃园寝被盗随葬品中亦有金九连环一只[4]。由此可见,在清代随葬九连环的习俗不仅出现于民间丧礼中,还存在于满族高级官吏和皇家的丧礼中。

老北京的旗人间曾流传一种习俗,子女在给老人祝寿时会订做一个金簪,这个金簪就是坠有小铃铛的微型纯金九连环。在满族人的现代丧礼上,孝子要跪在死去的父母灵前,双手背着去解九连环,要解到九次,同时还要唱《解九连环》歌,唱九遍,为父母消去罪孽[5],不知这种习俗是否与早期为亡者佩戴九连环的做法有关。

三、钮扣

(一)出土概况

墓地共有15座墓出土有钮扣。分别为M11、M18、M19、M31、M34、M35、M45、M48、M74、M75、M83、M84、M97、M98、M101。

这些钮扣可分为两类。第一类钮扣数量较多,下为近球形,上接一圆环形穿鼻,穿鼻有圆环勾连,材质均为铜质;第二类钮扣数量少,为搭扣,由钮扣和钮襻组成,材质均为银鎏金。

(二)相关讨论

按照天津老民俗,寿衣的制作有许多忌讳,如其中一项便是不能在寿衣上钉扣子,死者不能穿单褂,而且在换装裹时必须把领子撕开一个小口,因为这些都带有"子"字,像褂子、扣子、领子等都谐音将儿子、孙子等"挂走""扣住""领走",因而成为丧事中的忌讳。此外,(民国)《天津丧礼说略》载,乘病者气息仅属之时,为之著小衣下衣(惟衣不用纽扣,以布缕为之,表示不与亡人结扣之意)。《北京殡葬史话》亦载老北京在成殓时所有衣服不钉钮扣,只缝飘带,也不用带子。因为"钮子"与"扭子"谐音,和"带子"一样,不利于后人。

[1] 温科学:《博物馆里的"满族":满族物质文化研究》,中央民族大学2016年。
[2] 参见《这个九连环不是玩具,而是具有特殊风俗含义的发簪》,见公众号成华龙文章,2018年10月3日。
[3] 姚玉成、李玲:《瑷珲富明阿墓出土的一批清代文物》,《北方文物》,1994年第4期。
[4] 徐若冰:《清东陵随葬品研究》,河北大学,2016年。
[5] 参见《满族年俗集萃(四)》,见公众号吉林市行,2022年2月6日。

元宝岛墓地出有钮扣的墓葬中，有些墓（如 M83 和 M84）的随葬品较为丰富，有些墓随葬的银质钮扣较为精致，这说明这些墓主生前应有一定的经济实力，其寿衣的制作亦应是精心准备。在这些墓中出土钮扣很可能与其墓主没有"（寿）衣不用钮扣"这类禁忌有关，表明这些墓主可能并非当地原居民。

四、材头钉

（一）概况

元宝岛墓地部分墓葬的木棺棺盖保存较好，可以看出棺盖和木棺之间以木楔子固定。明确发现有这种现象的墓葬有 M11（图版七，1、2）、M24（图版一一，2；图版一二，1）、M29（图版一四，1、2）、M31（图版一五，2；图版一六，1）、M34（图版一七，1）、M84（图版三二，1、2）、M85（图版三三，1、2）等。

（二）相关讨论

按天津老民俗，木棺与棺盖之间用材头钉销上，材头钉是木质的销子，因棺材不能见铁钉子，故采用木销。《北京殡葬史话》亦载，"（棺）盖上有三个木梢钉，大殓时只钉一个，其余两个留到出殡时才钉上。如果有远道亲友赶来瞻仰遗容，还可以打开棺材"。[1]

五、棺底草木灰和白灰

（一）概况

元宝岛墓地这些墓葬棺内底部铺有草木灰的情况极为普遍，部分墓葬棺内底部铺有草木灰和白灰，均是草木灰压在白灰之上。

（二）传统民俗记载

天津及周边地区明清至民国这一时期的地方志和民俗志中有多种与棺内放置灰或锯末的相关记载。如《西青区志》载，"入棺后尸体仰卧，拉线放正，棺壁与尸体间用灰白纸包柴灰即'灰包子'填塞稳固，以防尸体晃动"。[2]《静海县志》载，入棺后，仍须仰卧，棺壁与尸体间用白纸包柴灰，即"灰包

---

[1]　周吉平著：《北京殡葬史话》，北京：北京燕山出版社，2002 年。
[2]　天津市西青区地方志编修委员会编著：《西青区志》，天津：天津社会科学院出版社，2000 年。

子"填塞。[1]（民国）《固安县志》载，"停棺于中，棺内施以柴灰、钱七枚"。[2]（民国）《定县志》载，"棺中铺以灰及五粮、纸钱之属，足下置酒曲一方，身下散以铜钱（俗曰'垫背钱'）"。[3]《北京丧葬史话》载，（穿盖和含殓后）往棺材里放的东西是用大烧纸包的锯末，包数与死者的岁数相等，将锯末均匀地放在底，在锯末包上铺一层水红布（富户多用水红洋布或水红小绸子），然后用小铜钱在水红布上摆出北斗七星状，作"垫背钱"。[4]《北京的生育、婚姻和丧葬》载清末及民国初期"农村还要在棺底撒上锯末，并且在锯末中混上七枚用钱纸扎起来的铜钱"。[5]

（三）讨论

关于草木灰和白灰的作用，之前研究者一般认为入殓时在棺底铺一层草木灰是为了防潮吸湿。然而，根据上述地方志和民俗志的相关记载，我们可以发现在入殓阶段，草木灰的使用方式多种多样。比如，一种方式是在棺壁与尸体间用"灰包子"或者锯末包填塞稳固，以防尸体晃动；另一种方式是直接将草木灰或者锯末铺于棺底；此外，还有一些地方的葬俗是同时以上两种方式放置草木灰或者锯末。锯末和纸在木棺填埋后会逐步腐朽炭化，因而考古发掘时棺底所见的草木灰可能就是入殓时铺在棺底的草木灰、锯末，或者安置在棺内的灰包子和锯末包；以灰包子和锯末包填塞棺内空隙的主要功能是用来稳固尸体，防潮吸湿或可视为其附加功能。

元宝岛墓地共有 15 座墓葬的棺内底部铺有草木灰和白灰，无一例外，均是白灰在下，草木灰在上。以 M35 甲棺为例，该棺棺底铺有白灰和草木灰，出土的铜钱和首饰均置于白灰之上，草木灰底部。这种现象可能与用于填塞棺内空隙的灰包子或锯末包在腐朽后散落于白灰之上有关。

考古发掘过程中，原本木棺棺板上的大漆、腻子，以及墓主的随葬衣服之类的有机质东西均已不见。是不是还有一种可能，即考古发掘时棺内底部所见的所谓草木灰中的部分是棺内木板之上的大漆、腻子以及棺内墓主的随身衣服等有机质物品腐朽后的沉积物。

此外，M25、M28、M29、M31、M34、M36、M37、M38 这几座墓的棺内人骨周边均见有大块木炭。相似的现象亦见于上海明墓、湖北襄阳桃花岭明墓、嘉兴王店李家坟明墓、江苏江阴叶家宕明墓。如上海市天钥桥路两座清代末期墓葬，两墓均为长方形木棺，单穴，葬式为仰身直肢，头向南，棺内置木炭。[6]明代光禄寺少卿顾汝由墓和光禄寺少卿顾从礼墓，两墓尸棺内均有木炭和灯芯草，其中顾汝由墓棺内存放的大量木炭和灯芯草是用棉纸包裹。[7]湖北襄阳桃花岭墓地明代墓葬 M2，棺内填有石灰和

[1] 张培生主编，静海县志编修委员会编著：《静海县志》，天津：天津社会科学院出版社，1995 年，720 页。

[2] 丁世良、赵放主编：《中国地方志民俗资料汇编　华北卷》，北京：北京图书馆出版社，1989 年，291 页。

[3] 丁世良、赵放主编：《中国地方志民俗资料汇编　华北卷》，北京：北京图书馆出版社，1989 年：325 页。

[4] 周吉平：《北京殡葬史话》，北京：北京燕山出版社，2002 年。

[5] （德）罗梅君（Mechthild Leutner）著，王燕生等译：《北京的生育、婚姻和丧葬 19 世纪至当代的民间文化和上层文化》，北京：中华书局，2001 年。

[6] 上海市文物管理委员会：《上海市天钥桥路清代墓葬发掘简报》，《东南文化》2003 年第 1 期。

[7] 高毓秋：《沪地出土明墓及湿尸考古两则》，《医古文知识》1995 年第 1 期。

木炭。[1] 嘉兴王店李家坟明墓，四座墓棺内均于墓主头侧放置有成捆的木炭。[2] 江苏江阴叶家宕明墓墓主脚底部放置有用衣服包裹的一根圆柱形木炭。[3] 在棺内随葬大块木炭，其功能是否为防潮，其与在棺内铺设草木灰、白灰是否具有相同的功能，尚需进行进一步研究探讨。

第二节　棺外遗物所见下葬时丧葬习俗

一、陶瓷罐

（一）出土概况

墓地共出土各类罐 28 件，其中瓷罐 27 件，陶罐 1 件。根据随葬陶瓷罐出土的位置可分为三类：第一类数量最多，有 22 件，出自墓主头侧棺外填土内；第二类有 3 件，出自墓主脚侧棺外填土内；第三类有 3 件，出自棺内墓主头骨附近。其出土情况如表 4-1 所示。

表 4-1　墓地陶瓷罐出土情况

罐编号	出土情况			
	墓葬形制	墓主性别	出土位置	备注
标本 M3：4	双棺墓	男	墓主脚侧棺外填土	
标本 M3：5	双棺墓	–	棺尾端外填土	未见人骨
标本 M4：2	单棺墓	女	墓主脚侧棺外填土	
标本 M20：1	双棺墓	男	墓主头侧棺外填土	
标本 M20：7	双棺墓	女	墓主头侧棺外填土	
标本 M22：8	双棺墓	女	墓主头侧棺外填土	
标本 M23：4	双棺墓	女	墓主头侧棺外填土	
标本 M26：1	单棺墓	男	墓主头骨附近	
标本 M29：6	双棺墓	男	墓主头侧棺外填土	二次迁入葬
标本 M29：7	双棺墓	女	墓主头侧棺外填土	二次迁入葬
标本 M30：4	三棺墓	男	墓主头侧棺外填土	二次迁入葬
标本 M32：2	双棺墓	男	墓主头侧棺外填土	二次迁入葬
标本 M33：6	双棺墓	女	墓主头侧棺外填土	
标本 M33：7	双棺墓	男	墓主头侧棺外填土	

[1] 襄阳市文物考古研究所：《湖北襄阳桃花岭墓地明代墓葬发掘简报》，《江汉考古》2016 年第 6 期。

[2] 嘉兴博物馆：《嘉兴王店李家坟明墓清理报告》，《东南文化》2009 年第 2 期。

[3] 江阴博物馆：《江苏江阴叶家宕明墓发掘简报》，《文物》2009 年第 8 期。

续表

罐编号	出土情况			
	墓葬形制	墓主性别	出土位置	备注
标本 M34：5	双棺墓	女	墓主头侧棺外填土	
标本 M54：2	单棺墓	男	墓主头侧棺外填土	二次迁入葬
标本 M56：3	双棺墓	男	墓主头侧棺外填土	
标本 M56：5	双棺墓	女	墓主头侧棺外填土	二次迁入葬
标本 M57：2	单棺墓	男	墓主头侧棺外填土	
标本 M62：1	单棺墓	男	墓主头骨附近	
标本 M75：4	单棺墓	男	墓主头侧棺外填土	
标本 M87：1	双棺墓	男	墓主头侧棺外填土	
标本 M87：3	双棺墓	女	墓主头侧棺外填土	
标本 M91：5	三棺墓	男	墓主头侧棺外填土	二次迁入葬
标本 M91：6	三棺墓	女	墓主头侧棺外填土	二次迁入葬
标本 M91：7	三棺墓	女	墓主头侧棺外填土	二次迁入葬
标本 M94：2	单棺墓	女	墓主头侧棺外填土	二次迁入葬
标本 M114：1	单棺墓	男	墓主头骨附近	

（二）传统民俗记载

天津及周边地区明清至民国这一时期的地方志和民俗志中关于随葬陶瓷罐这种葬俗的记录较多。（民国）《天津志略》载，出殡前一日，丧家与戚友各以箸挟灵前之菜蔬，纳于罐中，封以红布。次日出殡时，孝媳以手抱之，翁死以左手，姑死以右手，葬时埋于棺前，谓死者来生可不乏食也。[1]《天津丧礼说略》载，"发引前一夜，十二点钟前后，子女亲属，在灵前举哀谓之辞灵，……于时缠寿罐，罐以白瓷小瓶口为之，内贮饭菜等，以苹果或馒头塞瓶口，罩以白布，缚以红绳，树箸一双于内棺，入土时置棺之后枕木上"。[2]《天津民俗》载，女眷们则要坐在棺后的车轿上，一路号啕大哭。这时长媳要抱定一陶罐，亦称"匣食罐"，内放饭菜，下葬时由孝男放置死者头前。若长子先其父亡故，长孙（津俗谓之"承重孙"）则要顶替其父扛幡引导于前，其叔父辈排列其后，抱罐者也是长孙媳妇。[3]（光绪）《遵化通志》载，"始死，设食罐，每饭必祭，添肴馔其中。至葬之前夕，添食品至满，纳葱其中，罩以红布，系以五色线，授家妇抱之，至葬所置棺前埋之。凡亡者有子无妇，则置罐予怀，或并无子，则并棺举之，多以为憾"。[4]（民国）《滦县志》载，"至茔，悬棺而祭，乃焚冥资、冥器于茔侧。主者投冠杖、衰麻

[1] 宋蕴璞辑：《天津志略》，蕴兴商行，1931年。

[2] 陈恩荣：《天津丧礼说略》，民国七年（1918年）十一月二十一日天津教育部通俗教育会通过，见天津图书馆民俗数据库。

[3] 尚洁主编：《天津民俗》，兰州：甘肃人民出版社，2004年，231—256页。

[4] 丁世良，赵放主编：《中国地方志民俗资料汇编 华北卷》，北京：北京图书馆出版社，1989年，248—249页。

于圹，铺铭旌于棺上，置食罐于棺前，乃窆焉"。[1]（民国）《固安县志》载，"孝眷坐车在柩后哭送。长妇抱罐，无长妇者，嫡孙妇抱之"。[2]《沧县志》载，"灵前置米罐，朝夕上食于灵前……舆后为孝眷，各乘车，车素盖，冢妇白布蒙首，束麻带，抱米罐，嘤嘤哭。……至墓所，停舆，举柩入圹。圹内有椁，或以木，或以砖，或束苇，垩以石粉。堪舆以罗盘定其山向。旌铭铺柩上，米罐置柩前，焚纸扎。吊客挨次行礼毕，孝子掬土掷圹，绕圹一周。丧役筑土成坟，插幡其上"。[3]《中国明器》载，"在北京、山东博山及江苏宜兴等处的陶窑，现在尚有明器之制造，用以贮食物陪葬，可见这种风俗在北平东部还存在的。罗福氏举鄂鲁普（Grube）教授所调查的为证。此器叫做'夹罐'。罐口盖以烙饼，饼比罐口稍大，当丧礼之时，长子将罐打开，先女儿后儿媳妇，依次把牺牲祭物往罐里装置。筷子由一人传于一人，不得放置，放置必有凶灾。如果各人装置后，罐犹未满，则长子装满了，仍将烙饼盖上，罩上红丝布，用绳子结好，置之祭桌上。祭毕则与棺木同葬圹中，而没有别的明器。顾颉刚教授告诉我说，江苏称此器为'行粮罐'，人死后供饭，每天放一些菜下去，到葬时埋在坟里，不另放菜，这可以说是明器的末流了。罗福《汉陶》载有'夹罐儿'五事，其形状与汉宋明器不同。其中一为柳条制的，为北京附近的产物，高十六点五公寸，口周围三十六点八公寸。此器有两种用法，一为'升'，一为明器。北京附近乡民用的明器带有乡村色彩。但筐篮之用为明器，礼仪中已有之，并不是新发明"。[4]《北京丧葬史话》载，捡（一作撿，一作夹）罐，是清代汉人的祭奠礼，"在辞灵前或辞灵后举行。罐是一个高装磁罐，后来也有用柳条编的"升"代替的。家族中德高望重的长者对着死者灵台主祭后，每位亲友一一都在灵前叩头，用秫秸秆夹灵前祭席上的东西（包括冷热荤素等）放进罐子里去，每人一"筷"，此是先亲友后孝属。秫秸秆不能放在桌上，只在手中传递，最后传给长子。长子照样要夹一"筷"放进去，由他再放入七个小饺子和一个苹果，最后拿一小饼，由长子咬去四周，盖在罐口上，用红布包好，用红线扎牢，放在灵前。礼成后，折断筷子，全体一齐举哀。装好祭食的罐叫"宝瓶"，俗称"噎食罐子"，下葬时放在棺前……出殡的时候，由大儿媳妇抱着"宝瓶"到墓地，而且在出殡路程中不论坐车还是走路，她都要抱着宝瓶，不能放下。如没有儿媳妇，重承孙媳妇或死者媳妇也可以。如果没人抱就只好放在杠上或丧家坐的丧车上了。[5]《北京的生育、婚姻和丧葬》载，清末和民国初期的丧葬在发引前的仪式是"将一罐或柳条篓装满（补罐）。补罐时筷子传用，不得离手，以免重丧，众人依次用饭菜将罐补满。首先由上有父母、下有子女的'全福人'举箸补罐。丧主、死者的后人作为一家之主最后一个补罐，并填入一块烙饼结束补罐礼。补满的罐子以红布蒙口，系以五色线；红色及五色可驱避邪魔前来抢夺这些死者饭食。参加补罐的人认为，此举可以满足死者以后的饭食需求……丧主的妻子捧补满饭食的罐子去墓地，一并葬之"。[6]

此外，在《束鹿县志》《深泽县志》《定州志》中均载有"盛饭以瓷瓶，俟葬纳诸圹中，或亦《葬

[1]　丁世良，赵放主编：《中国地方志民俗资料汇编　华北卷》，北京：北京图书馆出版社，1989年，267—268页。
[2]　丁世良，赵放主编：《中国地方志民俗资料汇编　华北卷》，北京：北京图书馆出版社，1989年，294—295页。
[3]　丁世良，赵放主编：《中国地方志民俗资料汇编　华北卷》，北京：北京图书馆出版社，1989年，366—367页。
[4]　郑德坤，沈维钧：《中国明器》，北平：燕京大学哈佛燕京社，1933年。
[5]　周吉平：《北京殡葬史话》，北京：北京燕山出版社，2002年。
[6]　（德）罗梅君（Mechthild Leutner）著，王燕生等译：《北京的生育、婚姻和丧葬 19世纪至当代的民间文化和上层文化》，北京：中华书局，2001年。

仪》苞筲瓮瓶之义"。[1]

（三）讨论

关于此类罐的定名。元宝岛墓地出土的这些陶瓷罐与《中国明器》所录民国时期北平及江苏宜兴所产"夹罐儿"（以下均用此名）形制相仿（图4-1），出土位置也与之大致相符，虽然各地方志中对随葬罐称谓各异，有"寿罐""行粮罐""匣食罐""宝瓶""噎食罐子""食罐""米罐"等多种，但其使用方法基本一致，即在祭奠过程中放置灵前为死者装盛饭食，至下葬前将罐装满，下葬时随棺一同填埋。古人墓中以明器盛谷物随葬早已有之，汉墓朱书陶瓶中或朱书文字中经常发现有"五谷"，如：东汉光和四年瓶上有"五谷黄豆"之句。粮罂（或称谷仓、谷仓罐和五谷仓，或称皈依瓶、魂瓶）出现在墓葬中始见于晋代；唐宋时期，粮罂与五谷袋功能已出现分化，五谷袋专门储存粮食，而粮罂则分化出了贮存浆水的功能，五谷仓在各地发现的唐宋墓中时有发现，由于时代和地区的不同，五谷仓的形式也并不是固定的；明清至民国这一时期墓中随葬的"夹罐儿"可以说是此类明器的末流[2]。

图4-1　《中国明器》刊载民国时期所见"夹罐儿"

关于出土位置。根据各志所载，"夹罐儿"下葬时与棺一同填埋，故可知其当处于棺外填土中。元宝岛墓地出土的第一类罐出自墓主头侧棺外填土中，可与（民国）《天津志略》所载"埋于棺前"《天津民俗》载"放置死者头前"、《北京丧葬史话》载"下葬时放在棺前"、（光绪）《遵化通志》载"至葬所置棺前埋之"、（民国）《滦县志》载"置食罐于棺前"《沧县志》载"米罐置柩前"等记载相对应。第二类罐，即M3和M4两墓出土的3个白釉瓷罐极像《天津丧礼说略》中所载的"寿罐"，一则这3个瓷

[1]　丁世良、赵放主编：《中国地方志民俗资料汇编　华北卷》，北京：北京图书馆出版社，1989年，84—87、113—116、321—323页。

[2]　明代四川、湖南等中国南方地区墓葬中常见的谷仓罐和北方地区墓葬中常见的黑釉罐可能有相同的功能。

罐外壁通体施白釉，与"罐以白瓷小瓶口为之"相符；二则这3个白瓷罐均出自棺尾外填土中，可与"入土时置棺之后枕木上"相对应。至于第三类罐，即标本 M26：1、标本 M62：1、标本 M114：1 出自棺内墓主头骨附近，与下葬时置棺外埋置的传统葬俗不同，产生这种情况的原因可能与某些尚未了解的葬俗有关；更大的一种可能是考古发掘时对这些罐的位置记录出现了偏差，以上3个罐应均出自墓主头侧棺外填土，之所以将其记录为棺内，当时的主要依据是其出土时置于棺底板上。考虑到完整的木棺前端呈 ⟍ 形，不排除这些瓷罐当时是放置于棺外棺底板附近，因棺木填埋后前隔板糟朽以及周围泥土的挤压致使棺内和棺外的边界无法准确判定，并由此引发记录错误。

　　关于陶瓷罐的内容物。"夹罐儿"在下葬前有一个置于灵前盛装饭食的过程，如（民国）《天津志略》载，以箸挟灵前之菜蔬，纳于罐中，封以红布；《天津丧礼说略》载，（罐）内贮饭菜等，以苹果或馒头塞瓶口，罩以白布，缚以红绳；《天津民俗》载，（罐）内放饭菜；《北京丧葬史话》载，夹灵前祭席上的东西（包括冷热荤素等）放进罐子里去……最后拿一小饼，由长子咬去四周，盖在罐口上，用红布包好，用红线扎牢；（光绪）《遵化通志》载，（罐）添食品至满，纳葱其中，罩以红布，系以五色线。由上可知，在随棺填埋时此类陶瓷罐内是装盛有饭菜的，有些陶瓷罐还以布封口。元宝岛墓地出土的一件瓷罐 M4：2，在出土时罐内虽未见填充物，但其上方的淤土是平整地压在罐口之上，而未落进罐内（图版六，2），这一现象或可反映该罐在填埋前以布封口的状况。至于这些陶瓷罐内是否装盛有饭菜等物，还有需对其内容物进行科技检测来判定。

　　关于"夹罐儿"的功能。由（民国）《天津志略》载随葬"夹罐儿"可使"死者来生可不乏食也"，可知在墓内随葬装有饭菜的瓶罐象征性地表示亡者之魂能享用食物，不至饥馁，从而得以安息，体现出鲜明的民间信仰。

　　其他。在随葬有陶瓷罐的8座单棺墓中，有6座墓墓主为男性，2座墓墓主为女性。10座随葬有陶瓷罐的双棺墓中，有6座墓的两位墓主均随葬有陶瓷罐；其余4座墓中，随葬陶瓷罐的墓主有3位女性，1位男性。随葬陶瓷罐的2座三棺墓中，1座墓中三位墓主均随葬有陶瓷罐，另1座墓中只有男性墓主随葬有瓷罐。在这三类墓葬中，墓主随葬陶瓷罐的葬俗均未显示出性别之间的差异。有一点可以明确的是，此类随葬有陶瓷罐的墓主在下葬前都经历了祭奠的礼俗，也即这些墓主是有后人或亲属来操持其身后事，而并非草草埋葬。至于其他未见葬有"夹罐儿"的墓，可能是使用柳条制的"夹罐儿"，填埋后糟朽，发掘时已不可见；也可能是墓主的礼俗不同，其葬礼中未有"夹罐儿"的传统；也可能是墓主草草埋葬，未有下葬前的丧葬仪式；还有可能是墓主只是因故暂厝于此，不需随葬"夹罐"。

二、砖瓦

　　报告的第三章将元宝岛墓地出土随葬砖瓦分为板瓦、方砖、条砖三类，并根据其表面装饰形式进一步划分为若干亚型，以方便统计。本节主要着眼于利用明清至民国这一时期术数典籍以及相关研究文献，对砖瓦表面的朱符内容进行比对和释读，分类方式主要基于符文的内容，与之前的分类方法不尽相同，特此说明。

（一）出土情况

元宝岛墓地共有 22 座墓葬出土各类型砖瓦 30 件，这些砖瓦除 M86：1 外，均出自棺外。这些墓葬有一次葬、二次迁入葬，可能也有迁出葬（见木棺而未见人骨）；墓主的年龄范围涵盖了婴儿、青年、中壮年、老年各个年龄段（表 4-2）。

表 4-2　随葬砖瓦墓葬信息表

墓葬编号	墓葬信息		随葬砖瓦信息	摆放位置	墓主信息		
	年代	葬式	类别		葬式	性别	鉴定年龄（岁）
M15	民国	双人合葬	单葬押圹灵符砖	M15：3 位于墓主甲头骨上方填土	一次葬	女	55±
M22	清代	双人合葬	单葬押圹灵符砖	M22：10 两棺头侧棺外填土内	—	—	—
M23	清代	双人合葬	六十甲子镇墓符文瓦	M23：1 位于墓主乙头上填土内	一次葬	女	25—30
M24	清代	双人合葬	素面瓦	M24：1 位于甲棺棺头侧	一次葬	男	55—60
M29	清代	双人合葬	六十甲子镇墓符文瓦	M29：5 位于乙棺棺盖头侧	二次迁入葬	女	50—55
M30	明末	三人合葬	涂墨砖	M30：5 和 M30：7 位于乙棺头尾两侧填土内	二次迁入葬	女	30
M31	清代	三人合葬	其他	M31：1 位于丙棺棺盖头侧	二次迁入葬	女	＞60
M34	清代	双人合葬	分金符文瓦	M34：4 位于甲棺棺盖头侧	一次葬	女	30—35
M56	清代	双人合葬	六十甲子镇墓符文瓦	M56：1 位于甲棺棺盖头侧	一次葬	男	40±
			六十甲子镇墓符文瓦	M56：2 位于乙棺棺盖头侧	二次迁入葬	女	35—40
M60	清代	双人合葬	单葬押圹灵符瓦	M60：1 位于甲棺棺盖头侧	一次葬	男	30±
			其他	M60：2 位于乙棺棺盖头侧	一次葬	女	25±
M70	清代	双人合葬	素面瓦	M70：1 位于墓主甲头骨上方填土	一次葬	男	60±
			其他	M70：3 位于墓主乙头骨上方填土	一次葬	女	35—40
M71	清代	双人合葬	六十甲子镇墓符文瓦	M71：1 位于墓主甲头骨上方填土	—	女	成年
M82	清代	单人葬	其他	M82：1 位于棺盖头侧	棺内未见人骨	—	—
M83	清—民国	双人合葬	单葬押圹灵符砖	M83：1 和 M83：2 分别位于甲棺棺盖上方填土内	一次葬	男	35±
			单葬押圹灵符砖	M83：3 位于乙棺棺盖上	迁出葬	—	—
M84	清—民国	三人合葬	墓主信息瓦	M84：1 位于甲棺棺盖头侧	一次葬	女	45—50
			单葬押圹灵符砖	M84：2 位于乙棺棺盖头侧	一次葬	女	30±
M85	清—民国	双人合葬	其他	M85：1 位于墓主甲头骨上方填土	一次葬	女	25±
			单葬押圹灵符瓦	M85：2 位于乙棺头侧棺盖上	一次葬	女	30—35
M86	清代	单人葬	其他	M86：1 位于墓主上肢骨两侧	一次葬	不详	2—2.5
M88	清代	单人葬	六十甲子镇墓符文瓦	M88：1 位于墓主头骨上方填土	一次葬	女	45±
M89	清代	双人合葬	素面瓦	M89：1 位于墓主上肢骨两侧	一次葬	女	30±

					续表		
墓葬编号	墓葬信息		随葬砖瓦信息	摆放位置	墓主信息		
	年代	葬式	类别		葬式	性别	鉴定年龄（岁）
M94	清代	单人葬	六十甲子镇墓符文瓦	M94：1 位于墓主头骨上方填土	二次迁入葬	男	25—30
M101	清代	单人葬	买地券神符砖	M101：1 位于墓主棺盖头侧	一次葬	女	25±
M107	清代	单人葬	墓主信息砖	M107：2 墓主棺外头侧填土内	一次葬	女	14±

（二）相关文献

明清及民国时期墓葬随葬砖瓦的葬俗在中国北方地区较为常见。近年来北京、天津、河北、山东、河南、山西等地发现了相当数量的这一时期在墓葬内随葬砖瓦的考古实证材料，有学者对贵州思南明代张守宗夫妇墓[1]、河南卫辉县大司马明清墓[2]、陕西彬县明纪泰墓[3]、山西太原光华街明清墓[4]等诸多墓葬包括随葬的砖瓦在内的相关问题进行过研究，也有学者在讨论明清时期相关丧葬习俗时引用了《三元总录》中茔元论的部分内容。《三元总录》是我国明清时期一部术数名著，其立论精当而平允、解说透彻而明白、语言通俗而易懂，是三元术数派的开宗立派之作，具有很高的权威性，由于兼具理论性和实用性双重优点，对当时社会产生了广泛而深远的影响[5]，其中茔元部分专门论述丧葬吉凶宜忌等事，包含了诸多葬瓦和朱符的内容。

（三）分类和阐释

根据前人相关研究和《三元总录》[6]（以下简称《总录》）等内容，可将元宝岛墓地出土的30件随葬砖瓦分为以下几类：

素面瓦　共3件。均为泥质灰陶，一端宽、一端窄，内施布纹，外为素面，中间饰三道凹弦纹。标本M24：1、标本M70：1、标本M89：1均属此类。

这类素面瓦当属入墓镇物，可分两种情况，一是作为"入墓镇物"，《总录》所载入墓镇物之一便是"竹弓长六尺，苇箭三矢，五色布五块，豆黄一斗，钱纸五百张，布瓦一个，朱砂二钱"。一是作为"崩薨卒故死亡镇物"，按书中记载人在立春、惊蛰等二十四节气死亡均需压镇。如立春逢子日，其镇

[1]　贵州省博物馆：《贵州思南明代张守宗夫妇墓清理简报》，《文物》1982年第8期。

[2]　李金凤、白彬：《河南卫辉县大司马明清墓葬出土朱书板瓦初探》，《四川文物》2012年1期。

[3]　刘卫鹏、张淑娟：《陕西彬县明纪泰墓买地券和镇墓砖考略》，《西部考古》2019年2期。

[4]　中国社会科学院大学历史学院、太原市文物考古研究所、河北省文物与古建筑保护研究院、国家文物局考古研究中心：《山西太原光华街宋元、明清墓发掘简报》，《苏州文博论丛》2021年。

[5]　（清）王道亨编纂；柳洪泉著：《三元总录》，北京：中医古籍出版社，2010年。

[6]　（明）柳珍辑，郑同较：《精校三元总录》，《增补四库未收方术汇刊》（第一辑），北京：九州出版社，2013年（本文引用总录的相关图文，如无特殊说明，均是引用此古籍影印版本）。

物有"白鸡一只，柏木人六个，白纸人一个，地黄、柏枝、桑枝、布瓦"；逢未日，其镇物有"柏木人六个、白纸人一个，地黄、柏枝、桑枝、布瓦"；其他节气的镇墓物不一而足，但其镇物都有布瓦。

此类素面瓦在天津宝坻辛务屯明清墓地[1]、上宝塔明清墓[2]、山东龙口望马史家墓地清代墓葬[3]等也有发现。

六十甲子镇墓符文瓦 共7件。形制与素面瓦基本一样，不同之处在于瓦表或瓦里绘有朱符，部分瓦上带有墓主生卒信息。标本M23：1，瓦表磨光，中间为朱符，符左侧为墨书"墓""符"（图4-2，2）；标本M29：5，瓦表磨光，中间为朱符，朱符周围可识别朱书"安""墓""符"（图4-3，2）；标本M56：1，瓦表磨光，中间为朱符，符周围为朱书"亡""者""安""稳"（图4-4，3）；标本M56：2，瓦表磨光，中间为朱符，符周围为朱书"安""墓""大""吉"（图4-4，2）；标本M71：1，瓦表磨光，中间为朱符，符周围为朱书"亡""者""安""稳"（图4-4，5）；标本M88：1，瓦表磨光，中间为朱符，符周围为朱书，不可释读，瓦里为朱书墓主信息，已不可释读（图4-4，6）；标本M94：1，右上角残缺，瓦表磨光，中间为朱符，符周围为朱书，可释读有"墓""吉"（图4-4，4）。

以上朱符均属"六十甲子镇墓符"。其中，符瓦标本M23：1上所绘朱符当属己丑、己未、己巳、己卯符（图4-2，1）；符瓦标本M29：5上所绘朱符当属壬午、壬戌、壬辰、壬寅、壬申、壬子符（图4-3，1）；符瓦标本M56：1、标本M56：2、标本M71：1、标本M88：1、标本M94：1上所绘朱符属辛巳、辛未、辛卯、辛酉符（图4-4，1）。此类符瓦也是作为镇墓瓦使用，《总录》载，凡六十甲子日亡者，有内妨外妨人口，用布瓦一个，上书死日，合用灵符，安镇墓内，大吉。可知，此类镇墓符砖是用于压镇墓主死亡对家人和外人的损害。

此类镇墓符文瓦亦见于河北磁县滏阳营至槐树屯段墓葬[4]、河南卫辉大司马墓地明清墓[5]及山东淄博周村汇龙湖明代墓地[6]等同时期墓葬中也有发现，如湾漳营墓区标本M28：01（图4-2，3）上所绘朱符也为己丑、己未、己巳、己卯符；东窑头墓区标本M5：01上所绘朱符属乙卯、乙丑、乙酉、乙未、乙巳符；而东窑头墓区标本M9：01、标本M10：01（图4-3，3）和大司马墓地标本M24：3、标本M24：4上所绘朱符则属壬午、壬戌、壬辰、壬寅、壬申、壬子符；大司马墓地标本M11：1上所绘朱符属甲辰、甲寅、甲午日符，标本M6：2上所绘朱符属庚午、庚戌、庚辰、庚申、庚子、庚寅符。

[1] 天津市文化遗产保护中心、宝坻区文化馆：《宝坻区辛务屯元、明、清代墓地发掘报告》，《天津考古（二）》，科学出版社，2013年。
[2] 天津市文化遗产保护中心、蓟县文物保管所：《蓟县上宝塔清代墓地发掘报告》，《天津考古（二）》，科学出版社，2013年。
[3] 山东博物馆：《山东龙口望马史家墓地发掘简报》，《海岱考古》2017第1辑。
[4] 南水北调中线干线工程建设管理局、河北省南水北调工程建设领导小组办公室、河北省文物局编著：《磁县滏阳营至槐树屯段墓葬考古发掘报告》，北京：科学出版社，2020年。
[5] 河南省文物局编著：《卫辉大司马墓地》，北京：科学出版社，2015年。
[6] 南开大学考古学与博物馆学系、淄博市文物事业管理局、周村区文物管理所：《山东淄博周村汇龙湖明代墓地发掘简报》，《中国国家博物馆馆刊》，2015年第2期。

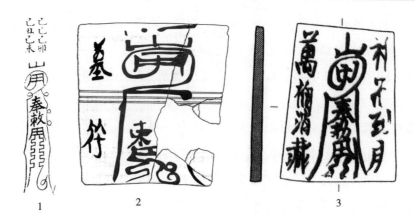

图 4-2　六十甲子镇墓符文瓦（己丑、己未、己巳、己卯符）

1.《总录》载"己丑、己未、己巳、己卯符"　2. 元宝岛墓地 M23：1　3. 湾漳营墓区 M28：01

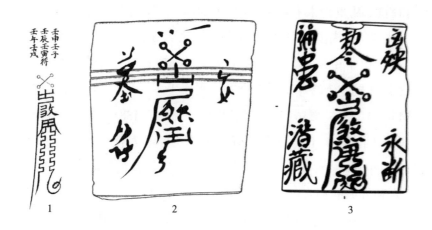

图 4-3　六十甲子镇墓符文瓦（壬午、壬戌、壬辰、壬寅、壬申、壬子符）

1.《总录》载"壬午、壬戌、壬辰、壬寅、壬申、壬子符"　2. 元宝岛墓地 M29：5　3. 东窑头墓区 M10：01

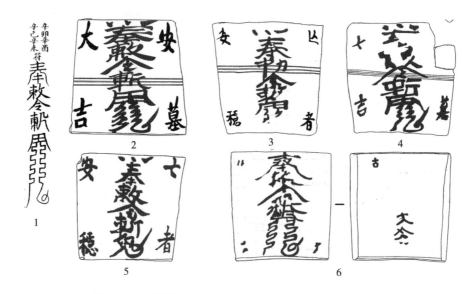

图 4-4　六十甲子镇墓符文瓦（辛巳、辛未、辛卯、辛酉符）

1.《总录》载"辛巳、辛未、辛卯、辛酉符"　2. 元宝岛墓地 M56：2　3. 元宝岛墓地 M56：1　4. 元宝岛墓地 M94：1

5. 元宝岛墓地 M71：1　6. 元宝岛墓地 M88：1

单葬押圹灵符砖（瓦）　共 8 件。标本 M60：1，右下部残缺，瓦表磨光，中间绘朱符，符上为朱书"陽"，左侧书有四字朱书，可释读有"三""台"，瓦里为朱书墓主生卒信息，从右至左可释读有"同治□二年九月□""顯考李公諱""中華三年"（图 4-5，4）；标本 M84：2，为条砖，正面磨光，上为朱书墓主生卒信息，从右至左依次可释读有"道光□□年□月十六日□□生""皇□例贈孺人王母太君□□□□公""光緒□年□月十六日□□終"；背面中央为朱符，符上方为朱书文字，已不可辨识，右侧为朱书文字"魂""安"，左侧为朱书文□"宁"（图版四七，2、3）；标本 M85：2，瓦表磨光，中间为朱符，符周围为朱书，其上为"陰壙"，右为"身披北斗□"，右为"壽山永遠石朽人來"；瓦里为朱书墓主信息，从右至左依次可释读有"同治二年十二月三十日戌時□""清封孺人王二公諱廷傑繼配□……""民國二十年六月……"（图 4-6，5）。标本 M22：10，为方砖，砖正面中间为朱符，符左右依次为朱书"身披北斗頭頂三台""壽山永固石朽人來"，砖背面中央为朱书"長人富貴"（图 4-5，2）；标本 M83：2，为条砖，通体磨光，背面中央为朱符，其上方为朱书文字"□壙"，右侧为朱书文字"□披北□□□□"、左侧为朱书"□□永遠□朽人□"，正面为朱书墓主生卒信息，模糊不可释读（图 4-5，3）；标本 M15：3，为条砖，通体磨光，左上部残缺，背面中央为朱符，其右上方为朱书文字"魂魄"，右侧为朱书文字"壽山永固"，正面为墓主生卒信息，从右至左依次可释读有"六年五月初三日□時生""公諱二□寿之靈砖""中華□□十年七月□□□□□終"（图 4-6，2）；标本 M83：1，为条砖，通体磨光，背面中央为朱符，其上方为朱书文字"陰壙"，右侧为朱书文字"身披北斗□□三台"、左侧为朱书"壽山永遠石朽人來"，砖四角各有一朱书文字，依次为"魂""魄""安""康"；正面为朱书墓主生卒信息，从右至左依次可释读有"嘉慶十四年十二月十一日己時生""皇□□贈孺人王六公□富德元配王孺人之柩""光緒十九年四月二十五日辰時終"（图 4-6，3）；标本 M83：3，为条砖，通体磨光，背面中央为朱符，其上方为朱书文字"□□"，右侧为朱书文字"魂""安"，左侧为朱书"魄""寧"，正面为朱书墓主生卒信息，从右至左可释读有"嘉慶十二年正月初八日□□生""□□□□登仕郎王公諱富德□□六十三年寿之柩砖""同治十年七□□"（图 4-6，4）。

以上朱符均属"单葬押圹灵符"，亦称"生坟压葬灵符""圹灵符"，其符有阴阳之分，其中标本 M22：10、标本 M60：1、标本 M83：2 上所绘朱符为阳圹符（图 4-5，1），标本 M15：3、标本 M83：1、标本 M83：3、标本 M85：2 上所绘朱符为阴圹符（图 4-6，1）。《总录》载，凡人家单葬妻丧，单葬夫丧，古有阳待阴，阴待阳之说，若不押镇，必主重丧，宜用新砖一个磨清做平，上书神符。左边写：身披北斗头戴三台，右边写：寿山永远石朽人来。背书：长命富贵。葬后十年大吉。可知，此类单葬押圹灵符砖（瓦）兼具压镇和祈吉两种功能。

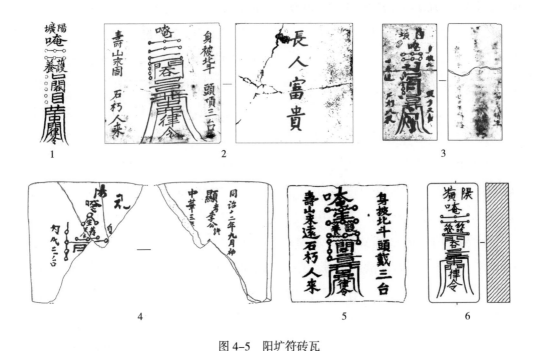

图 4-5　阳圹符砖瓦

1.《总录》载"阳圹灵符"　2. 元宝岛墓地 M22：10　3. 元宝岛墓地 M83：2　4. 元宝岛墓地 M60：1

5. 张守宗墓阳圹灵符砖　6. 北京顺义区高丽营镇于庄明墓 M1：5

　　据王育成先生考证，大约到明代，或者说至迟到明代就已形成确定为男女分用，适做一对的阴阳圹灵符，其影响范围甚广，在陕西、贵州、湖南明代墓穴中皆有发现[1][2]。贵州思南明代张守宗夫妇墓[3]（图 4-5,5、图 4-6,7），北京高丽营镇于庄明清墓[4]（图 4-6,6）、湖南石门夹山寺[5][6]、河北磁县滏阳营墓区[7]，甚至琉球清代墓地均见有此类符砖（瓦）[8]。时至今日陕西、福建等地至今仍有单葬押圹的习俗，台湾地区出版的《符咒全书》《符咒施法全书》《灵符神咒全书》等也均收有此类符，可见这类圹灵符在台湾地区的普遍流行。

[1]　中国社会科学院历史所李自成结局研究课题组编著：《李自成结局研究》，沈阳：辽宁人民出版社，1998 年。

[2]　王育成：《中国古代道教奇异符铭考论》，《中国历史博物馆馆刊》，1997 年第 2 期。

[3]　贵州省博物馆：《贵州思南明代张守宗夫妇墓清理简报》，《文物》1982 年第 8 期。

[4]　北京市文物研究所：《北京顺义区高丽营镇于庄明清墓葬发掘简报》，《北京文博文丛》2015 年第 1 期。

[5]　中国社会科学院历史所李自成结局研究课题组编著：《李自成结局研究》，沈阳：辽宁人民出版社，1998 年。

[6]　王育成：《中国古代道教奇异符铭考论》，《中国历史博物馆馆刊》，1997 年第 2 期。

[7]　南水北调中线干线工程建设管理局、河北省南水北调工程建设领导小组办公室、河北省文物局编著：《磁县滏阳营至槐树屯段墓葬考古发掘报告》，北京：科学出版社，2020 年。

[8]　陈进国：《信仰，仪式与乡土社会：风水的历史人类学探索》，北京：中国社会科学出版社，2005 年。

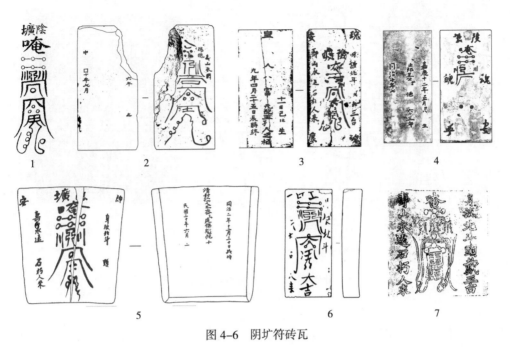

图 4-6 阴圹符砖瓦

1.《总录》载 "阴圹灵符" 2. 元宝岛墓地 M15：3 3. 元宝岛墓地 M83：1 4. 元宝岛墓地 M83：3

5. 元宝岛墓地 M85：2 6. 滏阳营墓区 M24：01 7. 张守宗墓阴圹灵符砖

分金符瓦 共 1 件。标本 M34：4，其形制与素面瓦基本一致，瓦表磨光，中间为朱符，符周围为朱书 "六" "丁" "守" "墓" "篆" "口"（图 4-7，2）。

此朱符应属 "分金符"（图 4-7，1）。《总录》"玄女分金大葬" 部分载，夫拨棺调向，首顶来山，足踏去水，吊得贪、巨、武、辅、弼之星，并玄女分金分得脐、耳、鼻，大吉，腹半吉，必致子孙官禄荣昌，资财富贵，百事大吉。宜用新砖二个，硃书分金符，牛局一个定山，首一个定向，足能避伏尸故气，葬后千年大吉。秘诀："寻龙容易点穴难，全在拨棺调向间，俗师不明倒杖诀，安移棺木指东南。"

同样的分金符见于陕西彬县纪泰墓，该墓随葬有两块书写有分金符的条砖，一块竖立在靠于墓门上的墓志上，正面（书写文字一面）朝内，紧靠墓门，另一块竖立于墓室南端的买地券上，正面朝向墓门，两块砖符文基本相同，唯一的差别是符下的文字，墓室口的一块为 "定向"，墓室内的块为 "定山"（图 4-7，3）[1]。这与《总录》所载 "玄女分金大葬" 中分金符砖的用法一致。可知元宝岛墓地标本 M34 的分金符瓦的使用并未严格按照《总录》所载方法。

---

[1] 刘卫鹏、张淑娟：《陕西彬县明纪泰墓买地券和镇墓砖考略》,《西部考古》2019 年 2 期。

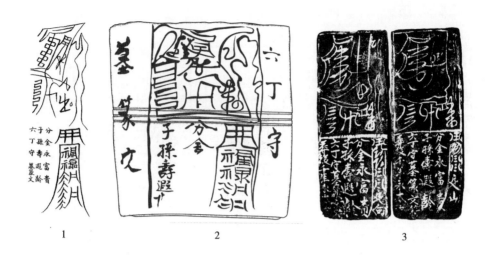

图 4-7　分金符砖瓦

1.《总录》载"分金符"　2. 元宝岛墓地 M34：4　3. 纪泰墓符砖

涂墨砖　共 2 件。标本 M30：5 和标本 M30：7，均为条砖，通体涂墨，墨层下隐约可见有朱书痕迹。这两块砖侧立于标本 M30 乙棺外前后两端，这种摆放方式也见于天津市北辰区李咀明清家族墓地标本 M1，其摆放方式类似于纪泰墓，其作用应是"定山"和"定向"，故标本 M30：5 和标本 M30：7 两砖墨层下的朱色痕迹有可能为分金符。

买地券神符砖　共 1 件。标本 M101：1，其形制与素面瓦基本一致，瓦表磨光，中间为朱符，朱符的绘制为先用锐器在瓦表刻出符的痕迹，然后用朱笔描摹，笔法生硬，瓦表左上角有朱书文字"造"，右上角有朱书文字"坤"，瓦里为朱书墓主信息，从右至左依次可释读有"道光二十年""董门高□""九月初□二日□"（图 4-8，5）。

此朱符与《总录》所载买地券上的神符相似（图 4-8，1）。类似神符见于明崇祯十二年马贵良买地券[1]（图 4-8，2）、江苏镇江丹阳高楼村明墓出土买地券[2]（图 4-8，3）和北京通州清代随时道买地券[3]（图 4-8，4）。

[1]　曹建强：《明崇祯十二年马贵良买地券石碑释读》，《古今农业》2017 年第 4 期。

[2]　徐佳甜：《镇江丹阳高楼村明墓出土买地券补释》，《文物鉴定与鉴赏》2021 年第 1 期。

[3]　李伟敏：《通州新出土清随时道买地券考释》，《北京文博文丛》2020 年 1 期。

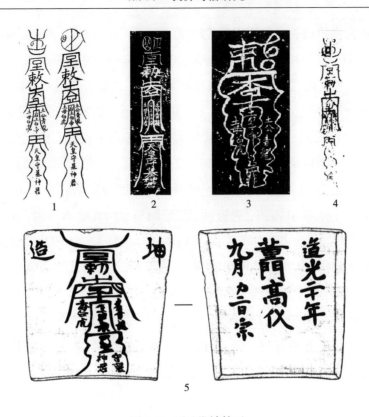

图 4-8　买地券神符瓦

1.《总录》载 "买地券神符"　2. 马贵良买地券神符　3. 高楼村明墓买地券神符　4. 随时道买地券神符

5. 元宝岛墓地 M101：1

墓主信息瓦（砖）　共 2 件。可分为板瓦和条砖之分，书写方式有朱书和篆刻两种。标本 M84：1，为板瓦，其形制与素面瓦基本一致，瓦表磨光，上为朱书墓主生卒信息，从右至左依次可释读有 "道光□□年□月十六日□□生" "皇□例赠孺人王母太君□□□□公……" "光绪□年□月十六日□□终"（图 4-9,1）。标本 M107：2，为条砖，正面篆刻有墓主信息，从右至左依次可释读为 "光绪三十一年三月二十日巳时故" "名三顺年十四崴霰柩" "係獨流北街慎脩堂王宅女"（图 4-9,2）。

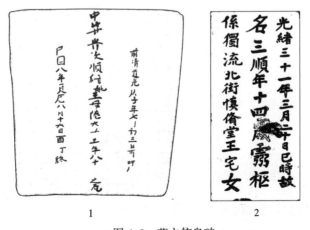

图 4-9　墓主信息砖

1. 元宝岛墓地 M84：1　2. 元宝岛墓地 M107：2

其他　共6件。均为带符砖瓦，但其上所绘朱符尚不能明确归属于哪类。标本 M31：1，为板瓦，其形制与素面瓦基本一致，右下角残缺，瓦表磨光，中间为朱符，符周围为朱书"魂""魄""定"（图4-10，2）；标本 M60：2，为板瓦，其形制与素面瓦基本一致，瓦表磨光，上为墓主生卒信息，从右至左依次可释读有"十月十一日酉□生""□□□□太君高年三十八壽終靈□""民國八年二月初五日巳時終"（图4-10，6）；标本 M70：3，为板瓦，其形制与素面瓦基本一致。瓦表磨光，中间为朱符，符周围为朱书"魂""魄""寧"（图4-10，3）；标本 M82：1，为板瓦，其形制与素面瓦基本一致，瓦表磨光，中间绘朱符，瓦表四角各有朱书文字一个，已不可释读，瓦里为朱书墓主生卒信息，仅可释读有"□公""民國"（图4-10，7）；标本 M86：1，为板瓦，其形制与素面瓦基本一致，瓦表磨光，中间为朱符，符周围为朱书"元""亨""大""吉"（图4-10，5）；标本 M85：1，为条砖，通体磨光，正面中央为朱符，背面为朱书墓主生卒信息，从右至左可释读有"□豐□年十月初九日辰時生""□故顯妣王母安太君□年三□□之""……年八月十三日酉時終"（图4-10，4）。

其中标本 M31：1 和标本 M70：3 上朱符相似，均由"奉""敕""令""煞""鬼"及代表北斗七星的尸形符号组成，这与总录所载镇墓符（图4-10，1）有相似之处，推测这两块符瓦也应为镇墓之用。其余几个符瓦（砖）上朱符的功能则还需寻找新的论证对比材料。

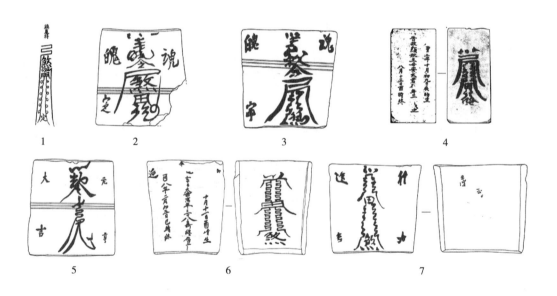

图4-10　其他类型砖瓦

1.《总录》载"镇墓符"　2.元宝岛墓地M31：1　3.元宝岛墓地M70：3　4.元宝岛墓地M85：1
5.元宝岛墓地M86：1　6.元宝岛墓地M60：2　7.元宝岛墓地M82：1

（四）讨论

元宝岛墓地出土的这批随葬砖瓦按照其使用功能可大致分为作为"入墓镇物"的素面瓦、镇墓符瓦、单葬押圹灵符砖（瓦）、分金符瓦（包含涂墨砖）、墓主信息瓦（砖）等几大类，其功能除了用于镇墓外，还有给棺木定向、祈吉、荫佑子孙、记录墓主信息等多种功能。

关于墓主信息瓦（砖）。墓主信息砖也见于山东济南市章丘区女郎山 192 号明天启二年（1622年）墓，该墓中随葬 1 件板瓦，与其他随葬品放在近墓门处，正面朱书："明故祖母尹氏之灵，享年八十四岁，卒于天启二年十月二十九日，酉时辞世，天启二年十一月廿日吉"。有研究者认为该瓦非为镇墓，而是死者之灵位，其左右的灯盏，当年封墓前很可能是用于点灯，子孙在封墓前举行祭祀仪式后，再用石块封墓[1]。元宝岛墓地出土的这类墓主信息瓦（砖）的作用可能与之类似。但考虑到清到民国这一时期"杨柳青人惑于鬼神，占候，风水，旧俗死而不葬者，多停枢以俟干支，或俟远人，或俟赀财，或俟茔地，以故破庙古寺中或其旁，纵横错杂，皆攒枢也"的厝葬习俗，这类墓主信息砖的作用很可能是便于迁葬时用来确认墓主的身份，以防破坏他人棺木。其它带有墓主信息的符瓦（砖）可能也兼具这种功能。这一点可从符文瓦 M83：1 上所写文字"皇□□赠孺人王六公□富德元配王孺人之枢"和符文砖 M83：3 上所写文字"□□□□登仕郎王公讳富德□□六十三年寿之枢砖"上有所体现。

关于随葬砖瓦的摆放位置。素面瓦以及镇墓符瓦，按照《总录》所载使用方法，是"入墓"而非"入棺"，这与元宝岛墓地这两类随葬砖瓦放置在棺盖上或出土于墓内填土的情况基本一致，不同于天津北部地区的宝坻辛务屯明墓、蓟州上宝塔明清墓等诸多明清墓地考古发掘所见墓主胸压符咒板瓦的情况，而后者与《望都县志》（民国二十三年铅印本）所载"由阴阳师朱书符于瓦，覆尸上为镇物"以及衡水地区至今仍流行的墓主"用瓦覆胸，曰护心瓦"的习俗类似[2]，这几者之间的异同及原因还需要进一步分析。M30 的两块涂墨砖分别放置于木棺前后用于给棺木定向；单葬押圹灵符砖（瓦）和墓主信息砖均放置于棺外。带有墓主信息的砖瓦因其可能具有便于他人准确识别墓主身份以防误毁他人棺木的作用，因而将其放置于棺外是恰当的，这也可与元宝岛墓地考古发掘所见随葬砖瓦的出土位置对应。

关于墓主的年龄。按照《总录》所载，素面瓦作为"崩薨卒故死亡镇物"使用与墓主死亡日期在二十四节气有关，而与墓主是否正常死亡及其年龄大小之间没有直接关系；镇墓符瓦的使用，则是看墓主死亡是否有"内妨外妨人口"，与墓主年龄也无直接关系；单葬押圹灵符砖（瓦）、分金符瓦等其他几类的使用均有其特定的功能，与墓主的死亡年龄之间也没有必然联系，这一点从随葬各类砖瓦的墓主年龄分布情况也可以看出。

关于墓主的性别。按照《总录》所载，单葬押圹灵符有阴阳之分，这与元宝岛墓地考古发掘所见随葬单葬押圹灵符砖（瓦）墓主的性别分布情况基本一致[3]；而其他几类随葬砖瓦与墓主性别之间没有必然联系。

关于墓主的身份等级。虽然元宝岛墓地随葬有砖瓦的墓葬均为小型墓，从墓葬形制和随葬品来看墓主的身份不高，但从现有的已刊布的材料来看，随葬有单葬押圹灵符砖的贵州思南张守宗夫妇墓，张守宗为"明赐进士出身，户部山西司员外郎，诏晋中宪大夫"；随葬有镇墓瓦的洛阳沈应时家族

[1]　杨爱国：《明清墓随葬陶瓦与古代镇墓传统》，《中原文物》2022 年 5 期。

[2]　衡水市地方志编纂委员会编：《衡水市志》，北京：民族出版社，1996 年，829 页。

[3]　唯一的特例是标本 M83，此墓为双棺墓，但出土三块压圹灵符砖，标本 M83：2 上所绘朱符为阳圹符；标本 M83：1、标本 M83：3 上所绘朱符为阴圹符。其中，标本 M83：1 和标本 M83：2 分别位于甲棺棺盖头侧和中部，墓主甲为男性；标本 M83：3 位于乙棺棺盖上，乙棺内未发现人骨。

墓，沈应时为"明资善大夫，南京工部尚书"[1]；随葬有朱符板瓦的天津蓟州明敦典墓，敦典为"明故儒官"[2]，由此可见随葬砖瓦的墓主也并非全是普通平民阶层。

此外，元宝岛墓地随葬砖瓦上所绘朱符的水平不一，有些符文砖瓦的使用并不合乎《总录》所载规范，如方砖标本 M22：1 正面所绘单葬押圹灵符，将"寿山永远"写成"寿山永固"，其背面将"长命富贵"写成"长人富贵"；板瓦标本 M101：1 上所绘买地券的神符上部缺少部分内容，且不与买地券文搭配使用；板瓦标本 M34：4 上绘有分金符，但只有一块。出现此类现象，一方面与明清至民国这一时期符文砖瓦的书写等相关事宜均由民间阴阳先生负责，他们文化水平普遍不高，主要通过师承关系，采用口头传授和文本传抄的方式来传承这类知识有关，在口头传授和文本传抄过程中，不免产生文句不通、错讹舛漏等问题[3]；另一方面也可能与民间阴阳先生在传习这些丧葬礼俗知识过程中，对其中感到不能自洽的部分加以自己的理解并做出相应改变有关，此一点在《三元总录》《重刊地理葬埋黑通书》《象吉通书》，以及福建地区单葬押圹符砖不同时期的变化[4]中表现尤为明显。

第三节　墓地所见"浮厝"习俗

一、墓地所见二次葬现象

在墓葬考古报告中，二次葬作为一个出现频度较高的词汇被用来定义某种葬俗。在考古报告中，这种葬俗一般有三种形式：单人二次葬、多人二次葬、一次葬与二次葬相结合[5]。二次葬俗在我国历史悠久、分布广泛、其形式也多种多样。考古资料表明，"二次葬"早在新石器时代就已出现和流行，在距今 7500～9000 年的河南舞阳贾湖遗址和距今 8000 年左右的湖南澧县彭头山遗址中，所发现的墓葬中即有属于二次葬，并且已经出现单人二次葬、多人二次葬、一次与二次混合的多人合葬等形式。

元宝岛墓地共计有 63 座单棺或无棺墓，其中有 8 座墓的木棺破坏较为严重，仅存部分棺底，遗留有少量零星碎骨；有 2 座墓中安置有 2 具人骨，均残缺不全。在具备统计意义的 53 座单棺墓数量中，一次葬有 33 座，二次迁入葬有 10 座，迁出葬有 10 座。在 49 座双棺墓中，有 9 座墓破坏较为严重。38 座具备统计意义的双棺墓中，一次葬与一次葬组合的有 19 座，一次葬与二次迁入葬组合的有 8 座，二次迁入葬与二次迁入葬组合的有 11 座。至于 8 座三棺墓，其中一例（M100）的一棺破坏严重。在 5 座具备统计意义的三棺墓中，全一次葬组合的仅有 1 座，一次葬与二次迁入葬组合的有 3 座，全为二次葬组合的有 1 座。

---

[1]　洛阳市文物考古研究院：《明南京工部尚书沈应时夫妇墓发掘简报》，《洛阳考古》2018 年 3 期。

[2]　天津市文化遗产保护中心：《天津蓟县城关镇明敦典墓》，《北方文物》2008 年第 2 期。

[3]　李伟敏：《通州新出土清随时道买地券考释》，《北京文博文丛》2020 年 1 期。

[4]　陈进国：《信仰，仪式与乡土社会：风水的历史人类学探索》，北京：中国社会科学出版社，2005 年。

[5]　宋兆麟：《民族志中的二次葬》，《中国史前考古学研究——祝贺石兴邦先生考古半世纪暨八秩华诞文集》，2004 年。

二、地方志所见"浮厝"习俗

从天津及周边地方志和民俗志的记载来看，"停棺不葬"在明清时期是一种常见的现象[1]，其叫法不一，有"浮厝""寄葬""攒柩"等，其原因也各不相同。如《杨柳青小志》载，"杨柳青人惑于鬼神、占候、风水，旧俗死而不葬者，多停柩以俟干支，或俟远人，或俟赀财，或俟茔地，以故破庙古寺中或其旁，纵横错杂，皆攒柩也，泥涂者、灰垩者，坍坏露柩戍露骨习以为惯。寺僧取看护之资于柩主，以年计，近日地方卫生关系，驱迫葬埋，已无此景像矣"；《天津丧礼说略》载，"合葬，夫先死则入正穴，妻先死则须浮厝，至合葬时，以红布横铺两棺上，谓之搭桥布，两棺相并，蒙土掩埋，若有继配，即由元配顺序排列，不得于男棺左右夹葬之，如两棺大小不相称，有加以榔者，盖因棺之大小不同，后人之心，终觉未安也"；（民国）《静海县志》载，"古以孝治天下，于慎终之礼言之綦详。后世踵事增毕，始以创饰为奇，继以过前为丽，因而士庶之家囿于习俗，贫不能葬，停棺露骨者有之"；《天津志略》载，"在津粤人旅榇，其始均寄葬大直沽闽粤山庄义地"；《津门杂记》载，"乃夸外观之有耀，昧入土之为安，亲朋执绋送葬自郊而返，大都棺柩委之路隅，津人名之曰坵，遂以为毕乃公事，求其马鬣早封，牛眠预卜者，十不一觏，往往柩上金字某祖某妣赫然如新，而棺木已为风霜剥蚀，狐钻獾穴，触目凄然，是皆当年出大殡者也"；（乾隆）《宁河县志》载，"幸不至有停柩之弊，然居之近水者，往往于河滨浮厝，经历岁久，多被淹没、暴露。余每见为之恻然，因出示严禁，谆切晓谕，其风盖可少变云"；《天津简志》载，"孝男孝妇跟随到地，俗称'送葬下洼'，棺木埋在深穴内，上面堆土成坟头者名'下葬'；棺木半埋地下，上面四周扎把、外培泥成坟丘者叫'浮厝'"；《天津民俗》载下葬，"方式有两种，一种是挖穴深埋，填土后堆成坟头，叫'下葬'……另一种是棺材埋地下，上面四周扎苇把，外面随形培土，叫'浮厝'，这种方式只限于一些客死天津者，为便于以后迁回原籍，所以棺材大都较薄、较轻；材头探出很短，称为'行棺'"。

通过对杨柳青及周边地方志和民俗志的相关记载进行初步梳理可知，浮厝产生的原因至少包括以下几种[2]：客死他乡，因交通等原因而就地埋葬，出于叶落归根的情节，若干年后再捡骨运回故里安

---

[1]　王卫平：《清代江南地区社会问题研究：以停棺不葬为例》，《江苏社会科学》，2001年第2期。
[2]　还有其他未知原因致使墓主经数年不能正式下葬的实例，如《殷尚质墓表》载，"生于正德丁丑年十月二十四日，距其死节嘉靖丙辰年十月十四日，享年四十岁，又逾十年，始克襄事。墓在本卫城西，张官屯之原"（见天津市地方志编修委员会编著：《天津通志·旧志点校卷.中册》，天津：南开大学出版社，2001年，981—982页）。

葬[1]；有的是由于父母中一方先丧，待另一方亡故后再移居合葬[2]；贫不能葬，为俟赀财[3]；惑于风水，为卜牛眠地（风水地）；惑于风水，以俟干支（下葬吉日）。

三、二次葬与"浮厝"关系

由上可知，"二次葬"和"浮厝"虽有联系，但确是两个不同的概念。考古发掘所见的二次葬是可以观察到的尸骨经二次处理后的一种状态，而"浮厝"则是一个"停柩再葬"的过程。

"浮厝"在不同的阶段会呈现出不同的状态，如棺木半埋地下，上面四周扎把、外培泥成坟丘时是一次葬（如民俗田野考察所见的"坵"）；而后期将尸骨迁出后，原来浮厝的墓穴则转变为"迁出葬"，与此同时，尸骨新迁入的墓穴则可能呈现出二次葬特征[4]。综上所述，导致墓葬中人骨二次葬的原因有很多，墓葬中呈二次葬状态的墓主，并不意味着其之前有过"浮厝"的经历；同理，墓葬中呈一次葬状态的墓主，也有可能正处于"浮厝"的阶段。

―――――――

[1]　如《徐城墓志铭》载"故河南南阳县知县、候补同知直隶州徐君，讳城，字印川，以道光二十有三年冬十有二月十日卒于官，年六十有七……明年十月某日，及次子蓉镜以丧归葬天津之葛沽东二十里口子后，封拜地君。娶山阴朱氏，故两淮临清场大使鉴之女也，是为朱宜人，以君卒后十有三载，卒于卫辉之汲县诸孙思穆官舍，实咸丰五年冬十一月四日。时群盗方盛，不可以丧行，蓉镜、寿彝乃及诸孙谋，即殡其郊。越十有四年，捻贼犯河北，曾孙嘉猷惧事之不虞，即葬焉。寇定，家比不复，又垂二十年，嘉猷、嘉禾、元孙世昌等乃克以其内外禄入，图归宜人柩。光绪十有四年夏五月，嘉猷乃至汲启恭人，攒命世昌归其柩天津。六月柩至天津，七月十日世昌乃合窆恭人于君之兆"（见天津市地方志编修委员会编著：《天津通志·旧志点校卷·中册》，天津：南开大学出版社，2001年，1045—1046页）。

[2]　此类实例较多，如《王文锦墓志铭》载，"公卒于光绪二十二年五月二十五日辰时，距生于道光十五年六月初十日丑时，春秋六十有二。配孙夫人，处士荣女，道光十四年十一月二十九日寅时生，光绪十年五月初十日酉时卒；继娶张夫人，候选训导尔位女……将于□月□日窆公于城西之南阡，元配孙夫人祔焉"（见天津市地方志编修委员会编著：《天津通志·旧志点校卷·中册》，天津：南开大学出版社，2001年，1046—1047页）；《沈世华墓志》载"府君生于康熙五十三年甲午十二月二十九日，卒于乾隆四十七年壬寅八月十四日，年六十有九；周孺人生于康熙五十四年乙未九月初五日，卒于乾隆五十六年辛亥六月二十日，年七十有七；兹卜于嘉庆十二年丁卯十月初十日，合葬于天津城西雷庄之原，首艮趾坤"（见天津市地方志编修委员会编著：《天津通志·旧志点校卷·中册》，天津：南开大学出版社，2001年，1043页）；《赵方观墓志铭》载，"以乾隆五年五月二十九日考终故里，年六十有六……孤子春（慎）于乾隆五年九月二十七日卜葬君于北仓先茔之次，以配卜宜人祔，宜人固安名族，侍御峻超之女，博习书传，通识大体，先君二十年卒"（见天津市地方志编修委员会编著：《天津通志·旧志点校卷·中册》，天津：南开大学出版社，2001年，1041页）；《赵之符墓志铭》载，"公讳之符，字尔合，别号恰斋。生于天命十年二月戊子，卒于康熙二十五年六月癸亥。享年六十有二岁……公元配刘氏，生员世奇女，事姑孝，庄静善持家，严于教子，先公二十三年卒，赠孺人……今其子卜于康熙二十五年十月辛未葬公于北仓之北原，刘孺人祔焉"（见天津市地方志编修委员会编著：《天津通志·旧志点校卷·中册》，天津：南开大学出版社，2001年，1039—1040页）；《汪宦墓志铭》载，"封君生弘治四年二月二十日，殁嘉靖三十六年七月二十八日，寿六十有七；安人生弘治三年二月二十二日，殁嘉靖二十七年十月十三日，寿五十有九……兹将以三十七年夏四月初八日，合葬其父母稍直口"（见天津市地方志编修委员会编著：《天津通志·旧志点校卷·中册》，天津：南开大学出版社，2001年，980页）。

[3]　如《河北义地碑记》载，"津郡滨临大海，屏蔽京师，为古重镇。自三口通市以来，商贾辐辏，中外聚处，人稠地密，近城几无空隙，土著之人浮棺不葬者，盖艰于卜地也。同治辛未、壬申津郡连被水患，厝之棺及浅埋之椁随波漂荡，心焉悯之"（见天津市地方志编修委员会编著：《天津通志·旧志点校卷·中册》，天津：南开大学出版社，2001年，1029页）。

[4]　陈星灿等在河南西北部的焦作地区"寄葬"调查时发现"寄葬"中的死者要等父或夫死后才能同入土。因为先死者与后死者或是父子关系，或是夫妇关系，一般情况下死亡时间的间隔很难超过几十年，所以先死者的棺木虽然破旧，还不至于朽坏；万一先死者的棺木朽坏，则另装新棺埋葬，不过这种情况是罕见的。第一种情况，如果棺木尚未朽坏，其经历"寄葬"的墓主骨骼迁葬后，若通过后期考古发掘的话，观察到的依然是一次葬。而王文燕考察安徽岳西二次葬俗时，看到岳西境内的葬礼过程一般分两步进行：人死后，先将死者的尸体装入棺柩抬往墓地停放若干年，此过程称为"浮厝"，当地称之为"蚕"（"厝"的谐音），待尸体腐烂后，开棺取出尸骸，将原来的大棺改为小棺，再整理其骨骸装入小棺另选坟地埋葬，这一过程被称为"葬坟"。（见陈星灿、傅宪国：《"寄葬"及其对考古学研究的启示》，《文物季刊》，1997年第1期。）

四、墓地所见"浮厝"习俗

元宝岛墓地如此之多的单棺葬和二次葬现象的出现,很有可能与当地流行的"浮厝"习俗有关。囿于墓地材料,尤其是墓主下葬背景材料的缺失,以及"浮厝"原因和表现形式的多样化,墓地的某些墓葬表现有"浮厝"迹象,但难以深入研究,故本节只能对这一现象进行笼统、简略的讨论。

墓地所见单棺墓中的迁出葬很有可能是原墓主曾在此"浮厝",后迁葬至新茔所致;而二次迁入葬,其墓主可能在其他地方曾有"浮厝"过程。墓地所见单棺墓中某些一次葬者也可能属于"浮厝",如 M101 墓主为 25 岁女性,随葬器物较多,有符文瓦 1 片、扁方 1 件、簪 3 件、钮扣 4 颗、铜钱 4 枚,不似贫苦人家,墓主头侧棺盖上所置符文瓦瓦表磨光,中间为朱符(似为买地券神符),瓦表左上角有朱书文字"造",右上角有朱书文字"坤",瓦里为朱书墓主信息,从右至左依次可释读有"道光二十年""董门高□""九月初二日□",其可能为"妻先死则须浮厝",等待丈夫合葬;另有 M25,墓主为 35~40 岁的女性,随葬品较多,有银戒指 3 枚、铜簪 2 件、耳环 1 枚、铜钱 2 枚,不似贫苦人家,或因同样原因浮厝于此。

元宝岛墓地双棺墓和三棺墓中的二次葬墓主可能经历有"浮厝"过程,但其原因可能有所不同。M31 墓主甲为一次葬,系成年女性,死亡年龄在 25 岁左右;墓主乙和墓主丙均为二次迁入葬,其中墓主乙系成年男性,死亡年龄在 50~55 岁,墓主丙系成年女性,死亡年龄在 60 岁以上,其棺盖上置有符文瓦 1 块。造成此种现象的原因可能是墓主乙(夫)和墓主丙(妻)早亡,后在其他地方浮厝,墓主甲(侧室)死后,三人一起合葬[1]。M91 三棺内墓主均为二次迁入葬,其中墓主甲系成年男性,死亡年龄在 25 岁左右;墓主乙系成年女性,死亡年龄在 25 岁;墓主丙系成年女性,死亡年龄在 25~30 岁。从三棺墓主头侧棺外填土中均置有食罐可推知下葬前安排有丧葬礼仪,鉴于三者死亡年龄均为青壮年,三者亡后进行浮厝的原因很可能是待吉日或求吉地迁葬以求家人平安。

---

[1]　此种现象在陈星灿等在焦作地区田野调查现代"寄葬"习俗时曾有发现,当时沁阳范村遗址上并排摆放着二座"寄葬",据一刘姓老人介绍,这是一对张姓夫妇的寄葬,夫妇双方所以还没有入土是因为墓主张某有两位夫人,而另一位邢姓的夫人尚健在,要等第二个夫人死后才能一同下葬(见陈星灿、傅宪国:《"寄葬"及其对考古学研究的启示》,《文物季刊》,1997 年第 1 期);此种现象还见于宝坻芮陈尧墓,该墓的乙、丙、丁室为整体一次修建而成,甲室于乙室西侧二次修建,根据墓志"公生于万历乙亥年十月二十五日,卒于顺治壬辰年八月二十一日,享寿七十有八……是冬,奉公柩与孺人王氏合葬于东郭御祭祖茔之次,米氏柩亦同穴"可见,芮陈尧及正室王氏、次室米氏应是同一时间下葬,此时次室史氏健在,其后,史氏亡,与三人合葬(见天津市文化遗产保护中心、天津市宝坻区文化馆:《宝坻海滨医院清代墓地发掘简报》,《天津考古(三)》,北京:科学出版社,2023 年);但并非所有妻先于夫亡就需厝葬,亦有妻亡先葬,夫死后合葬的实例,如《黄钏墓志铭》载,(黄钏)"弘治壬子五月十四日,以疾终于正寝,距生之岁计寿七十有六。配金氏,封恭人,讳妙成,本卫指挥金事公贵之女,甫笄归公,贤而合德,先公八年卒成化乙巳六月二十一日也,距生永乐丙申正月十四日,计寿七十,以卒之岁十一月十三日,葬静海县大直沽里,河西之原,祖茔之次……以是岁八月二十二日,启恭人之墓,窆公柩而合葬焉"(见天津市地方志编修委员会编著:《天津通志·旧志点校卷 . 中册》,天津:南开大学出版社,2001 年,975 页)。

第五章　鉴定检测与研究报告

第一节　元宝岛墓地人骨体质人类学鉴定与初步研究[1]

2021年，中山大学李法军教授带领团队完成元宝岛墓地120座墓葬共计158例个体人骨样本的古人口学、体质发育、健康水平以及骨骼生物力学数据的采集工作（见附表3），并在墓地明清时期个体以及群体的生物学信息和社会学信息等方面形成了一些初步认识。

一、人口寿命研究

元宝岛墓地共出土人骨样本158例。依据吴汝康、邵象清等确立的标准[2]，对上述个体进行性别和年龄鉴定。

（一）个体性别鉴定

主要依据头骨和髋骨所反映的性别差异特征，髋骨的性别差异十分明显。男性的骨盆粗壮，高而窄，坐骨大切迹窄而深，耻骨联合部较高，耻骨下角小；女性的骨盆矮而宽，骨面细腻，坐骨大切迹宽而浅，耻骨联合部较低，耻骨下角大，常有耳前沟。头骨上的眶上缘形态，眉弓突度，额部倾斜度，乳突大小和枕外隆突等结构也是性别鉴定的重要依据。

（二）个体年龄鉴定

未成年骨骼主要根据牙齿萌出时间、四肢骨骨化点出现、骨骺愈合来判断。成年人骨骼主要依据耻骨联合面年龄变化、耳状关节面年龄变化、牙齿磨耗程度、颅骨骨缝愈合情况进行综合分析。各年龄组判断具体依据如下：

---

[1]　本节依据李法军、马嘉良、王亚蒙、乔梁：《天津市西青区杨柳青镇元宝岛墓地人骨初步研究报告》（未发表）整理而成。

[2]　Todd TW：《Age changes in the pubic bone. Ⅰ：the male White Pubis》，《American Journal of Physical Anthropology》1921年第3期；Todd T.W：《Age changes in the pubic bone. Ⅲ：The pubis of the White female. Ⅳ：the pubis of the female white-negro hydird》，《American Journal of Physical Anthropology》1921年第4期；吴汝康、吴新智、张振标：《人体测量方法》，北京：科学出版社，1984年；邵象清：《人体测量手册》，上海：上海辞书出版社，1985年。

婴幼少年期：乳齿萌出或乳恒牙齿并存，或除第三臼齿外的恒齿全部萌出且未有磨耗，颅骨骨缝没有开始愈合，四肢骨骨骺自 13 岁始开始愈合。

青年期：耻骨联合面圆突，整个联合面由隆嵴和沟组成，嵴的高度可达 2～3 毫米，其后逐渐明显变平。联合面的边缘无界限边缘，背侧缘从中部开始出现。耳状关节面表面平滑，分布波纹，周缘不明显。第一臼齿和第二臼齿一般属于Ⅰ级磨耗。颅骨基底缝和矢状缝未愈合或开始愈合。

壮年期：耻骨联合面隆嵴逐渐消失至开始凹陷。背侧缘和腹侧缘完全形成，周缘完全形成并开始呈卵圆形倾向。耳状关节面波纹明显减少，表面开始出现少量孔隙，腹侧周缘开始出现。第一臼齿属于Ⅱ～Ⅲ级磨耗，第二臼齿达Ⅱ级磨耗。颅骨基底缝已经愈合，颅骨骨缝部分开始愈合，矢状缝几近完全愈合。

中年期：耻骨联合面由轻度下凹转向波形起伏继而明显下凹。联合面呈卵圆形。腹侧缘和背侧缘有唇缘形成。耳状关节面表面粗糙，孔隙明显增多，腹侧缘和背侧缘均形成。第一臼齿属于Ⅳ级磨耗，第二臼齿Ⅲ～Ⅳ级磨耗。颅骨基底缝已经愈合，颅骨骨缝大部分愈合。

老年期：整个耻骨联合面骨质变得疏松，出现诸多退行性变化。耳状关节面表面存在大量孔隙，腹侧缘和背侧缘崎岖。牙齿齿冠全部磨耗，骨缝几乎全部愈合，骨质开始变薄。

（三）人口寿命的统计结果

根据性别和年龄鉴定的结果，推算该人群的平均死亡年龄，制作简略生命表，以用来反映一批同龄人生命过程的表现形式，这种方法可以考察死亡与年龄的关系，了解一批同龄人生命过程变化的规律。在编制生命表时，通常的做法是采取假定一代人的方法。具体方法是，将处于不同年龄阶段的一群人，当作同时出生的一代人的发展状况来对待，将某一时期各年龄阶段的死亡水平，看作是一代人一生中所经历的各个年龄阶段水平。同样，对于出自同一古代墓地的人骨资料，也可以借用这种方法。具体方法是，将墓葬中出土的个体，经过性别和年龄鉴定后分属不同性别和不同年龄阶段，视为同一代人处于不同年龄阶段的状况来看待，并据此编制简略生命表[1]。

1. 死亡年龄分布统计

通过统计得出，元宝岛墓地共鉴定个体 158 例，性别明确者 150 例，鉴定率是 94.94%；年龄段明确者 142 例，鉴定率是 89.87%。其中，男性 71 例，女性 71 例，性别比为 1∶1（表 5-1）。

根据性别和年龄鉴定的结果，计算元宝岛墓地个体两性的平均死亡年龄和总体的平均死亡年龄，将不能确定性别和年龄的个体去除。结果显示，元宝岛墓地两性的平均死亡年龄是 37.62 岁，男性的平均死亡年龄是 37.72 岁，女性的平均死亡年龄是 37.52 岁。

---

[1] 刘铮、邬沧萍、查瑞传：《人口统计学》，北京：中国人民大学出版社，1981 年。

表 5-1　元宝岛墓地个体死亡年龄分布统计表

年龄阶段	男性	女性	性别不明	合计
婴儿（X～2）	0	0	2	2
幼儿（3～6）	0	0	0	0
少年（7～14）	2	1	0	3
青年（15～23）	2	1	0	3
壮年（24～35）	31	35	0	66
中年（36～55）	26	24	1	51
老年（56～X）	10	10	0	20
合计	71	71	3	145
成年	6	2	5	13
总计	77	73	8	158

2. 死亡年龄段分布

元宝岛墓地个体中可确定年龄段的个体共有 145 例，其中男性 71 例，女性 71 例，性别不明者 3 例。不难看出，元宝岛墓地个体死亡年龄段主要集中在壮、中年期阶段，壮年期的死亡率最高（45.52%），其次是中年期（35.17%），老年期有一定的出现率（13.79%），婴幼儿和青少年死亡率较低（5.52%）。墓地个体两性均为壮年期的死亡率均最高，且女性的死亡率略高于男性；中年期男女两性的死亡率均较高，男性的死亡率高于女性；老年期两性的死亡率相近，较壮年、中年期低；少年期和青年期的两性的死亡率均较低。

3. 平均预期寿命

通过确定后的两性死亡年龄段分布情况，制作元宝岛墓地个体的简略生命表（表 5-2～表 5-4）。根据简略生命表显示，元宝岛墓地两性平均预期寿命、男性平均预期寿命及女性平均预期寿命均为 38.35 岁。由于参与统计的男性个体数量与女性个体数量相同（均为 71 例）以及死亡年龄分布较为一致，所以元宝岛墓地两性平均寿命、男性平均寿命和女性平均寿命结果一致。

表 5-2　两性合计简略生命表

年龄组（X）	死亡概率（nqx）	尚存人数（lx）	各年龄组死亡人数（ndx）	各年龄组内生存人年数（nLx）	未来生存人年数累计（Tx）	平均预期寿命（Ex）
0～	0	142	0	142	5445	38.35
1～	0	142	0	568	5303	37.35
5～	0	142	0	710	4735	33.35

年龄组（X）	死亡概率（nqx）	尚存人数（lx）	各年龄组死亡人数（ndx）	各年龄组内生存人年数（nLx）	未来生存人年数累计（Tx）	平均预期寿（Ex）
10～	0.021	142	3	703	4025	28.35
15～	0.007	139	1	693	3322.5	23.9
20～	0.014	138	2	685	2630	19.06
25～	0.243	136	33	598	1945	14.3
30～	0.311	103	32	435	1347.5	13.08
35～	0.366	71	26	290	912.5	12.85
40～	0.178	45	8	205	622.5	13.83
45～	0.324	37	12	155	417.5	11.28
50～	0.2	25	5	113	262.5	10.5
55～	0.25	20	5	88	150	7.5
60～	0.733	15	11	48	62.5	4.17
65～	0.75	4	3	13	15	3.75
70～	1	1	1	3	2.5	2.5

表 5-3 男性简略生命表

年龄组（X）	死亡概率（nqx）	尚存人数（lx）	各年龄组死亡人数（ndx）	各年龄组内生存人年数（nLx）	未来生存人年数累计（Tx）	平均预期寿（Ex）
0～	0	71	0	71	2722.5	38.35
1～	0	71	0	284	2651.5	37.35
5～	0	71	0	355	2367.5	33.35
10～	0.028	71	2	350	2012.5	28.35
15～	0.014	69	1	343	1662.5	24.09
20～	0.015	68	1	338	1320	19.41
25～	0.164	67	11	308	982.5	14.66
30～	0.357	56	20	230	675	12.05
35～	0.417	36	15	143	445	12.36
40～	0.238	21	5	93	302.5	14.4
45～	0.25	16	4	70	210	13.13
50～	0.167	12	2	55	140	11.67
55～	0.2	10	2	45	85	8.5

年龄组（X）	死亡概率（nqx）	尚存人数（lx）	各年龄组死亡人数（ndx）	各年龄组内生存人年数（nLx）	未来生存人年数累计（Tx）	平均预期寿（Ex）
60～	0.625	8	5	28	40	5
65～	0.667	3	2	10	12.5	4.17
70～	1	1	1	3	2.5	2.5

表 5-4　女性简略生命表

年龄组（X）	死亡概率（nqx）	尚存人数（lx）	各年龄组死亡人数（ndx）	各年龄组内生存人年数（nLx）	未来生存人年数累计（Tx）	平均预期寿（Ex）
0～	0	71	0	71	2722.5	38.35
1～	0	71	0	284	2651.5	37.35
5～	0	71	0	355	2367.5	33.35
10～	0.014	71	1	353	2012.5	28.35
15～	0	70	0	350	1660	23.71
20～	0.014	70	1	348	1310	18.71
30～	0.255	47	12	205	672.5	14.31
35～	0.314	35	11	148	467.5	13.36
40～	0.125	24	3	113	320	13.33
45～	0.381	21	8	85	207.5	9.88
50～	0.231	13	3	58	122.5	9.42
55～	0.3	10	3	43	65	6.5
60～	0.857	7	6	20	22.5	3.21
65～	1	1	1	3	2.5	2.5
70～	–	0	0	0	0	–

（四）小结

从性别和年龄鉴定的结果来看，除去性别和年龄不确定的个体，元宝岛墓地人群男女性别比为 1∶1。

元宝岛墓地人群总体死亡年龄段集中于壮、中年阶段，且壮年阶段较高。两性死亡年龄段均集中于壮、中年阶段。在壮年阶段，女性略高于男性；在中年阶段，男性略高于女性。

从平均死亡年龄和平均预期寿命来看，男性平均死亡年龄是 37.72 岁，女性平均死亡年龄是 37.52

岁，男性平均死亡年龄略高于女性。元宝岛墓地的这一现象，符合新石器时代以来，华北地区发现的诸多墓地人骨的普遍规律[1]。

但是，元宝岛墓地人群在男女两性的平均死亡年龄上差异不大，实际差距并不显著。两性的平均预期寿命均为 38.35 岁，即便排除两性参与统计的个体数量相同这一因素，男女个体的平均预期寿命差异也很小。在农业社会中，男性通常要承担外出劳动、战争等职责，生命健康所承担的风险较女性高。因此，元宝岛墓地男女两性相近平均死亡年龄和平均寿命的现象，其原因仍需深入研究。

二、身高及体重推算

（一）研究材料

元宝岛墓地用于推算研究的人骨标本有 158 例，其中男性 77 例，女性 73 例，未成年个体 6 例，性别不明 8 例（表 5-5）。

表 5-5　元宝岛墓地可供测量长骨统计表

项目	男性		女性		性别不明	总计
	左	右	左	右		
肱骨（例）	49	50	53	52		204
股骨（例）	49	44	52	56		201
胫骨（例）	33	30	40	41		144
个体数（例）	77		73		8	158

（二）测量方法

运用人体测量学方法，测量股骨头矢状径及肱骨、股骨、胫骨的最大长[2]。左、右侧分别测量，测量单位为毫米。

---

[1]　潘其风、韩康信：《柳湾墓地的人骨研究》，《青海柳湾——乐都柳湾原始社会墓地》，北京：文物出版社，1984 年；张忠培：《史家村墓地的研究》，《中国北方考古文集》，北京：文物出版社，1990 年；潘其风：《平洋墓葬人骨的研究》，《平洋墓葬》，北京：文物出版社，1990 年；潘其风：《大甸子墓葬出土人骨的研究》，《大甸子——夏家店下层文化遗址与墓地发掘报告》，北京：科学出版社，1996 年；朱泓：《东灰山墓地人骨的研究》，《民乐东灰山考古：四坝文化墓地的揭示与研究》，北京：科学出版社，1998 年。

[2]　邵象清：《人体测量手册》，上海：上海辞书出版社，1985 年。

（三）推算方法

选用已有方法对男性身高值进行推算[1]。考虑到从人类长骨推算身高值受年龄、侧别等因素影响，且多元回归方程优于一元回归方程[2]，因此优先考虑多元回归方程。参考中国人个体发育与生长的特点[3]，分别计算左、右侧肱骨、股骨、胫骨的最大值推算身高（表5-6、表5-7）。在此基础上，分别推算出男、女两性的平均身高。

体重推算则选用生物力学方法中的股骨头最大径法[4]，取元宝岛墓地股骨头最大径数值，获取元宝岛墓地两性的平均体质量。

表 5-6　男性身高推算公式

测量项目	侧别	年龄（岁）	回归方程
肱骨最大长	左侧	21～30	$Y=826.39+2.66$ 肱骨最大长
		31～40	$Y=704.10+3.05$ 肱骨最大长
		41～50	$Y=679.24+3.15$ 肱骨最大长
		51～60	$Y=817.29+2.68$ 肱骨最大长
		61～80	$Y=807.93+2.67$ 肱骨最大长
	右侧	21～30	$Y=744.62+2.91$ 肱骨最大长
		31～40	$Y=751.77+2.88$ 肱骨最大长
		41～50	$Y=685.92+3.11$ 肱骨最大长
		51～60	$Y=808.85+2.67$ 肱骨最大长
		61～80	$Y=983.21+2.08$ 肱骨最大长
股骨最大长	左侧	21～30	$Y=643.62+2.30$ 股骨最大长
		31～40	$Y=640.21+2.30$ 股骨最大长
		41～50	$Y=617.48+2.36$ 股骨最大长
		51～60	$Y=784.03+1.96$ 股骨最大长
		61～80	$Y=712.09+2.11$ 股骨最大长

———————————

[1]　公安部课题组：《中国汉族男性长骨推算身高的研究》，《刑事技术》1984 第 5 期。

[2]　张继宗：《中国汉族女性长骨推断身高的研究》，《人类学学报》2001 年第 4 期。

[3]　公安部课题组：《中国汉族男性长骨推算身高的研究》，《刑事技术》1984 第 5 期。

[4]　Ruff CB、Trinkaus E、Holliday T：《Body mass and encephalization in Pleistocene Homo》，《Nature》1997 第 387 期。

测量项目	侧别	年龄（岁）	回归方程
股骨最大长	右侧	21～30	Y=644.84+2.31 股骨最大长
		31～40	Y=635.64+2.33 股骨最大长
		41～50	Y=687.57+2.20 股骨最大长
		51～60	Y=780.19+1.98 股骨最大长
		61～80	Y=687.66+2.17 股骨最大长
胫骨最大长	左侧	21～30	Y=853.39+2.22 胫骨最大长
		31～40	Y=776.34+2.33 胫骨最大长
		41～50	Y=742.77+2.52 胫骨最大长
		51～60	Y=811.68+2.33 胫骨最大长
		61～80	Y=811.95+2.29 胫骨最大长
	右侧	21～30	Y=833.10+2.28 胫骨最大长
		31～40	Y=759.27+2.49 胫骨最大长
		41～50	Y=1033.92+1.71 胫骨最大长
		51～60	Y=810.40+2.34 胫骨最大长
		61～80	Y=749.08+2.46 胫骨最大长
长骨推算身高二元方程	左侧	21～30	Y=764.13+1.24 股骨 +0.96 胫骨
		31～40	Y=736.98+0.55 股骨 +1.88 胫骨
	右侧	21～30	Y=655.15+1.77 股骨 +0.63 胫骨
		31～40	Y=641.74+1.77 股骨 +0.67 胫骨

表 5-7　女性身高推算公式

测量项目	一元回归方程	二元回归方程
左侧肱骨最大长（X）	648.47+3.242X	——
右侧肱骨最大长（X）	741.288+2.875X	——
左侧股骨最大长（X_1）	483.913+2.671X	489.499+1.683X_1+1.175X_2
左侧胫骨最大长（X_2）	459.29+2.752X	
右侧股骨最大长（X_3）	597.332+2.899X	456.189+1.372
右侧胫骨最大长（X_4）	603.069+2.908X	X_3+1.691X_4

表5-8　个体质量推算公式

测量项目	推算公式
股骨头最大径（X）	$Y_1=0.9（2.426X-35.1）$
	$Y_2=2.741X-54.9$
	$Y_3=2.239X-39.9$
	$Y_4=2.268X-36.5$

（四）小结

1.身高及体质量

元宝岛墓地用于计算的男性个体数为77例，女性个体数为73例。计算得出男性身高平均值为166.00厘米，女性身高平均值为157.44厘米；男性体质量平均值为69.50千克，女性体质量平均值为57.20千克。

2.体质量指数

根据体质量指数（BMI）计算公式$Y=$体重/身高^2，计算得出男性BMI值为25.23，女性BMI值为23.12。

3.身高及体质量的两性差异比较

元宝岛墓地人群男性在青壮年期身高多集中在165～170厘米这一区间，其中身高最高的可达到175～180厘米；而同一年龄段的女性身高多集中在155～160厘米这一区间。

元宝岛墓地人群男性在"＜20岁"及青壮年期体重主要集中在60～70千克和70～80千克两个区间，尤以60～70千克的个体数量为多。而女性在"＜20岁"及青壮年期的体重主要集中在40～50千克这一区间。剩余年龄段的男女个体体重都位于50～60千克和60～70千克这两个区间，其中体重在50～60千克的个体数量相对较多。

三、讨论

1.性别和年龄鉴定准确性问题

元宝岛墓地有些墓主随葬有符文砖瓦，部分符文瓦上书有墓主的生卒信息（详见第三章）。此外，对墓地出土符文瓦的研究显示可以根据墓主随葬单葬压圹灵符砖瓦的类型来判定其性别（详见第四章）。为保证体质人类学鉴定结果的客观性，元宝岛墓地出土人骨标本的鉴定完全是"背对背研究"，即鉴定人员是在不了解人骨标本背后的考古学信息前提下进行的。

结果显示，这些人骨标本鉴定的性别与其考古学背景信息基本一致，但部分个体鉴定的年龄与其考古学背景信息有明显的差异（表 5-9），这种差异也见于在蓟州桃花园墓地和敦典墓[1]。至于为什么会出现这样的问题，还需进行进一步研究。

表 5-9　墓地部分人骨标本考古学信息和鉴定结果

编号	考古学信息		鉴定结果		符文砖瓦显示相关信息
	性别	年龄（岁）	性别	年龄（岁）	
M60乙	女	38	女	25±	□□□□太君高年三十八壽終靈□
M83甲	男	63	男	35±	□□郎王公諱□德六十三年
M84甲	女	80～89	女	40～50	□□繼妣王母陆□□□年八十□之瓦
M85甲	女	30～39	女	25±	□故顯妣王母安太君□年三□□之
M85乙	女	68	女	30～35	同治二年十二月三十日戌時……清封孺人王二公□廷傑繼配□、民國二十年六月……
M107	女	14	女	14±	名三順年十四歲霧柩、係獨流北街慎脩堂王宅女

2. 墓主性别与随葬器物数量关系

元宝岛墓地墓主随葬品器物数量不等，按照墓主随葬器物的数量初步将墓主分为三个层级，即随葬器物小于等于 1 件的墓主、随葬器物在 2～4 件的墓主和随葬器物在 5 件以上的墓主[2]。

总体来看女性墓主的随葬器物数量相差较大，随葬器物数量 2～4 件的墓主数量最多，共 35 例，占比 49.30%；随葬器物数量 5 件以上的墓主共 19 例，占比 26.76%；随葬器物数量 1 件以下的墓主数量最少，共 17 例，占比 23.94%。男性墓主在随葬器物数量均较少，且差别不大，随葬器物数量 1 件以下的墓主共 39 例，占比 55.71%；随葬器物数量 2～4 件的墓主共 30 例，占比 42.86%；随葬器物数量在 5 件以上的墓主仅有 1 例，占比 1.43%。

由上述结果可知，元宝岛墓地女性墓主的随葬品数量存在一定的差异，而男性墓主的随葬品数量则差距不大。通过随葬品数量的多寡似乎可以判断不同女性墓主间生前财富状况的差异。根据男性墓主配偶的随葬器物情况，以及部分墓主随葬的印章、顶戴等现象，元宝岛墓地男性墓主之间也存在生前身份和财富方面的差异，但这一点并不能通过随葬品数量体现出来。

---

[1]　李法军、盛立双：《有关古人骨年龄鉴定的问题——以天津蓟县明清时期敦典夫妇合葬墓和桃花园墓地为例》，《文物春秋》2011 年第 3 期。

[2]　考虑到墓葬出土的铜钱的普遍性，而不同墓葬之间铜钱数量相差较多，故在统计过程中无论钱币实际数量多少，均按 1 件统计。钮扣的统计也是无论实际数量多少，均按 1 件统计。

第二节　XRF 检测技术在金属文物材质鉴定中的应用

元宝岛墓地出土的金属文物主要包括首饰、佩饰、帽饰和钱币等。有些文物有显著特征，可以通过肉眼直接判定其材质，例如日常流通的铜钱和表面呈银白色的首饰。然而，还有一部分文物的金属特征并不十分明显，有些文物表面呈金黄色，但实际材质是黄铜或鎏金，对于很少接触此类文物的人来说，仅凭肉眼难以区分。此外，还有一些文物由于长时间埋藏，表面附着有绿色或黑色锈蚀，无法凭肉眼观察准确判断其材质。

我们采用便携式 X 射线荧光（XRF）分析仪。对元宝岛墓地出土的部分金属文物进行了原位、无损的检测与分析，旨在于通过无损的科学分析手段准确鉴定这些文物的材质，以确保对于文物的描述和研究工作能够建立在更加精确的基础上。

一、检测样品

检测样品均为自元宝岛墓地出土的金属文物，共 156 件。按照其形制可分为发饰、耳饰、手镯、戒指、钮扣、不明金属佩件、帽饰，以及部分钱币。检测位置尽量选取文物表面没有锈蚀覆盖的部分。

二、检测方法

奥林巴斯（Olympus）手持式 XRF 荧光分析仪，测试选择合金模式，分析时间为 20s。

三、检测结果

元宝岛墓地出土金属文物合金成分检测出的金属成分较为繁杂，但主要的合金成分为金、银、铜、铅、锌，整理后的金属文物 XRF 检测分析结果见附表四。

四、几点认识

通过对元宝岛墓地出土金属文物 XRF 检测分析初步形成以下几个认识。

第一，墓地出土的首饰以银质为主，大部分表面可见鎏金处理，铜质首饰仅占少数，未见主体材质为金的首饰；部分发簪的簪头和簪杆为两种合金成分。

第二，墓地出土的顶戴材质均为铜合金。

第三，墓地出土的 2 件不明金属佩件（M100：9 和 M53：2），经检测其材质为铅。

第四，墓地出土的 A 型钮扣（下为近球形，上接一圆环形穿鼻）均为铜合金，部分钮扣锈蚀严重，已完全矿化，无法检测出金属元素。

第五，表面带有黑色锈蚀的金属文物，其主体材质为银；此类文物有部分可以检测出金元素存在，推断应为银鎏金。

第六，表面带有绿色锈蚀的金属文物，其主体材质为并不全是铜合金，有些主体材质为银的文物表面也覆盖有绿色锈蚀。

第七，在检测过程中，因大部分金属文物表面锈蚀的存在，其检测分析数据是混杂了表面锈蚀成分和文物本体合金成分的结果。一般情况下，如果检测结果中有一定量的银元素，我们就倾向于推断该文物的主体材质为银。特此说明。

第六章　墓地研究

第一节　墓地区位

一、何谓"元宝岛"

元宝岛原本不是一个岛。历史上，南运河穿杨柳青镇区而过，运河北岸为主镇区，商户、作坊、大住户集中于此，经济较为繁荣；运河南岸主要是农户、船户，经济状况相对较差，当地居民将运河南的这一区域称为河南（图版一,2）。

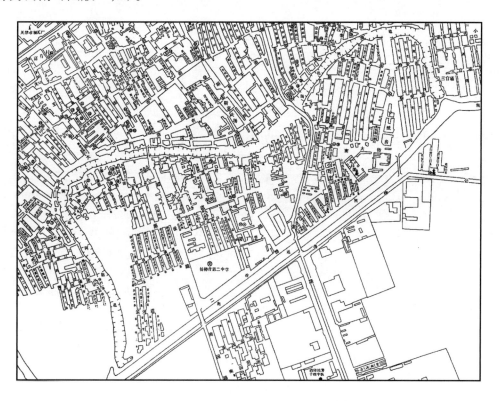

图 6-1　20 世纪 80 年代杨柳青地图[1]

1971 年西郊区政府对南运河杨柳青段进行清淤，因清淤后上游没有水源，河中死水致使河水浑浊，夏天蚊虫滋生，散发臭味。1972 年，区政府决定在老运河南 300 米处另开 2000 余米新直线河道，

---

[1]　参见西郊区人民政府编：《天津市西郊区地名录》,1986 年。

将弯曲的老运河河道裁弯取直。1985 年前后，老河道被填平（图 6-1），于其上建成杨柳青公园，因公园蜿蜒如带，当地居民称其为"带状公园"。2002 年，在杨柳青镇区改造中，西青区将恢复古运河景观作为重点工程，大运河故道重新挖通，河道开口 35～40 米。至此，南运河与 1971 年挖通的新河道再次把杨柳青河南这一区域围了起来，形成河岛。[1] 2008 年，因房地产开发，拆迁了岛上建筑，一块元宝形的岛屿呈现在人们面前，从此该河岛被称为元宝岛，柳口路穿岛而过，将其界分为东岛和西岛（图版一,1）。

二、墓地区位

墓地所在的元宝岛西岛，按《津门保甲图说》所载，位于马神庙以西，运河大堤东侧，靠近运河的地带设有渡口、武署、紫竹林、饭店。墓地所在区域"对河曰粮食市，庐舍业集"，东侧不远则为杨柳青河南东街，以上两地均为杨柳青最为繁华之地，"滨河控道，水陆皆通，街巷村庐阗然成聚"[2]。

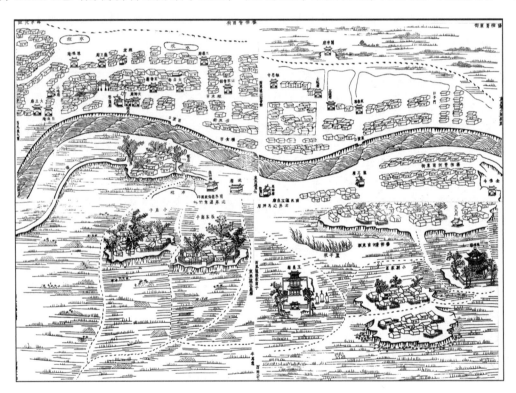

图 6-2　《津门保甲图说》所绘杨柳青一带[3]

[1]　天津市西青区杨柳青镇志编纂委员会编：《杨柳青镇志》，北京：方志出版社，2022 年。

[2]　见天津市地方志编修委员会编著：《天津通志·旧志点校卷.下册》，天津：南开大学出版社，2001 年，498—502 页。

[3]　该图由《津门保甲图说》杨柳青一带四张图合并而成，据书内所载，右上图内有绅衿 16 户、盐商 2 户、铺户 69 户、烟户 815 户、应役 3 户、备作 113 户、负贩 38 户、船户 160 户、船伙 277 户、乞丐 1 户、僧道 5 户，共 1499 户（大口 4785 口，小口 2581 口）；左上图内有绅衿 15 户、铺户 260 户、烟户 1913 户、应役 28 户、备作 393 户、负贩 101 户、船户 334 户、船伙 244 户、乞丐 7 户、僧道 9 户，共 3304 户（大口 11412 口，小口 6206 口）；左下图（即墓地所在）内有铺户 2 户、烟户 31 户、备作 2 户，负贩 1 户，船户 8 户，共 44 户（大口 146，小口 50 口）；右下图内有烟户 28 户、应役 1 户，共 29 户（大口 73 口，小口 16 口）。

　　墓地区域内，仅东南部有张家园子和小庄子两个小村落，从（道光时期）"张家园子在玉皇庙西，出杨柳青街司，地颇旷僻，其连村曰小庄子，图内无庙宇，村二西界碾坨嘴"，有"铺户二户，烟户三十一户，佣作二户，负贩一户，船户八户，共四十四户，大口一百四十六口，小口五十口"可知，墓地所在这一区域较为荒僻（图6-2）[1]。直至民国时期，这一区域周边的分布格局基本保持稳定，未见发生大的改变（图6-3）[2]。

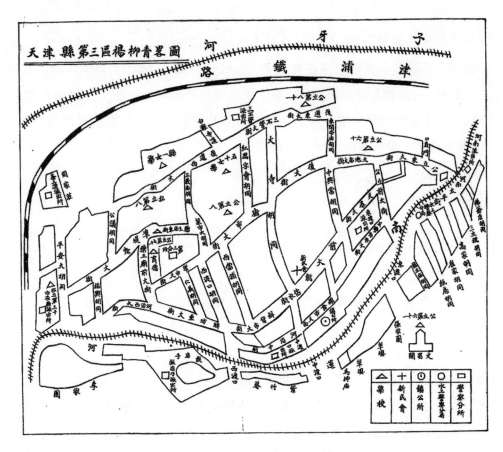

图6-3　民国时期杨柳青一带[3]

　　综上可知，元宝岛墓地所处区域在清代已出杨柳司街，东南部仅有张家园子和小庄子两个人口仅几十户的小村，西侧和北侧紧临南运河大堤[4]，"地颇旷僻"。直至民国时期，墓地所在区域仍为荒僻之地。考古勘探结果显示，墓地所在区域地层中的淤积层可达数米，可知此区域常遭遇水患，并不适宜人类生产生活。但墓地所在区域周边的粮食市和杨柳青河南东街，"街巷村庐阗然成聚"，均为杨柳青精华之地。

[1]　天津市地方志编修委员会编著：《天津通志·旧志点校卷.下册》，天津：南开大学出版社，2001年，498—502页。
[2]　（伪）杨柳青镇镇公所编：《天津县第三区杨柳青镇概况书》，1941年。
[3]　参见（伪）杨柳青镇镇公所编：《天津县第三区杨柳青镇概况书》，1941年。
[4]　按（民国）《续天津县志》，杨柳青一带南运河东岸有"碾砣嘴遥堤六百八十余丈；菩萨庙缕堤三十八丈，月堤三十九丈；杨柳青东缕堤二百余丈；马家庄缕堤二百六十丈"，与《津门保甲图说》所绘杨柳青一带运河南岸河堤相符。

第二节　墓地性质研究

一、墓地所见墓葬类型

（一）家族墓地

　　墓地未见典型的家族墓地，仅有二处似为家族墓葬者，均规模不大，在此简述如下。其一为 M83、M84 和 M85，从出土符文砖瓦所见墓主信息来看，均属王氏家族，年代为清末民初，三座墓葬坐北朝南，呈昭穆方式排列，南侧被新开运河破坏，整个墓地规模已不可知。其二为 M30（出土最晚铜钱为天启通宝）、M29（出土最晚铜钱为康熙通宝）、M28（出土最晚铜钱为康熙通宝），这三座墓较为集中，呈"I"字排列，有可能为一家族墓地。

（二）殇葬

　　M67、M81、M86 和 M107 四座墓葬的墓主均未成年，应属"殇葬"。按《津门杂记》所载天津风俗，"凡遇幼殇，谓不宜棺殓，并不得附葬祖茔"，只能"投之中流，或置之旷野"[1]。

　　这四座墓虽均为殇葬，都未附葬祖茔，但 M81 和 M107 有木棺装殓尸骨，与"不宜棺殓"不同。M81 墓主为 15 岁男性，随葬有一枚印章，六面均有印文，在印底面篆刻姓名之余，其他五面还阴刻有泛舟图"己卯八月全""上白文汗简文也""下红文古文奇字""古柳王氏"的内容，颇具文人趣味，可推知墓主或为书香之家；M107 墓主为 14 岁女性，随葬有铭文砖一块，砖面刻有"光绪三十一年三月二十日巳時故""名三顺年十歳霭柩""係獨流北街慎脩堂王宅女"，还随葬有头饰、耳环，其中耳环题材新颖、制作较为精致，可知墓主或为殷富之家。

（三）厝葬

　　墓地所见随葬品较多且墓主为女性的单棺墓，以及墓葬中较多的二次葬现象可能与杨柳青一带的"浮厝"习俗有关，在此不再细述。值得注意的是，墓地部分墓葬中随葬有书写墓主信息的砖瓦，其作用很可能是便于后人迁葬时用来核实墓主的身份，以防破坏他人棺木。由此推测，这类墓葬或仅是权厝于此，这也从一个侧面反映出了当地"浮厝"习俗的盛行。

（四）其他

　　M78 为一长方形墓坑内安置人骨一堆，且分属男女两个个体，未见随葬器物；M80 为单棺墓，经

---

[1]　（清）张焘辑：《津门杂记》，上海进步书局印行，1930 年。

对人骨的体质人类学鉴定，棺内人骨分属 2 个个体，其中头骨属成年女性，死亡年龄在 25 岁左右；其余骨架属未成年男性，死亡年龄在 13～14 岁。推测这可能与当地掩骨善社"雇工掩埋露骨，俾免郊野鬼火粼粼"有关。

墓地存在多座单棺墓，棺木窄小，仅能容身，墓主均为青壮年男性，如 M49～M52 等，墓主可能为贫苦之家，因财力有限，只能薄棺权葬于此，也可能为贫不能葬，只能靠掩骨善社等"施放棺木"，于旷野处草草安葬。

M61 为单棺墓，棺内置人骨一具，墓主系成年男性，死亡年龄在 30 岁左右，不见头骨，疑似为非正常死亡。

M97 为三棺墓，三位墓主均为成年女性。墓主甲和墓主乙死亡年龄均在 25～30 岁，属一次葬；墓主丙死亡年龄在 60 岁以上，属于二次迁入葬。墓主丙与其他两位墓主的年龄相差极大，且属于二次迁入（推测墓主丙死亡时间应最早），这种情况的出现可能与迁葬过程中误将男主人棺木认错，并将墓主丙迁入有关。

二、墓葬分布

元宝岛墓地所在区域之前为生活聚集区，有学校、工厂和民房等大片建筑，历年来的各类生产建设对墓地的破坏较为严重，在完成拆迁后，为配合考古勘探工作，又进行了大规模的场地平整和渣土清运工作。考古勘探时在墓地一些区域地表可见棺木残块和残碎板瓦，但已不见墓葬，可略知墓地破坏之严重。故讨论这些墓葬的分布是否存在规律，只能通过考古发掘所得十分有限的残碎材料进行简略概述。

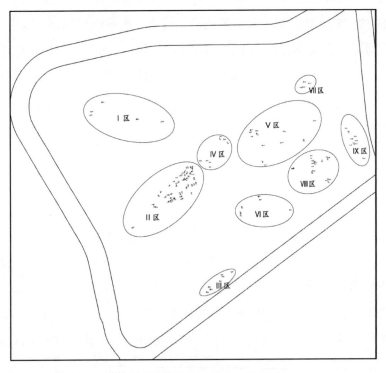

图 6-4　元宝岛墓地各统计分区示意图

表 6-1　元宝岛墓地统计分区情况

统计分区	墓葬编号	墓葬数量（个）
Ⅰ区	M88、M89、M90、M91、M92	5
Ⅱ区	M1～M48、M53、M87	50
Ⅲ区	M79～M85	7
Ⅳ区	M49～M52、M93～M96	8
Ⅴ区	M76、M77、M97～105、M110	12
Ⅵ区	M70～M75	6
Ⅶ区	M106～M109	4
Ⅷ区	M54～M69、M78、M86、M120	19
Ⅸ区	M111～M119	9
数量合计		120

　　根据已对墓地的研究，拟从墓葬朝向、墓葬类型、部分随葬品等方面的统计分析入手对墓葬分布进行简单探讨。按照墓葬的聚集和离散程度将元宝岛墓地初步分为 9 个独立的统计区，统计Ⅰ区位于元宝岛西岛西北，靠近原运河河堤，区内共有墓葬 5 座；统计Ⅱ区位于元宝岛西岛西部，北部临近统计Ⅰ区，东部临近统计Ⅳ区，区内墓葬数量最多，共有 50 座；统计Ⅲ区位于元宝岛西岛西南部，南侧紧临新开运河，区内共有墓葬 7 座；统计Ⅳ区位于元宝岛西岛中部，西邻统计Ⅱ区，东临统计Ⅴ区，区内共有墓葬 8 座；统计Ⅴ区位于元宝岛西岛中部偏东，西邻统计Ⅳ区，南临统计Ⅷ区，东北临统计Ⅶ区，区内共有墓葬 12 座；统计Ⅵ区位于元宝岛西岛中南部，东临统计Ⅷ区，区内共有墓葬 6 座；统计Ⅶ区位于元宝岛西岛东北，西南临近统计Ⅴ区，区内共有墓葬 4 座；统计Ⅷ区位于元宝岛西岛中部东南侧，北临统计Ⅴ区，西邻统计Ⅳ区，东临统计Ⅸ区，区内共有墓葬 19 座；统计Ⅸ区位于元宝岛西岛东南，西邻统计Ⅷ区，区内共有墓葬 9 座（图 6-4，表 6-1）。各统计区间的墓葬数量差异极大，墓葬多半集中在墓地西部的Ⅱ区，其余区域的墓葬则较少，这不可避免的会影响统计分析的可靠性。

（一）墓葬朝向统计

　　元宝岛墓地的墓葬朝向按照北偏东（0°～45°）、东偏北（45°～90°）、东偏南（90°～135°）、南偏东（135°～180°）、南偏西（180°～225°）、西偏南（225°～270°）、西偏北（270°～315°）、北偏西（315°～360°）八个方位进行统计[1]。

　　总体来看，墓地所见墓葬的朝向较为杂乱，各个朝向均存在，其中以南偏东（共 39 例）和北偏西（共 34 例）的墓葬数量较多，其次为北偏东（共 12 例）和南偏西（共 11 例）的墓葬，东西向的墓葬则

---

[1]　出于便于统计的原因，此处将墓向 45° 归为北偏东，90° 归为东偏北，135° 归为东偏南……以此类推。

数量较少。

　　具体到各统计区，只有Ⅸ区内墓葬均为北向（北偏西和北偏东），其余各统计区内墓葬的朝向则均较为散乱。

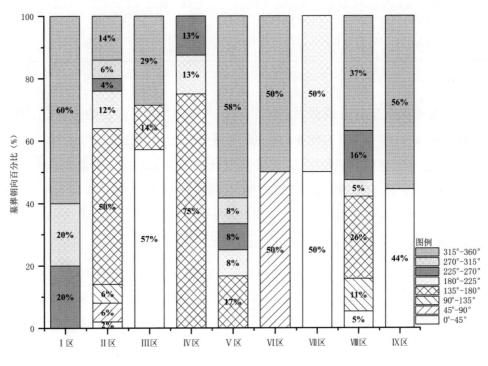

图 6-5　元宝岛墓地各区墓葬朝向统计

（二）墓葬类型统计

　　元宝岛墓地所见墓葬类型可分为无棺墓、单棺墓、双棺墓和三棺墓四类（表 6-2）。

表 6-2　元宝岛墓地各区墓葬类型统计表

统计分区	单棺墓		双棺墓		三棺墓		无棺墓		合计（座）
	数量（座）	百分比（%）	数量（座）	百分比（%）	数量（座）	百分比（%）	数量（座）	百分比（%）	
Ⅰ区	1	20.00	3	60.00	1	20.00	0	–	5
Ⅱ区	17	34.00	30	60.00	3	6.00	0	–	50
Ⅲ区	4	57.14	2	28.57	1	14.29	0	–	7
Ⅳ区	8	100.00	0	–	0	–	0	–	8
Ⅴ区	7	58.33	2	16.67	3	25.00	0	–	12
Ⅵ区	1	16.67	5	83.33	0	–	0	–	6
Ⅶ区	4	100.00	0	–	0	–	0	–	4
Ⅷ区	12	63.16	4	21.05	0	–	3	15.79	19

续表

统计 分区	单棺墓		双棺墓		三棺墓		无棺墓		合计（座）
	数量（座）	百分比（%）	数量（座）	百分比（%）	数量（座）	百分比（%）	数量（座）	百分比（%）	
Ⅸ区	6	66.67	3	33.33	0	–	0	–	9
合计	60	50.00	49	40.83	8	6.67	3	2.50	120

总体来看，墓地的单棺墓数量最多主，有 60 座，占比 50%；双棺墓数量次之，有 49 座，占比 40.83%；三棺墓数量较少，有 8 座，占比 6.67%；无棺墓数量最少，仅有 3 座，占比 2.5%。具体到各统计分区，可以发现Ⅳ区和Ⅶ区内均为单棺墓，其余各统计分区内存在有多种墓葬类型。其中，Ⅰ区、Ⅱ区和Ⅵ区均是以双棺墓为主，而Ⅲ区、Ⅴ区、Ⅷ区和Ⅸ区均是以单棺墓为主，3 座无棺墓均位于Ⅷ区。

（三）部分随葬器物统计

根据对墓地葬俗的讨论，墓主随葬陶瓷罐、砖瓦、禅杖形簪、钮扣分别代表了不同的葬俗，本部分拟将上述几种随葬器物做为统计对象，通过各统计分区内这些随葬器物的有无来分析不同葬俗墓葬的空间分布。

表 6-3　元宝岛墓地部分随葬品统计表

统计分区	陶瓷罐（件）	砖瓦（件）	禅杖形簪（件）	钮扣（件）
Ⅰ区	2	2	–	–
Ⅱ区	12	8	4	8
Ⅲ区	–	4	1	2
Ⅳ区	1	1	–	–
Ⅴ区	–	1	2	3
Ⅵ区	1	2	–	2
Ⅶ区	–	1	–	–
Ⅷ区	4	3	1	–
Ⅸ区	1	–	–	–
合计	21	22	8	15

总体来看，墓地出土的陶瓷罐和砖瓦不仅数量较多，而且分布空间较广。具体到各统计分区，Ⅱ区出土有陶瓷罐、砖瓦、禅杖形簪和钮扣 4 种随葬器物；Ⅲ区和Ⅴ区出土有砖瓦、禅杖形簪和钮扣 3 种随葬器物；Ⅷ区出土有陶瓷罐、砖瓦和禅杖形簪 3 种随葬器物；Ⅵ区出土有陶瓷罐、砖瓦和钮扣 3 种

随葬器物；Ⅰ区和Ⅳ区出土有陶瓷罐和砖瓦2种随葬器物；Ⅶ区仅出土有砖瓦；Ⅸ区仅出土有陶瓷罐（表5-3）。从元宝岛墓地以上几种葬俗的空间分布情况来看，墓葬分布未见统一规划的迹象。

（四）小结

从对墓地这些墓葬朝向、墓葬类型和部分随葬器物的统计情况来看，以墓葬数量最多的Ⅱ区最为复杂，该区无论是墓葬朝向、墓葬类型还是代表某种葬俗的随葬器物种类都是最为多元的，可知该区内的墓葬分布应未经规划。

Ⅳ和Ⅶ这两区内均为单棺墓，墓主多为男性，仅有一未成年的女性墓主，且男性墓主随葬器物均较少，这或与墓主贫不能葬，于旷野处草草安葬有关，女性墓主则为殇葬，属于不得附葬祖茔而置之旷野。Ⅸ区内亦以单棺葬为主，墓葬朝向均为北向，但其墓葬内人骨标本保存较差，墓主性别已不可知。

Ⅴ区以单棺葬为主，还存在少量双棺葬和三棺葬，墓主以女性为主，部分单棺葬的女性墓主随葬器物较多，应属厝葬于此；Ⅷ区内亦以单棺葬为主，墓主多为男性，但同时存在一定量的双棺墓和无棺葬（如M67、M81、M86为殇葬，M78为长方形墓坑内安置人骨一堆），可知这两区内墓葬种类的复杂，可推知其未经规划。

Ⅰ区和Ⅵ区内以双棺葬为主，但墓葬分布离散且朝向杂乱，未见家族墓地的迹象，可知区内未经规划。

Ⅲ区西侧存在一组疑似家族墓地，其南侧被新开运河破坏，女性随葬器物数量较多，从出土符文砖瓦来看，应属于王氏家族；区内东侧的几个单棺葬距离这组家族墓地较远，或为于此处草草安葬。

综上所述，元宝岛墓地这些墓葬分布较为散乱，仅墓地中部有一片区域墓葬分布较为集中，但也没有规律可循。墓地所见墓葬以单棺墓为主，这些单棺墓以及无棺葬的分布和朝向杂乱无章，葬于此的原因可能有殇葬、厝葬以及因贫困草草埋葬等；墓地所见的双棺墓和三棺墓亦多为零散分布，不见典型家族墓地，部分墓葬与单棺墓、无棺葬混杂在一起，由此可推知元宝岛墓地应为若干未经规划墓群的组合。

三、墓地性质

元宝岛墓地未见有典型家族墓地，有殇葬、厝葬以及疑似掩骨善社"施放棺木"等其他墓葬的存在，各类墓葬分布杂乱无序，结合墓地的主体年代和其所处的区位环境，有理由认为元宝岛墓地位于清代至民国时期杨柳青中心城镇周边的一处荒僻之地，其主体可能是杨柳青城镇及周边中下层居民的义冢和攒柩之所。

中国古代很早就有掩骼埋胔的行为，晋人干宝《搜神记》中记载周畅"收葬洛阳城旁客死骸骨万余，为立义冢"，这是现存史籍中"义冢"一词的首次出现。不过，这里的义冢大概只是对相关义举的一种称呼，并非法定名讳。在此后很长一段时间内，义冢仍然是朝廷与个别官僚士民一时之举，远远未达到制度化。入宋以后，义冢逐渐制度化，漏泽园的出现更是其发展史上里程碑意义的事件。北宋时期设有"漏泽园"，取泽及枯骨，不使有遗漏之意，凡无主尸骨及家贫无葬地者，由官家丛葬。最初墓地的设置也仅局限于京畿附近，后逐渐普及至全国各地。随着时代的发展，宋以后漏泽园逐渐演变成为以民间捐献土地作为公共墓地的一种形式，民间置办义冢的力量逐渐崛起。明初政府规定，要求仿照古代的掩骼埋胔法，在城乡选择宽闲地段，设立义冢[1]，"若贫无地者，所在官司择宽闲地为义冢，俾之葬埋"[2]，并鼓励地方绅士富民代葬义冢，如"捐地在五亩以内，钱百千以下者，由县给印匾；地五亩以上，钱百千以上者，由府给印匾；地至数百亩，钱至数百千，通详大宪给印匾，荣其门间；有特捐巨资者，更可详请奏奖，以示风劝。其力不能捐费捐地，而实心经理代葬棺骸甚夥者，亦一体给奖励"[3]。清代依明代义冢之制，广为置地，蠲除赋税，对民间有好义舍田捐费设立义冢者，地方政府核实上报后加以奖励[4]。这一时期民间社会慈善活动已经有了显著变化，"由官营慈善机构为主趋向民办慈善机构普遍设立而呈现出泛化的倾向"。官府对民间举办义冢大力提倡与保护，也使得来自民间的慈善力量更趋兴盛。

　　攒柩，即浮厝之别称。其原因多种多样，如客死他乡，因交通等原因而就地埋葬，出于叶落归根的情节，若干年后再捡骨运回故里安葬；父母中一方先丧，待另一方亡故后再移居合葬；贫不能葬，为俟赀财；惑于风水，为卜牛眠地（风水地）；惑于风水，以俟干支（下葬吉日）等。浮厝的地点，即攒柩之地可以是委之路隅，也可以是破庙古寺中或其旁，也可以是地方义地[5]等。

　　明清至民国时期的天津经济繁荣，"民俗尚华侈，而皆好善乐施"，掩骼社、殓埋社、泽尸社等各种民间慈善机构多有施棺、施席、掩骼、捞埋浮尸等义举。天津城周边西门外炮台南、河北关上白衣寺北、城东南马家口等地设有十余处义地[6]。杨柳青为天津西南重镇，"商业之获也丰，故其用之也奢，奢华则轻财，轻财则不吝，于义举不难于慈善"[7]，民间亦有"掩骨善社"等慈善机构，民国时期"有善士安锦亭捐资设立掩骨善社，每逢初一十五日两日，雇工掩埋露骨，俾免郊野鬼火燐燐，并恤济寒产，施放棺木，地方贫民，莫不均沾实惠"[8]。《天津县第三区杨柳青镇概况书》载民国时期"（杨柳青）本镇四郊，曾有义冢三十八处，攒柩数处，历年有失修葺者，白骨露天，见之惨然"，可知杨柳青镇周边的义冢和攒柩数量之多。

----

[1]　赵雅茹：《清代义冢研究》，天津师范大学硕士论文，2021年。

[2]　《明太祖实录》卷53，洪武三年六月辛巳条。

[3]　冯贤亮：《坟茔义冢：明清江南的民众生活与环境保护》，《中国社会历史评论》2006年。

[4]　《清实录》中多次提及官府于隙地设立义冢，如《仁宗睿皇帝实录》嘉庆四年九月甲戌条，《宣宗成皇帝实录》道光元年三月己卯条，均载"穷民无力营葬，并无亲族收瘗者，该地方官择隙地多设义冢随时掩埋，无使抛露"。此外，《清实录》中还多次提及免去某地捐置义冢额赋的记载，可见也有一些义冢有民间自发的行为。

[5]　如《天津志略》载"在津粤人旅榇，其始均寄葬大直沽闽粤山庄义地"；《河北义地碑记》载"新浮桥北岸大堤内有武姓民田六十六亩，吴军门商之余与杨观察，请拨护卫营欠饷价购得之，四面立石划清界址，以四十亩为义地，除营中间有病殁弁兵安葬外，其被水漂荡之棺，及本境极贫无力年久浮厝之棺，与夫游宦商旅道远难归者，胥听埋葬；另二十六亩为祭田，所入岁租供春秋祭扫暨逐年雇夫添土修冢之资"（见《天津通志·旧志点校卷·中册》，1029—1030页）。

[6]　（民国）《续天津县志》，卷八。

[7]　张江裁纂：《天津杨柳青小志》，南京：江苏古籍出版社，1992年。

[8]　（伪）杨柳青镇镇公所编：《天津县第三区杨柳青镇概况书》，1941年。

第三节　元宝岛墓地价值探析

元宝岛墓地这些墓葬均为小型土坑墓,小墓的主人是曾经生活在南运河岸边村镇里的普通居民,这些墓葬包含的信息可能体现出清至民国这一时期杨柳青镇民间运河文化的一些特色。

一、地方志所载当地风土人情

清代至民国时期为杨柳青急速发展的黄金时期。这一时期,随着天津商业发展日盛,四方来聚者亦日多,河漕北上以为定制,水路舟车,甲于畿辅,隐然已居北方经济之中心,杨柳青作为天津西南水路要冲之地,成为京杭运河沿线重要的商业市镇。从宏观上看,至乾隆时期,"杨柳青,居民数千家,商贾辐辏";道光时期,"杨柳青者,西南一巨村也……滨河控道,水陆皆通,街巷村庐阗然成聚";光绪时期,"杨柳青……北临淀水,南枕漕渠,轮帆凑集,廛市殷阗";民国时期,"杨柳青地方繁富,几与从前城治相埒,比之近时城治,则尚远也,然亦县治中之大镇也"。从其内部来看,这一时期的杨柳青因运河之缘故,"(运粮)由江浙来者颇有经过之……船人就便带南方土产物如瓷器、竹器等,销售于北人";杨柳青当地"惟趋商谋利之风既兴""人民因之多业商,而客于四方,农圃者仅百分之一、二耳"。从上可以看出这一时期的杨柳青显然已经不是一个环境固定、人口流动性小、经济自足自给、文化稳定的乡土社会。

随着杨柳青地方繁富和商贾的聚集,各种三教九流的服务业也随之盛行。清康熙时期,赵执信客居天津著《海沤小谱》,半载天津妓名,其中有"天津之西有村名杨柳青者,临沟河人家皆曲折随水,比屋如绣,树色郁然,风景可恋,中多狭斜,而金钱、真珠者为其尤,此地诸姬以金玉珠宝名者十七八,盖其俗也。真珠貌及中人,齿亦不卑,然恬雅无嚣凌气,故人多称之。余始至即得姬,意不甚属,而姬乘余于醉,故余赠词有'无计支吾病身,陡顿春梦模糊。乱惹闲愁,惊开倦眼,斗帐红珠。醉依不省欢娱,晓镜里,临窥画图。闻道门前烟波澹沱,杨柳萧疏'之句,后不再至,其妹玉珠则劣矣"[1];民国《清稗类钞》中载,这一时期"天津密迩京师,水陆交会,俗颇奢靡,故声色最焉,缠头丰侈,游人纷沓……距天津城之西三十里,有地名杨柳青者,濒运河人家皆曲折随水,多树绕屋扶疏,中多女闾,始于顺、康,至光绪之初叶犹未衰"[2]。管中窥豹,可略知杨柳青这一时期人口结构的多元性。在这种社会背景下,不同流派的阴阳生聚集于此,多元化的风水、选吉类丧葬习俗在此地流传,并不令人感到意外。杨柳青之丧葬,中人产以下皆夜埋,不盛铺张,且昼出殡者必"仪式完美,大费而夸耀,足为街市观瞻","富豪之大出丧,仪式甚有帝王家所不及处";此外"杨柳青人惑于鬼神,占候、风水,旧俗死而不葬者,多停柩以俟干支,或俟远人,或俟费财,或俟茔地,以故破庙古寺中或其旁,纵横错杂,皆柩也,泥涂者,灰垩者,坍坏露柩戌露骨习以为惯。寺僧取看护之资於柩主,以年计"[3],可知杨柳青当地风水术的盛行和丧葬仪式因本家财富丰俭产生的多样性。

[1]　张江裁纂:《天津杨柳青小志》,南京:江苏古籍出版社,1992年。

[2]　徐珂著:《清稗类钞·娼妓类2》,北京:商务印书馆,1966年。

[3]　同[1]。

二、墓地所见多元化因素

（一）丧葬习俗多元

元宝岛墓地对然坟墓样式相对单一，应为明清时期北方地区普遍流行的"土馒头"样式，与多山的南方地区相比，其坟形受风水观念的影响相对较浅。从墓地所见葬俗的多元化来看，这些墓主丧事的处理似乎没有遵循固定的范式。墓地所见葬俗有墓主随葬"九连环"，棺内施放"灰包子""垫背钱"和大块木炭，棺外安置"夹罐儿"和各类砖瓦，以及棺盖与木棺之间以"材头钉"固定等，除了棺内施放"灰包子"外，其他葬俗并不普遍。此外，部分墓葬随葬有钮扣，明显不符合天津本地的传统葬俗。

对墓地出土随葬砖瓦之研究表明，这些砖瓦种类繁杂，既有作为"入墓镇物"的素面瓦，亦有镇墓符瓦、单葬押圹灵符砖（瓦）、分金符瓦（包含涂墨砖）、墓主信息瓦（砖）等，其功能多元，除用于镇墓外，还有给棺木定向、祈吉、荫佑子孙、记录墓主信息等。加之墓地以单棺葬为主和普遍所见的二次葬现象所体现出的传统儒家思想所难以容忍的"浮厝"习俗的流行，无一不暗示着源于南方的风水观念对当地丧葬习俗的广泛影响。

（二）墓主身份多元

仅从元宝岛墓地出土符文砖瓦和印章文字的释读，可知墓地男性墓主姓氏至少有"李""王""董"，女性墓主至少有"高""宋""陆""安""王""孙"，故墓地所葬墓主绝非只来源于墓地旁边的小庄子和张家园子这两个仅十几户人家的小村落。

从墓地所见墓葬形制和出土器物来看，尽管这些墓主均属一般平民阶层，但他们生前的财富状况、社会身份和文化认知却表现出显著的多样性。在对女性墓主出土的首饰分析发现，女性墓主随葬器物的数量存在较大差异，其中一些墓主随葬的首饰多达十余件，而数量较少的墓主则仅随葬几枚铜钱，有的墓主甚至没有任何随葬物品，反映出她们生前的财富差异。相比之下，男性墓主的随葬品普遍较少，但仍可见差异。如 M83 男性墓主随葬有带"登仕郎"字样的符瓦，M3、M17、M24、M35、M38、M40 等男性墓主随葬有顶戴[1]，M81 则男性墓主随葬有颇具文人趣味的印章，部分反映出这些墓主生前的社会和经济地位，以及文化背景。此外，不同墓葬的木棺在尺寸和制作工艺上有较大的差异，有些木棺材质坚实，制作考究，而有些木棺较为窄小，仅能容身，亦可看出其墓主生前财富状况的差异。

从墓地所见葬俗来看，有以下几点值得注意：一是厝葬的普遍存在；二是墓地葬俗的多元化，但除了棺内施放"灰包子"外，其他葬俗并不普遍；三是部分墓葬随葬有钮扣，明显不符合天津本地的传统葬俗。造成这种现象的原因，一方面可能与墓主生前在财富状况、社会身份和文化认知等方面的差异，使得他们所认同的丧葬理念不同有关；另一方面或与元宝岛墓地所葬部分墓主不是本地原住民有关，其葬于此或仅是权宜之计。

---

[1]　随葬铜顶戴的男性墓主均未见朝珠，一种可能是他们为低级官吏，还有一种可能是他们的寿衣为仿照清朝官服专门定制，这两种可能都可从一定程度上表明其经济能力。

（三）随葬器物种类多元

元宝岛墓地所见随葬陶瓷容器虽然不多，但其产地较为多元，有北方地区常见的磁州窑系酱（黑）釉罐，亦有产自景德镇的白釉和青白釉罐，还有产自宜兴一带的紫砂钵。此外，元宝岛墓地出土的首饰和佩饰种类繁多，有扁方、扁簪、耳挖簪、象生、钗、戒指、耳饰等数十种。这些首饰装饰纹样多元，既有桃花、梅兰竹菊、石榴及四时花卉等植物题材，也有玉兔、蝙蝠、蟾蜍等动物题材，还有佛像、禅杖、佛字等佛教题材，还有寿字纹、钱纹等吉祥寓意题材，一些首饰的背面可见压印有"永顺□""□泰昌""和春足纹田子""德华""联祥"等多种与商号有关的戳记。管中窥豹，可略知杨柳青当时商品种类之丰富，及其背后所反映的当地商业文化之厚重。

（四）满汉文化融合

清代满装之旗头，无论"两把头"抑或"大拉翅"，所用发饰均不离扁方。[1]元宝岛墓地出土有大量扁方，而体质人类学鉴定结果显示，这些女性墓主均有裹脚行为，可知全为汉民。与满族扁方相比，元宝岛墓地出土的扁方均较短小，这可能是汉族女子借鉴满族扁方式样来装饰"挽髻"等汉式发型的结果。

在满族传统丧葬习俗中，九连环是必要的丧葬用品，在一些偏远的满族民众聚居地，一些满族老妇人的头顶上结髻，插戴金、银、玉石等材料制作的九连环。此外，黑龙江瑷珲清代吉林将军富明阿墓3号棺出土有一件"锡杖形金簪"、在清东陵孝贞显皇后梓宫中随葬有点赤金九连环一只、恭肃皇贵妃棺内殉葬品中有金九连环一只、惠妃园寝被盗随葬品中有金九连环一只，可见在清代随葬九连环的习俗还存在于满族高级官吏以及皇家丧礼中。京津地区历年考古发掘所见禅杖形簪均出自清代及以后墓葬，有理由推断元宝岛墓地所见随葬"九连环"的丧葬习俗亦应是借鉴满族丧葬传统的结果。

三、墓地价值

（一）历史文化价值

元宝岛墓地为杨柳青核心区域周边较为荒僻之地，虽有少量家族墓地存在，但其主体部分可能是清代至民国时期杨柳青周边的义冢和攒柩之所。墓地所见墓葬均为小型墓，其墓主应是生活在当地的一般民众。因而，元宝岛墓地可以看作是一个反映杨柳青当时民间社会、经济和文化状态的重要窗口。

元宝岛墓地所表现出的墓主生前财富状况、社会身份和文化认知等方面之差异，随器物的品类、

---

[1]　清代满族根据本民族的梳妆特点，创立了与之相适应的扁方、钿子等首饰。后妃梳妆的发髻称"两把头"，扁方就是根据"两把头"的梳妆特点应运而生，插戴于"两把头"中间，起固定发式的作用。宫中的扁方有白玉、珊瑚、玳瑁、迦南香、金、银等材质做成，扁长方形条状，长约30厘米左右，一端呈卷轴形，一端呈半圆形。或是雕刻各种花纹图案，或是光素无纹……钿子、扁方是最具满族民族特点的饰品，不同于任何朝代的首饰，它是根据本民族的特点创造出的首饰，具有独特性。（参见阮卫萍：《清宫后妃首饰概说》，《清宫后妃首饰图典》，北京：故宫出版社，2020年。

题材之丰富，丧葬习俗之多元等，从一定程度上可与《杨柳青小志》《津门保甲图说》等清至民国的地方志所载杨柳青地方繁富、五方杂处的特点相吻合，生动反映出这一时期杨柳青商业风气之厚重、商品种类之丰富，人员交流之频繁、身份等级之分化、风水术之盛行的图景，这恰是大运河作为北方和南方之间交通、经济和文化纽带给杨柳青带来的影响。而墓地所见葬俗之多元，以及不同葬俗之间的融合则为研究清至民国时期杨柳青当地满、汉民族之间、南北居民之间的文化交流和交融提供了一些可资参考的实证资料。

（二）考古学研究价值

通常而言，历史越古老，文字记载越少，考古学研究的重要性也越显著[1]，文献越丰富的时段考古学较历史学的作用越小[2]。元宝岛墓地所处的杨柳青为中国历史文化名镇，清至民国时期的相关诗文、志书等文献资料十分丰富，几乎丰富到不需要通过考古材料也能知道它这一时期的历史和风土人情。

元宝岛墓地未见早期墓葬，这批考古材料延伸不了杨柳青的历史轴线，充其量只是有限的增强了其清至民国时期的历史信度。但通过对这批考古材料的解读，我们可以从墓地出土的各类符文瓦、表现出的"厝葬"等风水观念的盛行感受到百年前杨柳青平民阶层或者边缘群体这些史书中"失语者"面对死亡的态度；可以从墓地表现出的丧葬习俗、墓主身份以及随葬器物的多元化感知杨柳青这一时期杂处五方的人文环境和厚重的商业文化，这一定程度上可以丰富杨柳青的历史文化内涵，活化其历史场景。

但若置于考古学研究的框架之中，元宝岛墓地可以作为一个"利用晚期时段更为充分的考古与文献资料获知历史表现的复杂性，反思早期时段因资料限制而呈现的历史面貌残缺及其对考古与文献相结合解释历史可能造成的影响"[3]的"试验台"，一个通过解剖历史时期晚段考古材料来研究历史时期早段乃至史前考古材料的"小白鼠"，这也许才更应是元宝岛墓地的价值所在。

---

[1]　夏鼐、王仲殊：《考古学》，《中国大百科全书·考古学》，北京，中国大百科全书出版社，1986 年，第 2 页。
[2]　刘未：《考古学与历史学的整合——从同质互补到异质互动》，《中国史研究》2021 年第 3 期。
[3]　同上。

附　表

附表一　元宝岛墓地墓葬信息统计表

墓号	墓向/°	形制	墓圹尺寸	葬具尺寸	随葬品	骨架及葬式	性别	年龄（岁）	备注
M1	330	竖穴土圹墓	长3.2，宽1.04~1.4米	棺木长2.2，宽0.74~0.86，棺残高0.42，棺板厚0.08~0.12米	银钗6	头朝东北，仰身直肢	女	25±	棺底铺有草木灰
M2	86	竖穴土圹墓	长2.8，宽1.6~1.78米	甲棺长2.1，宽0.46~0.64，棺板残厚0.01~0.02，棺残高0.4米	铜元7	头向东，仰身直肢	男	60±	棺底铺有草木灰
				乙棺长1.84，宽0.48~0.58，残高0.12米	钗1，扁簪1，铜元4	头向东，仰身直肢	女	30~35	棺底铺有草木灰
M3	264	竖穴土圹墓	长2.84，宽1.62~2米	甲棺长2.2，宽0.7~0.84，棺板残厚0.12~0.14，残高0.32米	顶戴1，瓷罐1，铜钱3	头向西，仰身直肢	男	60~65	—
				乙棺长2.12，宽0.48~0.64，棺板残厚0.08~0.14米	瓷罐1	未见人骨	—	—	—
M4	148	竖穴土圹墓	长2.7，宽0.9~1米	棺长1.9，宽0.6~0.66，棺残高0.26，棺板厚0.04~0.06米	瓷罐1，铜钱3	头朝南，仰身直肢	女	25~30	—
M5	82	竖穴土圹墓	残长2.7，残宽0.94~1米	棺已朽，棺残长1.54，棺残宽0.5~0.55，棺残高0.14米	铜钱2	破坏严重，仅见一节腿骨	—	—	—
M6	195	竖穴土圹墓	残长2.7，残宽1.7~1.84米	甲棺长2.02，宽0.48~0.62米，未见棺板	—	头向南，仰身直肢	男	55~60	棺底铺有草木灰
				乙棺长2.1，宽0.68~0.78，棺板残厚0.06~0.1，残高0.3米	头饰1，铜钱1	头向南，仰身直肢	女	55~60	棺底铺有草木灰
M7	150	竖穴土圹墓	长2.5，宽1.06~1.2米	残长1.98，棺残宽0.62~0.68，棺板残厚0.06~0.08米	铜元1	未见人骨	—	—	棺底铺有草木灰
M8	128	竖穴土圹墓	残长2.76，残宽1.88~1.9米	甲棺长2.26，宽0.6~0.7米，未见棺板	铜钱5	头向南，仰身直肢	男	60±	棺底铺有草木灰
				乙棺长2.08，宽0.46~0.64，棺板残厚0.04~0.1，残高0.12米	铜钱3	头向南，仰身直肢	女	50±	棺底铺有草木灰

续表

墓号	墓向/°	形制	墓圹尺寸	葬具尺寸	随葬品	骨架及葬式	性别	年龄（岁）	备注
M9	288	竖穴土圹墓	残长 2.84，残宽 1.74～2.2 米	甲棺长 2.1，宽 0.72～0.82，棺板残厚 0.12～0.14，残高 0.2 米	铜钱 3	头向西，仰身直肢	男	>65	—
M10	305	竖穴土圹墓	长 2.6，宽 0.94～1 米	乙棺长 2.1，宽 0.66～0.78，棺板残厚 0.08～0.12，残高 0.2 米 / 棺长 2.2，宽 0.4～0.52，棺残高 0.22，棺板残厚 0.02～0.06 米	扁方 1，簪 1，耳环 1，铜钱 4	头向西，仰身直肢 / 未见人骨	女 / —	60± / —	棺底铺有草木灰 / 棺底铺有草木灰
M11	212	竖穴土圹墓	长 3.14，宽 1.6～1.78 米	甲棺长 2.24，宽 0.64～0.74，棺板残厚 0.14～0.16，棺残高 0.5 米 / 乙棺长 2.32，宽 0.64～0.74，棺板残厚 0.1～0.14，棺残高 0.5 米	扁方 1，耳环 1，钮扣 1，铜钱 6	头向南，仰身直肢 / 头向南，仰身直肢	男 / 女	65± / 45～50	棺底铺有草木灰 / 棺底铺有草木灰
M12	178	竖穴土圹墓	长 2.74，宽 2～2.08 米	甲棺长 2.02，宽 0.48～0.62，棺板残厚 0.02～0.08，棺残高 0.16 米 / 乙棺长 1.88，宽 0.4～0.42，棺板残厚 0.02～0.06，棺残高 0.1 米	—	见零散骨块 / 未见人骨	— / —	— / —	棺底铺有草木灰 / 棺底铺有草木灰
M13	208	竖穴土圹墓	长 2.92，宽 0.88～1.04 米	长 2.32，宽 0.7～0.82，高 0.32～0.38，棺板残厚 0.14～0.16 米	铜元 4	头骨移动，仰身直肢	女	55～60	棺底铺有草木灰
M14	194	竖穴土圹墓	长 2.62，宽 1.52～1.82 米	甲棺长 1.92，宽 0.44～0.6，棺残高 0.18 米 / 乙棺长 1.9，宽 0.42～0.52，棺残高 0.2 米	扁方 1，戒指 1，铜钱 5	头朝南，仰身直肢 / 头朝南，仰身直肢	女 / 男	>60 / 35～40	棺底铺有草木灰 棺板残厚 0.01 / 棺底铺有草木灰 棺板残厚 0.01
M15	162	竖穴土圹墓	长 2.48，宽 1.6～1.62 米	甲棺长 2，宽 0.42～0.62，棺痕残厚 0.01～0.02，棺痕残高 0.38 米 / 乙棺长 1.98，宽 0.48～0.58，棺痕残厚 0.01，棺痕残高 0.26 米	符文砖 1，铜钱 2 / 铜钱 1	头向南，仰身直肢 / 头向南，仰身直肢	女 / 男	55± / 50±	棺底铺有草木灰 / 棺底铺有草木灰
M16	146	竖穴土圹墓	长 2.82，宽 0.98～1.2 米	长 1.84，宽 0.44～0.54，棺板残高 0.18，棺板残厚 0.02～0.06 米	—	头向南，仰身直肢	男	45～50	棺底铺有草木灰

续表

墓号	墓向（°）	形制	墓圹尺寸	葬具尺寸	随葬品	骨架及葬式	性别	年龄（岁）	备注
M17	146	竖穴土圹墓	长2.84，宽0.86~1.14米	长2.14，宽0.68~0.82，棺板高0.3~0.44，棺板厚0.08~0.14米	顶戴1，铜钱2	头向南，仰身直肢	男	30~35	棺底铺有草木灰
M18	158	竖穴土圹墓	长2.8，宽1.42~1.52米	甲棺长2.02，宽0.52~0.64，棺板残厚0.01~0.02，棺残高0.22米	铜钱6	头向南，仰身直肢	男	35±	棺底铺有草木灰
				乙棺长2.16，宽0.58~0.7，棺板残厚0.08~0.1，棺残高0.22米	扁方1，簪1，耳钳1，纽扣1，铜钱3	头向南，仰身直肢	女	25±	棺底铺有草木灰
M19	165	竖穴土圹墓	长2.5，宽2.48~2.56米	甲棺长1.9，宽0.5~0.55，棺板残厚0.06~0.07，棺残高0.2米	铜钱3	头向南，仰身直肢	男	30~35	棺底铺有草木灰
				乙棺长2.01，宽0.51~0.65，棺板残厚0.06~0.08，棺残高0.2米	簪1，头饰2，戒指1，纽扣1，耳环1，铜钱7	头向南，仰身直肢	女	25±	棺底铺有草木灰
				丙棺长2.02，宽0.55~0.66，棺残高0.08，棺残高0.25米	扁方1，簪1，铜扣1，铜钱4	头向南，仰身直肢	女	55~60	棺底铺有草木灰和白灰
M20	151	竖穴土圹墓	长3.08，宽1.46~1.6米	甲棺长1.86，宽0.32~0.5，棺残高0.18米	瓷罐1，铜钱3	头向南，仰身直肢	男	35~40	棺底铺有草木灰
				乙棺1.78，宽0.32~0.52，棺残高0.18米	瓷罐1，耳环1，铜钱3	头向南，仰身直肢	女	35~40	棺底铺有草木灰
M21	162	竖穴土圹墓	长2.52，宽1.62~1.74米	甲棺长1.72，宽0.36~0.5，棺残高0.2米	——	头朝南，仰身直肢	男	>60	棺底铺有草木灰
				乙棺长1.74，宽0.44~0.56，残高0.16米	——	头朝南，仰身直肢	女	40±	棺底铺有草木灰
M22	150	竖穴土圹墓	长3.04，宽2.08~2.2米	甲棺残长2.06，残宽0.68~0.72，棺板残厚0.1~0.14，棺残高0.38米	符文砖1，铜钱3	头朝南，仰身直肢	男	50~55	棺底铺有草木灰
				乙棺长2.08，宽0.52~0.78，棺板残厚0.1~0.14，棺残高0.32米	瓷罐1，簪2，戒指2，耳环1，铜钱6	头朝南，仰身直肢	女	35~40	棺底铺有草木灰
M23	165	竖穴土圹墓	长2.84，宽2.2~2.28米	甲棺残长1.96，残宽0.42~0.54，棺残高0.34米	——	头朝南，仰身直肢	男	30±	棺底铺有草木灰
				乙棺长1.74，宽0.46~0.66，棺残高0.34米	符文瓦1，瓷罐1，戒指1，玉佩件1，铜钱2	头朝南，仰身直肢	女	25~30	棺底铺有草木灰

续表

墓号	墓向户	形制	墓圹尺寸	葬具尺寸	随葬品	骨架及葬式	性别	年龄（岁）	备注
M24	117	竖穴土圹墓	长3.06，宽2.02~2.38米	甲棺残长2.14，残宽0.48~0.72，棺板残厚0.06~0.08，棺底残高0.48米	素面瓦1，顶戴1，铜钱10	头朝东，仰身直肢	男	55~60	脚骨两端见木炭块，棺底铺有草木灰
				乙棺残长2.06，残宽0.56~0.64，棺板残厚0.08~0.1，棺残高0.4米	铜钱5	头朝东，仰身直肢	女	45~50	脚骨两端见木炭块，棺底铺有草木灰
M25	323	竖穴土圹墓	长2.52，宽0.74~1.04米	棺残长1.92，宽0.42~0.62，棺残高0.22，棺板厚0.02~0.1米	簪2，戒指3，耳环1，铜钱2	头朝北，仰身直肢	女	35~40	棺北部见木炭块，棺底铺有草木灰
M26	156	竖穴土圹墓	长2.94，宽0.52~1.06米	棺残长2.04，残宽0.46~0.62，棺残高0.42，棺板残厚0.1~0.14米	瓷罐1，铜钱2	头朝南，仰身直肢	男	25±	棺底铺有草木灰
M27	153	竖穴土圹墓	长2.94，宽1.4~1.9米	甲棺长1.9，宽0.42~0.58，棺残高0.32米	铜钱3	头朝南，仰身直肢	男	30±	棺底铺有草木灰
				乙棺长2，宽0.38~0.58，棺残高0.32米	饰件1，耳环1，铜钱6	头朝南，仰身直肢	女	25±	棺底铺有草木灰
M28	157	竖穴土圹墓	残长3，残宽1.8米	甲棺残长1.94，残宽0.62~0.7，棺板残厚0.06~0.08米	铜钱9	骨架摆放凌乱	男	25~30	头部见木炭块，棺底铺有草木灰，白灰
				乙棺残长2.04，残宽0.48~0.72，棺板残厚0.02~0.13，棺残高0.24~0.26米	戒指4，铜钱4	骨架摆放凌乱	女	25±	头部见木炭块，棺底铺有草木灰，白灰
M29	147	竖穴土圹墓	长3.28，宽2.04~2.08米	甲棺长2.18，宽0.52~0.64，棺板残厚0.1~0.14，棺残高0.26米	瓷罐1，铜钱2	骨架摆放凌乱	男	35~40	棺底铺有草木灰
				乙棺长2.22，宽0.58~0.88，棺板残厚0.12~0.2，棺残高0.5米	符文瓦1，瓷罐1，簪2，铜钱3	骨架摆放凌乱	女	50~55	棺底铺有草木灰
M30	150	竖穴土圹墓	长2.4，宽2.84~3.06米	甲棺残长1.88，宽0.38~0.54，棺板残厚0.02~0.06，棺残高0.32米	瓷罐1，铜钱12	保存较差，肋骨、盆骨缺失严重	男	40±	棺底铺有草木灰
				乙棺残长1.74，残宽0.4~0.48，棺板残厚0.02~0.06，棺残高0.34米	涂墨砖2，铜钱3	保存较差，仅残存头骨和肢骨	女	30±	棺底铺有草木灰
				丙棺残长1.84，残宽0.42~0.48，棺板残厚0.02~0.08，棺残高0.22~0.3米	戒指1	头朝南，仰身直肢	女	25~30	骨架下有白灰

续表

墓号	墓向（°）	形制	墓圹尺寸	葬具尺寸	随葬品	骨架及葬式	性别	年龄（岁）	备注
M31	153	竖穴土圹墓	长3.5，宽3.84~4米	甲棺长2.26，宽0.52~0.66，棺板残厚0.06~0.08，棺残高0.28~0.46米	—	头朝南，仰身直肢	女	25±	棺底铺有草木灰
				乙棺长2.32，宽0.46~0.68，棺板残厚0.1~0.14，棺残高0.3~0.32米	钮扣2，铜钱8	骨架凌乱，保存较差	男	50~55	棺底铺有草木灰
				丙棺长2.12，宽0.62~0.74，棺板残厚0.12~0.16，棺残高0.36米	符文瓦1，铜钱3	骨架凌乱，保存较差	女	>60	骨架上部见木炭块，棺底铺有草木灰
M32	160	竖穴土圹墓	长2.6，宽1.71~1.83米	甲棺残长1.78，残宽0.4~0.44，棺板残厚0.02~0.03，棺残高0.28米	—	保存较差，未见头骨	女	40~45	棺底铺有草木灰
				乙棺残长1.84，残宽0.42~0.29，棺板残厚0.01~0.03，棺残高0.28米	瓷罐1，铜钱2	骨架凌乱，保存较差	男	45±	棺底铺有草木灰
M33	161	竖穴土圹墓	长3.01，宽1.84~2.3米	甲棺残长2.3，残宽0.48~0.68，棺板残厚0.08~0.13，棺残高0.47米	瓷罐1，簪3，铜钱1	头朝南，仰身直肢	女	35~40	棺底铺有草木灰
				乙棺残长2.28，残宽0.67~0.73，棺板残厚0.15~0.16，棺残高0.47米	瓷罐1，铜钱4	头朝南，仰身直肢	男	40±	棺底铺有草木灰
M34	149	竖穴土圹墓	长3.12，宽1.8~2.4米	甲棺残长2.18，宽0.62~0.86，棺板残厚0.16~0.18，棺残高0.46米	符文瓦1，瓷罐1，簪3，钮扣3，铜钱1	头朝南，仰身直肢	女	30~35	头顶见木炭块，骨架下铺有草木灰
				乙棺长2.16，宽0.42~0.58，棺板残厚0.14~0.16，棺残高0.42米	—	保存较差，头向、葬式不详	男	>70	见木炭块，骨架下铺有草木灰
M35	120	竖穴土圹墓	长2.8，宽1.75~1.82米	甲棺残长2.12，残宽0.52~0.65，棺板残厚0.11~0.12，棺残高0.24米	簪5，钮扣3，铜钱9	头朝东，仰身直肢	女	50±	棺底铺有草木灰
				乙棺残长2.2，残宽0.58~0.74，棺板残厚0.11~0.14，棺残高0.22米	顶戴1，铜钱1	头朝东，仰身直肢	男	45±	骨架周围见木炭块，骨架下铺有草木灰、白灰

续表

墓号	墓向/°	形制	墓圹尺寸	葬具尺寸	随葬品	骨架及葬式	性别	年龄（岁）	备注
M36	180	竖穴土圹墓	长2.5，宽1.35~1.82米	甲棺残长1.95，残宽0.54~0.61，棺板残厚0.06~0.07，棺残高0.09~0.14米 乙棺残长1.95，残宽0.45~0.64，棺板残厚0.06~0.08，棺残高0.12米	簪1、饰件1、铜钱6 铜钱5	头朝南，仰身直肢 头朝南，仰身直肢	女 男	35± 45~50	棺底铺有草木灰 骨架周围见含木炭，棺底铺有草木灰
M37	165	竖穴土圹墓	长2.32，宽1.65~2.19米	甲棺残长2.2，残宽0.57~0.64，棺板残厚0.06~0.08，棺残高0.15~0.2米 乙棺残长2.25，残宽0.54~0.69，棺板残厚0.02~0.04，棺残高0.2米	簪3 铜钱3	骨架凌乱，保存较差 骨架东部见木炭块，未见头骨	女 男	30~35 25±	棺底铺有草木灰 棺底铺有草木灰
M38	148	竖穴土圹墓	长2.72，宽1.9米	甲棺残长1.66，宽0.42~0.58，棺残高0.14米 乙棺残长1.94，宽0.44~0.66，棺板残厚0.08~0.1，棺残高0.28米	簪1、头饰1、铜钱1 顶戴1、铜钱3	头朝南，仰身直肢 头朝南，仰身直肢	女 男	45~50 30±	骨架周围见木炭块，棺底铺有草木灰 骨架周围见木炭块，棺底铺有草木灰
M39	182	竖穴土圹墓	长2.74，宽1.6~1.74米	甲棺残长1.8，残宽0.46~0.54，棺板残厚0.02~0.06，棺残高0.3米 乙棺残长1.84，残宽0.52~0.58，棺板残厚0.04~0.06，棺残高0.4米	铜钱1 扁方1、耳环1	骨架零乱，葬式不详 骨架凌乱，葬式不详	男 女	40± >65	棺底铺有草木灰 棺底铺有草木灰
M40	47	竖穴土圹墓	长2.8，宽1.16米	棺长2.08，宽0.64~0.76，棺残高0.16，棺板厚0.1~0.14米	顶戴1、铜钱5	头朝东，仰身直肢	男	35±	棺底铺有草木灰
M41	192	竖穴土圹墓	长2.9，宽1.8~1.82米	甲棺长2.12，宽0.6~0.7，棺板残厚0.08~0.12，棺残高0.12米 乙棺长2.06，宽0.62~0.66，棺板残厚0.08~0.1，棺残高0.12米	铜钱1、铜币1 铜元2	骨架零乱，保存较差，未见头骨 骨架零乱，保存较差，未见头骨	女 男	30~35 中年	棺底铺有草木灰 棺底铺有草木灰
M42	198	竖穴土圹墓	长2.7，宽1.04~1.34米	棺木长2.18，宽0.56~0.72，棺残高0.32~0.44，棺板残厚0.08~0.12米	戒指1、铜钱2	骨架凌乱，保存较差	女	>60	棺底铺有草木灰
M43	118	竖穴土圹墓	长2.6，宽1.06~1.26米	棺残长2.12，残宽0.76~0.82，棺残高0.2，棺板厚0.12米	银钱2、铜钱1	骨架零散，保存较差	女	中年	棺底铺有草木灰
M44	159	竖穴土圹墓	长2.46，宽0.72~0.92米	棺长2.16，宽0.56~0.68，棺残高0.32，棺板残厚0.1米	—	未见人骨	—	—	棺底铺有草木灰

续表

墓号	墓向/°	形制	墓圹尺寸	葬具尺寸	随葬品	骨架及葬式	性别	年龄（岁）	备注
M45	170	竖穴土圹墓	长2.76，宽0.96~0.98米	棺残长1.84~2.08，残宽0.56~0.7，棺残高0.14~0.26，棺板残厚0.02~0.04米	钮扣4，铜钱2	头朝南，仰身直肢	男	30~35	棺底铺有草木灰
M46	164	竖穴土圹墓	长2.42，宽1.24~1.36米	棺长2.12，宽0.62~0.66，棺残高0.12，棺板残厚0.02米	铜钱2	未见人骨	—	—	棺底铺有草木灰
M47	112	竖穴土圹墓	残长2.4，残宽1.6米	甲棺残长1.9，残宽0.5~0.64，棺板残厚0.08~0.1，棺残高0.42~0.8米	—	未见人骨	—	—	棺底铺有草木灰
				乙棺残长2.04，残宽0.5~0.56，棺板残厚0.08~0.1，残高0.44米	扁方1	头朝东，仰身直肢	女	45~50	棺底铺有草木灰
M48	174	竖穴土圹墓	残长3.02，残宽1.72~2.02米	甲棺残长2.12，残宽0.42~0.6，棺板残厚0.1~0.14，棺残高0.52米	扁方1，簪4，钮扣6，铜钱6	未见人骨	—	—	棺底铺有草木灰
				乙棺长2.4，宽0.68~0.9，棺板残厚0.1~0.16，棺残高0.38米	—	头朝南，仰身直肢	女	40±	棺底铺有草木灰
M49	164	竖穴土圹墓	长2.6，宽0.84~0.92米	棺长1.92，宽0.54~0.64，棺残高0.16，棺板残厚0.06米	铜钱2	头朝南，仰身直肢	男	30~35	棺底铺有草木灰
M50	170	竖穴土圹墓	长2.2，宽0.8~0.96米	棺长1.68，宽0.46~0.6，棺残高0.12，棺板残厚0.06米	—	头朝南，仰身直肢	男	25±	棺底铺有草木灰
M51	162	竖穴土圹墓	长2.46，宽0.9~0.94米	棺长1.82，宽0.38~0.52，棺残高0.2米	铜钱3	头朝南，侧身直肢	男	40~45	棺底铺有草木灰
M52	172	竖穴土圹墓	长2.3，宽0.96~0.98米	棺长2.02，宽0.42~0.56，棺残高0.18米	铜钱4	头朝南，侧身屈肢	男	35~40	棺底铺有草木灰
M53	204	竖穴土圹墓	长2.64，宽1~1.32米	长2.12，宽0.52~0.7，棺残高0.42，棺板残厚0.08~0.12米	铅佩件1，铜钱2	骨架摆放凌乱	男	40~45	棺底铺有草木灰
M54	0	竖穴土圹墓	长2.16，宽0.78~1.02米	棺长2，宽0.44~0.62，棺残高0.16米	罐1，铜钱2	骨架零乱，未见头骨	男	35~40	棺底铺有草木灰
M55	335	竖穴土圹墓	墓圹被破坏	棺长1.76，宽0.52~0.7米	—	未见人骨	—	—	棺底铺有草木灰和白灰

续表

墓号	墓向/°	形制	墓圹尺寸	葬具尺寸	随葬品	骨架及葬式	性别	年龄（岁）	备注
M56	5	竖穴土圹墓	长2.55，宽1.47~1.82米	甲棺长1.94，宽0.35~0.54，棺残高0.12米；乙棺长1.96，宽0.33~0.55，棺残高0.13米	符文瓦1，瓷罐1，铜钱3；符文瓦1，瓷罐1，簪3，铜钱6	头朝北，仰身直肢；骨架凌乱，保存较差	男；女	40±；35~40	棺底铺有草木灰
M57	350	竖穴土圹墓	长2.6，宽0.64~0.9米	棺长2，棺宽0.36~0.52，棺残高0.14米	铜钱1	头朝北，仰身直肢	男	30±	棺底铺有草木灰
M58	350	竖穴土圹墓	残长1.96，残宽1.75米	甲棺残长1.7，宽0.42~0.68，棺残高0.06米；乙棺残长1.54，残宽0.46~0.52，棺残高0.06米	铜钱1	未见人骨；未见人骨	—；—	—；—	棺底铺有草木灰
M59	285	竖穴土圹墓	长2.56，宽1.14~1.2米	棺长2.06，宽0.54~0.74，棺残高0.2米	—	骨架凌乱，头骨移位	男	12~13	棺底铺有草木灰
M60	270	竖穴土圹墓	长2.98，宽2.04~2.2米	甲棺长2.02，宽0.32~0.66，棺残高0.46，棺板残厚0.06~0.08米；乙棺长1.86，宽0.5~0.62，棺板残厚0.02~0.04，棺残高0.12米	符文瓦1，铜钱1；扁瓶1，簪1，铜钱6	头朝西，仰身直肢；头朝西，仰身直肢	男；女	30±；25±	棺底铺有草木灰
M61	345	竖穴土圹墓	残长2.5，残宽0.7~0.72米	棺长1.9，宽0.42~0.58，棺板残厚0.02~0.04，棺残高0.36米	紫砂钵1，铜钱1	骨架凌乱，保存较差，未见头骨	男	30±	棺底铺有草木灰
M62	5	竖穴土圹墓	长2.28，宽0.95~0.98米	棺长2.15，宽0.48~0.58，棺板残厚0.04~0.05，棺残高0.23米	瓷罐1，铜钱6	头朝北，仰身直肢	男	45~50	棺底铺有草木灰
M63	334	竖穴土圹墓	长2.44，宽0.82~0.88米	棺长1.68，宽0.36~0.44，棺板残厚0.04~0.06，棺残高0.24~0.26米	铜钱10	骨架凌乱	女	45~50	棺底铺有草木灰和白灰
M64	342	竖穴土圹墓	长2.34，宽1.62~1.76米	甲棺长1.82，宽0.44~0.54，棺残高0.16米；乙棺长1.92，宽0.44~0.54，棺板残厚0.06~0.08，棺残高0.2米	铜钱4；扁方1，簪2，戒指1，耳环1，铜钱3	头朝北，仰身直肢；头朝北，仰身直肢	男；女	30±；30±	棺底铺有草木灰
M65	246	竖穴土圹墓	长2.62，宽0.96~0.98米	棺长1.96，宽0.52~0.66，棺板残厚0.02~0.08，棺残高0.16米	铜钱3	头朝西，仰身直肢	女	35~40	棺底铺有草木灰
M66	136	竖穴土圹墓	残长2.32，残宽1~1.02米	棺长1.86，宽0.56~0.6，棺残高0.08米	铜钱3	骨架保存较差，未见头骨	男	22±	棺底铺有草木灰

续表

墓号	墓向/°	形制	墓圹尺寸	葬具尺寸	随葬品	骨架及葬式	性别	年龄（岁）	备注
M67	260	竖穴土圹墓	长1.15，宽0.65~0.67米	棺长0.96，宽0.33~0.36米	—	头朝西，骨架保存较差	不确定	11个月	—
M68	253	竖穴土圹墓	长2.42，宽0.82~1.12米	棺长1.86，宽0.42~0.66，棺残高0.08米	铜钱7	头朝西，仰身直肢	男	35±	棺底铺有草木灰
M69	160	竖穴土圹墓	长2.14，宽0.84~1.06米	棺长1.7，宽0.48~0.62，棺残高0.06米	铜钱1	骨架零散，保存较差，未见头骨	男	成年	棺底铺有草木灰
M70	72	竖穴土圹墓	长2.4，宽1.72~1.86米	甲棺残长2.04，宽0.47~0.56，棺板残厚0.08~0.09，棺残高0.43米	素面瓦1，棋子1，铜钱1	头朝东，仰身直肢	男	60±	棺底铺有草木灰
				乙棺长1.94，宽0.48~0.62，棺板残厚0.08~0.09，棺残高0.42米	符文瓦1，簪1，铜钱4	头朝东，仰身直肢	女	35~40	棺底铺有草木灰
M71	50	竖穴土圹墓	长2.35，宽1.72~1.86米	甲棺残长2.02，残宽0.52~0.64，棺板残厚0.06~0.1，棺残高0.28米	符文瓦1，簪1，戒指1，铜钱2	仅见零星碎骨	女	成年	棺底铺有草木灰
				乙棺残长2，残宽0.52~0.68，棺板残厚0.08，棺残高0~0.25米		仅见零星碎骨	男	成年	棺底铺有草木灰
M72	75	竖穴土圹墓	长2.34，宽1.74~1.82米	甲棺残长1.98，残宽0.46~0.58，棺板残厚0.06~0.08，棺残高0.2米	铜钱2	仅见零星碎骨	男	成年	棺底铺有草木灰
				乙棺残长2，残宽0.52~0.72，棺板残厚0.05~0.07，棺残高0.18米	铜钱3	仅见零星碎骨	不确定	成年	棺底铺有草木灰和白灰
M73	329	竖穴土圹墓	长2.8，宽1.95~2米	甲棺残长2.34，残宽0.57~0.63，棺板残厚0.12~0.13，棺残高0.34~0.48米	戒指1，铜钱3	骨架摆放凌乱	不确定	25~30	棺底铺有草木灰
				乙棺残长2.32，宽0.48~0.6，棺板残厚0.08~0.11，棺残高0.4米	簪1，戒指1，铜钱4	骨架摆放凌乱	女	25±	棺底铺有草木灰
M74	344	竖穴土圹墓	长2.54，宽1.64~1.7米	甲棺长1.86，宽0.44~0.58，棺残高0.2米	簪1，戒指1，铜钱5	头朝北，仰身直肢	女	35~40	棺底铺有草木灰
				乙棺长1.88，宽0.42~0.56，棺残高0.14米	钮扣16，铜钱2	头朝北，仰身直肢	男	30~35	棺底铺有草木灰
M75	346	竖穴土圹墓	长2.6，宽1.1~1.14米	棺长2.02，宽0.62~0.74，棺板残厚0.06~0.08，棺残高0.2米	瓷罐1，钮扣9，铜钱4	头朝北，仰身直肢	男	30~35	棺底铺有草木灰和白灰

续表

墓号	墓向（°）	形制	墓圹尺寸	葬具尺寸	随葬品	骨架及葬式	性别	年龄（岁）	备注
M76	260	竖穴土圹墓	长2.28，宽1.04~1.06米	棺长2.04，宽0.68~0.8，棺板残厚0.1~0.12，棺残高0.16米	扁簪1，饰件1，铜钱6	头朝西，仰身直肢	女	25~30	棺底铺有草木灰
M77	348	竖穴土圹墓	长2.74，宽1.14~1.3米	棺残长2.16，残宽0.68~0.84，棺板残厚0.06~0.08，棺残高0.08米	铜钱2	仅残见零星碎骨	—	—	—
M78	357	竖穴土圹墓	长1.08，宽0.8~0.82米	—	—	骨架零乱，保存差，未见头骨	骨骼鉴定有男性（40±）和女性（30±）	—	—
M79	155	竖穴土圹墓	长2.57，宽0.98~1.02米	棺残长2.1，残宽0.47~0.6，棺板残厚0.07~0.1，棺残高0.36米	—	头朝南，仰身直肢	男	30~35	棺底铺有草木灰
M80	340	竖穴土圹墓	长2.45，宽1.21~1.22米	棺残长2.05，残宽0.54~0.61，棺板残厚0.08，棺残高0.55米	铜钱2，银钱2	骨架保存较差	头骨为女性（25±），其余为男性（13~14）	—	棺底铺有草木灰
M81	8	竖穴土圹墓	长2.48，宽0.9~1米	棺长1.94，宽0.36~0.42，残高0.42米	印章1，铜钱3	头朝北，仰身直肢	男	15±	棺底铺有草木灰
M82	12	竖穴土圹墓	长2.64，宽0.92~0.96米	棺长2.26，宽0.52~0.64，棺板残厚0.06~0.08，棺残高0.36米	符文瓦1	未见人骨	—	—	棺底铺有草木灰
M83	8	竖穴土圹墓	长3.34，宽2.1米	甲棺棺盖长3.16，宽0.62~0.74，棺板残厚0.1，棺残高0.28~0.48米	符文砖2，钮扣6，银钱6	头朝北，仰身直肢	男	35±	棺底铺有草木灰
				乙棺长2.4，宽0.68~0.82，棺板残厚0.12~0.14，棺残高0.62米	符文砖1	未见人骨	—	—	棺底铺有草木灰
M84	6	竖穴土圹墓	长3.3，宽3米	甲棺长2.16，宽0.5~0.58，棺板残厚0.08~0.1，棺残高0.58米	朱书板瓦1，扁方1，簪1，耳环1对，手镯1，戒指2，铜钱6	头朝北，仰身直肢	女	45~50	棺底铺有草木灰
				乙棺长2.14，宽0.62~0.72，棺板残厚0.12~0.14，棺残高0.48米	符文砖1，扁方1，簪1，手镯1，佩件1，铜钱3	头朝北，仰身直肢	女	30±	棺底铺有草木灰
				丙棺长2.28，宽0.6~0.8，棺板残厚0.12~0.18，棺残高0.6米	佩件1，银元宝1，钮扣1，银钱2	骨架凌乱，未见头骨	女	30~35	棺底铺有草木灰

续表

墓号	墓向（°）	形制	墓圹尺寸	葬具尺寸	随葬品	骨架及葬式	性别	年龄（岁）	备注
M85	86	竖穴土圹墓	长2.98，宽1.76~2.1米	甲棺长2.1，宽0.55~0.63，棺板残厚0.08~0.09，棺残高0.25米	符文砖1，扁方1，簪1，铜钱3	头朝北，仰身直肢	女	25±	棺底铺有草木灰
				乙棺长2.17，宽0.48~0.58，棺板残厚0.09~0.11，棺残高0.43米	符文瓦1，扁簪1，戒指1	头朝北，仰身直肢	女	30~35	棺底铺有草木灰
M86	327	竖穴土圹墓	长0.93，残宽0.32~0.41米	—	符文瓦1	头朝北，仰身直肢	不确定	2~2.5	—
M87	340	竖穴土圹墓	长2.5，宽1.7~1.8米	甲棺长2.03，宽0.46~0.62，棺板残厚0.06~0.08，棺残高0.24米	瓷罐1，铜钱4	头朝北，侧身屈肢	男	30±	棺底铺有草木灰
				乙棺长1.95，宽0.48~0.6，棺板残厚0.06~0.08，棺残高0.42米	瓷罐1，簪1	头朝北，仰身直肢	女	30±	棺底铺有草木灰
M88	305	竖穴土圹墓	长2.52，宽1.06~1.34米	棺长1.7，宽0.44~0.54，棺板残厚0.02~0.04，棺残高0.2米	符文瓦1，扁方1，簪1，铜钱6	头朝西北，仰身直肢	女	45±	棺底铺有草木灰
M89	323	竖穴土圹墓	长2.64，宽1.5~1.7米	甲棺长1.88，宽0.38~0.46，棺残高0.24米	铜钱3	骨架零乱	男	30~35	棺底铺有草木灰
				乙棺长1.86，宽0.4~0.42，棺残高0.24米	素面瓦1，铜钱3	头朝西北，仰身直肢	女	25~30	棺底铺有草木灰
M90	351	竖穴土圹墓	长2.7，宽2.04~2.06米	甲棺残长1.96，残宽0.46~0.56，棺板残厚0.08~0.12，棺残高0.4米	铜钱7	骨架摆放凌乱	女	40~45	棺底铺有草木灰和白灰
				乙棺长2.04，宽0.56~0.68，棺板残厚0.08~0.1，棺残高0.36米	簪3，佩件1，戒指2，铜钱4	骨架摆放凌乱	女	25±	棺底铺有草木灰
M91	352	竖穴土圹墓	长2.48，宽2.8米	甲棺长2.02，宽0.58~0.74，棺板残厚0.1~0.8，棺残高0.38米	瓷罐1，簪1，铜钱10	骨架凌乱	男	25±	棺底铺有草木灰和白灰
				乙棺长1.8，宽0.48~0.52，棺板残厚0.02~0.04，棺残高0.44米	瓷罐1，铜钱6	骨架凌乱	女	25±	棺底铺有草木灰
				丙棺长1.9，宽0.5~0.58，棺板残厚0.04~0.06，棺残高0.48	瓷罐1，铜钱6	骨架凌乱	女	25~30	棺底铺有草木灰和白灰

续表

墓号	墓向（°）	形制	墓圹尺寸	葬具尺寸	随葬品	骨架及葬式	性别	年龄（岁）	备注
M92	260	竖穴土圹墓	长2.7，宽2.14~2.18米	甲棺长2.12，宽0.66~0.76，棺残高0.26米	—	未见人骨	—	—	棺底铺有草木灰
				乙棺长2，宽0.64~0.7，棺板残厚0.08，棺残高0.2米	戒指1，铜钱1	见零散骨块	—	—	棺底铺有草木灰
M93	260	竖穴土圹墓	长2.62，宽1.56~1.6米	棺长1.7，宽1.08~1.1，棺残高0.3米	—	未见人骨	—	—	棺底铺有草木灰和白灰
M94	165	竖穴土圹墓	长3.05，宽1.1~1.2米	棺残长2.27，残宽0.46~0.64，棺板残厚0.1~0.11，棺残高0.4米	符文瓦1，瓷罐1，珠2，铜钱3	头朝南，仰身直肢	男	25~30	棺底铺有草木灰和白灰
M95	165	竖穴土圹墓	长2.4，宽0.92~1米	棺残长1.98，残宽0.56~0.67，棺板残厚0.07~0.08，棺残高0.24米	铜钱5	头朝南，仰身直肢	男	25~30	棺底铺有草木灰和白灰
M96	167	竖穴土圹墓	长2.4，宽1~1.02米	棺长2，宽0.46~0.58，棺残高0.24米	铜钱2	头朝南，仰身直肢	男	25~30	棺底铺有草木灰和白灰
M97	345	竖穴土圹墓	长2.64，宽2.58~2.7米	甲棺长1.8，宽0.46~0.52，棺残高0.18米	扁方1，簪1，铜钱2	头朝西北，仰身直肢	女	25~30	棺底铺有草木灰
				乙棺长1.82，宽0.38~0.48，棺残高0.16米	簪1，钮扣3，铜钱5	头朝西北，仰身直肢	女	25~30	棺底铺有草木灰
				丙棺长1.9，宽0.6~0.7，棺板残厚0.08~0.1，棺残高0.12米	扁方1	骨架摆放凌乱	女	>60	棺底铺有草木灰
M98	340	竖穴土圹墓	长2.42，宽0.96~1米	棺残长1.98，残宽0.55~0.96，棺板残厚0.08~0.1，棺残高0.16米	扁方1，簪2，钮扣2，铜钱3	头朝北，仰身直肢	女	>60	棺底铺有草木灰
M99	346	竖穴土圹墓	长2.12，宽0.92~0.96米	棺长1.78，宽0.4~0.5，棺残高0.18米	扁方1，簪1，铜钱4	头朝北，仰身直肢	女	>50	棺底铺有草木灰
M100	332	竖穴土圹墓	残长2.6，宽2.72~2.78米	甲棺残长1.56，宽0.44~0.56，棺残高0.18米	押发1，耳环2，铜钱1	头朝北，仰身直肢	女	20±	棺底铺有草木灰
				乙棺残长1.64，宽0.38~0.54，棺残高0.14米	簪3，铅佩件1，铜钱1	头朝北，仰身直肢	男	30±	棺底铺有草木灰
				丙棺残长1.2，宽0.4~0.46，棺残高0.14米	铜钱2	仅见少量肢骨和零星碎骨	不确定	成年	棺底铺有草木灰
M101	344	竖穴土圹墓	长2.7，宽1.6~1.66米	棺长1.76，宽0.46~0.52，棺残高0.2米	符文瓦1，扁方1，簪3，钮扣4，铜钱4	头朝北，仰身直肢	女	25±	棺底铺有草木灰
M102	332	竖穴土圹墓	长2.6，宽1.72米	甲棺长1.6，宽0.4~0.5，棺残高0.1米	—	骨架凌乱	女	>40	棺底铺有草木灰
				乙棺长1.82，宽0.46~0.56，棺残高0.14米	铜钱4	骨架凌乱	男	25±	棺底铺有草木灰

续表

墓号	墓向（°）	形制	墓圹尺寸	葬具尺寸	随葬品	骨架及葬式	性别	年龄（岁）	备注
M103	170	竖穴土圹墓	长2.84，宽2.14~2.68米	甲棺长2，宽0.48~0.56，棺残高0.14米	铜钱1	未见人骨	—	—	棺底铺有草木灰
				乙棺长2.02，宽0.52~0.58，棺板残厚0.1~0.12，棺残高0.16米	铜钱2	未见人骨	—	—	棺底铺有草木灰
				丙棺长2.1，宽0.54~0.64，棺残高0.14米	银钱1	未见人骨	—	—	棺底铺有草木灰
M104	220	竖穴土圹墓	长2.36，宽1~1.04米	棺长2.16，宽0.6~0.7，棺残高0.14米	—	未见人骨	—	—	棺底铺有草木灰
M105	155	竖穴土圹墓	长2.68，宽1.22~1.3米	棺长1.8，宽0.6~0.7，棺残高0.12米	—	见零星骨块	—	—	棺底铺有草木灰
M106	195	竖穴土圹墓	长2.5，宽1.04~1.1米	棺长2.12，宽0.4~0.52，棺残高0.6米	—	头朝南，仰身直肢	男	40~45	棺底铺有草木灰
M107	192	竖穴土圹墓	长2.36，宽0.96~1.04米	棺长1.82，宽0.52~0.62，棺残高0.42，棺板残厚0.06~0.08米	铭文砖1，头饰1，耳环1	头朝南，仰身直肢	女	14±	棺底铺有草木灰
M108	5	竖穴土圹墓	长2.5，宽0.82~0.94米	棺长1.72，宽0.52~0.66，棺残高0.38米		骨架摆放凌乱	男	25±	棺底铺有草木灰
M109	20	竖穴土圹墓	长2.75，宽0.92~1.2米	棺长2.22，宽0.6~0.68，棺残高0.24，棺板残厚0.08~0.1米	—	头朝北，仰身直肢	男	40±	棺底铺有草木灰
M110	271	竖穴土圹墓	长2.24，宽1.6~1.62米	甲棺长1.78，宽0.48~0.54，棺残高0.26米	铜钱3	头向西，仰身直肢	男	30~35	棺底铺有草木灰
				乙棺长1.96，宽0.36~0.5，棺残高0.24米	—	头向西，仰身直肢	女	25±	棺底铺有草木灰
M111	5	竖穴土圹墓	长2.54，宽1.1~1.12米	棺长1.98，宽0.46~0.52，棺板残厚0.1，棺残高0.02~0.04米	帽饰1，铜钱2	未见人骨	—	—	棺底铺有草木灰
M112	350	竖穴土圹墓	残长2.54，残宽1.52~1.84米	甲棺残长1.78，残宽0.48~0.52，棺残高0.22米	铜钱2	零星骨块	—	—	棺底铺有草木灰
				乙棺残长2，残宽0.58~0.7，棺板残厚0.02，棺残高0.12米	铜钱3	骨架凌乱	—	—	棺底铺有草木灰
M113	354	竖穴土圹墓	长2.32，宽1.9~1.98米	甲棺长1.8，宽0.38~0.52，棺残高0.08米	铜钱2	未见人骨	—	—	棺底铺有草木灰
				乙棺长1.96，宽0.48~0.62，棺残高0.08米	簪3，铜钱2	头向北，仰身直肢	女	30±	棺底铺有草木灰

续表

墓号	墓向/°	形制	墓圹尺寸	葬具尺寸	随葬品	骨架及葬式	性别	年龄（岁）	备注
M114	351	竖穴土圹墓	长 2.34，宽 1～1.08 米	棺长 1.86，宽 0.32～0.44，棺残高 0.16 米	瓷罐 1，铜钱 1	头向北，仰身直肢	男	30～35	棺底铺有草木灰
M115	4	竖穴土圹墓	长 2.54，宽 0.54～0.98 米	长 1.84，宽 0.38～0.52，棺残高 0.12 米	铜钱 1	未见人骨	—	—	棺底铺有草木灰和白灰
M116	352	竖穴土圹墓	长 2.1，宽 0.78～0.8 米	棺长 1.62，宽 0.42～0.54，棺板残厚 0.04～0.06，棺残高 0.12 米	铜钱 1	未见人骨	—	—	棺底铺有草木灰
M117	354	竖穴土圹墓	长 2.62，宽 1.52～1.6 米	甲棺长 1.6，宽 0.32～0.48，棺残高 0.12 米；乙棺长 1.9，宽 0.38～0.6，棺残高 0.1 米	甲棺铜钱 3；乙棺簪 1	未见人骨	—	—	棺底铺有草木灰
M118	357	竖穴土圹墓	长 2.4，宽 0.72～0.9 米	棺长 1.84，宽 0.42～0.48，棺残高 0.1 米	—	未见人骨	—	—	棺底铺有草木灰
M119	20	竖穴土圹墓	长 2.4，宽 1 米	棺长 1.84，宽 0.42～0.48，棺板残厚 0.06～0.08，棺残高 0.1 米	—	仅见零星碎骨残块	—	—	棺底铺有草木灰
M120	350	竖穴土圹墓	残长 1.9，宽 1.34 米	残长 1.46，残宽 0.52～0.62，棺残高 0.08 米	铜钱 3	骨头和下肢骨残缺，仰身直肢	男	30～35	棺底铺有草木灰

附表二　墓葬出土钱币统计表

编号	万历通宝	天启通宝	顺治通宝	康熙通宝	雍正通宝	乾隆通宝	嘉庆通宝	道光通宝	咸丰通宝	同治通宝	光绪通宝	宣统通宝	民国钱币	其他
M1														鎏金银币 6
M2													√	方孔钱，钱文不可辨识
M3														
M4						√								
M5				√		√								
M6														方孔钱，钱文不可辨识
M7													√	
M8						√	√				√			
M9											√			
M10														未出土钱币
M11						√								
M12														
M13													√	未出土钱币
M14											√			
M15												√		
M16														未出土钱币
M17						√					√			
M18						√	√	√						
M19							√	√						
M20					√	√								
M21														未出土钱币
M22														方孔钱，钱文不可辨识

续表

编号	万历通宝	天启通宝	顺治通宝	康熙通宝	雍正通宝	乾隆通宝	嘉庆通宝	道光通宝	咸丰通宝	同治通宝	光绪通宝	宣统通宝	民国钱币	其他
M23				✓										
M24				✓	✓	✓								
M25														方孔钱，钱文不可辨识
M26				✓										
M27						✓	✓	✓						
M28				✓										
M29				✓										
M30	✓	✓												
M31							✓							
M32				✓										
M33				✓	✓									方孔钱，钱文不可辨识
M34						✓								
M35							✓							
M36						✓								
M37						✓								
M38											✓			
M39											✓			
M40														
M41													✓	伪满洲国铜币
M42											✓			
M43						✓								
M44														未出土钱币

续表

编号	万历通宝	天启通宝	顺治通宝	康熙通宝	雍正通宝	乾隆通宝	嘉庆通宝	道光通宝	咸丰通宝	同治通宝	光绪通宝	宣统通宝	民国钱币	其他
M45														清代钱币
M46						✓								
M47														未出土钱币
M48						✓								
M49						✓								
M50														未出土钱币
M51						✓								
M52				✓										
M53														
M54									✓					未出土钱币
M55														
M56				✓										
M57				✓										
M58											✓	✓		
M59														未出土钱币
M60								✓				✓		
M61				✓										
M62				✓										
M63				✓										
M64								✓			✓			
M65				✓		✓								
M66											✓			

续表

编号	万历通宝	天启通宝	顺治通宝	康熙通宝	雍正通宝	乾隆通宝	嘉庆通宝	道光通宝	咸丰通宝	同治通宝	光绪通宝	宣统通宝	民国钱币	其他
M67														未出土钱币
M68											√			
M69									√					
M70						√								
M71						√								
M72							√							
M73				√										方孔钱，钱文不可辨识
M74														
M75								√						方孔钱，钱文可辨识
M76														
M77						√								
M78														未出土钱币
M79														
M80						√								银钱
M81						√								
M82														未出土钱币
M83														
M84														"光绪通宝"和"中华民国"银钱
M85											√			
M86														未出土钱币
M87				√										
M88														方孔钱，钱文不可辨识

续表

编号	万历通宝	天启通宝	顺治通宝	康熙通宝	雍正通宝	乾隆通宝	嘉庆通宝	道光通宝	咸丰通宝	同治通宝	光绪通宝	宣统通宝	民国钱币	其他
M89						√								
M90				√										
M91	√													
M92								√						
M93														未出土钱币
M94				√							√			
M95														方孔钱，钱文不可辨识
M96					√	√								
M97								√			√			
M98											√			
M99						√			√		√			
M100								√			√			
M101								√						
M102								√			√			"中华民国"银钱
M103														未出土钱币
M104														未出土钱币
M105														未出土钱币
M106														未出土钱币
M107														未出土钱币
M108														未出土钱币
M109														未出土钱币
M110				√										

续表

编号	万历通宝	天启通宝	顺治通宝	康熙通宝	雍正通宝	乾隆通宝	嘉庆通宝	道光通宝	咸丰通宝	同治通宝	光绪通宝	宣统通宝	民国钱币	其他
M111								√						
M112						√					√			
M113				√	√	√								
M114				√										
M115						√								
M116						√								
M117						√								
M118														未出土钱币
M119														未出土钱币
M120												√		

附表三　人骨测量数据采集表

长度（单位：mm）

墓葬编号	出土人骨		肱骨最大长		股骨最大长		股骨头纵径		胫骨最大长	
	性别	年龄（岁）	左	右	左	右	左	右	左	右
20TXY M1	F	25±	298	297	414	414	41	41.3	329	332
20TXY M2 甲	M	60±	325	320	458	458	46.31	44.82	403	＼
20TXY M2 乙	F	30～35	285	284	423	422	44.39	44.31	356	360
20TXY M3 甲	M	60～65	325	331	471	472	49.35	48.02	＼	394
20TXY M4	F	25～30	269	＼	392	392	41.08	40.42	317	320
20TXY M6 甲	M	55～60	305	307	442	440	47.02	46.35	364	361
20TXY M6 乙	F	55～60	289	290	411	418	43.26	43.16	329	323
20TXY M8 甲	M	60±	＼	＼	453	453	50.47	50.64	380	380
20TXY M8 乙	F	50±	324	317	447	451	46.03	46.1	381	381
20TXY M9 甲	M	＞65	300	303	437	436	49.08	48.68	364	364
20TXY M9 乙	F	60±	298	295	421	420	41.24	41.28	338	＼
20TXY M11 甲	M	65±	296	291	＼	430	＼	46.24	365	365
20TXY M11 乙	F	45～50	282	283	401	401	41.65	42.13	335	＼
20TXY M13	F	55～60	308	309	440	440	42.83	42.83	353	350
20TXY M14 甲	F	＞60	＼	264	＼	＼	＼	＼	＼	＼
20TXY M14 乙	M	35～40	＼	316	451	460	49.46	49.5	＼	391
20TXY M15 甲	F	55±	279	＼	397	392	37.84	42.13	315	318
20TXY M15 乙	M	50±	302	302	431	430	46.76	47.51	354	355
20TXY M16	M	45～50	312	313	450	452	47.27	48.26	＼	375
20TXY M17	M	30～35	327	322	458	461	49.15	49.16	382	383
20TXY M18 甲	M	35±	279	278	400	400	42.69	42.46	342	343

续表

长度（单位：mm）

墓葬编号	出土人骨		肱骨最大长		股骨最大长		股骨头纵径		胫骨最大长	
	性别	年龄（岁）	左	右	左	右	左	右	左	右
20TXY M18 乙	F	25±	＼	295	428	428	45.4	46.09	340	＼
20TXY M19 甲	M	30~35	315	319	455	455	45.03	44.62	393	389
20TXY M19 乙	F	25±	288	292	416	416	39.98	39.9	334	335
20TXY M19 丙	F	55~60	＼	＼	426	＼	43.07	＼	＼	＼
20TXY M20 甲	M	35~40	304	305	429	432	46.2	46.8	373	375
20TXY M20 乙	F	35~40	295	＼	414	415	41.93	43.07	342	＼
20TXY M21 甲	M	>60	320	324	＼	448	＼	46.1	＼	380
20TXY M21 乙	F	40±	287	＼	＼	411	＼	44.02	＼	＼
20TXY M22 甲	M	50~55	303	305	435	437	46.79	47.18	363	365
20TXY M22 乙	F	35~40	283	284	398	398	43.95	44.27	＼	＼
20TXY M23 甲	M	30±	340	340	472	474	48.6	＼	405	410
20TXY M23 乙	F	25~30	304	304	410	412	43.5	42.66	326	331
20TXY M24 甲	M	55~60	330	334	467	460	47.92	48.4	386	387
20TXY M24 乙	F	45~50	＼	＼	＼	＼	＼	＼	＼	＼
20TXY M25	F	35~40	273	279	＼	380	41.37	36.86	293	＼
20TXY M26	M	25±	297	303	423	418	45.25	45.5	344	341
20TXY M27 甲	M	30±	298	303	417	420	45.02	44.35	341	338
20TXY M27 乙	F	25±	285	286	400	399	42.69	42.15	324	320
20TXY M28 甲	M	25~30	313	316	445	445	48.12	48.36	360	349
20TXY M28 乙	F	25±	278	279	403	402	39.77	41.49	＼	＼
20TXY M29 甲	M	35~40	323	324	439	440	46.64	47.08	358	356
20TXY M29 乙	F	50~55	＼	＼	＼	＼	＼	＼	＼	＼

续表

墓葬编号	出土人骨		长度（单位：mm）							
	性别	年龄（岁）	肱骨最大长		股骨最大长		股骨头纵径		胫骨最大长	
			左	右	左	右	左	右	左	右
20TXY M30甲	M	40±	/	/	/	/	/	/	/	/
20TXY M30乙	F	30±	/	/	/	/	/	/	/	/
20TXY M30丙	F	25~30	300	/	/	413	/	38.39	/	/
20TXY M31甲	F	25±	/	/	/	/	/	/	/	/
20TXY M31乙	M	50~55	/	/	/	/	/	/	/	/
20TXY M31丙	F	>60	286	/	/	410	/	38.78	/	/
20TXY M32甲	F	40~45	287	/	412	409	44.64	44.18	/	/
20TXY M32乙	M	45±	316	/	451	450	45.66	45.72	/	/
20TXY M33甲	F	35~40	283	282	416	412	42.71	41.5	/	331
20TXY M33乙	M	40±	303	/	422	422	47.82	47.28	/	346
20TXY M34甲	F	30~35	289	296	/	/	/	/	/	/
20TXY M34乙	M	>70	310	308	425	420	46.01	46.71	348	345
20TXY M35甲	F	50±	278	278	399	/	39.03	/	/	313
20TXY M35乙	M	45±	302	305	417	403	42.16	43.07	348	347
20TXY M36甲	F	35±	285	285	405	408	44.53	44.89	334	330
20TXY M36乙	M	45~50	312	314	435	431	49.72	51.16	361	/
20TXY M37甲	F	30~35	/	/	375	40?	/	/	/	304
20TXY M37乙	M	25±	/	/	428	/	47	/	/	/
20TXY M38甲	F	45~50	/	/	385	/	40.9	/	/	/
20TXY M38乙	M	30±	315	318	457	457	47.21	47.11	369	372
20TXY M39甲	M	40±	/	/	/	/	/	/	370	364
20TXY M39乙	F	>65	/	/	/	/	/	/	/	/

续表

墓葬编号	性别	年龄（岁）	长度（单位：mm）							
			肱骨最大长		股骨最大长		股骨头纵径		胫骨最大长	
	出土人骨		左	右	左	右	左	右	左	右
20TXY M40	M	35±	336	\	482	488	46.95	46.83	402	409
20TXY M41甲	F	30~35	285	285	396	397	43.13	43.35	319	\
20TXY M41乙	M	中年	\	330	\	\	\	\	\	378
20TXY M42	F	>60	297	304	\	\	\	\	329	\
20TXY M43	F	中年	\	\	\	\	\	\	334	332
20TXY M44	未见人骨									
20TXY M45	F	30~35	310	313	445	446	49.76	48.86	372	374
20TXY M46	未见人骨									
20TXY M47甲	F	45~50	279	278	388	\	40.21	\	\	\
20TXY M48乙	F	40±	280	\	390	396	46.42	46.32	300	303
20TXY M49	M	30~35	295	297	\	\	\	\	\	\
20TXY M50	M	25±	\	\	\	\	\	\	\	\
20TXY M51	M	40~45	\	\	441	435	48.05	47.85	\	365
20TXY M52	M	35~40	321	316	445	438	45.97	46.57	367	364
20TXY M53	M	40~45	324	328	468	467	49.12	50	379	\
20TXY M54	M	35~40	307	309	\	427	\	46.68	\	\
20TXY M55	墓圹已破坏，无人骨。									
20TXY M56甲	M	40±	309	\	442	443	46.71	46.41	354	\
20TXY M56乙	F	35~40	281	283	387	394	39.4	38.55	\	328
20TXY M57	M	30±	313	\	\	447	\	43.98	363	365
20TXY M58	未见人骨									
20TXY M59	M	12~13	\	\	\	\	\	\	\	\

续表

墓葬编号	出土人骨		长度（单位：mm）								
	性别	年龄（岁）	肱骨最大长		股骨最大长		股骨头纵径		胫骨最大长		
			左	右	左	右	左	右	左	右	
20TXY M60甲	M	30±	315	315	429	425	44.32	44.9	362	361	
20TXY M60乙	F	25±	288	293	403	405	39.2	39.88	333	334	
20TXY M61	M	30±	310	317	438	430	51.67	51.95	362	360	
20TXY M62	M	45~50	\	\	\	\	\	\	\	\	
20TXY M63	F	45~50	\	\	387	\	42.8	\	\	\	
20TXY M64甲	M	30±	319	317	443	\	46.67	\	338	\	
20TXY M64乙	F	30±	313	315	\	\	\	\	338	\	
20TXY M65	F	35~40	286	290	410	\	42.16	\	340?	340?	
20TXY M66	M	22±	\	\	\	431	\	46.78	\	\	
20TXY M67	—	11个月	\	\	\	\	\	\	\	\	
20TXY M68	M	35±	326	321	449	453	45.42	45.42	384	381	
20TXY M69	M	成年	\	\	\	\	\	\	\	356	
20TXY M70甲	M	60±	331	335	478	478	48.4	48.82	384	383	
20TXY M70乙	F	35~40	278	278	393	393	41.5	41.4	320	322	
20TXY M71甲	F	成年	\	\	\	\	\	\	\	\	
20TXY M71乙	M	成年	\	\	\	\	\	\	\	\	
20TXY M72甲	—	成年	\	\	\	\	\	\	\	\	
20TXY M72乙	—	成年	\	\	\	\	\	\	\	\	
20TXY M73甲	F	25~30	264	267	388	380	40.03	42.1	315	317	
20TXY M73乙	F	25±	272	273	380	380	37.48	38.58	302	301	
20TXY M74甲	F	35~40	\	277	387	387		40.74	303	\	
20TXY M74乙	M	30~35	295	294	418	420	44.44	44.97	344	\	

续表

墓葬编号	出土人骨		长度（单位：mm）							
	性别	年龄（岁）	肱骨最大长		股骨最大长		股骨头纵径		胫骨最大长	
			左	右	左	右	左	右	左	右
20TXY M75	M	30~35	302	310	448	455	43.02	44.1	380	骨折，错位愈合
20TXY M76	F	25~30	288	288	\	\	\	\	\	\
20TXY M77			未见人骨							
20TXY M78	A：M	40±	\	\	460	\	43.76	\	\	\
	B：F	30±	317	317	\	457	\	42.37	\	373
20TXY M79	M	30~35	313	316	435	435	44.76	45.16	374	\
20TXY M80	A：F（仅头骨）	25±								
	B：M（无头骨）	13~14	297	295	\	419	\	43.78	\	\
20TXY M81	M	15±	\	300	\	424	\	46.94	\	\
20TXY M82			未见人骨							
20TXY M83甲	M	35±	310	305	444	441	45.63	45.81	371	372
20TXY M84甲	F	45~50	277	279	385	388	44.38	44.35	310	310
20TXY M84乙	F	30±	284	\	397	\	38.95	\	\	\
20TXY M84丙	F	30~35	326	328	456	470	44.33	44.97	375	381
20TXY M85甲	F	25±	271	273	\	369	\	38.78	\	\
20TXY M85乙	F	30~35	283	286	390	400	36.87	36.83	\	328
20TXY M86	—	2~2.5								
20TXY M87甲	M	30±	\	\	\	441	\	44.74	\	\
20TXY M87乙	F	30±	290	291	385	387	41.52	41.34	\	336
20TXY M88	F	45±	293	296	412	\	39.43	\	\	\
20TXY M89甲	M	30~35	340	\	475	478	53.32	53.5	407	404
20TXY M89乙	F	25~30	\	298	434	433	43.08	43.53	345	348

出土人骨

长度（单位：mm）

墓葬编号	性别	年龄（岁）	肱骨最大长		股骨最大长		股骨头纵径		胫骨最大长	
			左	右	左	右	左	右	左	右
20TXY M90 甲	F	40~45	\	322	454	466	46.37	46.57	\	\
20TXY M90 乙	F	25±	301	\	\	415	\	42.12	332	\
20TXY M91 甲	M	25±	\	311	444	\	45.82	\	\	\
20TXY M91 乙	F	25±	\	\	\	\	\	\	\	\
20TXY M91 丙	F	25~30	298	295	416	413	38.7	39.83	\	\
20TXY M92						未见人骨				
20TXY M93						未见人骨				
20TXY M94	M	25~30	290	\	425	429	49.65	49.78	\	\
20TXY M95	M	25~30	\	305	435	430	44.68	44.01	371	366
20TXY M96	M	25~30	\	322	474	482	48.75	50.07	\	\
20TXY M97 甲	F	25~30	\	304	425	426	41.02	41.52	328	\
20TXY M97 乙	F	25~30	311	300	436	438	41.96	41.6	350	353
20TXY M97 丙	F	>60	\	\	414	\	42.17	\	\	\
20TXY M98	F	>60	\	\	\	\	\	\	\	\
20TXY M99	F	>50	\	\	\	\	\	\	\	\
20TXY M100 甲	F	20±	292	287	405	413	38.3	37.83	\	\
20TXY M100 乙	M	30±	297	300	437	\	49.65	\	\	\
20TXY M100 丙	—	成年	\	\	\	\	\	\	\	\
20TXY M101	F	25±	290	283	404	\	42.78	\	\	340
20TXY M102 甲	F	>40	\	\	\	\	\	\	\	\
20TXY M102 乙	M	25±	296	295	419	418	43.93	44.3	352	347
20TXY M103						未见人骨				

续表

墓葬编号	出土人骨		长度（单位：mm）							
	性别	年龄（岁）	肱骨最大长		股骨最大长		股骨头纵径		胫骨最大长	
			左	右	左	右	左	右	左	右
20TXY M104	未见人骨									
20TXY M105	未见人骨									
20TXY M106	M	40~45	/	319	/	/	/	/	365	/
20TXY M107	F	14±	/	/	/	/	/	/	/	/
20TXY M108	M	25±	297	293	414	408	44	48.23	/	/
20TXY M109	M	40±	311	316	/	/	/	/	/	/
20TXY M110甲	M	30~35	294	298	418	416	45.15	45.87	340	339
20TXY M110乙	F	25±	/	285	420	/	44.65	/	330	330
20TXY M111	未见人骨									
20TXY M112甲	—	—	/	/	/	/	/	/	/	/
20TXY M112乙	—	—	/	/	/	/	/	/	/	/
20TXY M113乙	F	30±	/	/	/	/	/	/	/	/
20TXY M114	M	30~35	323	331	468	462	47.38	46.15	/	381
20TXY M115	未见人骨									
20TXY M116	未见人骨									
20TXY M117甲	—		/	348	/	/	/	/	/	/
20TXY M118	未见人骨									
20TXY M119	—		/	/	/	/	/	/	/	/
20TXY M120	M	30~35	320	332	/	481	/	49.81	/	/

附表四　元宝岛墓地出土金属器物 X 射线荧光检测结果统计表

序号	文物编号	名称	检测位置	检测结果 /%					备注
				Cu	Zn	Pb	Ag	Au	
1	M1：1-2	"乾隆通宝"钱	表面	1.61			93.13	3.78	金黄色，表面有黑色锈蚀
2	M2：1-1	铜元	表面	91.87	7.83				金黄色
3	M2：2	钗	钗首	18.11			75.63		银白色
4	M2：3	扁管	管身	9.28			70.98	18.2	呈银白色和金黄色
5	M3：1	顶戴	顶珠	70.31	25.91	1.88			表面有绿色锈蚀
6	M9：2	扁方	管身				35.9	62.83	金黄色，表面有黑色锈蚀
7	M9：3	簪	簪杆	46.71	1.79	1.36	44.1		表面带有绿色锈蚀
8	M9：5	耳环		84.3		1.47	2.66		表面有绿色锈蚀
9	M11：1	扁方	簪身中间	64.28	20.83	1.17	4.188	8.69	表面有绿色锈蚀
10	M11：5	钮扣	圆球中间	16.31	13.37	9.35			表面有绿色锈蚀
11	M14：1	扁方	簪身中间	63.73	34.99				表面有锈蚀
12	M14：2	戒指	饰面	32.78	42.59				表面有锈蚀
13	M17：1	顶戴	顶珠中间	83.46	14.21	1.46			表面有绿色锈蚀
14	M18：2	扁方	簪身中间	3.97		1.68	94		银白色
15	M18：3	簪	簪身中间	15.37			81.95		
16	M18：4	耳钳	花饰部分	4.67			90.26	3.57	
17	M18：6	钮扣	圆球中间	12.21	13.86				
18	M19：2	簪	簪身中间	1.1			88.83	8.67	
			簪花	9.92			70.17	18.4	
19	M19：3	头饰	正面中间	47.17			22.81	24.34	表面有绿色锈蚀
			背面中间	49.37			21.68	24.02	表面有绿色锈蚀

续表

序号	文物编号	名称	检测位置	检测结果 /%					备注
				Cu	Zn	Pb	Ag	Au	
20	M19：4	戒指	戒面	13.93	6.79		74.07		
21	M19：15	耳环	花饰部分		2.08	1.33	82.13		表面有绿色锈蚀
22	M19：6	钮扣	圆球中间	8.97	11.29	9.5			表面有绿色锈蚀
23	M19：7	扁方	簪身背面中间	4.37			94.93		
24	M19：8	簪	簪杆	37.39	1.59	1.38	50.27		表面有绿色锈蚀
			簪首	93.94			3.69		表面有绿色锈蚀
25	M19：9	钮扣	圆球中间	40.69	20.28	7.64			表面有绿色锈蚀
26	M20：5	耳环		4.25	10.23	10.9			
27	M22：2	簪	簪身				63.28	35.47	金黄色，表面带有黑色锈蚀
28	M22：3	簪	簪杆		1.96	1.29	71.53	13.17	表面带有黑色锈蚀
29	M22：6	戒指	戒面				96.65		金黄色，表面带有黑色锈蚀
30	M23：3	戒指	戒面	1.32			90.79	5.19	表面带有绿色锈蚀
31	M24：2	顶戴	顶珠	95.17	1.82	1.13			金黄色，表面带有绿色锈蚀
32	M25：1	簪	簪	48.58			50.28		表面带有绿色锈蚀
33	M25：3	戒指	戒面	53.57	2.6	1.52	28.82	10.33	表面带有绿色锈蚀和黑色锈蚀
34	M25：4	簪	簪杆	73.39			23.34		表面带有绿色锈蚀和黑色锈蚀
35	M25：5	耳环		72.48			22.22		表面有绿色锈蚀
36	M25：6	戒指	戒面	50.74			46.92		
37	M25：7	戒指	戒面	40.9	4.42	4.97	30.97		金黄色，表面带有绿色和黑色锈蚀
38	M27：5	饰件		89.16	1.52		7.4		表面有绿色锈蚀
39	M28：3	戒指	戒面				94.39	4.76	金黄色，表面有黑色锈蚀
40	M28：5	戒指	戒面				96.6		金黄色，表面有黑色锈蚀

续表

序号	文物编号	名称	检测位置	检测结果/%					备注
				Cu	Zn	Pb	Ag	Au	
41	M28:6	戒指	戒面				98.8		表面有黑色锈蚀
42	M28:7	戒指	戒面				98.31		表面有黑色锈蚀
43	M29:2	簪	簪链	1.33		1.89	88.6	6.72	金黄色，表面有黑色锈蚀
44	M29:3	簪	花头			2.72	76.29	19.81	金黄色，表面有黑色锈蚀
45	M30:3	戒指	戒面	60.83	9.46	23.17			表面带有绿色锈蚀
46	M31:3-1	钮扣	圆球中间	92.26	3.41	3.15			表面有绿色锈蚀
47	M31:3-2	钮扣	圆球中间	73.68	16.81	5.93			表面有绿色锈蚀
48	M33:1	簪	簪链	44.85			52.79		表面有绿色锈蚀
49	M33:2-1	簪	花头	33.14		1.96	60.46	1.33	表面有绿色锈蚀
50	M34:1	簪	簪链	6.41			90.73		
51	M34:2	簪	花头	1.94			44.85	49.4	
52	M34:6-1	钮扣	花蕊部分	1.07		1.62	82.84	13.95	金黄色
53	M34:7	钮扣	花蕊部分	3.27			95.37		银黄色
54	M34:8	簪	花头				47.25	51.15	金黄色
55	M35:1	簪	簪链				66.26	31.76	金属丝，表面带有绿色锈蚀
56	M35:10	簪	簪首	8.27	2.94	3.23	29.73	32.15	表面有黑色锈蚀
57	M35:11	钮扣	花蕊部分	23.78		3.41	71.1		银色，金黄色，表面有黑色锈蚀
58	M35:2	簪	簪杆		1.44	1.67	63.89	19.13	金黄色
59	M35:5	顶戴	顶珠	68.84	18.68	8.4			金黄色，表面有黑色锈蚀
60	M35:8	簪	簪杆			1.9	67.36	15.03	金黄色
61	M35:9	簪	簪首	5.79			25.51	34.26	金黄色
62	M36:3	头饰	花边	36.25			35.23	26.44	金黄色，表面带有绿色锈蚀

续表

序号	文物编号	名称	检测位置	检测结果/%					备注
				Cu	Zn	Pb	Ag	Au	
63	M36：1	簪	簪杆				92.16		表面带有黑色锈蚀
64	M37：1	簪	簪铤	6.08			48.44	43.3	金黄色，有锈蚀
65	M37：2-1	簪	簪杆戳记处	1.86			91.15		银白色，有锈蚀
66	M38：1	簪	簪铤	76.51	1.44	1.29	17.48		表面有绿色锈蚀
67	M38：3	顶戴	顶珠	94.77	2.7	1.08			表面有绿色锈蚀
68	M39：2	扁方	簪身	79.85	12.91	3.93			表面有绿色锈蚀
69	M39：3	耳环		58.16	3.92	18.76	4.51		金黄色，有锈蚀
70	M40：1	顶戴	顶珠中间	77.96	11.12			8.84	金黄色，表面有绿色锈蚀
71	M42：2	耳环					98.05	1.07	表面带有绿色锈
72	M45：1-1	钮扣		45	48.37	3.97			表面带有绿锈
73	M47：1	扁方		66.73	31.12	1.75			表面带有绿锈
74	M48：1	扁方		1.89			55.27	42.37	金黄色，表面有黑色锈蚀
75	M48：2	簪		1.09			46.14	51.17	表面带有绿色和黑色锈蚀
76	M48：3-1	簪		43.4	2.38	2	43.99		表面带有黑色和绿色锈蚀
77	M48：4-1	钮扣		48.25	50.36				表面有绿色锈蚀
78	M53：2	饰件			1.25	88.3			金黄色，表面带有绿色和黑色锈蚀
79	M56：7-1	簪	簪首	59.64	22.15	11.28			表面带有绿色锈蚀
80	M56：7-2	簪	簪首	51.6	31.76	9.24			表面带有绿色锈蚀
81	M60：4	扁簪	簪身	90.45	5.26	1.95			金黄色，表面带有绿色和黑色锈蚀
82	M60：5	簪	簪脚		3.86	1.93	79.93		银白色，表面有绿色锈蚀
83	M64：1	簪					27.69	70.41	金黄色，表面带有黑色锈蚀
84	M64：2	扁方	簪身				69.8	29.29	金黄色，表面带有黑色锈蚀

续表

序号	文物编号	名称	检测位置	检测结果 /%					备注
				Cu	Zn	Pb	Ag	Au	
85	M64：3	戒指	戒面				99.69		表面带有黑色锈蚀
86	M64：5	耳环		39.88	4.25	4.87	25		金黄色，表面带有绿色锈蚀
87	M64：7	簪	簪首	84.18			9.14	5.39	表面带有绿色锈蚀
88	M70：4	簪		85.66			12.63		表面带有绿色锈蚀
89	M71：2	簪		34.5			64.45		金黄色，表面带有黑色锈蚀
90	M71：4	戒指					96.65		表面带有黑色锈蚀，可见少量金黄色
91	M73：2	戒指	戒面	2.56		7.67	86.69		银白色，表面带有黑色锈蚀
92	M73：3	簪	簪链				70.26	25.47	金黄色，表面有黑色锈蚀
93	M73：5	戒指	戒面				96.95		金黄色，表面有黑色锈蚀
94	M74：1	簪		61.57	26.48	8.32			表面带有绿色锈蚀
95	M74：2-1	钮扣		75.5	19.88	2.64			表面带有绿色锈蚀
96	M74：4-1	钮扣		87.5	7.56	1.79			表面带有绿色锈蚀
97	M75：1	钮扣		68.67	16.95	10.97			表面带有绿色锈蚀
98	M76：2	扁簪	簪身				89.25	8.78	金黄色，表面带有黑色锈蚀
99	M76：3	饰件		98.61					表面带有绿色锈蚀
100	M83：5-1	钮扣		79.71	15.22	2.36			表面带有绿色锈蚀
101	M84：11-1	"光绪通宝"钱			5.59	3.95	59.66		表面有黑色锈蚀
102	M84：12	饰件			2.27	1.05	86.36		表面有黑色锈蚀
103	M84：11-2	"光绪通宝"钱					99.545		银白色，表面带有黑色锈蚀
104	M84：13	钮扣		19.65	12.7	8.74			表面带有绿色锈蚀
105	M84：14	元宝					99.57		表面有黑色锈蚀
106	M84：15-1	"光绪通宝"钱					99.32		表面有黑色锈蚀

续表

序号	文物编号	名称	检测位置	检测结果 /%					备注
				Cu	Zn	Pb	Ag	Au	
107	M84:16	戒指	戒面	31.67	4	3.15	50.27		表面有黑色锈蚀
108	M84:17	扁方					98.94		表面有黑色锈蚀
109	M84:3-1	耳环		10.84			82.33		表面有黑色锈蚀
110	M84:4	簪					98.59		表面有黑色锈蚀
111	M84:5-1	银钱					94.32		表面有黑色锈蚀
112	M84:6	手镯		1.69			97.81		表面有黑色锈蚀
113	M84:7	扁方		2.62			96.77		表面有黑色和绿色锈蚀
114	M84:8	簪		2.8			95.27		表面有黑色和绿色锈蚀
115	M84:9	手镯		9.62			99.69		表面有黑色锈蚀
116	M85:3	扁方	簪身				88.07		金黄色，表面有绿色和黑色锈蚀
117	M85:4	簪			7.53	4.79	51.09		表面有黑色和绿色锈蚀
118	M85:6	扁簪	簪身				99.46		黑色锈蚀
119	M85:7	戒指	戒面	1.36			96.73		表面有黑色锈蚀
120	M87:4	簪		76.4	14.18	7			表面带有绿色锈蚀
121	M88:2	扁方					75.6	23	银白色和金黄色，表面有黑色锈蚀
122	M88:3	簪		5.23	1.72	1.15	83.7		表面有黑色和绿色锈蚀，可隐约见少量金黄色
123	M90:2	簪		69.11			27.05		表面有绿色锈蚀
124	M90:3	簪		89.69	3.39	4.5			
125	M90:5	戒指	戒面	14.46	3.06	2.48	70.95		表面有黑色和绿色锈蚀
126	M90:7	戒指	戒面	18.92	1.07	1.38	56.49		表面有黑色和绿色锈蚀
127	M90:8	簪	簪杆	54.94	2.07	3.47	27.8		表面有绿色锈蚀
128	M91:1	簪					97.29		银白色，表面有黑色和绿色锈蚀

续表

序号	文物编号	名称	检测位置	检测结果 /%					备注
				Cu	Zn	Pb	Ag	Au	
129	M92:1	戒指	戒面				83.72	14.37	金黄色，表面有绿色锈蚀
130	M97:1	扁方					98.66		表面有黑色锈蚀，隐约可见金黄色
131	M97:4	簪	簪杆	30.12			67.4	1.31	表面有黑色和绿色锈蚀
							7.52	90.25	金黄色
132	M97:5-1	钮扣					93.11	5.49	银白色
133	M98:1	扁方		56.23	39.29	3.66			表面有绿色锈蚀
134	M98:2	簪	簪杆	24.98			71.59	1.3	银白色，表面有黑色和绿色锈蚀
			簪头	46.09	2.96	2.04	38.69		表面有绿色锈蚀
135	M98:4	钮扣		42.02	49.31	5.82			表面有绿色锈蚀
136	M98:6	簪头（寿）		87.04	1.55	2.19	1.25		银白色，表面有绿色锈蚀
137	M99:1	扁方		4.32			91.8	1.95	金黄色，表面有绿色锈蚀
138	M99:2	簪	簪杆	3.01	3.27	2.03	75.5		银白色和金黄色
			簪头	94.5	2.15				金黄色，表面有绿色锈蚀
139	M100:1	扁簪		1.25			98.04		金黄色，表面有绿色锈蚀
140	M100:2	发饰		78.88			17.79		银白色，表面有绿色锈蚀
				77.83			20.84		金黄色，表面有绿色锈蚀
				87.65		1.4	8.18		金黄色，表面有绿色锈蚀
141	M100:3-1	耳环					83.21	13.25	金黄色，表面有绿色锈蚀
142	M100:3-2	耳环					86.77	11.46	金黄色，表面有绿色锈蚀
143	M100:5	簪			1.67		90.66		表面有黑色锈蚀
144	M100:7	簪			2.3	1.27	85.08		银白色，表面有黑色和绿色锈蚀

续表

序号	文物编号	名称	检测位置	检测结果 /%					备注
				Cu	Zn	Pb	Ag	Au	
145	M100：8	簪			1.79	1.03	88.66		银白色，表面有黑色和绿色锈蚀
146	M100：9	饰件				95.93			金黄色，表面有大量黑色瘤状物
147	M101：2	扁方	簪针				34.77	64.72	银白色，表面有黑色和绿色锈蚀
148	M101：3	簪	簪针		6.12	3.68	64.45		表面有绿色锈蚀
149	M101：5-1	纽扣		73.22	13.08	11.84			表面有黑色和绿色锈蚀
150	M101：7	簪	簪针				81.42	11.97	表面有黑色，表面有黑色锈蚀
			饰件	65.66			18.98	13.5	
151	M103：3	"福寿双全" 钱		18.18	3.84	2.73	60.14		金黄色，表面有绿色锈蚀
152	M107：1	头饰		35.11			62.08		表面有绿色锈蚀
153	M107：3	耳环		52.98			39.63		表面有绿色锈蚀
154	M111：1	帽饰	基座	62.93	24.42	8.14			金黄色，表面有绿色锈蚀
155	M113：2	簪	簪花	73.32	1.270	1.099	19.43		金黄色，表面有黑色和绿色锈蚀
156	M113：4	簪	簪针	51.43	2.85	3.71	27.29		

后 记

目前呈现给大家的这本报告,前半部分以墓葬为单位逐一报道考古材料,尽可能做到资料的全面性和原始性,后半部分则以相关研究为主。尽管我们已尽了最大努力争取将研究引向深入,但不可否认的是,这些研究在深度和广度上还有很大的提升空间,并有许多值得商榷的地方。

(一)

元宝岛墓地是我作为执行领队的第一个考古发掘项目,与过去只负责特定事务的情况不同,管理考古工地实在是一项费神的工作,面对考古发掘以外的各种杂务,能在考古发掘具体工作上投入的精力相当有限,在发掘期间有很多细节没有顾及,这导致有些问题没有及时发现并纠正。考古报告最基础的资料都来自田野考古,恰恰元宝岛墓地在考古发掘、原始资料记录等方面存在一些问题,而这些问题中的一部分是无法在后期资料整理时补救的,这导致本报告存在一些硬伤。此外,本报告在墓地年代、葬俗、墓地性质等问题的研究方面尚存在一些不足之处。下面就本报告中存在的一些的问题和未尽之处做简单说明,以便诸位师友阅读时有所参考。

对于双棺墓和三棺墓,其墓圹大部分是多次开挖而成,这类墓圹,简单来说是几个小墓圹的组合。对于古人来说,在合葬时开挖墓圹的过程应是参照地上的坟丘或者其他什么标识来大致判断老棺方位,然后确定新开挖墓圹的大概位置。因此这类多次开挖而成的墓圹平面应是几个长方形交叉后所呈现的不规则形,而不应该是一个规规矩矩的长方形;墓圹底部应呈阶梯状,而不太可能处于同一平面。在资料整理阶段核对墓葬平面剖视图和墓葬俯视照片时发现,元宝岛墓地双棺葬和三棺葬的墓圹平面大部分都是较为规矩的长方形,这肯定是在考古发掘时出现了问题,但当时并未留意到。因失去了第一现场,这个问题在整理阶段已无从补救。

在发掘过程中,技工为清理棺内的骨架和遗物,一般先将棺盖上或者填土中的砖瓦当小件收集,或者先放到墓圹旁边,待棺内清理完成后,再把这些砖瓦重新放置回去,以便其他技工来绘图和拍照。在这期间,砖瓦的位置已由棺盖上或填土中者变为了压在墓主骨架上。由于没认识到这一做法有何不妥,加之不同工种技工间缺少交流,在后续的资料记录、拍照和绘图中均显示这部分墓葬的砖瓦摆放位置是直接压在墓主骨架之上(如 M88,见图版三四,2 和图版三五,1;M89,见图版三五,2 和图版三六,1)。这一问题在考古发掘期间发现,经与技工交代后逐渐减少,但仍有发生。故而,在资料整理期间对部分墓葬涉及砖瓦安放位置的文字和线图进行了补救。

资料整理期间，在查阅大量地方民俗文献后认为元宝岛墓地出土的陶瓷罐应与"噎食罐子"有关。按照文献记载，这类罐是下葬时随棺一同填埋的，但原始记录资料显示，墓地出土的陶瓷罐有的是出自棺外填土，有的是出自棺内墓主头侧。经核对墓葬照片和线图，无一例外，陶瓷罐被判定在棺内的墓葬，其木棺的前后隔板均糟朽不存。回想当时的考古发掘流程，为满足后期拍照、绘图以及检查的需要，在工地结束前需要先保持木棺的大概形状，木棺与墓圹间的填土一般先不清理。按照多年来习以为常的做法，在完成墓葬的拍照和绘图后，会先将棺内小件和人骨标本提取，然后安排技工用手铲翻动棺底的草木灰和木棺前后的填土以采集可能遗落的文物。对于木棺隔板保存较好的墓葬，陶瓷罐的位置毫无疑问的被判定为棺外填土中，而对于木棺前后隔板槽朽不存，尤其是陶瓷罐确实是置于棺底板上的墓葬，因为对木棺隔板残迹的忽视，陶瓷罐的位置很容易被判定为棺内。

在对墓地研究的过程中，考古发掘迹象和历史民俗文献谁为主导，以及如何处理两者之间的关系，这是非常让人困扰的。报告中墓地葬俗研究部分借鉴了直接历史学方法，尝试利用天津及周边地区的地方民俗来研究墓地发掘所见迹象可能反映的葬俗。但由于文献资料对葬俗记载的详细程度不一，以及葬俗表现形式的复杂性，因而由考古迹象推导其所代表葬俗的过程不可避免的存在一定的主观倾向，甚至有牵强附会之嫌。此外，由于少见可以反映墓主生前信息的遗物，绝大部分墓主的生前信息已无从得知。因而，报告葬俗部分关于墓地可能存在的殇葬、厝葬、以及贫不能葬等的探讨，大都处于像是这么回事但又说不清道不明的状态。

元宝岛墓地所见的一些迹象确与天津北部地区的桃花园、上宝塔、辛务屯等同时期墓地有明显的不同之处。因为元宝岛墓地紧临南运河，故而本报告非常主观地将造成这些不同的原因归于大运河对杨柳青带来的影响。这不能说不对，但若将元宝岛墓地与北京一些非运河区域的同时期墓地进行比较，可以发现两者之间有一些十分相似的地方。有没有这样的可能，即元宝岛墓地与天津北部地区同时期墓地相比所表现出的差异，可能只与两地商品经济的发展以及外来人口的聚集程度不同有关？而杨柳青这一时期地方繁富、五方杂处的特点与大运河之间的关系则又属于另外的一个课题了。

（二）

在考古发掘期间，天津市文化和旅游局（天津市文物局）、天津市西青区文化和旅游局、西青城投公司给予了大力支持，使得考古发掘工作得以顺利完成，在此致以诚挚的谢意。

元宝岛墓地考古资料得以整理成书，得益于单位在政策、经费等方面给予的保障，尤其感谢白俊峰、盛立双和赵晨三位领导的支持、信任、理解和帮助。

在考古发掘和资料整理期间，刘健、陈扬、张瑞、戴滨、陈鑫、文璋、李斌等诸位师友提供了大量帮助；中山大学李法军教授，硕士生马嘉良、王亚蒙，四川大学乔梁对墓地出土人骨标本进行了基础的体质人类学鉴定和初步研究。谨在此深表谢意。

陈雍先生在元宝岛墓地考古勘探和发掘期间多次赴工地进行现场指导，看完墓葬随即提出要结合《津门保甲图说》对墓地区位进行研究，并就墓地出土符文瓦的解读提供了重要线索。近几年来，随着天津大运河沿线明清时期墓葬的大量发现，先生敏锐地提出天津运河"乡土墓葬"的概念，并敦促我要把元宝岛墓地纳入天津运河文化及明清社会史的研究之中。在本书编写过程中，先生从报告体例、章节之间逻辑关系等方面给出了大量建设性意见，并在墓地相关研究部分给予了细致的指导。及至书稿初定，先生又欣然应允为本书做序，对我等后学提携之意可见一斑。谨在此向先生致以崇高的敬意。

最后感谢天津社会科学院出版社韩鹏先生、吴琼女士和责编李思文女士以及美编高馨月女士，是他们在短时间内以极大的责任心完成本书的校对和排版工作，使得报告得以早日出版。再次对他们表示衷心的感谢。

鉴于本人能力有限，本书不免多有粗疏错漏之处，敬请读者批评指正。

尹承龙
2024 年秋于蓟州

1. 元宝岛一带卫星影像

2. 元宝岛一带 20 世纪 60 年代卫片

元宝岛一带卫星影像和历史卫片

1. 元宝岛墓地发掘后航拍（上为北）

2. 元宝岛墓地局部（上为南）

元宝岛墓地发掘后航拍

1. 考古勘探商讨工作方案

2. 陈雍先生考察考古勘探工地

3. 考古勘探工作场景

4. 墓葬清理

5. 墓葬清理

6. 考古迹象研判

元宝岛墓地考古勘探和发掘现场工作场景

1.墓葬线图绘制

2.墓葬线图绘制

3.墓葬信息记录

4.人骨标本提取

5.人骨标本清洗

6.人骨标本晾晒

元宝岛墓地考古发掘和出土人骨整理现场工作照

1.M1

2.M3

M1、M3 全景

M4 全景及瓷罐出土情况

1.M4

2.M4 甲棺外瓷罐出土情况

M4 全景及瓷罐出土情况

1.M11 棺盖

2.M11

M11 棺盖和 M11 全景

1.M13

2.M15

M13、M15 全景

1.M17

2.M19

M17、M19 全景

1.M20

2.M22

M20、M22 全景

1.M23

2.M24 棺盖

M23 全景及 M24 棺盖

1.M24

2.M25

M24、M25 全景

1.M26

2.M28

M26、M28 全景

1.M29 棺盖

2.M29

M29 棺盖及 M29 全景

1.M30

2.M31 棺盖

M30 全景及 M31 棺盖

1.M31

2.M33

M31、M33 全景

1.M34 棺盖

2.M34 随葬板瓦位置

M34 棺盖及 M34 板瓦出土情况

1.M35

2.M35 甲棺棺底铜钱位置

M35 全景及局部

1.M36

2.M37

M36、M37 全景

1.M38 人骨周围大块木炭

2.M38

M38 内大块木炭情况及 M38 全景

1.M40

2.M41

M40、M41 全景

1.M43

2.M44

M43、M44 全景

1.M48

2.M50

M48、M50 全景

1.M51

2.M56 随葬板瓦位置

M51 全景及 M56 板瓦出土情况

1.M56

2.M58（左）和 M120（右）

M56、M58、M120 全景

1.M59

2.M61

M59、M61 全景

1.M63 和 M86

2.M67

M63、M86 及 M67 全景

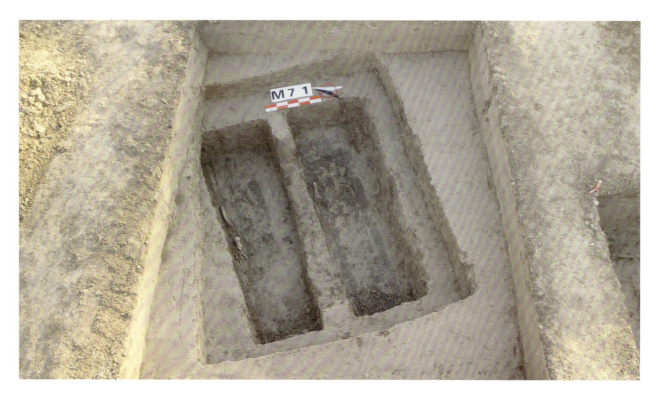

1.M71

2.M76

M71、M76 全景

1.M78

2.M80

M78、M80 全景

1.M81

2.M82

M81、M82 全景

1.M83 棺盖

2.M83

M83 棺盖及 M83 全景

1.M84 棺盖

2.M84

M84 棺盖及 M84 全景

1.M85 棺盖

2.M85

M85 棺盖及 M85 全景

1.M87

2.M88 随葬板瓦位置

M87 全景及 M88 板瓦出土情况

1.M88

2.M89 随葬板瓦位置

M88 全景及 M89 板瓦出土情况

1.M89

2.M90

M89、M90 全景

1.M91

2.M94

M91、M94 全景

1.M95

2.M97

M95、M97 全景

1.M100

2.M102

M100、M102 全景

1.M107

2.M113

M107、M113 全景

1. 素面瓦（M70：1）

2. 素面瓦（M89：1）

3. 符文瓦（M29：5）

4. 符文瓦（M56：2）

5. 符文瓦（M71：1）

6. 符文瓦（M88：1）

素面瓦、符文瓦

1. 符文瓦（M60∶1）正面

2. 符文瓦（M60∶1）背面

3. 符文瓦（M85∶2）正面

4. 符文瓦（M85∶2）背面

5. 符文瓦（M101∶1）正面

6. 符文瓦（M101∶1）背面

符文瓦

1. 符文瓦（M60：2）正面

2. 符文瓦（M60：2）背面

3. 墓主信息瓦（M84：1）

4. 符文瓦（M31：1）

5. 符文瓦（M34：4）

6. 符文瓦（M70：3）

符文瓦

1. 符文瓦（M82：1）正面

2. 符文瓦（M82：1）背面

3. 符文瓦（M86：1）

4. 符文瓦（M83：3）正面

5. 符文砖（M83：2）正面

6. 符文砖（M83：2）背面

符文瓦和符文砖

1. 符文砖（M22∶10）正面

2. 符文砖（M22∶10）背面

符文砖 M22∶10

1. 符文砖（M83：1）正面

2. 符文砖（M83：1）背面

3. 涂墨砖（M30：5）正面

4. 涂墨砖（M30：5）背面

5. 符文砖（M15：3）正面

6. 符文砖（M15：3）背面

符文砖和涂墨砖

1. 涂墨砖（M30：7）正面

2. 符文砖（M84：2）正面

3. 符文砖（M84：2）背面

4. 墓主信息砖（M107：2）

5. 符文砖（M85：1）正面

6. 符文砖（M85：1）背面

涂墨砖、文字砖、符文砖

1. 灰陶罐（M54：2）

2. 紫砂钵（M61：2）

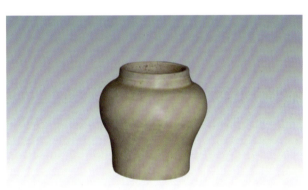

3. 白瓷罐（M3：4）

4. 白瓷罐（M3：5）

5. 白瓷罐（M4：2）

6. 青白釉罐（M75：4）

灰陶罐、白瓷罐、青白釉罐、紫砂钵

1. 青釉罐（M91：6）

2. 酱釉罐（M33：6）

3. 酱釉罐（M57：2）

4. 酱釉罐（M87：3）

5. 黑釉罐（M91：7）

6. 酱釉罐（M91：5）

绿釉罐、酱（黑）釉罐

1. 酱釉罐（M20：1）

2. 酱釉罐（M22：8）

3. 酱釉罐（M23：4）

4. 酱釉罐（M56：5）

5. 酱釉罐（M62：1）

6. 酱釉罐（M87：1）

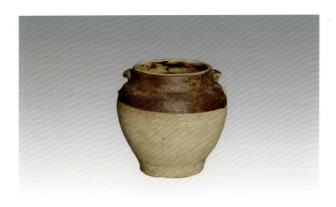

1. 酱釉罐（M94：2）

2. 酱釉罐（M30：4）

3. 酱釉罐（M33：7）

4. 酱釉罐（M34：5）

5. 酱釉罐（M56：3）

酱釉罐

1. 扁方（M19：7）正面

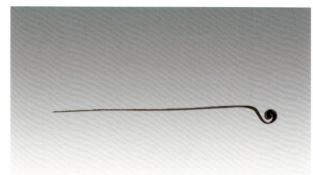

2. 扁方（M19：7）侧面

3. 扁方（M97：1）正面

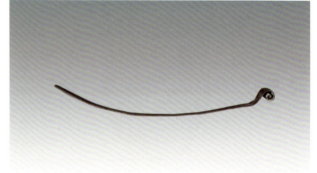

4. 扁方（M97：1）侧面

5. 扁方（M98：1）正面

6. 扁方（M98：1）侧面

扁方

1. 扁方（M101∶2）正面

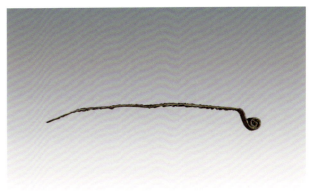

2. 扁方（M101∶2）侧面

3. 扁方（M84∶17）正面

4. 扁方（M84∶17）侧面

5. 扁方（M9∶2）

6. 扁簪（M2∶3）

扁方、扁簪

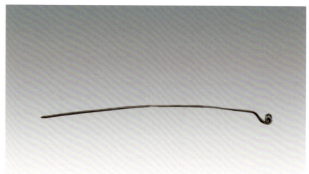

1. 扁方（M88：2）正面

2. 扁方（M88：2）侧面

3. 扁方（M99：1）正面

4. 扁方（M99：1）侧面

5. 扁方（M18：2）正面

扁方

1. 扁簪（M76：2）正面

2. 扁簪（M76：2）背面

3. 扁簪（M85：6）

4. 扁簪（M60：4）

5. 扁簪（M100：1）

扁簪

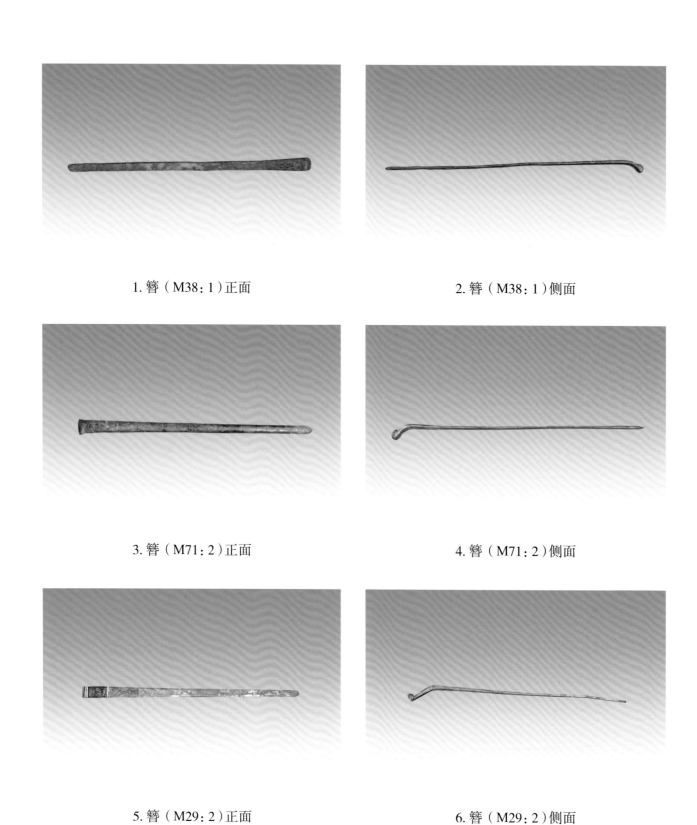

1. 簪（M38：1）正面

2. 簪（M38：1）侧面

3. 簪（M71：2）正面

4. 簪（M71：2）侧面

5. 簪（M29：2）正面

6. 簪（M29：2）侧面

1. 簪（M56：6）正面

2. 簪（M56：6）侧面

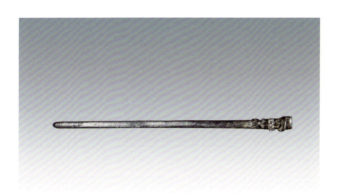

3. 簪（M73：3）

4. 簪（M73：3）局部

5. 簪（M35：1）正面

6. 簪（M35：1）侧面

簪

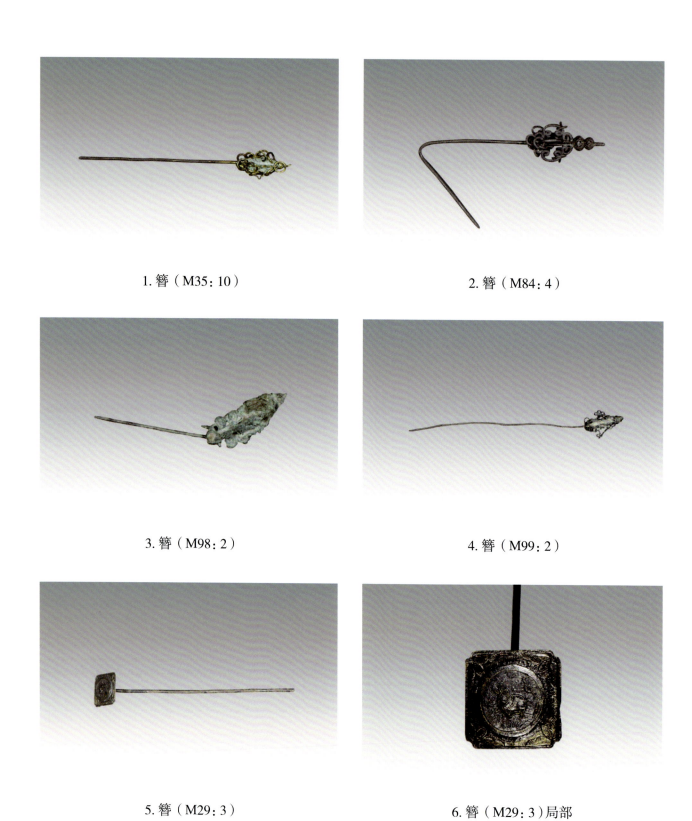

1. 簪（M35∶10）　　　　　　　　2. 簪（M84∶4）

3. 簪（M98∶2）　　　　　　　　4. 簪（M99∶2）

5. 簪（M29∶3）　　　　　　　　6. 簪（M29∶3）局部

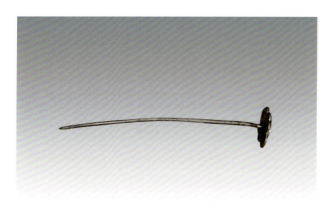

1. 簪（M34：2）

2. 簪（M34：2）局部

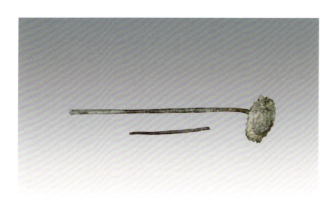

3. 簪（M90：3）

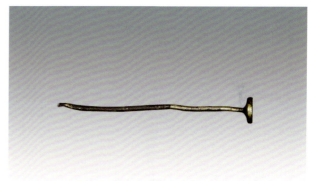

4. 簪（M35：9）

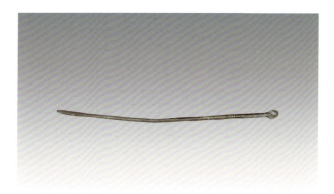

5. 簪（M48：2）

6. 簪（M64：1）

簪

1. 簪（M97：4）

2. 簪（M19：2）

3. 簪（M19：2）局部

4. 簪（M85：4）

5. 簪（M88：3）

6. 簪（M98：6）

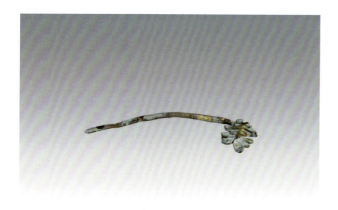

1. 簪（M113：2）

2. 簪（M35：2）

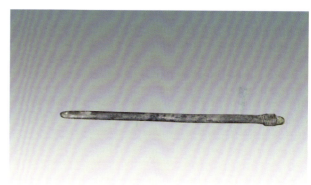

3. 簪（M101：3）

4. 簪（M91：1）

5. 头饰残片（M101）

簪、头饰残片

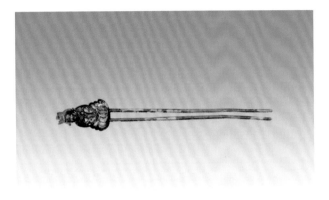

1. 钗（M2∶2）

2. 钗（M2∶2）局部

3. 头饰件（M19∶3）

4. 手镯（M84∶6）

5. 手镯（M84∶9）

6. 耳钳（M100∶3）

钗、头饰件、手镯、耳钳

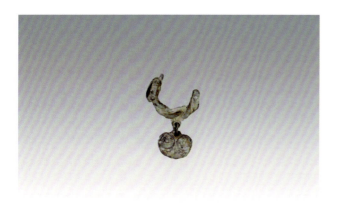

1. 耳环（M107：3）

2. 耳环（M19：15）

3. 耳环（M20：5）

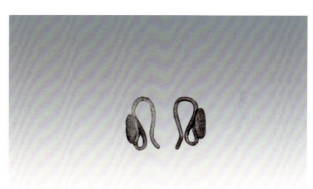

4. 耳环（M84：3）

5. 戒指（M28：6）

6. 戒指（M73：5）

耳环、戒指

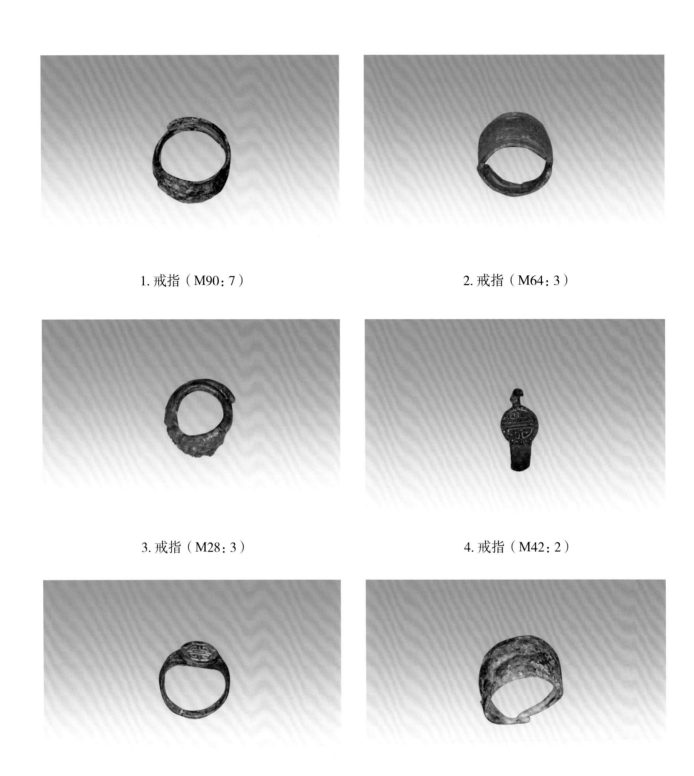

1. 戒指（M90：7）

2. 戒指（M64：3）

3. 戒指（M28：3）

4. 戒指（M42：2）

5. 戒指（M92：1）

6. 戒指（M14：2）

戒指

1. 戒指（M73：2）

2. 戒指（M84：16）侧面

3. 戒指（M84：16）俯视

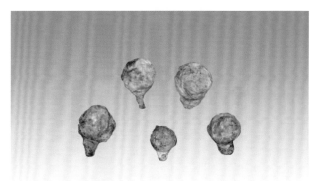

4. 钮扣（M45：1）

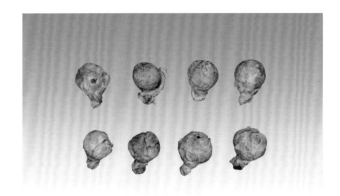

5. 钮扣（M75：1）

6. 钮扣（M101：5）

戒指、钮扣

1. 钮扣（M98：4）

2. 钮扣（M34：7）

3. 钮扣（M34：6）

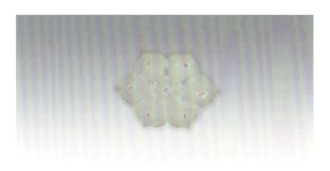

4. 玉佩件（M23：5）

5. 银佩件（M84：12）

6. 铅佩件（M53：2）

7. 铅佩件（M100：9）

1. 玉母珠（M94：5）

2. 琥珀佩件（M90：4）

3. 顶戴（M17：1）

4. 顶戴（M24：2）

5. 顶戴（M35：5）

7. 顶戴（M40：1）

7. 陶棋子（M70：6）

珠、琥珀佩件、顶戴、棋子

1. 印章（M81：2）

2. 印章侧面二（M81：2）

3. 印章侧面一（M81：2）

印章 M81：2 及特写

1. 印章侧面三（M81：2）

2. 印章顶面四（M81：2）

3. 印章底面（M81：2）

4. 印章顶面（M81：2）

印章 M81：2 特写

1. 康熙通宝（M26：2-2）

2. 康熙通宝（M90：1-1）

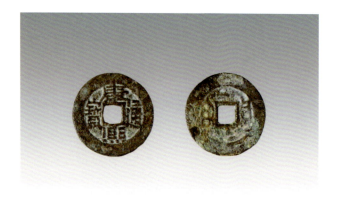

3. 康熙通宝（M114：2）

4. 雍正通宝（M20：2）

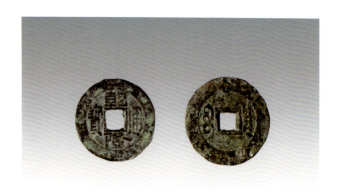

5. 乾隆通宝（M35：3-1）

6. 乾隆通宝（M70：5）

清代铜钱

1. 乾隆通宝（M113：3-1）

2. 嘉庆通宝（M36：5-1）

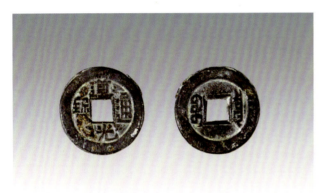

3. 道光通宝（M103：1）

4. 咸丰通宝（M69：1）

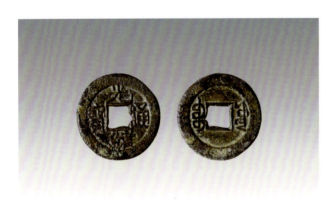

5. 光绪通宝（M40：2-1）

6. 宣统通宝（M60：6）

清代铜钱

1. 伪满洲国铜币（M41：1-2）

2. 中华民国开国纪念币（M2：1）

伪满洲国铜币、民国铜元

1."乾隆通宝"银钱（M1：2-1）

2."光绪通宝"银钱（M84：15-1）

3."中华民国"银钱正面
（左 M43：2-1，右 M43：2-2）

4."中华民国"银钱背面
（左 M43：2-1，右 M43：2-2）

5."福寿双全"银钱（M103：3）

6.银元宝（M84：14）

1. 铜钱（M20：4-2）

2. 铜钱（M29：4-1）

3. 铜钱（M33：5-2）

4. 铜钱（M42：3）

5. 铜钱（M35：7-1）

6. 铜钱（左：M22：5-1，右：M22：5-2）正面

1. 铜钱（左：M22：5-1，右：M22：5-2）背面

2. 铜钱（左：M28：2-1，右：M28：2-2）正面

3. 铜钱（左：M28：2-1，右：M28：2-2）背面

4. M38：4 正面

5. M38：4 背面

粘连线痕、布料铜钱